ACCESO GRATIS a la Lectura en la Nube

Para visualizar el libro electrónico en la nube de lectura envíe junto a su nombre y apellidos una fotografía del código de barras situado en la contraportada del libro y otra del ticket de compra a la dirección:

ebooktirant@tirant.com

En un máximo de 72 horas laborales le enviaremos el código de acceso con sus instrucciones.

LOS NEGOCIOS JURÍDICOS DE LA MEDIACIÓN. ASPECTOS CIVILES Y PROCESALES

COMITÉ CIENTÍFICO DE LA EDITORIAL TIRANT LO BLANCH

Procedimiento de selección de originales, ver página web:
www.tirant.net/index.php/editorial/procedimiento-de-seleccion-de-originales

LOS NEGOCIOS JURÍDICOS DE LA MEDIACIÓN. ASPECTOS CIVILES Y PROCESALES

Elena Fernández de la Iglesia
Doctora en Derecho
Profesora de Derecho Civil
Universidad Complutense de Madrid

tirant lo blanch
Valencia, 2025

En caso de erratas y actualizaciones, la Editorial Tirant lo Blanch publicará la pertinente corrección en la página web www.tirant.com.

La aceptación de la presente obra ha tenido en consideración la evaluación y calificación otorgada por los expertos componentes del tribunal calificador de la tesis doctoral en la que se basa, cumpliendo con el criterio correspondiente de los revisores externos y ofreciendo la calidad debida a la presente edición.

EDITA: TIRANT LO BLANCH
C/ Artes Gráficas, 14 - 46010 - Valencia
TELFS.: 96/361 00 48 - 50
FAX: 96/369 41 51
Email: tlb@tirant.com
www.tirant.com
Librería virtual: www.tirant.es
DEPÓSITO LEGAL: V-4570-2024
ISBN: 978-84-1095-252-2

Si tiene alguna queja o sugerencia, envíenos un mail a: *atencioncliente@tirant.com*. En caso de no ser atendida su sugerencia, por favor, lea en *www.tirant.net/index.php/empresa/politicas-de-empresa* nuestro procedimiento de quejas.

Responsabilidad Social Corporativa: http://www.tirant.net/Docs/RSCTirant.pdf

A mis padres y hermanas,
especialmente a mi madre.
A Carlos.

El presente trabajo constituyó parte de la Tesis doctoral de la autora, dirigida por Doña CARMEN MUÑOZ GARCÍA y Don JUAN CARLOS ORTIZ PRADILLO, y que fue defendida ante el Tribunal presidido por Doña MARÍA TERESA DE VICO CARRANCHO HERRERO y compuesto por Doña MARÍA ELENA COBAS COBIELLA, Doña MARÍA RAQUEL DE ALMEIDA GRAÇA SILVA GUIMARAES, Don FERNANDO MARTÍN DIZ y Doña MARÍA DOLORES HERNÁNDEZ DÍAZ-AMBRONA, el 13 de junio de 2024, siéndole otorgada la calificación de «*sobresaliente cum laude*» además de la mención de «*Doctorado Internacional*».

Elena Fernández de la Iglesia

Índice

Tabla de abreviaturas

ADR	Alternative Dispute Resolution
ALIM	Anteproyecto de Ley de Impulso de la Mediación
ART	Artículo
BOA	Boletín Oficial de Aragón
BOAM	Boletín Oficial del Ayuntamiento de Madrid
BOC	Boletín Oficial de Canarias
BOC	Boletín Oficial de Cantabria
BOCG	Boletín Oficial de las Costes Generales
BOCM	Boletín Oficial de la Comunidad de Madrid
BOCYL	Boletín Oficial de Castilla y León
BOE	Boletín Oficial del Estado
BOJA	Boletín Oficial de la Junta de Andalucía
BOPA	Boletín Oficial del Principado de Asturias
CC	Código Civil
CCC	Código Civil Catalán
CCP	Código Civil Portugués
CE	Constitución Española
CEDH	Convenio Europeo de Derechos Humanos
CIAC	Convención Interamericana de Arbitraje Comercial
CP	Código Penal
CPC	*Código de Processo Civil*
CRP	Constitución de la República Portuguesa
DDHH	Derechos Humanos
DGPJ	Direção-Geral da Política de Justiça
DNI	Documento Nacional de Identidad
DOGC	Diario Oficial de la *Generalitat de Catalunya*
DOGV	Diario Oficial de la *Generalitat Valenciana*
DOUE	Diario Oficial de la Unión Europea
ECTS	Sistema Europeo de Transferencia de Créditos
GP	Grupo Parlamentario
ICAM	Ilustre Colegio de Abogados de Madrid
LA	Ley de Arbitraje

LAJ Letrado de la Administración de Justicia
LAJG Ley de Asistencia Jurídica Gratuita
LGBTI Q+ Colectivo lésbico, gay, bisexual, trans, intersexual, queer…
LJCA Ley de la Jurisdicción Contencioso Administrativa
LJV Ley de Jurisdicción Voluntaria
LEC Ley de Enjuiciamiento Civil
LECrim Ley de Enjuiciamiento Criminal
LMACM Ley de Mediación en Asuntos Civiles y Mercantiles
LO Ley Orgánica
LOPJ Ley Orgánica del Poder Judicial
LVG Ley de Violencia de Género
MASC Medios Adecuados de Solución de Controversias
MMS Servicio de Mensajería Multimedia
NADRAC *National Alternative Dispute Resolution Advisory Council*
ODR *Online Dispute Resolution*
OEA Organización de Estados Americanos
ONU Organización de Naciones Unidas
PEF Puntos de Encuentro Familiar
PIM Punto de Información a la Mediación
PLMEP Proyecto de Ley de Medidas de Eficiencia Procesal
RAE Real Academia Española
RC Responsabilidad Civil
RD Real Decreto
RLL Resolución de Litigios en Línea
SAP Sentencia de la Audiencia Provincial
SEGIB Secretaría General Iberoamericana
SMS Servicio de Mensajes Cortos
STC Sentencia del Tribunal Constitucional
STJUE Sentencia del Tribunal de Justicia de la Unión Europea
STS Sentencia del Tribunal Supremo
SS Siguientes
TC Tribunal Constitucional
TFUE Tratado de Funcionamiento de la Unión Europea
TIC Tecnologías de la Información y Comunicación

TJUE Tribunal de Justicia de la Unión Europea
TRLGDCU Texto Refundido de la Ley General de Defensa para los Consumidores y Usuarios
TS Tribunal Supremo
UE Unión Europea

Introducción

El avance en el uso de la mediación como herramienta complementaria a la justicia para la resolución de conflictos ha motivado el presente estudio con objeto de resolver diversos problemas que, como juristas, consideramos pueden surgir en su desarrollo. La mediación se plantea en sus inicios como un medio adecuado de solución de conflictos, en adelante MASC, que se encuentra desvinculado del derecho ya que su evolución ha sido, hasta la fecha, a nivel social, pero con este trabajo queremos dar a conocer especialmente a los profesionales del derecho las cuestiones jurídicas inherentes a la mediación.

La mediación se inicia con un conflicto entre determinados sujetos y esta cuestión se ha estudiado en el orden sociológico y psicológico pero el conflicto también está íntimamente relacionado con el derecho especialmente si pensamos que en la actualidad la mayoría de conflictos buscan resolverse a través de la vía judicial. Esta creencia ha generado una sobrecarga de trabajo en los tribunales provocando que no puedan ser atendidos todos los conflictos en tiempo y forma por ello, especialmente ahora, se promueve con más ímpetu que las personas resuelvan sus conflictos a través de otras vías como el arbitraje, la negociación, la conciliación o la mediación, entre otros.

A través de un estudio exhaustivo de diversas legislaciones y jurisprudencia hemos podido determinar que la mediación como MASC se compone de diversos negocios jurídicos en los cuales pueden verse implicados los sujetos que mantienen el conflicto, el profesional mediador e incluso las instituciones de mediación, por lo que teniendo en cuenta esta multiplicidad de sujetos en relación con lo que conocemos como procedimiento de la mediación hemos podido determinar que de la misma surgen tres negocios jurídicos que pueden tener la categoría de contrato.

El análisis de estos negocios jurídicos es la pieza central del trabajo ya que delimitamos tres partes esenciales de la mediación. El primer contrato será previo a la mediación y es lo que hemos denominado pacto o compromiso de sometimiento a mediación, este contrato puede surgir en cualquier momento antes de la sesión constitutiva de la mediación, es decir, puede darse en un negocio jurídico previo a la mediación e independiente de la misma en donde se especifique que se debe acudir a mediación si surge controversia entre las partes o puede incluso surgir en la propia sesión informativa.

El segundo negocio jurídico se dará con la sesión constitutiva y es lo que conocemos como contrato de mediación, en este punto las partes han obtenido toda la información necesaria para prestar su consentimiento al contrato de mediación y los profesionales, ya sean mediadores o instituciones de mediación, tienen la obligación de formalizar ese contrato de mediación que se denomina en la Ley de mediación en asuntos civiles y mercantiles, en adelante LMACM, como acta constitutiva. Y, el tercer contrato, se dará al finalizar la mediación y es el acuerdo de mediación o negocio jurídico mediado que surge entre las partes, este negocio jurídico pone fin a la controversia y, por tanto, a la mediación.

Todas las cuestiones planteadas han sido analizadas conforme a las correspondientes directivas, leyes y reales decretos en materia de mediación haciendo uso a su vez de la legislación portuguesa. En cuanto a la jurisprudencia, debemos destacar que, a falta de resoluciones respecto de la mediación como MASC, hemos realizado una comparativa con otros medios tales como el arbitraje para así esclarecer, junto con la normativa disponible, las siguientes cuestiones: cuáles son los contratos presentes en la mediación y cuál es la normativa aplicable.

CAPÍTULO I.

EL CONFLICTO Y LOS MEDIOS ADECUADOS PARA SU SOLUCIÓN

1. EL CONFLICTO

El *conflicto* es un elemento esencial de cualquier mecanismo de resolución de disputas y el mismo surge con las relaciones ya que representa una forma de interacción entre individuos, es consustancial al ser humano y su carácter social[1]. Es consecuencia natural de la condición humana, surge de las percepciones y posiciones divergentes respecto de hechos y conductas que involucran expectativas, valores o intereses comunes, esto explica la tendencia que tiene el conflicto a la posición unilateral[2].

Existen diversas definiciones del mismo no habiéndose acordado entre los expertos un concepto único, siendo hoy en día una cuestión controvertida. Sin embargo, sí podemos indicar que con carácter general se entiende que el conflicto surge de la confrontación de posiciones incompatibles y excluyentes entre dos o más personas. Los autores sí se muestran de acuerdo en entender como necesaria la solución del conflicto en aras de preservar la paz en la sociedad.

Aunque la palabra conflicto tenga una connotación negativa, debemos advertir que en realidad no lo es, este no puede

---

1 TODOROV, T.: *El miedo a los bárbaros: más allá del choque de civilizaciones.* Galaxia Gutemberg. 2008

2 VASCONCELOS, C. E: *Mediação de conflitos e práticas restaurativas.* Método. 2008

clasificarse como algo "bueno" o "malo" en sí mismo, sino que debemos verlo como algo innato a las personas y a la condición humana. Para llegar a esta conclusión se han realizado múltiples estudios y análisis a lo largo de la historia que han buscado resolver los conflictos y así aprender de ellos.

Algunos autores como OTERO PARGA[3] entienden que el ser humano es conflictivo por naturaleza y que esta característica, le lleva a procurar la realización de su interés por encima de cualquier cosa. Esto hace suponer que puede dejar de lado sus deberes, el interés de los demás, e, incluso, el bien común para alcanzar su objetivo.

Evidentemente el conflicto es algo connatural con la vida misma, está en relación directa con el esfuerzo por vivir, apreciando que están presentes tanto individual como colectivamente[4]. El profesor a su vez define la conflictología, concepto acuñado por GALTUNG[5] e internacionalmente aceptado, como una ciencia pluridisciplinaria y transversal. Se entiende la conflictología como un compendio de conocimientos tanto racionales como intuitivos acerca de los conflictos y crisis[6]. En definitiva, es la ciencia del conflicto y contiene los conceptos de crisis, cambio, violencia o problema[7].

---

3 OTERO PARGA, M. M.: "Las raíces históricas y culturales de la mediación", en *Mediación y solución de conflictos: habilidades para una necesidad emergente.* Tecnos. 2007. p. 174.

4 VINYAMATA CAMP, E.: "Conflictos y conflictología", en *Conflictología: curso de resolución de conflictos.* Ariel. 2009. P.125

5 GALTUNG, J.: *Paz por medios pacíficos: Paz y conflicto, desarrollo y civilización.* Bakeaz, Gernika Gogoratuz. 2003

6 VINYAMATA CAMP, E.: *Guerra y paz en el trabajo. Conflictos y conflictología en las organizaciones.* Tirant lo Blanch. 2004. p. 241.

7 VINYAMATA CAMP, E: "Conflictología", en *Revista de Paz y Conflictos,* 8 (1), 2013. Pp. 9-24.

El conflicto para cualquier medio adecuado de resolución de conflictos (en adelante MASC) es un elemento esencial que se debe analizar en profundidad para poder llevar éste a buen puerto. Esto se extiende a la mediación ya que la misma es un MASC.

Entendemos así que *el conflicto es un elemento dinámico que puede sufrir cambios y ser transformado incluso por el método de resolución elegido*[8]. Evidentemente, la mediación y la labor del profesional mediador puede cambiar el conflicto.

En todo conflicto se distinguen partes que entran en confrontación ya sea por la existencia de intereses divergentes o por la existencia de intereses convergentes sobre un bien o recurso escaso. De esta distinción podemos identificar, además, elementos que son esenciales para el conflicto, como son la existencia de actores, intereses, recursos, posiciones y objetivos[9].

De estos componentes debemos destacar tres elementos que nos van a permitir delimitar y definir el conflicto ante el que nos encontramos. Estos conceptos son: "posición", "interés" y "necesidades", los cuales se encuentran presentes en los MASC y, como veremos, para el mediador va a ser completamente necesario identificarlos para poder gestionar mejor el conflicto, *conflict resolution means getting to the roots of problems and resolving them in ways that further the longer-term goals of all concerned*[10].

Estos conceptos los relaciona BURTON con el conflicto ya que para su resolución se debe tener en cuenta la perspectiva de las partes, se cuestionan las posiciones, se buscan cubrir las

---

8 MARQUÉS CÉBOLA, C. *La mediación.* Marcial Pons, Ediciones Jurídicas y Sociales S.A. Madrid. 2013.

9 VÁZQUEZ DE CASTRO, E., (Dir.) & FERNÁNDEZ CANALES, C. (Coord.). *Practicum Mediación.* Aranzadi. 2014

10 BURTON, J. W.: Conflict resolution: The Human Dimension. *International Journal of Peace Studies, 3*(1). 1997.

necesidades de todos los implicados y se escuchan las propuestas de resolución de cada una de las partes que recogerán los intereses de estas[11].

Con el concepto de *posición* se hace referencia a la postura que las partes mantienen en un inicio y que las hace permanecer enfrentadas, por ella nace el conflicto. La posición de cada una se manifiesta a través de la oposición contra los intereses de la otra parte. Se identifican respondiendo a la pregunta ¿Qué se pide?

El concepto de *interés* hace referencia a lo que en realidad quiere cada parte, de forma general, estos se mantienen ocultos y pueden confundirse con las *posiciones*, pero a lo largo del conflicto se comprobará que existen ciertas cuestiones que son sobre las que las partes realmente quieren obtener una solución. Se identifican respondiendo a la pregunta ¿Para qué se pide lo que se pide?

Para poder diferenciar estos elementos, que parecen el mismo, vamos a poner un ejemplo. Podemos encontrar en un conflicto que unos vecinos tienen un enfrentamiento por el cual el individuo A se queja de que el individuo B hizo una fiesta el día de ayer en la cual se escuchaban gritos y música alta hasta las 3:00 de la madrugada. Aparentemente el individuo A está molesto por el ruido de la fiesta, siendo esta su posición, y apela a la Comunidad de Vecinos que no se puede tener la música tan alta después de las doce y pide que se controle esto. A medida que los vecinos median para que el individuo B cumpla con la normativa salen a la luz otras cuestiones que han molestado al individuo A, diciendo el mismo que no le importa que B haga

---

11 BURTON, J.W. *Conflict: resolution and prevention*, obra citada por UTAS CARLSSON, K. (1999) *Violence prevention and conflict resolution, a study of Peace Education in Grades 4-6*. Department of Educational and Psychological Research. 1990. Pp. 43 a 77

una fiesta, pero lo que realmente le ha molestado es que cuando volvió de una cena a las 2:00 de la mañana se encontró en el parking de la comunidad y en las escaleras de subida a su casa vasos de plástico con alcohol, confeti e incluso cristales rotos, por ello su interés real es que el espacio no se vea afectado porque otro vecino celebre una fiesta, ya que el individuo A no ha vuelto a su casa hasta las dos de la madrugada. Como podemos ver en este ejemplo, a veces es difícil identificar los *intereses* de las partes *a priori*, pero seguro que a lo largo de la resolución del conflicto se diferenciarán las *posiciones* de los *intereses.*

Finalmente, existirá un motivo por el que surja el conflicto y cuando respondes esta pregunta salen a la luz las *necesidades.* La resolución del conflicto pasa por la búsqueda de alternativas que satisfagan las necesidades de todas las partes implicadas en el mismo obteniendo la satisfacción general siempre que sea posible[12], esto implica una visión colaborativa de las partes para la resolución del conflicto.

La teoría del conflicto, así como su estudio y análisis, no busca que la sociedad evite el conflicto, sino que las personas aprendamos a convivir con él y sepamos gestionarlo, proponiendo soluciones satisfactorias y sin violencias a los problemas que puedan surgir. La mediación, en relación con el conocimiento del conflicto, es uno de los métodos que nos ayudarán a resolver estos conflictos conforme a los principios que veremos a continuación. *Más que el diálogo en sí, lo que realmente importa acaba siendo la capacitación para desarrollar una cultura de la convivencia sin violencia, una cultura de la autonomía y de la autosuficiencia que ahorra a las personas tener que solicitar la ayuda de profesionales con la finalidad de que les solucione sus problemas más*

---

12 SCHELLING, T.C.: *The strategy of conflict.* Harvard University Press. 1980. [en línea] [Consultado en 10 de enero de 2024] Disponible en http://www.gbv.de/dms/zbw/377544957.pdf

personales. Una cultura de paz y de armonía que capacita a las personas a resolver sus propios conflictos consigo mismo o de convivencia.[13]

El derecho actúa como medio de resolución de conflictos ofreciendo reglas de comportamiento inherentes a las personas, a través de las cuales se pretende resolver la controversia. Para el Derecho, el conflicto es una incompatibilidad de intereses entre dos personas que, amparados en una norma jurídica, entran en contradicción[14].

2. MODOS DE RESOLUCIÓN DE CONFLICTOS

2.1. Clasificación de los sistemas de resolución de conflictos

Es conocido que no existe una única forma de resolver el conflicto, no siendo ninguna de ellas en sí misma mejor o peor. Hoy se pueden calificar *cinco perfiles* básicos de resolución de conflictos partiendo de *dos dimensiones*: el grado en el que la persona intenta satisfacer sus propios intereses y necesidades; y, el nivel en el que la persona intenta satisfacer los intereses de la otra persona [15].

---

13 VINYAMATA CAMP, E.: "Conflictología", *cit*...pp. 9-24.

14 ILLERA SANTOS, M. J.: "Conflicto, derecho y mecanismos alternativos", en *Revista Ius et Praxis, 28*(1), 2022. Pp 236-253.

15 KILMANN, R. H., y THOMAS, K.W.: "Interpersonal Conflict-Handling Behavior as Reflections of Jungian Personality Dimensions ", *en Psychological Reports, 37*(3), 1975. Pp.971-980.; y, KILMANN, R. H., & THOMAS, K. W.: "Developing a Forced-Choice Measure of Conflict-Handling Behavior: the «Mode» instrument", en *Educational and Psychological Measurement,* 37(2), 1977. Pp. 309-325.

A raíz de estas dos dimensiones extraen los autores los cinco estilos de afrontamiento y gestión de conflictos:

1. Estilo competitivo: Una persona que muestra un alto grado de determinación y uno bajo en cooperación tendría un estilo de afrontamiento caracterizado por la competición.

2. Estilo conciliador: Una persona que muestra bajos niveles de determinación o afirmación y, en cambio, tienen alto grado de cooperación será una persona que tiende a ceder ante las presiones de los demás.

3. Estilo evitador: Una persona que muestra bajos niveles de afirmación y cooperación será que tiene un estilo de afrontamiento evitativo, es decir, tiende a una actitud pasiva y poco asertiva.

4. Estilo colaborador: Una persona que presenta alto grado tanto de afirmación como de cooperación tendrá un estilo colaborador.

5. Estilo negociador: Y, por último, se encuentra un estilo que tiene cierto equilibrio entre la afirmación y cooperación. El objetivo es encontrar alguna solución adecuada y aceptable que satisfaga a ambas partes.

Existen varios estilos para resolver conflictos, aunque podemos dividir los sistemas en los que se realizan a través de los tribunales y los medios de resolver conflictos alternativos a la administración de justicia.

La tradicional clasificación de sistemas de resolución de conflictos elaborada por la doctrina procesalista diferencia tres modelos: la autotutela, la autocomposición y la heterocomposición. La resolución de los conflictos se hace necesaria cuando las desavenencias y controversias individuales o sociales llegan a un punto en que resultan irreconciliables, de manera que es preciso buscar algún mecanismo que posibilite la resolución de los conflictos y consiga restaurar la paz social[16]. Además, indica que los diversos métodos, que veremos más adelante, pueden ser agrupados en tres modelos: la autotutela, la autocomposición y la heterocomposición.

2.1.1. Autotutela

En primer lugar, hablamos de la autotutela, también conocida como autodefensa o autoayuda, para cuando se pretende la solución del conflicto de forma directa y unilateral. En este modelo, una de las partes no acepta subordinar su interés propio al ajeno y para ello hace uso de la fuerza. En el inicio de la sociedad, este fue el medio de solución de los conflictos y con la evolución de la sociedad se asignó la función de administrar la justicia al propio Estado, es decir, se busca suprimir la costumbre de tomarse la justicia por su mano encontrando hoy este concepto tipificado en el Código Penal (en adelante CP) como la realización arbitraria del propio derecho.

El Estado moderno prohíbe la realización arbitraria del propio derecho, en tanto el derecho individual está protegido por ello y no por la fuerza privada. Quien tiene un derecho subjetivo amparado por la ley, no puede poner en obra la fuerza privada para hacerlo valer[17]. Pero esto no siempre ha sido así, ya que en el período medieval y la edad moderna se consideraba como forma de resolución de conflictos el duelo y la venganza[18].

---

16 ORTIZ PRADILLO, J. C. *Estudio Sistemático de la Mediación Familiar: Propuestas de Actualización y Mejora.* Ediciones Parlamentarias de Castilla-La Mancha. 2015.

17 CALAMANDREI, P. *Instituciones de Derecho Procesal Civil.* Ediciones Jurídicas Europa-América. 1973.

18 ORTIZ PRADILLO, J. C. *Estudio Sistemático de la Mediación Familiar... cit.*

En definitiva, la autotutela se caracteriza por la ausencia de un juez o un tercero que resuelve el conflicto y la imposición de la solución por una de las partes como consecuencia de su propio beneficio.

ALCALÁ ZAMORA clasificó en su momento los medios de solución de conflictos como cauces autocompositivos y heterocompositivos[19], habiendo analizado en primer lugar la autotutela, centrémonos ahora en los medios autocompositivos y heterocompositivos.

2.1.2. Autocomposición

Los medios autocompositivos son aquellos en los que intervienen las partes interesadas en conflicto, para, de forma voluntaria, tratar de alcanzar una solución consensuada. Las partes ponen fin a sus disputas de manera pacífica, sin usar la fuerza. Pueden hacerlo de forma directa los propios sujetos, o, a través de un tercero que colabore *inter partes.*

Estos sistemas, gestionan mejor los intereses de las partes en conflicto, al ser ellas las que resuelven su litigio a través del diálogo, por ello son especialmente convenientes cuando las relaciones entre las partes deben continuar tras el litigio[20].

---

19 MARTÍNEZ GARCÍA, E., BARONA VILAR, S., PLANCHADELL GARGALLO, A., ETXEBERRIA GURIDI, J. F., ESPARZA LEIBAR, I., & GÓMEZ COLOMER, J. L.: *Introducción al Derecho Procesal. Derecho Procesal I.* Tirant Lo Blanch. 2021. [en línea]. [Consulta: 12 de septiembre de 2023] Disponible en: https://biblioteca-tirant-com.bucm.idm.oclc.org/cloudLibrary/ebook/info/9788413789361

20 SAN CRISTÓBAL REALES, S.: "Sistemas alternativos de resolución de conflictos: negociación, conciliación, mediación, arbitraje, en el ámbito civil y mercantil", en *Anuario Jurídico y Económico Escurialense, 46*(46), 2013. Pp. 39-62. [en línea] [Consultado en 10 de enero de 2024] Disponible en: https://dialnet.unirioja.es/descarga/articulo/4182033.pdf

Estos medios pueden utilizarse para resolver conflictos disponibles, es decir, que tienen límites y no sirven para todas las materias. Destacamos su eficacia para descargar de trabajo a los tribunales, además, si fracasa el uso de un sistema autocompositivo, el litigio puede retomar la vía judicial o arbitral.

El uso de estos sistemas autocompositivos busca la participación de las partes en la resolución de la disputa, aunque evidentemente tiene dificultades que van desde el uso de herramientas facilitadoras[21] que no son las habituales entre los profesionales, por lo que se necesita una preparación profesional específica para llevar a cabo esta tarea, hasta la obtención de confianza[22] del mediador en este caso, ya que debe procurar ganarse la confianza de las partes e ir incrementándola poco a poco, tanto desde las partes hacia el mediador como entre las partes implicadas.

---

21 Se "propone al iniciar una intervención algunas preguntas pertinentes: ¿El momento es oportuno para iniciar una intervención? ¿Ha verificado Ud. las expectativas de cada parte? ¿considera realistas las expectativas de cada cual? ¿Es objetivable lo que pretende cada uno? ¿Cuál es el grado de compatibilidad de objetivos entre las partes? ¿Son conscientes de los costes de no resolución del conflicto? ¿Puede evaluar de algún modo el nivel de desconfianza entre las partes? ¿Tiene más o menos controlada la tensión emocional entre las partes? ¿las partes están interesadas en algún medio específico de resolución de conflictos? ¿Alguien ajeno al proceso puede influir en la decisión?
¿La toma de decisiones requiere consultas? ¿Ha verificado quienes están legitimados para la toma de decisiones? ¿Están las partes dispuestas a implicarse en el proceso de solución? ¿Puede Ud. dividir los problemas por partes? ¿Puede Ud. pactar una agenda? ¿Tiene Ud. un plan establecido al margen de lo que digan las partes? ¿están claros los costes de su intervención?" REDORTA, J.: *La estructura del conflicto: el análisis de conflictos por patrones*. Almuzara. 2018. Pág. 141

22 "*La actitud de respeto hacia las partes y sus intereses en conflicto expresada muchas veces en lenguaje neutral, en escucha activa, incluso en afectividad o empatía, siempre hacia todos, tiende a dar resultados en un entorno de alta susceptibilidad*" REDORTA, J. *La estructura del conflicto: el análisis de conflictos por patrones. cit.*

Encontramos diversos medios que forman parte de los sistemas autocompositivos, clasificables en unilaterales o bilaterales. Las manifestaciones unilaterales de la autocomposición son el desistimiento o renuncia y el allanamiento. Mientras que las bilaterales son la transacción, la conciliación y la mediación.

En este tipo de sistemas, es posible la intervención de un tercero, bien por iniciativa propia, o, bien por solicitud de las partes. Sin embargo, la figura del tercero en estos sistemas no es la de proporcionar la solución del conflicto, sino la de que el tercero ayude a las partes en la identificación de sus intereses reales para que adopten las posiciones que finalmente lleven a la resolución amistosa del conflicto.

2.1.3. Heterocomposición

Los medios heterocompositivos son aquellos en los que interviene un tercero *supra partes* imponiendo la solución a las partes. Puede intervenir una persona individual o colegiada, e imparcial, que va a resolver el conflicto latente entre las partes con una resolución que tendrá efecto de cosa juzgada. En estos sistemas el tercero imparcial actúa sobre las partes imponiendo su decisión.

La solución viene dada por un tercero ajeno al problema, tercero al que las partes han acudido previamente y al cual le encomiendan voluntariamente la resolución de su disputa. Esto significa que en estos medios el tercero sí que resuelve el conflicto de forma vinculante. Encontramos como formas de la heterocomposición el arbitraje y el proceso judicial, los cuales ofrecen como resolución vinculante el laudo arbitral y la sentencia, respectivamente.

La presencia tanto de los sistemas autocompositivos como de otros heterocompositivos, no pretende desplazar a la jurisdicción, sino que se trata de ofrecer a los ciudadanos un abanico de posibilidades de resolución de conflictos los cuales elegirán dependiendo de las características de cada controversia.

2.2. El desarrollo de los sistemas de resolución de conflictos

Los sistemas hetercompositivos se han instalado en la sociedad actual por una cultura envuelta en la litigiosidad. En esta sociedad se ha percibido durante mucho tiempo a los juzgados como la única vía útil de resolución de conflictos, esto es porque en las sociedades occidentales se afrontan los conflictos desde una perspectiva de competitividad en donde sólo puede ganar una de las partes.

Esta cultura de que los conflictos deben someterse a criterio de un juez para que el mismo decida quién tiene razón y quién no, provoca en primer lugar, colapso en los juzgados y, en segundo lugar, fomenta el pensamiento de que las personas necesitamos un tercero que resuelva los conflictos y, por tanto, que no somos capaces de resolverlo por nosotros mismos.

Ante estos problemas, SANDER junto con otros expertos, abordó la posibilidad de complementar el sistema de Justicia con otros mecanismos, además de determinar las medidas que llevarán a una justicia más rápida y económica. Como indica: "*there is a need for developing a flexible mechanism [...] I am not persuaded that the courts have sufficient competence, resources or remedial power to run mental hospitals, schools or welfare departments*"[23].

A lo largo de su estudio incide en la creciente presión que sufría la Administración de Justicia por verse ante la sociedad como el único órgano existente de resolución de conflictos

---

[23] Tal y como podemos leer en el artículo "Varieties of Dispute Processing" de E. A. SANDER, F. (1976) recogido en el libro recopilatorio de Discussions in Dispute Resolution: The Foundational Articles. Oxford University Press (2021)

por ello marca como objetivo la búsqueda de mecanismos que reduzcan la litigiosidad. En primer lugar, entiende que se pueden prevenir conflictos a través de la norma material, ya que si se limitan de forma clara las consecuencias de una conducta y se educa en la prudencia se podrán reducir considerablemente los conflictos. En segundo lugar, plantea la utilización de los diversos sistemas de resolución de conflictos existentes y el necesario conocimiento de las características de cada uno por las partes para decidir de forma adecuada qué mecanismo deben utilizar para la resolución de su conflicto.

Esta problemática es común en diversos países en los que no se podía entender que el ejercicio del derecho de acceso a la justicia por parte de cualquier ciudadano fuera sinónimo de resolución justa del conflicto latente, por lo tanto, se volvió imprescindible un cambio en el pensamiento ampliando así las opciones de resolución de conflictos por medio de sistemas extrajudiciales de resolución de conflictos[24].

Vamos a resaltar en este último punto en qué deben fijarse las partes para determinar qué mecanismo de resolución de conflictos sería el adecuado para su caso particular. En primer lugar, se debe identificar cuál es la naturaleza del conflicto,

---

24 *"Ora, a simples possibilidade de postular uma pretensão junto ao órgão judiciário não é sinônimo de concreção substancial da justiça. [...] Para que a efetividade saia do campo doutrinário e vigore de forma concreta no sistema jurídico pátrio, torna-se imprescindível uma mudança na postura dos cientistas e operadores do direito, ampliando a visão das formas de solucionar os conflitos por meio da implementação mais assídua de meios extrajudiciais de resolução de conflitos, a fim de permitir que estes instrumentos eficazes sejam colocados, de forma efetiva, à disposição dos cidadãos para a solução das desavenças."* MARCHIORI DE MORAES, M., & MAYUMI SANOMYA, R.: A concreção do acceso à ordem jurídica justa por meio da implementação da mediação-aplicabilidade na seara empresarial. *Revista de Estudos Jurídicos da UNESP, 16(24)* 2012. [en línea] [Consultado en 10 de enero de 2024] Disponible en: https://blook.pt/publications/publication/b9c17a1b8f9b/

lo que nos llevará a determinar si será más adecuado utilizar un sistema autocompositivo o heterocompositivo. A continuación, se debe evaluar cuál es la relación entre las personas en disputa, es decir, si su relación es a largo plazo o si es puntual. por ejemplo, entre familiares o entre comprador y vendedor. Una vez analizados estos dos elementos debemos fijarnos en la cuantía del asunto, ya que si es una cuantía pequeña podemos evitar iniciar un proceso y así contribuir a no colapsar los tribunales. Y, por último, las partes deben valorar el coste de cada procedimiento y el que están dispuestas a asumir, así como el tiempo refiriéndose a la rapidez en la resolución del conflicto[25], es decir, deben evaluar el coste económico y el temporal.

Concluimos en este momento que la vía judicial no es ni debe ser la única forma de resolver conflictos, debiendo educarse a la sociedad en que el acceso a la justicia no significa únicamente acceder a los tribunales para resolver la disputa por la vía judicial, sino que los MASC también son acceso a la justicia.

2.3. Situación actual de los métodos de resolución de conflictos

Debemos tener en cuenta los grandes avances que han tenido a lo largo del tiempo los métodos heterocompositivos, como puede verse, por ejemplo, en las garantías que rodean al debido proceso o en el arbitraje con una destacada evolución a nivel internacional, para que las partes puedan discutir en igualdad y sin indefensión. Frente a lo poco que han evolucionado, en comparación, los métodos autocompositivos, casi relegados a cuestiones de poca importancia. La evolución de

---

25 SOLETO MUÑOZ, H.: La conferencia Pound y la adecuación del método de resolución de conflictos. *Revista de Mediación, 10*(1). 2017. [en línea]. [Consultado en 10 de enero de 2024] Disponible en: https://revistademediacion.com/articulos/la-conferencia-pound-la-adecuacion-del-metodo-resolucion-conflictos/

la sociedad nos ha llevado a una mayor facilidad para generar nuevas y diversas relaciones jurídicas, lo que a su vez deviene en la aparición de nuevos y diversos conflictos[26].

Estos cambios han afectado al clásico modelo de justicia siendo evidente, a día de hoy, la necesidad de contar con una justicia eficaz, lo que ha derivado en considerarse insuficientes los tribunales para la resolución de algunos conflictos, incorporándose así los MASC como una pluralidad de vías que se ofrecen al ciudadano para solventar las disputas existentes.

El concepto "*the multi-rooms Justice System*"[27] surge como consecuencia de la globalización y las nuevas herramientas de comunicación, ya que se plantea la posibilidad de resolver los conflictos de forma más pacífica y menos traumática, por lo que se termina por entender que la justicia va más allá de lo procesal y los tribunales. Este sistema consiste en hacer un diagnóstico del conflicto para determinar qué MASC puede ser más conveniente utilizar, y si el mismo debe basarse en una fórmula autocompositiva o heterocompositiva.

Precisamente, el no atender únicamente a la vía heterocompositiva, y más explícitamente, a la vía jurisdiccional, supone analiar y estudiar esos otros métodos que se han venido calificando como "Métodos alternativos a la vía judicial" (genéricamente, ADR por sus siglas en inglés), pero más recientemente

---

26 BARONA VILAR, S.: "Integración de la mediación en el moderno concepto de Acces to Justice: Luces y sombras en Europa" en *InDret*. 4. 2014. [en línea] [Consultado en 10 de enero de 2024] Disponible en: https://indret.com/integracion-de-la-mediacion-en-el-moderno-concepto-de-acces-to-justice/

27 BARONA VILAR, S.: Integración de la mediación en el moderno concepto de Acces to Justice: Luces y sombras en Europa, cit... [en línea] [Consultado en 10 de enero de 2024] Disponible en: https://indret.com/integracion-de-la-mediacion-en-el-moderno-concepto-de-acces-to-justice/

se viene prefiriendo la expresión "Métodos adecuados de solución de conflictos", que venimos denominando MASC.

Los MASC surgen como consecuencia de una revisión de la función de justicia en algunos casos en los que las controversias no necesitan una decisión impuesta, sino una real y efectiva solución de los conflictos que permita la pacificación de las relaciones sociales, especialmente si se debe mantener una relación personal y directa en el futuro[28].

En este nuevo modelo, los MASC y la Jurisdicción coexisten como mecanismos complementarios a la tutela de los ciudadanos. Este concepto nos lleva al de la tutela judicial efectiva previsto en el artículo 24 de la Constitución Española[29] (en adelante CE) en el cual se reserva en exclusiva la función jurisdiccional a Juzgados y Tribunales como únicos a quienes corresponde juzgar y hacer ejecutar lo juzgado, similar al concepto anglosajón de *Access to Justice*, pero teniendo en consideración que existen medios extrajudiciales (*Out of Court*) y judiciales (*In Court*) que conviven e incluso son complementarios y permiten un enriquecimiento de la tutela exigida por los ciudadanos, no limitándose exclusivamente la resolución de conflictos en general a los juzgados y tribunales.

Como hemos mencionado previamente, la base organizativa de la impartición de Justicia se sustenta en la exclusividad reconocida al Poder Judicial y al proceso jurisdiccional como método heterocompositivo. A raíz de ello debemos mencionar otra clasificación doctrinal de los sistemas de solución de conflictos la cual obedece a esa distinción entre métodos jurisdiccionales y métodos extrajurisdiccionales.

---

28 ORTUÑO MUÑOZ, J. P., & HERNÁNDEZ GARCÍA, J.: "Sistemas alternativos a la resolución de conflictos (ADR): la mediación en las jurisdicciones civil y penal". *Documentos de trabajo (Laboratorio de alternativas)*, 110, 2007. P. 10.

29 Publicada en «BOE» núm. 311, de 29/12/1978.

Podemos distinguir así dos tipos de cauces de la resolución de conflictos. Los primeros son los jurisdiccionales, como los métodos institucionalizados y basados en la intervención de los órganos judiciales. Y los segundos son los extrajurisdiccionales, como mecanismos de solución de conflictos surgidos al margen del proceso, desarrollados por órganos no vinculados al poder estatal, los que hemos venido mencionando como MASC.

3. MEDIOS ADECUADOS DE SOLUCIÓN DE CONTROVERSIAS (MASC)

3.1. La problemática actual por el uso excesivo de la vía judicial

El acceso libre y generalizado a la vía judicial, que deviene del artículo 24 de la CE mencionado con anterioridad, junto con las especiales garantías y mecanismos de protección que lo acompañan, han provocado que se insten incesantes acciones ante los tribunales para que resuelvan las múltiples controversias iniciales que den solución judicial a las posiciones contradictorias de las distintas partes involucradas.

Acudimos para comprobar esta situación a la estadística judicial realizada por el Consejo General del Poder Judicial (en adelante CGPJ) concretamente a las series de asuntos por provincias[30], en esta tabla podemos analizar por provincias los asuntos que han ingresado a los tribunales, los que han sido

---

30 C.G.P.J–Temas–Estadistica judicial–Estadistica por temas–Actividad de los organos judiciales–Juzgados y tribunales–Informes por territorios sobre la actividad de los organos judiciales. Consejo General del Poder Judicial. [en línea] [Consultado en 10 de enero de 2024] Disponible en: https://www.poderjudicial.es/cgpj/es/Temas/Estadistica-Judicial/Estadistica-por-temas/Actividad-de-los-organos-judiciales/Juzgados-y-Tribunales/Informes-por-territorios-sobre-la-actividad-de-los-organos-judiciales/

resueltos y los que continúan en trámite al fin del período. Para comprender la evolución nos vamos a centrar en la Comunidad de Madrid y en sus datos estadísticos, que son los siguientes:

Asuntos/año	2012	2013	2014	2015	2016	2017
Ingresados	1.351.540	1.278.044	1.279.442	1.273.274	760.805	756.811
Resueltos	1.385.135	1.322.603	1.305.446	1.284.838	813.873	762.367
Pendientes de resolver	408.091	367.453	340.607	337.798	288.396	292.027
Tasa de congestión*	1,31	1,28	1,26	1,26	1,35	1,37

Asuntos/año	2018	2019	2020	2021	2022
Ingresados	788.181	835.773	773.383	880.788	982.526
Resueltos	776.353	807.736	695.292	873.898	949.857
Pendientes de resolver	311.360	349.232	439.747	461.338	534.961
Tasa de congestión*	1,39	1,42	1,61	1,51	1,54

*La tasa de congestión es el cociente donde el numerador está formado por la suma de los asuntos pendientes al inicio del periodo y los registrados en ese periodo y donde el denominador son los asuntos resueltos en dicho periodo.

A la vista de los datos de la tabla anterior, vemos cómo los asuntos que ingresan son excesivamente altos y que, aunque los asuntos se van resolviendo poco a poco, quedan muchos pendientes de resolver y la tasa de congestión de los juzgados y tribunales continúa en aumento. Para que los tribunales estén al día en las resoluciones, deberían reducirse los asuntos ingresados y aumentar los resueltos.

Esta situación, en la que los órganos jurisdiccionales tienen la función de tercero que resuelve el conflicto, ha derivado en un coste en recursos humanos y materiales difícilmente sostenible, que se ve agravado por el coste temporal que, por la propia dinámica de los procedimientos, dilata la resolución de la controversia, convirtiendo así la justicia en una "injusticia". Consideramos que, ante este aumento de asuntos judicializados, los MASC también son una opción válida y eficaz de resolver los conflictos y su uso ayuda a reducir esa tasa de litigiosidad.

Siendo palmaria la situación de que el acceso a la justicia se ha generalizado, también lo es que los servicios jurídicos no pueden asumir todas las controversias que precisan de la resolución por un tercero. De ahí que, en los últimos tiempos, se vengan planteando y articulando otros medios de resolución de conflictos alternativos que no precisen de la intervención judicial, y que resulten lo más eficaces posibles.

Este problema, que no es único de España, se viene resolviendo en Europa a través de diferentes vías entre las que podemos encontrar los MASC. Esto es así como consecuencia de que Europa es consciente de que el número de conflictos que acaban ante los tribunales es cada vez mayor, teniendo como consecuencia que se alarguen los plazos de espera de resolución del conflicto y que los costes judiciales hayan aumentado[31]. Con motivo de esta apreciación, Europa lleva décadas publicando libros verdes y recomendaciones, que veremos más adelante, en donde se alude a la necesidad de utilizar las vías alternativas MASC e incorporarlas a la Justicia. El objetivo no es prescindir de la vía judicial, en cualquier caso, sino buscar una armonización entre los medios jurisdiccionales y los no jurisdiccionales planteando que el ganador será el ciudadano que podrá hacer uso de su derecho de acceso a la justicia[32].

Se entienden por estos medios los procedimientos que permiten resolver conflictos de forma pacífica, jurídicamente admisible e independiente al sistema judicial, dándose de esta forma mayor importancia a la autonomía de las partes implicadas en la controversia. El objetivo de su implantación es el uso

---

31 *Mediación en los países de la UE.* (s. f.). European Justice. [en línea] [Consultado en 10 de enero de 2024] Disponible en: https://e-justice.europa.eu/64/ES/mediation_in_eu_countries

32 CARDONA FERREIRA, J. O.: "A importância dos meios extrajudiciais de resolução de conflitos no sistema jurídico português" en *Meritum, 8* (1). 2013. p. 230.

de estos mecanismos para que las partes enfrentadas alcancen la solución en un procedimiento más flexible y con una participación más activa.

Venimos hablando de los MASC, que como hemos mencionado actualmente se traduce en Medios Adecuados de Resolución de Conflictos, pero anteriormente se utilizaba la palabra "alternativos", al igual que ocurre en las siglas ADR donde encontramos la palabra "*alternative*" o alternativos, por lo que nos preguntamos en primer lugar, a qué son alternativos[33]. De forma genérica, se entiende que serán aquellos medios distintos al proceso judicial o al medio que se entiende como más tradicional, aunque en la actualidad estos medios se han integrado en la práctica de los órganos jurisdiccionales, por lo que han dejado de ser alternativos para pasar a ser complementarios[34]. Como hemos indicado, en las siglas MASC se prescinde del término alternativo y pasan a ser métodos adecuados ya que son métodos complementarios que ayudan a la jurisdicción. Evidentemente, los MASC se diferencian del proceso judicial, ya que los primeros se desarrollan por personas que no están ejerciendo el poder jurisdiccional[35].

Podemos diferenciar los MASC del resto de formas de solución de conflictos por las siguientes características que los de-

---

33 MACHO GÓMEZ, C.: "Los ADR «alternative dispute resolution» en el comercio internacional", en *Cuadernos de Derecho Transnacional,* 5(2), 2013. p. 401. https://doi.org/10.20318/cdt.2016.1828

34 Se hace referencia a esta complementariedad en el Libro Verde de la Comisión, de 16 de noviembre de 1993, sobre el acceso de los consumidores a la justicia y solución de litigios en materia de consumo en el mercado único, COM (93) 576 final, p. 9

35 BARONA VILAR, S. (1997) *Solución extrajudicial de conflictos: Alternative dispute resolution (ADR) y derecho procesal* Ed. Tirant lo Blanch, 1999. Páginas 167-169

finen[36]. En primer lugar, encontramos protagonismo en la autonomía de la voluntad, es decir, que las partes pueden decidir el medio que quieren emplear, además de moldearlo según sus necesidades y circunstancias. En segundo lugar, tendrá naturaleza contractual tanto: el acuerdo de sometimiento de las partes al MASC; como el contrato constitutivo del MASC; y, como el acuerdo que pone fin a la controversia. En tercer lugar, los MASC se caracterizan por su flexibilidad, ya que permiten a las partes focalizar todos sus esfuerzos en resolver el conflicto sin tener que lidiar con posibles obstáculos procedimentales. En cuarto lugar, se busca con la aplicación de estos medios llegar a soluciones de la forma más rápida y con el menor coste económico, es decir, rapidez y reducido coste económico. En quinto lugar, la solución a la que se llegue, será conforme a los intereses de las partes, sin perder de vista la perspectiva legal. Y en último lugar, hace referencia al tercero como característica fundamental, ya que es necesaria la presencia de esta figura según sea el sistema elegido heterocompositivo o autocompositivo.

La implantación de estos medios en España se debe a que el sistema judicial es el garante de la resolución de todas las controversias que surgen en la sociedad, pero los litigios aumentan anualmente de forma vertiginosa, lo que somete a los tribunales a excesivas cargas de trabajo, por lo que se acumula el mismo ralentizando el funcionamiento de la Administración de justicia.

Como consecuencia de esta situación y teniendo en cuenta que la Constitución Española en su artículo 24 contempla el derecho a una tutela judicial efectiva, se busca descongestionar el sistema judicial, siendo la alternativa más lógica recurrir a métodos de solución de controversias que no se lleven a cabo

---

36 MACHO GÓMEZ, C.: Los ADR «alternative dispute resolution» en el comercio internacional. *Cit.*... p. 399.

en la vía judicial. De estos otros medios, de su configuración normativa, de su relevancia y eficacia, nos ocuparemos a lo largo de esta investigación.

3.2. El desarrollo de los MASC en Europa

Entendemos que, cuando se trata de conflictos, se deben tener en consideración multitud de elementos y no sólo la lógica establecida, ya que en el desarrollo de un conflicto están presentes, no sólo los intereses económicos y la identidad nacional o social de las partes, sino también las características personales de quienes se encuentran en contraposición como puede ser la estructura del pensamiento, las emociones humanas, la percepción de la vida y de la realidad... y todo esto determinarán cómo se enfrenta cada una de las partes al problema.

Para intentar resolver estas controversias, se han establecido a lo largo de la historia distintos sistemas de resolución de conflictos, recordamos que estos sistemas se dividen en heterocompositivos y autocompositivos.

El origen de los medios de resolución de conflictos se remonta a la antigüedad, incluso en muchas culturas, acudir a los procedimientos extrajudiciales continúa siendo lo habitual. Como consecuencia de la aparición de tribunales centralizados y el auge del Estado moderno de Derecho se redujo la importancia y número de estos sistemas autocompositivos, pero es cierto que en determinados ámbitos su popularidad se ha mantenido.

En el caso de la Unión Europea ya se defendía en la Comunicación de la Comisión sobre el acceso de los consumidores a la Justicia, de 4 de enero de 1985, que sirvió para la preparación del Libro Verde de acceso de los consumidores a la justicia y solución de litigios en materia de consumo en el mercado único[37], la conveniencia de impulsar el uso de los medios de resolución de conflictos, donde indicaba que se comprometía a "apoyar proyectos piloto para aprender a solucionar los problemas surgidos en la práctica y, sobre la base de la información así conseguida, proponer soluciones concretas como la modificación de la legislación en sí misma, la creación de procedimientos administrativos o extrajudiciales, o de arbitraje y conciliación". Como se ha constatado, los procedimientos existentes para la defensa de los derechos reconocidos a los consumidores no podían calificarse como adecuados en su totalidad, por lo que se consideró necesario desarrollar otras alternativas a la resolución del conflicto que fueran más apropiadas y más flexibles. Surge, por tanto, la posibilidad de que se acuda a otros terceros, que no sean jueces, para tratar de alcanzar una solución previa o distinta a la judicial a través del arbitraje y la conciliación.

No sólo lo hizo la Comisión, sino que también el Consejo de Europa lo venía reclamando, como lo hace para el Derecho de familia a través de la Recomendación (1981) 7 del Comité de Ministros a los Estados miembros, relativa a medidas tendentes a facilitar el derecho de acceso a la justicia, adoptada por el Comité de Ministros, el 14 de mayo de 1981[38], en la que dicho organismo, consciente de la complejidad, la lentitud y el excesivo coste económico del tradicional proceso judicial, alentaba a los Estados a tomar una serie de medidas para me-

---

37 Libro verde de acceso de los consumidores a la justicia y solución de litigios en materia de consumo en el mercado único. Comisión de las Comunidades Europeas COM (93) 576 final, Bruselas, 16 de noviembre de 1993. [en línea] [Consultado en 10 de enero de 2024] Disponible en: https://eur-lex.europa.eu/legal-content/ES/TXT/PDF/?uri=CELEX:51993DC0576&from=FR

38 MACHO GÓMEZ, C.: "Origen y evolución de la Mediación: el nacimiento del «movimiento ADR» en Estados Unidos y su expansión a Europa", en *Anuario de Derecho Civil, LXVII,* 2014. Pp. 969-970.

jorar el cumplimiento del derecho de acceso a la justicia (art. 6 CEDH). Entre dichas medidas, se encontraba la de facilitar y animar a las partes en conflicto a participar en conciliaciones o en otro tipo de vías para la solución amigable de disputas, bien antes de acudir al proceso judicial, bien en cualquier momento durante su desarrollo.

También lo hace en la Recomendación (1986) 12, del Comité de Ministros a los Estados Miembros, relativa a medidas tendentes a prevenir y reducir la sobrecarga de trabajo de los Tribunales de Justicia, adoptada por el Comité de Ministros el 16 de septiembre de 1986, basándose en el mismo objetivo que la anterior —mejorar el derecho de acceso a la justicia—, que proponía a los Estados incentivar el uso de mecanismos alternativos de resolución de conflictos en determinadas materias relacionadas con los conflictos civiles y comerciales.

De hecho, el Consejo de Europa lo ha defendido en diversos ámbitos jurídicos, debemos resaltar en materia de Derecho de Familia, la Recomendación R (98) 1, de 21 de enero de 1998, del Comité de Ministros a los Estados miembros del Consejo de Europa sobre la Mediación Familiar[39]. Pero también lo ha hecho en cuestiones penales —como en la Recomendación (1999) 19, del Comité de Ministros a los Estados Miembros, sobre la mediación en cuestiones penales, adoptada por el Comité de Ministros el 15 de septiembre de 1999—, en materia civil y mercantil —con la Recomendación (2002) 10, del Comité de Ministros a los Estados Miembros, sobre mediación en asuntos civiles, adoptada por el Comité de Ministros el 18 de septiem-

---

39 Recomendación NºR (98) 1 del Comité de Ministros a los Estados Miembros sobre la mediación familiar, aprobada por el Consejo de Ministros el 21 de enero de 1998, a partir de la 616 reunión de los Delegados de los Ministros [en línea] [Consultado en 10 de enero de 2024] Disponible en: https://www.ucm.es/data/cont/media/www/pag-40822/recomendacioneuropea.pdf

bre de 2002—, e incluso en el ámbito administrativo —a través de la Recomendación (2001) 9, del Comité de Ministros a los Estados Miembros, sobre alternativas a los litigios entre autoridades administrativas y particulares—.

Por ejemplo, en Portugal el uso de los MASC comienza a promoverse con la *Comunidade dos Países de Língua Portuguesa* a través de la cual en el año 2000 se plantea la creación de la *Câmara de Arbitragem,* a la que posteriormente se unirá la mediación formando el *Instituto de Mediação e Arbitragem Internacional* que une el uso de estos MASC para todos los países de habla portuguesa[40]. Es importante destacar que para el derecho portugués la mediación y el arbitraje son caminos estructuralmente diferentes, aunque armonizables como caminos de la justicia[41].

3.3. La evolución histórica internacional de los MASC

OTERO PARGA distingue tres grandes momentos en su evolución histórica, el primero de ellos es el uso en las culturas de un tercero con autoridad reconocida para resolver los conflictos entre particulares[42].

La promoción de la resolución de conflictos por medio de la mediación hoy en día es en realidad una adaptación de los

---

40 Instituto de Mediação e Arbitragem Internacional, é uma entidade sem fins lucrativos, preocupada em promover uma justiça de proximidade junto às camadas mais carenciadas da sociedade civil, no que toca a prevenção e gestão de conflitos mediante ao recurso aos meios extrajudiciais de resolução de conflitos. [en línea] [Consultado en 10 de enero de 2024] Disponible en: https://ilmai.org/quem-somos/

41 CARDONA FERREIRA, J. O: "A importância dos meios extrajudiciais de resolução de conflitos no sistema jurídico portugués", *Cit... pp* 224-225.

42 OTERO PARGA, M. M.: "Las raíces históricas y culturales de la mediación", *cit...*, pp. 174.

métodos utilizados en culturas antiguas. Por ejemplo, en China, se aplica la figura de un tercero con autoridad desde que el pensamiento de CONFUCIO indicó que *el apoyo unilateral y la intervención adversarial, dificultan la comprensión y son la antítesis de la paz,* o, en África, donde era costumbre reunir a una asamblea vecinal para la resolución de conflictos con la ayuda de una persona con autoridad sobre los enfrentados.

El segundo momento es en el que existieron diferentes foros a los que acudir pidiendo justicia, ya que el sistema judicial es el más aceptado por ser el más democrático.

Y un tercer momento en el que aparece el poder judicial institucionalizado.

Las MASC se configuran como un fenómeno internacional de amplia aceptación, siendo los Estados Unidos uno de los países pioneros. Esto nos hace preguntarnos por qué tuvo ese auge el uso de los MASC, pudiendo pensar, en primer lugar, en la cultura divorcista de este país, lo que pudo provocar que surgiese la necesidad de resolver estos conflictos familiares de forma pacífica. Además, en segundo lugar, se comienzan a aprobar normas relativas al arbitraje en el año 1920, lo que favorece el desarrollo del arbitraje en Estados Unidos por razones como que se impidió el acceso a los tribunales a las partes de un convenio arbitral requiriendo a estas que cumplieran con el contenido de dicho convenio. Por último y en relación con este segundo punto, nos debemos plantear que el sistema judicial de Estados Unidos no es tan "libre y generalizado" como en Europa, lo que incide en que las partes implicadas prefieran hacer uso de los sistemas MASC.

Estos sistemas son una expresión de la necesidad de una cultura de diálogo, y como un medio para abordar la crisis del sistema judicial, a la que no es ajeno nuestro continente. Pretenden ser estos sistemas un signo de identidad de la nueva Europa, con la perspectiva de un espacio judicial común, más ágil y eficaz, en el que los ciudadanos tengan mayor participación en la toma de decisiones que les afectan.

Los MASC constituyen un conjunto de mecanismos que permiten a las partes enfrentadas por un conflicto alcanzar la solución al mismo, al margen del proceso jurisdiccional, a través de un procedimiento más flexible y de una participación más activa de los sujetos. Como indica BARONA VILAR, respecto de los medios de solución de controversias, a través de las siglas ADR responden a *Alternative Dispute Resolution*, que se vinculaba inicialmente a las acciones que desde el voluntariado se realizaban en aras de colaborar y ofrecer un cauce que permitiera a las partes solventar sus diferencias, disputas o desencuentros[43].

Los MASC tienen siempre en común las siguientes características: en primer lugar, requieren la intervención activa de una tercera persona; en segundo lugar, el acceso a los mismos debe ser voluntario, y deben dejar constancia de ello; y, en tercer y último lugar, el resultado de la intervención del tercero puede ser muy diverso (en unas ocasiones se limita a aproximar las posiciones de las partes, mientras que en otros casos emite una decisión que puede tener muy diferente alcance).

Desde Europa se ha buscado fomentar el uso de los MASC para todo tipo de reclamaciones y conflictos, así como dar al ciudadano seguridad. Gracias a la Directiva 2008/52/CE del Parlamento Europeo y del Consejo, de 21 de mayo de 2008, sobre ciertos aspectos de la mediación en asuntos civiles y mercantiles, se ve la necesidad de crear una ley de alcance nacional que sea aplicable a la mediación en todos los ámbitos. Finalmente, cuatro años después de un intenso debate parlamen-

---

43 BARONA VILAR, S.: *Nociones y principios de las ADR (Solución extrajudicial de conflictos)*. Tirant Lo Blanch. 2018.

tario, se publica la Ley 5/2012 de 6 de julio de mediación en asuntos civiles y mercantiles[44] (en adelante LMACM).

El uso de estas técnicas se ha ido regulando hasta llegar a lo que actualmente conocemos como "mediación". A nivel internacional la Convención de la Haya de 18 de octubre de 1907,[45] fue uno de los primeros tratados internacionales que abogaba por el empleo de mecanismos de resolución pacífica de controversias como el arbitraje, la conciliación y la mediación.

A partir de este momento, su desarrollo y crecimiento a nivel mundial ha sido exponencial. No sólo utilizándose con preferencia la resolución de conflictos en mayor medida, sino también, comenzándose a hablar de los mismos como MASC o, como también se conocen en el ámbito internacional *Alternative Dispute Resolution* o ADR.

Los MASC deben su impulso como mecanismos complementarios a la vía judicial a un movimiento anglosajón iniciado sobre el año 1930 llamado movimiento de libre acceso a la justicia, produciéndose su aparición en la década de los sesenta del siglo XX.[46]

Esta corriente buscaba cauces alternativos al propuesto por el Poder Judicial y los MASC surgen como instrumentos de gestión de la conflictividad social y de las controversias. Y, ello porque, *las sociedades humanas no pueden dejar de establecer me-*

---

44 Publicado en BOE número 162 de 7 de julio de 2012, BOE-A-2012-9112, https://www.boe.es/eli/es/l/2012/07/06/5/con

45 Convención de 1907 para la resolución pacífica de Controversias Internacionales [en línea] [Consultado en 10 de enero de 2024] Disponible en: http://www.papelesdesociedad.info/IMG/pdf/convenios_de_la_haya_1889_y_1907.pdf

46 E. A. SANDER, F.: "Alternative methods of dispute resolution: an overview", en *Florida Law Review* (Vol. 37, Número 1). 1985.

canismos para que los conflictos entre los individuos se resuelvan de acuerdo con el orden de los valores actuales.[47]

El conflicto requiere de medios para su resolución porque, como hemos indicado con anterioridad, es algo innato en las personas. La importancia del uso de los MASC crece en las sociedades contemporáneas en las cuales aumenta la carga de trabajo y la presión en los sistemas judiciales.

La impartición de Justicia se ha atribuido a un poder del Estado, independiente, con un personal propio dotado de específicas características. Esto garantiza que la justicia impartida desde los tribunales se pueda calificar, a nivel de términos jurídicos y legales, como excelente ya que, como consecuencia de la complejidad de las leyes, se exige la debida profesionalización del encargado de aplicarlas. Esto se encuentra en consonancia con la lentitud de los procesos, que obedece a la protección de las garantías de los particulares para evitar su indefensión y dotar de seguridad jurídica a las actuaciones, toda esta complejidad nos lleva a determinar que existe una insuficiencia de medios en los tribunales para resolver todas las disputas que se judicializan.

3.4. MASC intrajudiciales y extrajudiciales

Antes de calificar los MASC debemos hablar de una importante distinción entre la definición de "no jurisdiccional" y la de "no judicial". Por un lado, lo no jurisdiccional o extrajurisdiccional hace referencia a aquello que no corresponde a la jurisdicción ni a los órganos jurisdiccionales. Por otro lado, lo

[47] RICARDO CATARINO, J., & ALVES RIBEIRO CORREIA, P. M.: "Medios de resolución alternativa de conflictos: percepción general, satisfacción y lealtad de usuarios de centros de arbitraje en Portugal", en *Revista del CLAD Reforma y Democracia, 69*, 2017. Pp. 223-252.

no judicial o extrajudicial se refiere a aquello que no corresponde, o es ajeno al proceso judicial o al juez.

Como los MASC son sistemas distintos al proceso judicial, podemos calificarlos como sistemas no jurisdiccionales de resolución de conflictos ya que los mismos habitualmente son utilizados fuera del proceso judicial y con carácter previo, coetáneo o posterior, pero cada vez es más habitual que se utilicen por derivación o recomendación, o por disposición legal que aplica el juez, de modo que se utiliza la expresión intrajudicial para referirse a los sistemas MASC que, aunque se lleven a cabo fuera de la jurisdicción, tienen lugar por decisión judicial, recomendación judicial o por disposición legal.

Los sistemas MASC son aquellos distintos al proceso y, por ende, no jurisdiccionales. El uso de los mismos nos lleva a visualizar el cambio que atraviesa nuestro sistema judicial desde su condición de mecanismo único de tutela efectiva contemplado en la CE y la redefinición de estos sistemas como adecuados para la solución de controversias[48].

Para poder definir los conceptos anteriores, vamos a analizarlos desde el punto de vista de la mediación ya que se fomenta la derivación de este sistema tanto extrajudicial como intrajudicial, como un paso necesario y previo al ejercicio del derecho, ya que así lo contemplan la LEC con su reforma a raíz de la LMACM y en las distintas propuestas legislativas posteriores en España, como fue el caso del Proyecto de Ley de Medidas de Eficiencia Procesal (en adelante PLMEP).

---

48 TORRE SUSTAETA, M. V.: "La mediación obligatoria: redefiniendo los métodos alternativos de resolución de conflictos", en *Diario La Ley, Plan de choque de la justicia.* 2021. [en línea] [Consultado en 10 de enero de 2024] Disponible en:https://diariolaley.laleynext.es/dll/2021/05/19/la-mediacion-obligatoria-redefiniendo-los-metodos-alternativos-de-resolucion-de-conflictos

La mediación, una vez regulada y reglada a nivel procedimental según la LMACM sumado a la legislación procesal aplicable que es la LEC, se puede llevar a cabo en diferentes momentos, por lo que diferenciamos la mediación en extrajudicial, que será para los supuestos en los que para la resolución de un conflicto se acuda directamente a la mediación, e intrajudicial, para los supuestos en los que se pretenda la resolución del conflicto por vía judicial aunque se derive a los MASC. Además, tenemos en cuenta a su vez la calificación del MASC, en este caso la mediación, según el momento en el que se realice, pero sobre todo según quién inste o acuerde su utilización ya que, aunque un asunto esté judicializado, nada impide a las partes acudir a una mediación o cualquier otro sistema MASC extrajudicial sin necesidad de comunicarlo al juez.

La mediación extrajudicial es una alternativa económica, que no gratuita, y rápida a los procesos judiciales a la cual acudirán las partes con intención de resolver un conflicto. La mediación será extrajudicial cuando se inicie por las partes de forma voluntaria y no recomendada, o, instada desde los tribunales con independencia de la existencia o no de un proceso judicial. Y, será previa a la vía judicial, por cuanto tiene lugar precisamente, como sustituta de la vía judicial, ya que la intención de las partes en disputa es tratar de alcanzar una solución sin necesidad de acudir a la vía judicial.

Esta mediación extrajudicial será conocida como previa a la vía judicial en el ámbito del juzgado siempre y cuando las partes hayan sometido voluntariamente su controversia a un MASC. El juzgado conocerá de esto porque las partes informan al comenzar la vía judicial porque las mismas quieran justificar precisamente que ya han intentado un medio de resolución del conflicto. Aunque la ley no exija este intento como presupuesto procesal para la admisibilidad de la demanda, como se pretendió con la conciliación, se preveía que el uso de los MASC fuese un nuevo requisito de procedibilidad de las demandas con el Proyecto de Ley de Eficiencia Procesal del Servicio Público de Justicia. No se denominará como previa a la vía judicial a una mediación si finalmente no se acude a la vía judicial, por lo que para que la mediación sea considerada previa, primero y ante todo debe ser extrajudicial. Por ejemplo, en el caso de la normativa portuguesa se hace referencia a la mediación prejudicial indicando que las partes podrán, antes de la presentación de cualquier controversia ante los tribunales, recurrir a la mediación para resolver el conflicto latente[49].

Aunque partimos con la base de que la mediación extrajudicial se utiliza con carácter previo al proceso, nada impide que las partes, una vez iniciada la vía judicial, decidan por su cuenta acudir a una mediación extrajudicial, ya no sería previa al proceso, pero esta opción se contempla tanto en el artículo 19 de la LEC como en la LMACM. Siempre y cuando no sea el órgano jurisdiccional quien derive a las partes a la mediación nos encontraremos ante la mediación extrajudicial. Al estar inmersas en un proceso judicial, lo lógico es que informen al Juez de que van a acudir a un MASC, pero no es necesario que soliciten la suspensión del proceso, aunque es un derecho que pueden ejercer. Nos planteamos que se puede hacer uso de los MASC extrajudiciales incluso con carácter posterior al proceso ya que pueden buscar las partes resolver conflictos que surjan de una sentencia como puede ser realizar una modificación de las medidas acordadas judicialmente en un proceso de divorcio.

La Directiva de 2008 ya preveía, en su artículo 5, que *el órgano jurisdiccional que conozca de un asunto, cuando proceda y teniendo en cuenta todas las circunstancias del caso, podrá proponer a las partes que recurran a la mediación para solucionar el litigio...* y que *el órgano jurisdiccional podrá pedir a las partes que asistan a una sesión informativa sobre el uso de la mediación, si se celebran tales sesiones y si son fácilmente accesibles.*

---

[49] Artigo 13.1. Lei 29/2013, de 19 de abril, de Mediação

Por ello, disponemos de la mediación intrajudicial, siendo esta la que surge en el marco de un proceso judicial, es decir, su inicio tiene lugar con motivo de la derivación o recomendación de los tribunales de justicia, lo cual implica que la causa o conflicto ya estará judicializada. Existe la posibilidad de acudir a la mediación antes de continuar con la vía judicial como consecuencia de que el juzgado exija a las partes someterse a este medio de resolución de conflictos, o al menos la obligatoriedad de acudir a una sesión de información de la mediación, esto es lo que conocemos como la mediación intrajudicial.

Este concepto surge de la evolución de la concepción de los métodos MASC como alternativa a los tribunales a su actual consideración como herramientas complementarias que también pueden ser empleadas por los tribunales de Justicia. Por ejemplo, en Australia, se utiliza el *National Alternative Dispute Resolution Advisory Council* (NADRAC), que es un organismo creado y financiado por la *Commonwealth* que proporciona asesoramiento político y tiene como objetivo promover los MASC. Este organismo sugiere varios enfoques para apoyar otros medios de solución de conflictos entre los cuales se encuentra utilizar técnicas de MASC en procesos judiciales[50]. Se hace uso de ella para que las partes consideren la posibilidad de supeditar su controversia a la mediación, medio que, según el conflicto, puede ser más beneficioso tanto para las partes como para el juzgado, intentando así reducir la acumulación de casos sin resolver en la vía judicial.

Esta mediación se llevará a cabo una vez que se haya iniciado el proceso a través de demanda, por lo que previamente el tribunal exigirá a las partes el intento de resolución a través

---

[50] SOURDIN, T.: "The Role of the Court in Alternative Dispute Resolution", en *Asian Journal on Mediation*, 80-96. 2013. [en línea] [Consultado en 10 de enero de 2024] Disponible en: https://papers.ssrn.com/sol3/papers.cfm?abstract_id=2721532

de la mediación. En la actualidad y en la práctica jurídica en España no se exige la acreditación de haberse sometido a mediación ya que no se ha dispuesto una derivación obligatoria o vinculante, simplemente se requiere el intento de negociación o el simple contacto entre las partes para intentar un acuerdo.

Es evidente que la mediación no sirve para todos los conflictos ni en cualquier momento, el conflicto debe haber llegado a cierto grado de madurez o enconamiento para poderse abordar desde una metodología basada en el diálogo que guiará el mediador. Antes de que el juez plantee el sometimiento de las partes a mediación intrajudicial, el abogado evaluador del caso debería haber planteado a su cliente la reconducción de la resolución de la controversia a un medio colaborativo como la mediación.

3.5. Clasificación de los MASC

Existen diversos métodos de resolución de conflictos, por lo que analizaremos las características de cada uno de ellos para poder tener una visión genérica de los cauces extrajurisdiccionales de los que disponemos, es decir, que se desarrollen por personas que no ejerzan el poder jurisdiccional.

3.3.1. Arbitraje

El *arbitraje* es el medio de solución más antiguo y en la actualidad se mantiene como una alternativa frente a la justicia estatal. En Roma el procedimiento formulario era el medio de resolver un conflicto de intereses a través de un proceso ante el órgano jurisdiccional competente, sin embargo, este ordenamiento jurídico permite que las partes en conflicto puedan resolver la controversia a través de un tercero particular de su confianza, es decir, sin intervención alguna del Estado[51].

En el derecho romano el padre de familia es quien se encargaba de conciliar a las partes. En una fase posterior esta función se le asignó a un tercero imparcial que se encargaría de resolver los conflictos existentes entre ellos en virtud de una decisión que tenía que ser obedecida por los litigantes. Actualmente, el arbitraje es un medio de resolución de conflictos alternativo a la vía judicial, por el cual se somete una controversia a un árbitro, o un tribunal de árbitros, el cual dicta una resolución sobre la controversia que es de obligatorio cumplimiento para las partes, solución que además puede ser ejecutable judicialmente en caso de resistencia. Sólo puede tener lugar si ambas partes lo han acordado, las partes eligen al árbitro en conjunto y el mismo debe ser neutral[52].

En el derecho romano, una vez las partes decidieran someter su conflicto a la decisión de un árbitro, el mismo debe aceptar expresamente el encargo, además el árbitro tiene total libertad de actuación en el desempeño de su cargo y no está sometido a regla alguna. La decisión que tome el mismo es el laudo arbitral y será siempre inapelable. En la actualidad, se sigue entendiendo que el arbitraje es voluntario y tal como establecía la Ley 36/1988 de Arbitraje[53] (en adelante LA) el mismo facilitará un cauce sencillo y económico para la eliminación de conflictos mediante el uso de su libertad por los ciudadanos.

---

51 FERNÁNDEZ DE BUJÁN Y FERNÁNDEZ, A. *Jurisdicción y arbitraje en derecho romano*. Iustel. 2006.

52 LEDESMA NARVÁEZ, M. *Jurisdicción y arbitraje* (3a). Fondo Editorial de la Pontificia Universidad Católica del Perú. 2013.

53 Ley 36/1988, de 5 de diciembre, de Arbitraje. BOE núm.293, de 7 de diciembre de 1988. Disposición derogada.

El árbitro, impone la solución privada del conflicto siempre y cuando las partes le hayan designado para llevarlo a cabo. En este caso el árbitro va a resolver el conflicto de acuerdo con el encargo recibido para el caso concreto, dictando un laudo. Sin embargo, debemos resaltar que el árbitro no tiene potestad ejecutiva y sólo tiene potestad cautelar declarativa[54], es decir que el árbitro nunca puede ejecutar sus resoluciones, sino que requiere del auxilio judicial.

En este procedimiento, la función del árbitro es idéntica a la del juez, por lo que el arbitraje también es un sistema heterocompositivo, al igual que el proceso judicial. Es absolutamente necesario que haya acuerdo previo de las partes para el sometimiento a este sistema que lo pactarán voluntariamente cuando lo consideren más conveniente según sus intereses particulares.

El convenio arbitral fija el ámbito del arbitraje, el conflicto, y las condiciones para resolver el conflicto y legitima al árbitro en el ejercicio de su función declarativa. Las partes otorgan al árbitro la potestad para resolver su litigio en el marco de las normas que ellas mismas establecen en el convenio arbitral. El procedimiento lo pueden fijar las partes siempre y cuando cumplan con los requisitos establecidos en la LA, por ejemplo, el principio de igualdad, de audiencia y contradicción establecido en el artículo 24 de dicha norma.

Destacamos a su vez que el procedimiento está regido por el principio de confidencialidad como característica intrínseca y como ventaja comparativa frente a la jurisdicción estatal. El arbitraje es confidencial desde el comienzo hasta el laudo. Esta obligación, no está sólo intrínseca en los deberes de los

---

54 SAN CRISTÓBAL REALES, S: "Sistemas alternativos de resolución de conflictos: negociación, conciliación, mediación, arbitraje, en el ámbito civil y mercantil", cit... *pp*. 39-62.

árbitros, sino que también lo está para las partes y a todos en general los que intervienen en el proceso. La obligación de confidencialidad no dura sólo durante el procedimiento, sino que este principio se mantiene extendido a todo lo que haya sido objeto del arbitraje[55]. Una de las ventajas del arbitraje es la flexibilidad, en principio, las partes pueden convenir todos los aspectos del MASC y adaptarlo a las necesidades del conflicto[56].

El arbitraje se puede clasificar como de derecho y como de equidad. El arbitraje es de derecho cuando la cuestión es resuelta con arreglo a la ley, aplicando el ordenamiento jurídico vigente, y será de equidad cuando se hace conforme al leal saber y entender de los árbitros si el órgano arbitral posee conocimientos técnicos en la materia objeto del caso y con base a ellos adopte una decisión[57].

En el arbitraje de derecho impera el criterio de legalidad ya que los árbitros hacen uso de la legislación vigente para resolver las cuestiones conflictivas[58], mientras que en el arbitraje de equidad se pone el foco en los aspectos psicológicos y co-

---

55 JIMÉNEZ BLANCO, G.: "Confidencialidad en el arbitraje", en *Arbitraje, VIII*(13), 2015, Pp. 735-748.

56 CAIVANO, R. J. (s. f.). El arbitraje: nociones introductorias. *Revista Electrónica de Derecho Comercial.* [en línea] [Consultado en 10 de enero de 2024] Disponible en: https://www.derecho-comercial.com/Doctrina/Arb-001.pdf

57 DIEZ-PICAZO Y PONCE DE LEÓN, L.: "El Pacto Compromisorio y la nueva Ley de Arbitraje", en *Estudios Legislativos, Anuario de Derecho Civil* (Vol. 7, Número 4, 1954. p. 1156). [en línea]
[Consultado en 10 de enero de 2024] Disponible en: https://www.boe.es/biblioteca_juridica/anuarios_derecho/articulo.php?id=ANU-C-1954-40115501174

58 CALMET SOLOGUREN, H., & PURIZAGA VÉRTIZ, L. M.: "Arbitraje de conciencia, ¿en qué casos y para qué fines?", en *Ius et Ratio,* 1(1), 2015, p. 32.

merciales de las disputas, no poniendo el énfasis en su carácter jurídico[59].

Otra clasificación que podemos hacer del arbitraje es que este puede ser institucional tal como se especifica en el artículo 14 de la LA[60], por el que se encomienda la gestión del arbitraje a una institución, o puede ser *ad hoc*, cuando la estructura del procedimiento, la duración y otros aspectos son definidos mediante acuerdo por las partes[61].

En el arbitraje institucional, las partes encomiendan la administración del procedimiento y la designación de los árbitros a una institución especializada que se encargará de impulsar el MASC hasta la emisión del laudo conforme a las disposiciones previstas. Esto asegura la imparcialidad e independencia tanto de la institución designada como de los árbitros, de esta forma, si hubiese algún problema entre las partes, la institución impulsará el procedimiento encargándose de que tanto este como el laudo cumpla con todos los requisitos formales que permitan su ejecutabilidad.

El arbitraje *ad hoc* se define por quedar el procedimiento sujeto a las normas que acuerden las partes o, a falta de acuerdo, las que determine el árbitro o tribunal arbitral. Es conveniente que las partes pacten reglas para evitar dilaciones y dificultades en el desarrollo del procedimiento.

---

59 LARREA, A. M. (2011). Alcance y Límites del arbitraje en equidad. *Revista Jurídica Online*, 29. [en línea] [Consultado en 10 de enero de 2024] Disponible en: https://www.revistajuridicaonline.com/wp-content/uploads/2011/04/29_21a42_alcanceylimites.pdf

60 Ley 60/2003, de 23 de diciembre, de Arbitraje «BOE» n. 309, de 26/12/2003

61 Corte Española de Arbitraje. (2022). Arbitraje institucional y ad hoc: ¿en qué se diferencian? *CEARBITRAJE*. [en línea] [Consultado en 10 de enero de 2024] Disponible en: https://www.cearbitraje.com/es/blog/arbitraje-institucional-y-ad-hoc-en-que-se-diferencian

El acuerdo adoptado puede ser expreso y específico respecto del procedimiento arbitral, o también puede remitirse a un reglamento institucional existente, de modo que, al someterse a dicha institución, las partes aceptan que el procedimiento y demás aspectos procedimentales se tramiten de conformidad con lo dispuesto en el Reglamento o normativa interna de dicha institución.

En Portugal, el arbitraje es una actividad solucionadora de conflictos que igualmente se desarrolla en tribunales arbitrales, sin embargo, estos tribunales arbitrales son Tribunales como cualquier otro, en términos constitucionales muy claros del artículo 209 de la Constitución de la República Portuguesa (en adelante CRP[62]). La importancia de los términos en derecho es igual en todos los países ya que en el ordenamiento jurídico portugués se diferencia entre Tribunales y Tribunales judiciales. Los tribunales judiciales serían aquellos que dependan de las leyes de organización y funcionamiento de los Tribunales judiciales, entrarían dentro de esta clasificación el Tribunal Supremo de Justicia y los de primera instancia. Si confundiésemos el término Tribunal con Tribunal judicial nos estaríamos olvidando de tantos otros contemplados en el artículo 209 CRP como los administrativos o el constitucional. Es decir, la institución en donde se ejerce el arbitraje que son los Tribunales arbitrales no son Tribunales judiciales, por lo que

---

62 Artículo 209. Categoría de Tribunales. Apartado segundo: *Pueden existir tribunales marítimos, tribunales de arbitraje y juzgados de paz.* Constitución de la República Portuguesa de 1976, (rev. 2005). https://www.constituteproject.org/constitution/Portugal_2005?lang=es Estos forman parte de dicha norma desde la revisión constitucional por la Lei Constitucional n. 1/82 de 30 de setembro de 1982 incluidos en ese momento en el artículo 212. https://www.cne.pt/sites/default/files/dl/crp_1982.pdf

nos encontraríamos con que esto es una institución extrajudicial, pero no extrajurisdiccional[63].

Una vez aclarado que los Tribunales arbitrales en Portugal son instituciones extrajudiciales cabe preguntarse cómo surgen estos Tribunales. Existen dos posibles orígenes, por un lado. que sean instituciones *ad hoc* creadas por el Ministerio de Justicia con el fin de resolver conflictos a través del arbitraje voluntario[64], o, por otro lado, que determinadas entidades pretendan llevar a cabo arbitrajes voluntarios, para lo que será necesaria autorización del Ministerio de Justicia[65]. Resulta interesante para este caso hablar de otra normativa portuguesa relativa al arbitraje, concretamente sobre derecho laboral, donde encontramos el Decreto-Lei n.259 que regula el régimen jurídico del arbitraje obligatorio y del arbitraje necesario, así como del arbitraje sobre servicios mínimos durante la huelga y los medios necesarios para garantizarlos[66]. También encontramos en materia de derecho tributario, el Decreto-Lei n.10 que regula el régimen jurídico del arbitraje en materia tributaria[67],

---

63 CARDONA FERREIRA, J. O. "A importância dos meios extrajudiciais de resolução de conflitos no sistema jurídico portugués", *cit*... pp. 225-229

64 *Lei n. 63/2011, de 14 de dezembro de 2011 da Arbitragem Voluntária* https://www.pgdlisboa.pt/leis/lei_mostra_articulado.php?nid=1579&tabela=leis&ficha=1&pagina=1&so_miolo=

65 *Decreto-Lei 425/86, de 27 de dezembro de 1986 de autorização criação centros arbitragem voluntária* https://www.pgdlisboa.pt/leis/lei_mostra_articulado.php?nid=1443&tabela=leis&so_miolo=

66 *Decreto-Lei n.259/2009, de 25 de setembro de 2009. Regula o regime jurídico da arbitragem obrigatória e a arbitragem necessária, bem como a arbitragem sobre serviços mínimos durante a greve e os meios necessários para os assegurar, de acordo com o artigo 513º e a alínea b) do n. 4 do artigo 538º do Código do Trabalho.* https://www.pgdlisboa.pt/leis/lei_mostra_articulado.php?nid=3026&tabela=leis&so_miolo=

67 *Decreto-Lei n.10/2011, de 20 de janeiro de 2011 de regime jurídico da arbitragem em materia tributária.* https://www.pgdlisboa.pt/leis/lei_mostra_articulado.php?nid=1414&tabela=leis&so_miolo=S

importante en ese momento ya que buscaba desbloquear la situación grave de bloqueo de los tribunales respecto de las acciones civiles ejecutivas[68].

3.3.2. Negociación

Evaluamos la *negociación* como medio de resolución de controversias. Como indican FISHER, URY y PATTON este método está definido como una comunicación mutua diseñada para llegar a un acuerdo cuando entre las partes existen intereses contrapuestos[69]. En la negociación ceden un poco todos los implicados, renunciando incluso a parte de sus intereses, para conseguir el acuerdo.

En definitiva, la negociación es un proceso de discusión para afrontar y resolver un conflicto en el cual los implicados tienen opiniones diferentes y dialogan al respecto durante un tiempo determinado en el que deben tomar decisiones conjuntas para llegar a un acuerdo.

Este sistema se basa en el principio de la autonomía de la voluntad. Debemos resaltar que aquí no tiene por qué haber un tercero, pero sí es posible hacer partícipe a uno y aceptar diversas técnicas que permitan solventar o gestionar los conflictos planteados.

La negociación es una técnica mediante la cual se comunican entre sí dos o más personas que se encuentran involucradas en la disputa o conflicto para intentar aproximar sus

---

68 Como podemos comprobar en el Memorando de entendimiento sobre as condicionalidades de política económica. [en línea] [Consultado en 10 de enero de 2024] Disponible en: https://www.bportugal.pt/sites/default/files/anexosmou_pt.pdf

69 FISHER, R., URY, W., & PATTON, B.: *Obtenga el sí: el arte de negociar sin ceder*. Gestión 2000, de Centro Libros PAPF S.L.U. Grupo Planeta. 1996.

posiciones. Esto puede desarrollarse o bien por los mismos protagonistas, o bien contar con terceros negociadores, por eso puede hablarse de la negociación "directa" y de la negociación "a través de terceros"[70].

Las partes en la negociación intercambian visiones sobre el conflicto actual y se formulan propuestas de solución. Incluso de forma inconsciente, suele ser el primer mecanismo al que recurren las partes en conflicto antes de comenzar con la vía judicial, dado que es sobradamente conocido y pueden hacerse propuestas entre ellas sin necesidad de disponer de un tercero, lo que se conoce como negociación directa. En ocasiones pueden intervenir terceros como expertos de un tema en concreto, abogados o incluso apoderados para la discusión de ciertos puntos del acuerdo. Cuando intervienen terceros se conoce como negociación asistida o conciliación, ya que esta persona deberá ser un facilitador neutral.

En base a estas especificaciones podemos establecer las características de la negociación, viendo que, en primer lugar, es necesario que exista un conflicto entre dos o más partes. Como hemos mencionado previamente, en segundo lugar, destacamos que las partes negocian de manera voluntaria, es decir, se rigen por la autonomía de la voluntad, no se obliga a nadie a que negocie. Si se inicia la negociación, en tercer lugar, es porque las partes prefieren llegar a un pacto en lugar de forzar el acuerdo de forma agresiva. En cuarto lugar, debemos tener en cuenta que toda negociación tiene un proceso por el cual ambas partes esperan que una de ellas ceda para establecer el acuerdo. Por último, no existen normas o procedimientos fijados para resolver el desacuerdo, salvo el supuesto de la negociación colectiva laboral.

---

70 BARONA VILAR, S. *Nociones y principios de las ADR (Solución extrajudicial de conflictos)*. Cit....

Habitualmente la negociación comienza con la intervención sólo de las partes, aunque puede que intervengan también los abogados de las mismas en la negociación si los tuvieran, en este MASC las partes tienen interés en lo que la otra parte tiene o puede ofrecer, pero no está dispuesto a aceptar todas sus condiciones.

Podemos distinguir dos estilos básicos de negociación: distributiva e integrativa[71]. La negociación distributiva consiste en que las partes intenten dividir una cantidad de recursos fija, es lo que se conoce como "ganar-perder" o "suma cero" en el ámbito de la teoría de juegos de la microeconomía. Esto quiere decir que cualquier ganancia que consiga una persona es a costa de lo que pierde la otra, solo una de las partes gana y no se busca una buena relación a largo plazo.

En la negociación integrativa o colaborativa se busca uno o más acuerdos que pueden crear una situación de "ganar-ganar". Este tipo de negociación no tiene perdedores ni ganadores, sino que todas las partes ganan, se busca que todas las partes puedan salir satisfechas del proceso negociador. En esta negociación hay un flujo libre de información basado en la confianza, es decir, que las partes tienen que estar dispuestos a dejar ver sus intereses y objetivos. Lo primero que deben hacer es identificar el problema para que las partes trabajen en él, además deberán identificarse los intereses, preocupaciones, deseos y necesidades de las partes. Posteriormente las partes deberán intentar llegar a una serie de soluciones para obtener una ganancia mutua y así elegir la solución que cumpla unos estándares para ser aceptada. El objetivo es que todas las partes salgan beneficiadas.

---

71 PUCHOL MORENO, L.: "Introducción a la negociación", en *El libro de la negociación*. 5ª ed. Díaz de Santos. 2020. pp. 3-48.

Fuera de los estilos básicos de negociación podemos encontrar otros como la negociación acomodativa, la cual es en la que el negociador asume una posición pasiva o sumisa frente a la otra parte. Este tipo de negociación tiene un ganador y un perdedor, el fin es resolver el problema de la manera menos perjudicial, evitando así que se produzca un bloqueo o estancamiento porque ninguna de las partes quiera ceder. Se caracteriza por ser una relación "ganar-perder". El objetivo es el beneficio a largo plazo, como no estancarse en una relación que no aporta beneficios. Se usa cuando se quiere mantener la relación con la otra parte o es necesario ganarse su confianza.

En el caso de la negociación evitativa será la conocida como "perder-perder", en la cual ambas partes consideran que no merece la pena negociar en ese momento por considerar que el proceso va a ser perjudicial para una o todas las partes en ese momento. En ese caso habrá oposición por parte de los negociadores a continuar con ella. En este tipo de negociación, se les da gran importancia a las relaciones personales. Se puede determinar que los beneficios de llegar a un acuerdo, son inferiores a los problemas en los que puede derivar para las partes.

Como hemos mencionado con anterioridad, la negociación se da en muchos aspectos de la vida diaria, no sólo se negocia en la compraventa de bienes y servicios, también en el día a día con nuestros familiares y amigos. Por lo general un proceso de negociación se divide en cinco fases diferenciadas y así lo especifica PÉREZ LORENZO[72].

En primer lugar, encontramos la preparación, esta fase requiere una planificación previa para establecer los objetivos deseados, obtener toda la información posible, establecer cuáles

---

72 PÉREZ LORENZO, J. F.: "Sobre la negociación a la mediación: herramientas para tratar los conflictos en la escuela del siglo XXI", en *Voces de la Educación,* 5, Hal-02505979. 2020, p. 9

pueden ser los límites de la negociación por las partes, y además cada parte organizará su estrategia y preparará posibles alternativas para el caso de que la negociación se rompiese.

La segunda fase será la de discusión o antagonista, en ella las partes manifiestan hasta dónde están dispuestos a llegar. El negociador adquiere relevancia en esta fase frente a las partes a las que representa, ya que ellas han manifestado previamente sus intereses y delegan en él para la negociación. Existe dentro de esta fase, una de tanteo para determinar hasta dónde está dispuesta a llegar la otra parte. Además, se aclaran los objetivos propios a la luz de la nueva información que se obtiene del objetivo de la otra parte.

En tercer lugar, llegamos a la fase de acercar posiciones, en esta fase es vital que haya reciprocidad en la participación de las partes. Durante la participación podremos ver si las partes han optado por tomar una posición de beligerancia o de cooperación, además cada uno debe ir pensando hasta qué punto está dispuesto a ceder. Esta fase está íntimamente relacionada con la siguiente ya que, según la información que se obtenga en esta, en la cuarta fase podrán realizarse por las partes ofertas para acercar las posturas cada vez más.

Finalmente, en la quinta fase, encontramos el cierre, siendo su principal objetivo llegar a un acuerdo, dando por finalizado así el proceso de negociación. Aquí vamos a destacar que, tras la negociación, pueden observarse distintos resultados en el acuerdo, dependiendo de la facilidad de cumplimiento del mismo, de los compromisos contraídos y del clima relacional que se haya mantenido a lo largo del proceso.

3.3.3. Conciliación

La *conciliación* como medio de resolución de conflictos es otro mecanismo autocompositivo. La conciliación se conoce como un procedimiento no jurisdiccional por el cual se intenta que las partes entre las que existe discrepancia lleguen a un acuerdo que evite el proceso judicial[73]. La conciliación es una herramienta para solucionar conflictos, esta se basa en la comunicación entre las partes y el intercambio de ideas para solucionar el conflicto existente.

La conciliación puede tener lugar ante los tribunales de Justicia o fuera de ellos, diferenciaremos así entre conciliación intraprocesal y pre-procesal en relación con la litispendencia. Si la conciliación se da ante los tribunales de Justicia, conciliación intraprocesal, se tratará de resolver el conflicto por medio de la transacción. Su finalidad es poner fin al proceso judicial iniciado mediante el acuerdo alcanzado por las partes. Puede ser de forma previa al proceso o que concurra en el proceso civil, ya que la LEC establece la posibilidad de una audiencia previa al juicio en la cual se puede llegar a un acuerdo que tendrá los mismos efectos que la transacción judicial.

Debemos recalcar que el hecho de que la LEC aluda a la posibilidad de llegar a acuerdos no significa que el juez que conoce del asunto pueda actuar como "conciliador". De hecho, para preservar su independencia e imparcialidad, se tiende a que la conciliación tenga lugar ante el Letrado de la Administración de Justicia (en adelante LAJ) y no ante el juez, aunque en la audiencia previa sí pueda instar a las partes a buscar un acuerdo con motivo de analizar si es posible la consecución de un acuerdo[74].

La conciliación pre-procesal tiene como finalidad evitar el inicio de un litigio o un futuro proceso judicial o arbitral. En materia civil aparece regulada en diferentes normativas, como

---

73 PRIETO-CASTRO Y FERRÁNDIZ, L.: *Derecho procesal civil: Conceptos generales. Procesos declarativos. Recursos* (Vol. 1). Tecnos. Manuales Universitarios Españoles II. 1974.

74 Artículos 414 y 415 relativos a la audiencia previa y al posible acuerdo, de la Ley 1/2000, de 7 de enero, de Enjuiciamiento.

en la Ley de Jurisdicción Voluntaria[75] (en adelante LJV) en la que se regula la conciliación de forma expresa ante el LAJ, es decir extrajurisdiccional, en su noveno título; en la Ley del Notariado[76], en la cual sí se regula una conciliación extrajurisdiccional; o en el Decreto de la Ley Hipotecaria[77]. Además, encontrábamos amparada a grandes rasgos la conciliación privada[78] en el Proyecto de Ley de Medidas de Eficiencia Procesal del Servicio Público de Justicia en donde se establecía la posibilidad de la oferta vinculante confidencial y la opinión de experto independiente.

Como hemos mencionado, PLMEP, regula en su Capítulo III diferentes tipos de conciliación entre las que encontramos: la conciliación ante Notario, la cual se debe regir por lo dispuesto en el capítulo VII del título VII de la Ley del Notariado[79]; la conciliación ante el Registrador, la cual debe regirse por lo dispuesto en el título IV BIS de la Ley Hipotecaria[80]; la conciliación ante el LAJ, la cual se debe regir por lo establecido en el título IX de la LJV[81]; y, la conciliación privada que consiste en que las personas que se encuentran en un conflicto,

---

75 Ley 15/2015, de 2 de julio, de la Jurisdicción Voluntaria. Civil, en los artículos 139 y siguientes.

76 Artículo 81 de la Ley del Notariado de 28 de mayo de 1862.

77 Artículo 103 bis del Decreto de 8 de febrero de 1946 por el que se aprueba la nueva redacción oficial de la Ley Hipotecaria.

78 *Manual práctico de los MASC. (s. f.).* Mediación ICAV. [en línea] [Consultado en 10 de enero de 2024] Disponible en: https://mediacion.icav.es/wp-content/uploads/2022/06/MANUAL-PRACTICO-DE-LOS-MASC.pdf

79 Artículo 13.3 del Proyecto de Ley de Medidas de Eficiencia Procesal del Servicio Público de Justicia

80 Artículo 13.4 del Proyecto de Ley de Medidas de Eficiencia Procesal del Servicio Público de Justicia

81 Artículo 13.5 del Proyecto de Ley de Medidas de Eficiencia Procesal del Servicio Público de Justicia

requieran a una tercera persona con conocimientos técnicos o jurídicos para que gestione esa conciliación[82].

La conciliación como MASC se traduce en una forma de resolución de conflictos por la cual las partes alcanzarán voluntariamente un acuerdo que se busca mediante la intervención de un tercero que participa activamente en la solución del conflicto. Por ello, el conciliador adopta una posición activa por la cual trabaja junto con las partes para encontrar una solución. En Portugal, la conciliación realizada por el juez en diversos momentos del proceso civil se regula en los artículos 594, 591 y 604 del Código de Processo Civil (en adelante CPC) sin olvidar el régimen de otras áreas específicas como en el proceso judicial laboral[83].

3.3.4. Transacción

La *transacción* en la actualidad es un sistema autocompositivo de resolución de controversias por el cual las propias partes del conflicto realizan un contrato en el que fijan un contenido conveniente para ambas, ya sea dando, prometiendo o reteniendo cada una alguna cosa. Aunque los contendientes hayan iniciado un proceso judicial o arbitral, la transacción puede darse de forma independiente al proceso[84].

---

82 Artículo 14 del Proyecto de Ley de Medidas de Eficiencia Procesal del Servicio Público de Justicia

83 ALVES MACHADO MAGALHÃES, L. M. : *Mediação: Alguns aspectos no contexto da Lei no29/2013 de 19 de Abril. A mediabilidade dos litígios e a trasacção.* [Dissertação]. Faculdade de Direito da Universidade Lusófona do Porto. 2013. [en línea] [Consultado en 10 de enero de 2024] Disponible en: https://recil.ensinolusofona.pt/bitstream/10437/5469/1/Disserta%C3%A7%C3%A3o%20Texto%20Final%202.pdf

84 VADO GRAJALES, L. O.: "Medios alternativos de resolución de conflictos", en *Estudios en homenaje a Marcia Muñoz de Alba Medrano.* Universidad Nacional Autónoma de México. . 2006. Pp. 369-389. [en línea] [Consul-

Antiguamente se configuraba como un pacto que contribuía a ser un instrumento de pacificación[85]. Este sistema se basa en el principio general de la libertad de contratación contemplado en el artículo 1255 del Código Civil (en adelante CC) por el que las partes pueden disponer de lo que consideren siempre y cuando no vulneren las normas de orden público[86]. En la negociación todas las partes ceden un poco, renunciando a algunos de sus intereses para llegar al acuerdo, pero, si además de esto las partes renuncian a litigar, nos encontraremos ya ante la figura de la transacción[87].

El contrato de transacción tiene por objeto evitar un proceso judicial o arbitral, o poner fin al que ya esté iniciado, de forma voluntaria entre las partes, siempre y cuando la materia sea disponible[88]. Toda transacción produce el efecto de sustituir una relación jurídica controvertida, por otra cierta y no controvertida, extinguiendo los derechos y acciones de las que trae causa y originando nuevos vínculos y obligaciones, según establece el Tribunal Supremo (en adelante TS[89]).

---

tado en 10 de enero de 2024] Disponible en: https://cejamericas.org/wp-content/uploads/2020/09/7nuevo.pdf

85 GONZÁLEZ FERNÁNEZ, A. I. *La mediación como método de resolución de controversias* [Tesis Doctoral]. Universidad de Vigo, Escola Internacional de Doutoramento. 2022. [en línea] [Consultado en 10 de enero de 2024] Disponible en: https://www.investigo.biblioteca.uvigo.es/xmlui/handle/11093/3762

86 SAN CRISTÓBAL REALES, S.: "La transacción como sistema de resolución de conflictos disponibles", en *Anuario Jurídico y Económico Escurialense, XLIV*, 2011, p. 279.

87 VÁZQUEZ DE CASTRO, E., (Dir.) & FERNÁNDEZ CANALES, C. (Coord.): *Practicum Mediación*. Aranzadi. 2014.

88 SAN CRISTÓBAL REALES, S. "La transacción como sistema de resolución de conflictos disponibles...", cit, p. 3.

89 Tribunal Supremo, Sala Primera, ST, 5 de abril de 2010 (LA LEY, 27/10/2010), que cita otras anteriores del mismo tribunal.

El acuerdo privado de transacción surge como consecuencia de que las partes tengan una relación jurídica controvertida, además será necesario que ambas tengan la voluntad de poner fin a la incertidumbre sobre el resultado y en este MASC las partes harán recíprocas concesiones sacrificando algo cada sujeto implicado. A pesar de que este acuerdo tendrá para las partes autoridad de cosa juzgada, el mismo puede ser impugnado según lo dispuesto en el artículo 1816 CC. Por supuesto, el mismo puede ser declarado invalido siempre que intervenga error, dolo, violencia o falsedad de documentos.

Finalmente, si las partes alcanzan en el conflicto una transacción judicial, es decir se resuelva por medio de transacción mientras se está conociendo el litigio por un tribunal, el acuerdo será homologado por el tribunal que esté conociendo del conflicto al que se pretenda poner fin según lo dispuesto en el artículo 19.2 de la LEC.

Existen determinadas materias que quedarán excluidas de la transacción civil las cuales son: el estado civil de las personas, las cuestiones matrimoniales y los alimentos futuros o las acciones penales, aunque según el artículo 1813 CC sí se puede transigir sobre la acción civil proveniente de un delito. Según lo dispuesto entendemos que sí cabe la transacción sobre cuestiones contractuales, pero entrando en materia de consumidores, debemos atenernos a lo dispuesto en la Directiva 93/13[90], la cual exige el deber de apreciar la nulidad de convenio arbitral si este contiene una cláusula abusiva, por lo que entendemos que la transacción no será una excepción[91].

---

90 Directiva 93/13/CEE del Consejo, de 5 de abril de 1993, sobre las cláusulas abusivas en los contratos celebrados con consumidores. DOCE núm. 95, de 21 de abril de 1993

91 MUÑOZ GARCÍA, C. "Transacción sobre cláusulas que pueden ser abusivas. Mecanismo alternativo para evitar el litigio entre banco y consumidor", en *Anuario Jurídico Secciones del ICAM*. Sepin. 2020.

Se hace mención de la transacción en la LEC, en su artículo 19, como una de las manifestaciones del poder de disposición de las partes sobre el objeto del proceso, indicando que, si las partes pretendieran una transacción judicial, podrá ser homologado por el tribunal el convenio o acuerdo que alcancen según lo dispuesto en dicha norma[92].

Tal como hemos mencionado previamente, podemos distinguir dos tipos de transacción, encontrando en primer lugar la transacción con objeto de evitar el proceso judicial, para ello deben realizarse con carácter previo al proceso judicial, puede ser que se eleven los acuerdos a escritura pública o que simplemente tengan efecto de contrato entre partes. Como indica VÁZQUEZ[93] las partes, ante un conflicto entre ellas, podrán evitar el litigio mediante el arreglo amistoso por la vía extrajudicial, a través de un contrato denominado transacción.

Por otro lado, encontramos las transacciones realizadas mientras se encuentra pendiente el proceso judicial, las cuales a su vez se dividen en transacción procesal y extraprocesal. La transacción procesal hace referencia a la que constará en autos, como el contrato por el cual las partes ponen fin al proceso y el acuerdo será homologado por el órgano judicial. La transacción extraprocesal, es la que surge iniciada la vía judicial pero el acuerdo se realiza al margen del proceso, poniendo fin al proceso a través de otras figuras procesales o porque se pide la suspensión por las partes[94].

---

92 Como podemos comprobar en el Auto del Tribunal Supremo 8324/2021, de 31 de mayo de 2021, Sala de lo Social.

93 VÁZQUEZ GÓMEZ-ESCALONILLA, L.: "Consideraciones generales sobre los MASC en Derecho Español", en *Revista Internacional de Estudios de Derecho Procesal y Arbitraje, 1,* 2016. P. 44.

94 SAN CRISTÓBAL REALES, S. "La transacción como sistema de resolución de conflictos disponibles" *cit...* Pp. 283-284.

En la normativa portuguesa se regula la transacción como un contrato y así lo hace el artículo 1248 del CC portugués (en adelante CCP) determinando que es un contrato por el cual las partes pueden prevenir o terminar un litigio. Igualmente se regula la posibilidad de que la transacción pueda ocurrir antes del inicio de las acciones legales, es decir, se regula la transacción preventiva o extrajudicial en el artículo 1250 del CCP.

Se define igualmente como un contrato por el cual las partes impiden o rescinden una disputa mediante concesiones recíprocas que pueden implicar la constitución, modificación o extinción de derechos distintos del controvertido.

La transacción como negocio jurídico está sujeta a los requisitos generales consignados en la ley, entre ellos el poder de disposición de las partes, esto es con la legitimidad de los sujetos que forman parte del conflicto para disponer de los derechos que pretenden ejercer con el uso de la transacción[95].

3.3.5. Ombudsman

El origen del MASC Ombudsman se remonta a Suecia, en el siglo XVI donde la figura del Gran Senescal de Suecia actuaba como inspector de tribunales, exponiendo al rey las anormalidades que se daban en la administración de justicia, pasando en el año 1713 a ser el Procurador Supremo. Esta figura goza de las mismas características que el conocido como Ombuds-

---

95 ALVES MACHADO MAGALHÃES, L. M.: *Mediação: Alguns aspectos no contexto da Lei no29/2013 de 19 de Abril. A mediabilidade dos litígios e a trasacção*, cit…

man[96]. Por ello es una figura de gran importancia para los países anglosajones y nórdicos[97].

El Ombudsman se define como un órgano de supervisión de la actuación de las administraciones públicas, entidades u organizaciones a través del conocimiento, prevención e incluso resolución de las reclamaciones o quejas que se presenten, siempre que estas sean ámbito de su competencia.

Es una institución que protege a las personas contra los abusos o actos arbitrarios de la administración pública, que pueden afectar sus derechos y garantías fundamentales. El ombudsman se conoce en ocasiones como Defensor del Pueblo, este puede recibir e investigar las denuncias que realicen las personas que se vean afectadas.

Al finalizar la investigación, una vez comprobados los hechos, se resuelve el caso por medio de un dictamen o informe que emite este órgano. Esta resolución puede considerarse, en determinados casos, vinculante y, en otros, meramente consultivo, aunque el informe pretende que se cumplan las medidas propuestas para poner fin a la situación arbitraria o contraria a derechos fundamentales, concluyendo medidas que corrijan la falta encontrada[98].

---

96 RODRÍGUEZ OCONITRILLO, J.: *La figura del Ombudsman: Guía de acompañamiento a los pueblos indígenas como usuarios.* Instituto Interamericano de Derechos Humanos. 2006. [en línea] [Consultado en 10 de enero de 2024] Disponible en: https://www.corteidh.or.cr/tablas/22612.pdf

97 VALIÑO CES, A.: "Más allá de los métodos alternativos clásicos al proceso judicial: otras formas de resolución de conflictos", en *Cadernos de Dereito Actual, 11.* (2019). [en línea] [Consultado en 10 de enero de 2024] Disponible en: https://www.cadernosdedereitoactual.es/ojs/index.php/cadernos/article/view/381

98 RODRÍGUEZ OCONITRILLO, J.: *La figura del Ombudsman: Guía de acompañamiento a los pueblos indígenas como usuarios,* cit…

3.3.6. Dictamen de tercero independiente

El dictamen por tercero experto o independiente se regula en muchos ámbitos del Derecho Mercantil, su naturaleza jurídica es la de cualquier contrato del artículo 1255 del CC. Podemos verlo contemplado también en el artículo 353.1° de la Ley de Sociedades de Capital[99] modificado por la Ley 22/2015, de 20 de julio, de Auditoría de Cuentas[100] para por la que se incluye la expresión "experto independiente" que valorará las cuestiones a falta de acuerdo entre sociedad y socio.

Además, se contemplaba en el artículo 17 del Proyecto de Medidas de Eficiencia Procesal como opinión de experto independiente. El informe de un tercero independiente se utiliza como alternativa a la vía judicial en la cual interviene un experto independiente que busca resolver el conflicto existente. Para que el tercero pueda actuar como dirimente, las partes deben acordar su intervención.

La finalidad de esta resolución a través de un experto independiente, consiste en solventar una controversia de carácter técnico, científico o artístico de forma más rápida y barata que otros métodos. Este informe de forma genérica es vinculante para las partes y definitivo para la resolución del conflicto, la eficacia del mismo es de naturaleza contractual, aunque las partes pueden acordar que el carácter del mismo no sea vinculante siempre y cuando el dictamen no se haya impuesto por la ley. El mismo podrá ser impugnado por las causas que invalidan los contratos, por la vulneración de la *lex artis* que rija en la profesión del experto en cuestión, o por características de

---

99 Real Decreto Legislativo 1/2010, de 2 de julio, por el que se aprueba el texto refundido de la Ley de Sociedades de Capital. BOE núm. 161, de 3 de julio de 2010.

100 Ley 22/2015, de 20 de julio, de Auditoría de Cuentas. BOE núm. 173, de 21 de julio de 2015.

la actuación de este como podría ser falta de independencia o imparcialidad, dolo, temeridad o mala fe[101].

El tercero debe mostrarse a las partes como independiente, tanto en las conclusiones del informe como en el procedimiento que ha llevado a cabo para llegar a ellas. Igualmente, es especialmente importante que el experto base su actuación en los principios de igualdad y transparencia, es decir, debe proporcionar a las partes igualdad de oportunidades en las audiencias y debe ser cauteloso en el trato de las partes, ya que debe conseguir que todos se sientan escuchados e informados en todo momento[102].

Para las partes se establece la obligación de entregar al experto independiente toda la información y pruebas de que dispongan sobre el objeto controvertido, en definitiva, las partes deben colaborar para que el tercero pueda emitir el correspondiente dictamen[103].

El funcionamiento de este MASC es que las partes expongan sus alegaciones al tercero independiente, de forma oral o escrita, sin perjuicio de las investigaciones que realice el tercero. Con toda la información obtenida, el tercero tomará una decisión como solución al conflicto planteado. La decisión tiene naturaleza contractual, por lo que será vinculante para las

---

101 PIÑAR GUZMÁN, B.: "La dirimencia por experto en el Derecho español", en *LA LEY Mediación y Arbitraje,* 7. Ed. Wolters Kluwer, 2021. Pp.184-203.

102 ROSALES, J.: "El experto dirimente en la resolución de conflictos de índole económica", en *Creando Soluciones de Valor.* 2016. [en línea] [Consultado en 10 de enero de 2024] Disponible en: https://creandosolucionesdevalor.com/2016/04/03/resolucion-de-conflictos-de-indole-economica/

103 AYALA, P. (2021). Los nuevos MASC: opinión de experto independiente. *Rödl & Partner.* [en línea] [Consultado en 10 de enero de 2024] Disponible en: https://www.roedl.es/es/articulos/los-nuevos-masc-opinion-experto-independiente

partes y resolverá definitivamente el conflicto, pero este pronunciamiento no es un título ejecutivo[104].

3.3.7. Oferta vinculante confidencial

La oferta vinculante confidencial es una medida por la que cualquier persona, con un conflicto latente con otra, formule una propuesta con ánimo de solucionar dicha controversia. A raíz de dicha oferta, la parte contraria debe aceptar la misma, por lo que la parte remitente se compromete a cumplir con la obligación asumida. La oferta vinculante tiene carácter confidencial y su aceptación tiene efectos irrevocables.

En el artículo 14 del Anteproyecto de Ley de Medidas de Eficiencia Procesal del Servicio Público de Justicia se proponía la oferta vinculante confidencial como un MASC de naturaleza autocompositiva, ya que las propias partes en conflicto son quienes buscan resolver la controversia. Según redactaba el Anteproyecto, este MASC comienza a través de la emisión de la oferta vinculante como declaración unilateral de voluntad creadora de obligaciones en la persona oferente[105]. Por este motivo, cabe entender que se configura la oferta vinculante como un negocio jurídico unilateral[106] y esto se acredita con el

---

104 MACHO GÓMEZ, C.: "Los ADR «Alternative Dispute Resolution» en el Comercio Internacional", *cit...* p. 415.

105 ROCA SASTRE, R. M.: "La voluntad unilateral como fuente creadora de obligaciones", en *Estudios de Derecho Privado. Obligaciones y Contratos.* Vol. 1, Revista de Derecho Privado.1948, p. 200.

106 SERRANO PÉREZ, M. A. "La oferta vinculante confidencial y su configuración como un MASC", en *Eficiencia Procesal. Modernización de la Justicia.* BOSCH EDITOR. (Coord. Rosa Pérez Martell). 2021. Pp. 73-124.

artículo 16.3 del ya Proyecto de Ley de Medidas de Eficiencia Procesal del Servicio Público de Justicia[107].

Otra característica de la oferta vinculante es que es de naturaleza recepticia ya que sólo será fuente de obligación para el caso de que la misma llegue a conocimiento de la otra parte del conflicto. Una vez se recibe la oferta, la parte receptora puede aceptarla o rechazarla, sin embargo, la misma tiene carácter irrevocable por parte de la persona oferente. El plazo que establece el PLMEP para la aceptación o el rechazo de la oferta era de un mes, pudiendo ejercitar la parte oferente la acción que le corresponda ante el tribunal competente.

Tal como define su propio nombre, la oferta vinculante tiene carácter confidencial, principio que se extiende a todas las partes implicadas y su infracción generará responsabilidad en los términos previstos en el ordenamiento jurídico.

3.3.8. Mediación

Por último, hablamos de *mediación*, MASC que desarrollaremos más pormenorizadamente ya que el objeto central de este estudio es el análisis de la figura del mediador, la relación contractual o extracontactual entre éste y las partes, las partes entre sí, la institución de mediación y otras cuestiones importantes que nos planteamos respecto de la LMACM y el derecho procesal y civil español.

Según lo establecido por la LMACM, se entiende por mediación aquel medio de solución de controversias, cualquiera que sea su denominación, en que dos o más partes intentan voluntariamente alcanzar por sí mismas un acuerdo con la in-

---

[107] En el siguiente capítulo se desarrolla el análisis de la normativa estatal en esta materia.

tervención de un mediador, vemos que es una copia literal de la definición establecida en la Directiva de 2008.

La figura de la mediación no ha existido siempre como forma de resolución de conflictos, GARCÍA GÉRBOLES y MUESMANN estudian estos primeros indicios de mediación, hablando en primer lugar de la mediación como una figura que facilitaba la interpretación para favorecer el comercio entre personas de diferentes lugares y lenguas[108], por lo que la primera figura mediadora se desarrolla en el ejercicio del *proxeneticum*, o lo que se conoce en la actualidad como corretaje[109], institución que se consolida en la época de ULPIANO.

Esta hipótesis se descarta como consecuencia de que esta figura como antecedente de la mediación tal y como la conocemos hoy día, es escasa ya que el proxeneta entendido como "alguien que se interesa de cualquier cosa" se limita a poner en relación los futuros contratantes sin participar él en el contrato[110]. Como consecuencia de ello se entiende que en un inicio no existía la figura del mediador, pero se entiende que la función que hoy se lleva a cabo por el mediador, sería ejercida previamente en el ámbito familiar por los hijos de familia o por los esclavos actuando, en su momento, en interés del *paterfamilias*.

---

108 Tal como se expresa en el Código de Hammurabi, haciendo referencia así a la figura del mediador sin atribuirle una naturaleza comercial.

109 GARCÍA GÉRBOLES, L., & MUESMANN, M.: "El entronque histórico-jurídico del concepto de la mediación desde el Derecho Romano hasta la actualidad", en *La mediación. Presente, pasado y futuro de una institución jurídica*. Netbiblio. 2010. p. 24. Donde se alude al título 14, "De proxeneticis", del Libro 50 del Digesto de Justiniano y en una Novela de Justiniano.

110 DOMÍNGUEZ TRISTÁN, P.: "Una aproximación a la figura del proxeneta a tenor de D. 50, 14 y su proyección al Derecho actual", en *Fundamentos Romanísticos del Derecho Contemporáneo. Tomo IX, Derecho Comercial Romano: Vol. II*. BOE. 2021.

Para poder definir esta figura de la mediación, debemos acudir a su origen etimológico, la palabra mediación proviene del latín *mediato,* lo que significa *acción y efecto de ponerse en medio de un pleito para tratar de arreglarlo, tratar de encontrar un punto medio que pueda ser aceptado por ambas partes en conflicto.*

Existe gran diversidad de definiciones de mediación ya que cada autor pretende definir este concepto, por eso vamos a acudir a algunas diferentes para establecer un concepto un poco más amplio de lo que es la mediación. En primer lugar, vamos a analizar la definición de LEDERACH que ya estudia la mediación con la intención de "desenredar" los conflictos, lo plantea como un sistema en el cual existe un conflicto por el que las partes tienen que, en primer lugar, asumir la existencia del conflicto y acudir a este sistema de mediación para, posteriormente, poder hablar de posibles soluciones, llevará a un acuerdo y a la salida del sistema de mediación. Indica que *con la mediación nos proponemos crear un ambiente en el que los que experimentan un pleito puedan encontrar salidas satisfactorias y mutuamente aceptables. A menudo la gente se encierra en la idea de que sólo uno de ellos tiene la razón. Es un modo de pensar exclusivista, en el que uno gana y el otro pierde. El arte de llegar a un arreglo consiste en reubicar el pleito, a fin de que los involucrados se vean como copartícipes en su solución. Esto lleva tiempo, y nunca hay garantía de tener éxito*[111]. Una cuestión especialmente importante sobre la que hace referencia LEDERACH es que el eje principal en la mediación de conflictos es la confianza[112] ya que se trata de un modelo de mediación que trabaja desde el conocimiento personal[113].

---

111 LEDERACH, J. P. *Enredos, Pleitos y Problemas. Una guía práctica para ayudar a resolver conflictos.* Semilla y Comité Central Menonita. 1992.

112 LEDERACH, J. P.: *Enredos, Pleitos y Problemas, cit…*

113 LEDERACH, J. P. *Enredos, Pleitos y Problemas, cit…*

En segundo lugar, vamos a analizar el estudio de FOLBERG y TAYLOR[114] quienes definen la mediación como *una alternativa a la violencia, la autoayuda o el litigio, que difiere de los procesos de counseling, negociación y arbitraje. Es el proceso mediante el cual los participantes, con la asistencia de una persona o personas neutrales, aíslan sistemáticamente los problemas en disputa con el objeto de encontrar opciones, considerar alternativas y llegar a un acuerdo mutuo que se ajuste a sus necesidades. La forma más útil de observar la mediación es considerarla como una intervención de solución de problemas dirigida a una meta. Tiene el propósito de resolver desavenencias y reducir el conflicto, así como proporcionar un foro para la toma de decisiones [...]. Tanto la resolución de desavenencias como el manejo del conflicto son metas complementarias y realistas de la mediación.*

FOLBERG y TAYLOR indican, en primer lugar, que la mediación es una alternativa, esto encaja con las clasificaciones que hemos hecho anteriormente ya que entra dentro de los MASC y la diferencia de los procesos de *counseling*, negociación y arbitraje. Una vez situada la mediación en el sistema, analizan notas que consideran características de este proceso como la presencia de partes además de una tercera persona neutral, que acuden a este medio con la intención de analizar las posibles soluciones al conflicto latente, así como redactar un acuerdo si se consigue ajustar alguna alternativa a las necesidades de los intervinientes. Aunque se hace mención a que el objetivo es resolver el conflicto, debemos fijarnos en que en dicha definición no se garantiza en ningún momento que se llegue a esa solución.

En tercer lugar, destacamos también la definición que da VINYAMATA CAMP, quien define la mediación como un *proceso de comunicación entre partes en conflicto con la ayuda de un mediador imparcial, neutral, que procurará que las personas implica-*

114 JAY FOLBERG, J., & TAYLOR, A. *Mediación: Resolución de conflictos sin litigio*. Limusa. 1996.

das en una disputa puedan llegar, por ellas mismas, a establecer un acuerdo que permita recomponer la buena relación y dar por acabado, o al menos mitigado, el conflicto[115]. Identifica igualmente la necesidad de que exista un conflicto, además de que en el proceso estarán presentes las partes, y el tercero mediador, destacando que las personas implicadas son las que llegarán por sí mismas a una resolución. Además, no indica que necesariamente en la mediación se vaya a llegar a un acuerdo, sino que VINYAMATA CAMP entiende que por el hecho de acudir a mediación y llevar a cabo por las partes ese proceso de comunicación, se podrá mitigar el conflicto para el caso de que no se resuelva.

Por último, acudimos a la LMACM para establecer esa definición que se recoge en su artículo 1, entendiendo por ella *aquel medio de solución de controversias, cualquiera que sea su denominación, en que dos o más partes intentan voluntariamente alcanzar por sí mismas un acuerdo con la intervención de un mediador*, como podemos observar, el texto reproduce igual redacción que la dada por la Directiva de 2008[116]. Sin embargo, la *Lei de Mediação* portuguesa indica en su artículo 2.1. que la mediación será la forma de solución alternativa de conflictos realizada por entidades públicas o privadas, a través de la cual dos o más partes en conflicto buscan voluntariamente llegar a un acuerdo con la asistencia de un mediador de conflictos.

CARRETERO MORALES[117], estudia la definición reproducida por la LMACM estimando que es deficiente por varios motivos: el primero de ellos es que no deja claro qué se entiende por mediación pudiendo inducir a equívocos con otros MASC completamente diferentes; el segundo, que tampoco se garantiza la solución de la controversia, ya que la misma depende de

---

115 VINYAMATA CAMP, E.: *Aprender mediación*. Paidós. 2003.

116 La Directiva 52/2008 define la mediación en su artículo 3 a).

117 CARRETERO MORALES, E.: *La mediación civil y mercantil en el sistema de justicia*. Dykinson. 2016.

la voluntad de las partes; y, por último, considera que se obvian elementos definitorios importantes de la mediación que deberían incluirse.

En definitiva, la mediación surge cuando dos o más personas tienen un conflicto y, tras intentar solucionarlo por sí mismas sin haber llegado a la solución esperada, acuden a una tercera persona para que esta les guíe en la gestión del conflicto, pretendiendo llegar a una solución. De esta definición podemos deducir que toda mediación debe contar con tres elementos necesarios, en primer lugar, el conflicto, en segundo lugar, las partes implicadas y, en tercer lugar, el tercero mediador que no toma decisiones, pero facilitará el acuerdo[118].

Como indican BARUCH BUSH y FOLGER[119], el proceso de mediación contiene un potencial único que consiste en transformar la interacción con el conflicto y así cambiar la mentalidad de las partes implicadas en el proceso. Este potencial se deriva de la capacidad de la mediación para generar dos importantes efectos que son el empoderamiento y reconocimiento de las partes.

Este medio comparte con la negociación y la conciliación el hecho de que las partes mantienen su poder de decisión sobre el litigio, ya que no hay tercero que imponga ninguna decisión. El mediador es un tercero que se encarga de la dirección del proceso, al igual que existe un tercero en el arbitraje, aunque no tienen los mismos poderes, lo que diferencia ambos medios, el primero siendo autocompositivo, y, el segundo, heterocompositivo.

---

118 VALIÑO CES, A.: "Más allá de los métodos alternativos clásicos al proceso judicial: otras formas de resolución de conflictos", *Cit...* p. 11.

119 BARUCH BUSH, R. A., & FOLGER, J. P.: *The promise of mediation. The Transformative Approach to Conflict.* Jossey-Bass. 2005.

La mediación ha sido llamada en ocasiones negociación asistida puesto que el tercero no formula propuestas de arreglo, sino que facilita la comunicación[120] con el propósito de propiciar el consenso entre las partes.

La mediación actuará positivamente, ayudando a los sujetos a ver el conflicto desde otros ángulos, considerando así posibles soluciones. Debemos tener en cuenta que no es adecuado el uso de la mediación en todos los aspectos. En España se promueve su uso en el ámbito civil y mercantil a través de la LMACM, mientras que en Portugal se promueve su uso en el ámbito penal, laboral, civil, mercantil y especialmente en el ámbito familiar.

Los MASC han sido positivizados en el ordenamiento jurídico por varias razones. La primera de ellas es para promover la "resolución y rápido acuerdo de todos los asuntos en contradicción" [121] tanto como sea posible sin necesidad de la aplicación de complejas leyes[122]. La segunda es porque los mismos pueden ser usados para resolver conflictos de forma económica[123]. La tercera es porque los mismos pueden ser usados para resolver conflictos de forma adaptable, es decir que se adapte la búsqueda de la mejor técnica para la resolución de esa situación[124]. La cuarta, porque las partes son las que pue-

---

120 VADO GRAJALES, L. O.: "Medios alternativos de resolución de conflictos", *cit...* Pp. 369-389.

121 Texas Administrative Code, "*Texas Natural Resource Conservation Commission (TNRCC) Alternative Dispute Resolution Procedure Policy*", 30 TEX. ADMIN. CODE 40.1 ("Para animar la resolución y rápido acuerdo de todos los asuntos en contradicción...")

122 FLA. ADMIN. CODE ANN. r.29A-3.001(2) ("Para identificar y resolver los problemas tan rápido como sea posible...")

123 FLA. ADMIN. CODE ANN. r. 29 A-3.001(2) ("[Para] utilizar los procedimientos en una secuencia de costo de abajo a arriba").

124 FLA. ADMIN. CODE ANN. r. 29 A-3.001(2) ("[Para] permitir flexibilidad en el orden que son usados los procedimientos...").

den resolver el conflicto, y a la vez se proporciona un marco de confianza con las mismas[125]. Y, la quinto y última razón, porque los métodos que no emplean a un tercero decisor son generalmente percibidos como menos interferidos, es decir, las partes entienden que tienen mayor poder de decisión.

En Portugal, la mediación como un medio extrajudicial de resolución de conflictos, tiene un camino que se ha forjado a través del uso de la mediación por los jueces de paz quienes han hecho que este MASC crezca y se difundiese. Esta visibilidad comienza con la Ley de Jueces de Paz, lo que fue un primer paso importante, tras el cual se establecieron tres normativas de mediación específicas relativas a mediación laboral, penal y familiar incluyéndose posteriormente la mediación en el CPC. Posteriormente, la mediación ganó proyección con la Ley nº29/2009 y se fijó tal como la conocemos en la actualidad con la Ley nº29/2013 en donde se regulan los principios generales aplicables, el régimen jurídico de la mediación civil y comercial y los mediadores de los sistemas públicos de mediación[126].

3.3.8.1. Modelos de mediación

El enfoque de la teoría sobre el origen del conflicto puede variar según el pensamiento de cada uno: puede entenderse por medio de una concepción psicológica, una concepción sociológica o incluso por medio de una concepción psicosociológica. Cualquiera de ellas nos lleva a la conclusión del uso de la mediación como método de gestión de conflictos, pero producen distintas formas de entender el proceso de la media-

---

125 FLA. ADMIN. CODE ANN. r. 29 A-3.001 (2) ("[Para] dar la mayor certeza procesal posible.")

126 ALVES MACHADO MAGALHÃES, L. M. *Mediação: Alguns aspectos no contexto da Lei no29/2013 de 19 de Abril, cit...*

ción. Por esto se desarrollan tres tipos de modelos o enfoques, consolidados como modelos clásicos, basados en tres líneas de pensamiento distintas.

3.3.8.1.1. Modelo tradicional-lineal de Harvard

El modelo Harvard ha surgido a partir de un modelo conocido como modelo legal o la Mediación Estructurada de Coogler. Se conoce de esta forma por ser un modelo muy legalista centrado en el acuerdo, el cual lleva a la escuela de la negociación y finalmente a la mediación para formar el modelo Harvard.

Este modelo es llamado así porque se sigue en la escuela de negocios Harvard, y, tiene como representantes fundamentales a FISHER y URY. Se entiende en esta corriente que el conflicto es la manifestación de un problema que es necesario resolver, existe por una incompatibilidad real o aparente de intereses y necesidades. Proviene del mundo del derecho y la economía y su principal objetivo es llegar al acuerdo mutuo y disminuir las diferencias.

Como su propio nombre indica, este modelo se basa en la promoción de la comunicación entre las partes en sentido lineal, es decir, los individuos en conflicto deberán comunicarse entre sí con dos premisas: en primer lugar, transmitir la información de forma clara y, en segundo lugar, prestar atención a lo que el otro transmite[127]. A su vez establece SUARES[128] que el modelo *consiste en dos individuos que se comunican. Cada uno expresa su «contenido» y el otro «escucha» el contenido, o no lo hace. La*

---

127 FISHER, R., & URY, W. *Getting to yes: Negotiating an agreement without giving in.* Norma. Vasco Montoya, E. y de Hassan, A. (Trad.). 2007.

128 SUARES, M. *Mediación: Conducción de disputas, comunicación y técnicas.* Paidós. 1996.

función del mediador es ser facilitador de la comunicación para poder lograr un diálogo que es entendido como una comunicación bilateral efectiva. Está centrada en lo verbal.

Se plantean por sus autores principales tres problemas fundamentales que pueden surgir en la aplicación de este método. El primero de ellos es que las partes hablen entre sí, establezcan esa comunicación, pero puede que lo hagan de modo que no se entiendan. El segundo de ellos es que las partes pueden no oírse mutuamente o no prestar atención a lo que el otro individuo manifiesta. Y, el tercero, es que las manifestaciones de las partes podrán ser malinterpretadas pudiendo ser uno de los problemas el idioma, o los diferentes significados que se le atribuyen a un mismo término.[129]

Este modelo considera que el conflicto tiene una causa, que es el desacuerdo y no tiene en cuenta otras causas que hayan podido influir en el desencadenamiento del conflicto. Lo más importante a tener en cuenta son las personas, sus intereses, sus necesidades, pero no se tienen en cuenta los factores relacionales. No se tiene en cuenta el contexto en el cual surge el conflicto, ni tampoco lo ocurrido previamente antes del conflicto. Se trata de eliminar las percepciones de errores que se cometieron en el pasado que impiden comprender el presente y lograr un acuerdo en el futuro. Se aísla el conflicto de todo lo demás, es decir que separa a las personas del problema.

Cuando unas personas entran en conflicto, es porque tienen posiciones enfrentadas. El objetivo de este modelo es sacar a las personas de esas posiciones haciendo que desvelen sus intereses y que conozcan y transmitan sus necesidades, para ello el mediador trata de desviar la atención de las posiciones a los intereses, mediante el uso de la pregunta.

---

129 MARQUÉS CÉBOLA, C. : *La mediación.* Marcial Pons, Ediciones Jurídicas y Sociales S.A. 2013.

Es un modelo orientado a la obtención de un acuerdo y para ello se establecen cuatro fases por las que deben pasar de forma indiscutible: la primera de ellas es la aireación del conflicto, es decir, las partes implicadas deben expresar sus emociones en el comienzo del proceso, liberando así por medio de esta catarsis las emociones para que las mismas no entorpezcan el proceso más adelante.

A continuación, las partes deben realizar una escucha activa de la perspectiva del problema de cada una de las partes, así como la realización de preguntas circulares a través de la figura del mediador, por lo que deben atender a la narrativa de la otra parte y analizar sus posiciones.

Una vez analizada la historia, las partes deben llegar a la conclusión de cuáles son sus verdaderos intereses para poder así empezar a negociar respecto de los puntos en conflicto, y finalmente llegar a un acuerdo.

Con este modelo se trabajan siete elementos: intereses, criterios objetivos, alternativas, opciones de acuerdo, compromiso, relación y comunicación. Se analizan desde un punto de vista negocial, por lo que se busca un acuerdo que ambas partes deban cumplir para beneficiarse, no se pretende una mejora de la relación entre los mediados, pero sí una mejora en la comunicación para evitar futuros conflictos conociendo los intereses de la parte contraria.

Es preferentemente utilizado en negociaciones empresariales e internacionales y el aspecto esencial es llegar a intereses negociables partiendo de posiciones contrapuestas e innegociables.

La forma de afrontar el conflicto en este modelo es que el conflicto es acultural, atemporal y apersonal, además, el conflicto es la contraposición de las posiciones por tanto se entiende que el conflicto es negativo y debe desaparecer.

3.3.8.1.2. Modelo transformativo

Este modelo tiene como principales representantes a BUSH Y FOLGER y también a LEDERACH. Este enfoque se nutre de la teoría humanista en psicología y de planteamientos críticos y de transformación social provenientes del ámbito educativo.

El objetivo de este modelo es transformar el conflicto, a través del cambio de la actitud mental de las partes, y las relaciones, además de trabajar las diferencias. En referencia a su método, se trabaja para lograr el *empowerment* que se entiende como el potenciamiento del protagonismo, el restablecimiento del valor, fuerza y capacidad de tomar decisiones de los individuos, por lo cual las personas potencian sus recursos que les permiten además ser agentes, protagonistas, de su vida y, a su vez, se hacen responsables de sus acciones. Además, se reconoce el co-protagonismo del otro, este reconocimiento implica que los individuos entiendan los sentimientos y puntos de vista del otro.

Cuando se consiga el empoderamiento del propio individuo y el reconocimiento del otro, las partes podrán transformar su relación conflictiva, esta pasará de ser destructiva a ser constructiva[130].

El conflicto es una oportunidad para el crecimiento y la transformación personal y social. La meta es modificar la relación entre las partes, sin importar si llegan a un acuerdo o no. Se centra en la "transformación relacional" y no en la resolución del conflicto. Este modelo es opuesto al Modelo Tradicional de Harvard. El conflicto es inherente a la persona y a la sociedad. No desaparece, sino que se transforma

---

130 BARUCH BUSH, R. A., & FOLGER, J. P.: *The promise of mediation. The Transformative Approach to Conflict.* Jossey-Bass. 2005.

La transformación se lleva a cabo en cuatro pasos, el primero de ellos es realizar reuniones preferentemente conjuntas para ganar confianza con las partes y que las mismas aprendan de la postura del otro. Dentro de estas reuniones, se deberá enseñar a las partes a comunicarse de forma circular, es decir, que se ponga cada una en el lugar del otro desde un punto de vista no sólo de sus intereses, sino también emocional. Se debe potenciar el protagonismo de cada parte implicada y una vez hecho esto, llevar a las partes a que reconozcan su cuota de responsabilidad en el conflicto.

Se pretende que las personas que participan del conflicto tomen conciencia de la gama de alternativas y sobre su control. Además, revaloriza las habilidades de gestión de conflictos, escucha y comunicación. El ámbito de aplicación preferentemente deberá ser en mediación comunitaria, escolar e internacional.

El aspecto esencial es no sólo cambiar las situaciones, sino también a las personas. Y, el objetivo de la aplicación de este modelo es preservar y mejorar las relaciones entre los implicados, no tanto el fin de llegar a un acuerdo.

3.3.8.1.3. Modelo circular-narrativo

Sus máximos representantes son COBB y sus discípulos, como SUARES. Este modelo se centra en la comunicación tanto en sus aspectos verbales "comunicación digital" (que tienen que ver con el contenido) como en sus aspectos no verbales "comunicación analógica" (elementos para-verbales como son corporales, gestuales…)

En este modelo, la comunicación es circular y es entendida como un todo en el cual están dos o más personas y el mensaje se transmite. Tiene causalidad circular, porque no hay una causa única que produzca un determinado resultado, sino que la causalidad se retroalimenta.

El objetivo de este modelo es la transformación de las historias individuales de las partes, creándose así una nueva historia común, además de llegar a un acuerdo. Por lo tanto, este modelo está interesado tanto en las relaciones como en los acuerdos. Busca trabajar la comunicación para cambiar el punto de observación y así construir una comprensión compartida de la realidad conflictual.

VIANA ORTA simplifica en cinco momentos diferenciados las fases de este modelo de la siguiente forma:

1. Reunión previa o preparatoria: la realiza un profesional del equipo que no va a ser el mediador
2. Encuadrar el proceso
3. Conocer los puntos de observación, la narrativa diferente de cada parte.
4. Reflexionar sobre el caso. Fomentar tensión creativa (el equipo sin las partes)
5. Narrar una historia alternativa que lleva al acuerdo (cambiar el punto de observación)[131] Después de haber observado las diferentes narrativas de las partes, se llega a la narrativa de la mediación que busca flexibilizar el sistema introduciendo cambios.

Las investigaciones que se han realizado a raíz de lo indicado por COBB, concluyen que todos estos elementos mencionados con anterioridad se deben encontrar en las sesiones de mediación de un modelo circular-narrativo, aunque hay autores que delimitan las cuestiones que deben tratarse por sesión,

---

[131] VIANA ORTA, M. I.: *La Mediación: Características, modelos, proceso, técnicas y herramientas de la persona mediadora, y límites a la mediación*. Universidad de Valencia. 2015.

como hace en este caso SUÁREZ HENRÍQUEZ[132] dividiendo el proceso en siete sesiones diferenciadas.

Se trata de aumentar las diferencias; permite que se manifiesten y aumenten hasta cierto punto. Esto se contradice con lo postulado por el Modelo Tradicional de Harvard, porque se considera que las personas llegan a la mediación en un estado de "orden"; cada parte sostiene una posición y la mantiene rígidamente, lo cual le impide encontrar alternativas. Al introducir caos, se flexibiliza el sistema favoreciendo así que las partes vean otras alternativas y se logre un nuevo orden.

Esta cuestión la pone de manifiesto GOMES indicando que la *perspectiva narrativa, numa visão distinta do modelo Linear, as pessoas chegam à mediação como historias dotadas de orden e coerência que impedem a flexibilização e a geração de alternativas, por isso, o mediador debe promover a desestabilização das historias, para fomentar os momentos de mudança, susceptíveis de alterar os significados das historias e resolver o diferendo*[133]

El modelo narrativo es un encuentro de los dos modelos anteriores[134], busca legitimar a las personas, crear la historia alternativa para que cada parte vea la situación desde otro án-

---

132 SUÁREZ HENRÍQUEZ, C.: "Modelo negociador-narrativo: Modelos conjuntos de mediación" en *Revista de Intervención Psicosocioeducativa en la desadaptación social*. Vol. 10. 2017, p. 42. [en línea] [Consultado en 13 de septiembre de 2023] Disponible en https://ipseds.ulpgc.es/IPSE-ds-Vol_10_2017/IPSE-ds-10-3.pdf

133 GOMES, L. T. (2009). Mediação familiar e Conflito Parental: Modelos de Mediação. *Newsletter do GRAL, 11.* Visto en MARQUES CEBOLA, CÁTIA: *La Mediación*, Madrid, 2013, página 197 y MARQUES CÉBOLA, CÁTIA: *La mediación: un nuevo instrumento de la Administración de la Justicia para la solución de conflictos.* Tesis doctoral de la Universidad de Salamanca, 2011, página 261. Existente hace doce años en el enlace http://www.gral.mj.pt/userfiles/Artigo_Lucinda.pdf. Pero no disponible en la actualidad.

134 Su ámbito de actuación será preferentemente en mediación familiar y escolar.

gulo, construye nuevos contextos ya que no se puede repetir el contexto que ya traen las partes.

El aspecto esencial del mismo es modificar las narraciones para llegar a modificar la percepción de la realidad. La meta es fomentar la reflexión, transformar la historia que traen a la sesión y lograr un acuerdo. Este modelo se centra en las relaciones y el acuerdo.

El conflicto es concebido como un proceso mental, con un potencial de cambio a través de otro proceso mental. Un solo elemento es suficiente para iniciar el cambio en los sistemas en conflicto.

CAPÍTULO II.

ANTECEDENTES Y MARCO NORMATIVO

1. NORMATIVA INTERNACIONAL Y EUROPEA

La regulación de la mediación como sistema alternativo de resolución de conflictos, no es exclusiva del Estado en España, ya que las Comunidades Autónomas se han servido de la regulación europea para llevar a cabo su propia regulación de la mediación antes de que lo hiciera el Estado con la LMACM.

Igualmente, América Latina busca la unificación del Derecho de los Mecanismos Alternativos de Solución de Conflictos a nivel internacional. Como se ha podido comprobar la efectividad de los MASC en los diferentes países, y más concretamente de la mediación, se implementa la regulación de los métodos de forma gradual en el ámbito del poder judicial[135]. Como veremos a continuación, esta cuestión es importante ya que a lo largo de la historia han sido utilizados diferentes medios de resolución de conflictos como costumbre por las sociedades desde la antigüedad para resolver problemas sobre todo vecinales.

1.1. América Latina

Como consecuencia de la presión por parte de entidades como la ONU, el Comité de los DDHH o las Cortes Supremas,

---

135 ALVES ALMEIDA, L.: "Mediação na América do Sul: uma perspectiva comparada Brasil – Paraguai", en. *Revista de Mediación,* 12. 2018. P.2.

los Estados han reconocido la legitimidad del derecho de las personas indígenas. Este derecho indígena está caracterizado por diferentes estructuras, formas e instituciones de impartir justicia, esto incluye el uso desde la antigüedad de medios de resolución de conflictos, los cuales hacen que en muchos países de América Latina se haga uso de la mediación de forma natural, aunque la misma no estuviera regulada.

En América Latina la concepción del *Access to Justice* es muy diferente a la de los Estados Unidos y Europa, ya que los MASC son una herramienta muy valorada que facilita el acceso a la justicia a los grupos más vulnerables y más económica para los Estados. Como consecuencia de la judicialización excesiva de los conflictos, se ha sufrido la sobrecarga del Poder Judicial, no atendiendo así de forma ágil a su objetivo final de la resolución del conflicto planteado por las partes[136].

La resolución de los conflictos se basa en los conceptos de justicia y equidad. La justicia está sujeta a que las acciones se ajusten o no a las normas que regulen la cuestión objeto del conflicto. La equidad se entiende como complemento de la justicia, ya que se hace uso de este concepto cuando dos interpretaciones de las normas chocan entre sí, la equidad tiende entonces a reducir la desigualdad. Entendiendo ambos términos se refleja la importancia de los MASC a la hora de resolver los conflictos ya que nos planteamos si la norma abordaría todos los conflictos, o, si por el contrario, en la vía judicial sólo se resuelven con una mirada jurídica sin tener en consideración

---

136 ANDIRGHI, N. Y., & FOLEY, G. F.: "Sistemas Multiportas: o Judiciário e o consenso. Tendências e debates", en *Folha de Sao Paulo*. 2008. [en línea] [Consultado en 10 de enero de 2024] Disponible en: https://www1.folha.uol.com.br/fsp/opiniao/fz2406200808.htm

otros elementos del conflicto como pueden ser las emociones o las relaciones afectivas[137].

Como consecuencia de esta situación, se promueve el uso de la mediación a la hora de solucionar los litigios, debiendo tenerse en cuenta que para que surja la mediación, es necesario que las partes tengan un conflicto, que haya una contraposición de intereses y que dirija la mediación un tercero neutral[138] que facilite la búsqueda del acuerdo y restablezca el diálogo y la comunicación entre las partes.

Es curioso cómo tanto en América Latina como en Estados Unidos, la distinción entre los procedimientos ADR es ambigua, y, cómo por ejemplo, la distinción entre conciliación y mediación se va aclarando día a día, aunque esto no ocurre en todos los países. En América Latina los MASC se han incorporado a las legislaciones durante las últimas tres décadas, pero en ningún caso ha sido parte de una reforma estructural de la justicia civil. En algunos países existe legislación específica, ya sea con respecto a una determinada materia como puede ser la mediación familiar, mientras que en otros hay legislación general respecto a un tipo de MASC como la mediación o la conciliación[139].

---

137 DI PIETRO, M. C.: "Mediación y la Eficacia en la protección extrajudicial de los derechos. La Mediación en Argentina", en *Mediaciones Sociales, 18*. 2019. [en línea] [Consultado en 10 de enero de 2024] Disponible en: https://revistas.ucm.es/index.php/MESO/article/view/62338/4564456551182

138 PINHO, H. D. B. *Teoria da mediação à Luz do Projeto de Lei e do Direito Comparado.* Lumen Juris.2008.

139 MERA, A. "Mecanismos Alternativos de Solución de Conflictos en América Latina. Diagnóstico y debate en un contexto de reformas.", en *Aportes para un diálogo sobre el acceso a la justicia y reforma civil en América Latina.* CEJA. Centro de Estudios de Justicia de las Américas, 2013. P. 379. [en línea] [Consultado en 10 de enero de 2024] Disponible en: https://docplayer.es/79007894-Mecanismos-alternativos-de-solucion-de-

Por ejemplo, se reconoce a Colombia como el primer país que hace frente a la crisis judicial proponiendo la utilización de otros medios de resolución de conflictos, concretamente, la conciliación y el arbitraje en el año 1991 (Ley 23 de 1991[140]), debiendo destacar también el Estatuto de los mecanismos alternativos de solución de conflictos[141] que fue clave para el desarrollo de estos MASC. El primer país que incluye la mediación en su regulación junto con el arbitraje y la conciliación, fue Bolivia en el año 1997 (Ley 1770 de 1997[142]), la mediación podía ser pedida voluntariamente por las partes en los Centros específicamente creados para la prestación de esos servicios[143].

---

conflictos-en-america-latina-diagnostico-y-debate-en-un-contexto-de-reformas.html

140 Ley 23 de 1991, Reglamentada por el Decreto Nacional 800 de 1991, por medio de la cual se crean mecanismos para descongestionar los Despachos Judiciales, y se dictan otras disposiciones. Derogada parcialmente por la Ley 2220 de 2022 por medio de la cual se expide el Estatuto de Conciliación y se dictan otras disposiciones.

141 Decreto 1818 de 1998, septiembre 7, por medio del cual se expide el Estatuto de los mecanismos alternativos de solución de conflictos. https://www.funcionpublica.gov.co/eva/gestornormativo/norma.php?i=6668

142 Ley nº 1770 de arbitraje y conciliación de 10 de marzo de 1997, publicada en la Gaceta Oficial de Bolivia en la Edición Especial No. 0079 de 6 de diciembre de 2005 como consecuencia del programa de saneamiento legislativo en el cual dicha ley publicada tiene diferencias con la de 1997, pero se tiene conocimiento de que guarda relación con la Ley aprobada en el Congreso y que el texto ordenado sobre el cual se hizo el trabajo de saneamiento guarda relación con dicho texto. http://www.oas.org/es/sla/ddi/docs/Bolivia%20-%20Ley%20de%20Arbitraje%20y%20Conciliaci%C3%B3n.pdf (visto el 28 de marzo de 2023)

143 HIGHTON, E. I., & ÁLVAREZ, G. S. "La mediación en el panorama Latinoamericano." *CEJA. Centro de Estudios de Justicia de las Américas.* 2016. [en línea] [Consultado en 10 de enero de 2024] Disponible en: https://biblioteca.cejamericas.org/bitstream/handle/2015/837/gladys-alvarez.pdf?sequence=1&isAllowed=y

En el año 1996, Brasil (a través de la ley 9307 de 23 de septiembre de 1996[144]) regula el arbitraje nacional e internacional, es curioso que no incluye ni la mediación ni la conciliación en ese momento, a pesar de que ambos procedimientos están adquiriendo un amplio desarrollo en el país. ALVES ALMEIDA[145], realiza un estudio de la mediación en el derecho brasileño y paraguayo, la cual se encuentra regulada en sus legislaciones incluyendo cuestiones como los principios que la rigen y cuándo puede hacerse uso de ella. La conclusión que obtiene de su estudio es que ambos países han hecho grandes avances por la mediación y para que se haga uso de la misma en la resolución de conflictos. El objeto de la regulación de la mediación surge con la intención de crear un ambiente de pacificación social, así como que las partes sean protagonistas para que cada una asuma responsabilidad en la resolución del conflicto. Es realmente llamativo cómo tanto en la regulación brasileña como en la regulación paraguaya las materias que pueden hacer uso de la mediación para la resolución de conflictos son muy amplias, a diferencia de España, pudiendo llevarse a cabo la mediación en asuntos de derecho civil, familiar, laboral, empresarial, penal, vecindad, escolar, comunitaria, comercial o mercantil, niñez y adolescencia. Las leyes aplicables en estas regulaciones son, en Brasil la ley nº 13.140/2015[146], y, en Paraguay la ley nº 1879/2002[147].

---

144 Ley nº 9307 de 23 de septiembre de 1996, ley brasileña de arbitraje. DOU del 24 de septiembre de 1996.

145 ALVES ALMEIDA, L. "Mediação na América do Sul: uma perspectiva comparada Brasil – Paraguai", *cit*... p. 2.

146 Ley nº 13.140, del 26 de junio de 2015, de mediación de Brasil.

147 Ley nº 1879/2002, del 24 de abril de 2002, de Arbitraje y Mediación.

Chile, con la publicación de la Ley n°19.968[148] que crea los Tribunales de Familia, introduce la mediación regulándolo expresamente en el Título V, de la mediación familiar, donde se define este MASC y se incluyen los principios que la rigen. La mediación establece una oportunidad para las partes a concurrir a este medio para determinadas materias asegurando el acceso a la justicia de los grupos vulnerables. Es especialmente importante que la mediación se haya introducido en la norma ya que las partes demuestran mayor conformidad respecto de la resolución de su conflicto como consecuencia de que la misma es obtenida a partir de ellos mismos. Respecto al problema inicial de la carga de trabajo del Poder Judicial, gracias al uso de estos MASC y en especial la mediación se ha podido comprobar una descongestión del sistema[149].

En Argentina, el desarrollo de la mediación comienza con el decreto n°1480/92 que declaró de interés nacional la institucionalización y el desarrollo de la mediación como MASC, y, en fecha 8 de septiembre de 1992, el Ministerio de Justicia crea el Cuerpo de Mediadores. Posteriormente, con la Ley n°26.589[150], se regula la mediación y conciliación estableciendo que la mediación previa a todo proceso judicial tendrá carácter obligatorio para todas las controversias a excepción de las reguladas en el artículo 5. En la misma se regulan también los principios que rigen el procedimiento de mediación contemplando la imparcialidad del mediador, la libertad y volunta-

---

148 Ley n° 19.968/2004. Crea los Tribunales de Familia. https://siteal.iiep.unesco.org/sites/default/files/sit_accion_files/siteal_chile_6008.pdf

149 ALFARO, E., ROJAS, T., SIERRA, C., & VÁSQUEZ, P.: "La mediación en Chile", en *Centro de Estudios de Justicia de las Américas*. 2020. [en línea] [Consultado en 10 de enero de 2024] Disponible en: https://cejamericas.org/wp-content/uploads/2020/09/53LaMediacionenChile.pdf

150 Ley n°26.589 que establece con carácter obligatorio la mediación previa a procesos judiciales de fecha 3 de mayo de 2010. https://www.argentina.gob.ar/normativa/nacional/ley-26589-166999/actualizacion

riedad de las partes en conflicto, la igualdad de las partes, se incluye una consideración especial de los intereses de menores, personas con discapacidad y personas mayores dependientes, la confidencialidad y otros que no encontramos en la legislación española de forma expresa como el principio de promoción de la comunicación directa entre las partes, la celeridad del procedimiento en función del avance de las negociaciones y cumplimiento del término fijado y la conformidad expresa de las partes para que personas ajenas presencien el procedimiento de mediación.

A continuación, encontramos diversas normativas como: en Ecuador la Ley de Arbitraje y Mediación publicada en el Registro Oficial nº145 del 4 de septiembre de 1997, en El Salvador con el Decreto Legislativo nº 914 de 2002 que aprueba la Ley de Mediación, Conciliación y Arbitraje, en Honduras con el Decreto 161 de 2000 que aprueba la Ley de Conciliación y arbitraje, o, en Nicaragua con la Ley 540 de 25 de mayo del 2005 relativa a la mediación y el arbitraje.

En relación con el arbitraje, en América Latina a partir de la década de los noventa se presenció un cambio. Según el estudio de POLANÍA[151], se puede apreciar que en materia de arbitraje, la etapa previa a los noventa estuvo influenciada por la doctrina CALVO que predicaba que a los extranjeros que hicieran negocios en América Latina se los debería requerir a someter sus eventuales reclamaciones a la ley y a las cortes locales, lo que fue un obstáculo a futuro para atraer la inversión extranjera, por lo que, a medida que los países latinoamericanos comenzaron una interacción creciente con países desarrollados, surge la necesidad de satisfacer las tendencia impuestas

---

151 POLANÍA, A. M. "El arbitraje en América Latina: ¡hay futuro!", en *Perspectiva*, 2010. Pp62-66. [en línea] [Consultado en 10 de enero de 2024] Disponible en: https://cejamericas.org/wp-content/uploads/2020/09/111PERSOK.pdf

por el proceso de desarrollo económico y tráfico comercial, lo que otorga un reconocimiento importante al arbitraje internacional[152], por lo que se modificó la doctrina para ofrecer condiciones de protección especiales como esta.

A través de la Convención de Panamá se expide la Convención Interamericana de Arbitraje Comercial en 1975 (en adelante CIAC) como cuerpo jurídico que unifica y armoniza las reglas del arbitraje internacional entre los países americanos. La CIAC es el administrador internacional de arbitrajes y mediaciones, se especializa en la solución alternativa de disputas en el hemisferio americano. Debemos destacar que las nuevas legislaciones adoptadas en el hemisferio son claramente leyes en pro del arbitraje y la mediación o conciliación.

También debemos destacar la función de la Secretaría General Iberoamericana (en adelante SEGIB) que se considera que podría desempeñar un papel importante como mediador, o, como entidad que registra a los mediadores en la resolución amistosa de disputas que surjan entre estados miembros de la Cumbre Iberoamericana[153]. Aunque esto no es una función específica de la SEGIB, la misma ejercerá sus funciones de conformidad con las decisiones de las Cumbres Iberoamericanas, por lo que podría facultar a la SEGIB para actuar como mediadora, bien de forma general o bien de forma específica.

Cabe preguntarse qué ha hecho al respecto la Organización de Estados Americanos en donde se ha facultado, aunque no de forma expresa, al secretario general para actuar como mediador, de modo que un estado miembro puede solicitar

---

152 CONEJERO ROOS, C.: "El arbitraje Comercial Internacional en Iberoamérica: Marco legal y jurisprudencial", en *El arbitraje comercial internacional en Iberoamérica: Un panorama general.* La Ley. 2012. P. 59.

153 CARBALLO LEYDA, A.: "La Secretaría General Iberoamericana como mediadora", en *La cumbre de Cádiz y las relaciones de España con América Latina.* 2013. Pp. 215-220). Ministerio de Asuntos Exteriores.

al secretario general asistencia para el fortalecimiento y preservación de la institucionalidad democrática. La Carta de la OEA, reformada por última vez en 1993, ya contemplaba en su artículo 25 la mediación como una solución pacífica de controversias aplicable a los conflictos entre los Estados miembros, que en la actualidad se trabaja a través de la Sección de Fortalecimiento Institucional en Diálogo y Mediación en dos sectores, el primero fortaleciendo la capacidad interna de resolución de conflictos de la OEA y, el segundo, prestando apoyo técnico a los Estados miembros que lo soliciten para mejorar su capacidad institucional en la resolución de conflictos.

Por otro lado, en el año 2012, el secretario general de las Naciones Unidas elaboró la Guía[154] para una mediación eficaz en respuesta a una solicitud de la Asamblea General[155]. Esta Guía se diseñó con el objetivo de que fuese un documento de referencia para los mediadores y mediados, al cual pudieran acudir para aumentar las posibilidades de éxito y generar un entorno más propicio para la mediación.

1.2. Europa

Europa hace uso de instrumentos legales para la promoción de la comunicación y la canalización de los conflictos, disponiendo de organismos y herramientas de alerta temprana y de análisis, lo cual tiene valor añadido para el avance de la legislación, gracias a la labor de ciertos organismos. Como indica

---

154 Directrices de las Naciones Unidas para una mediación eficaz. [en línea] [Consultado en 10 de enero de 2024] Disponible en: https://peacemaker.un.org/sites/peacemaker.un.org/files/GuidanceEffectiveMediation_UNDPA2012%28spanish%29_0.pdf

155 A/RES/65/283 "Fortalecimiento de la función de mediación en la solución pacífica de controversias y la prevención y resolución de conflictos" de 22 de junio de 2011.

ORTIZ PRADILLO[156], los trabajos de Europa *no se han dirigido únicamente al desarrollo de una legislación interesada en la armonización de los sistemas judiciales de los Estados miembros, sino que también se ha marcado como objetivo la instauración, el impulso y la armonización de los mecanismos de resolución de conflictos alternativos a la vía judicial* con el objeto de crear el Espacio Europeo de Libertad, Seguridad y Justicia no sólo por el acceso a la vía judicial, sino también a través de los métodos extrajudiciales para la resolución de las desavenencias.

En este mismo estudio, ORTIZ PRADILLO realiza un análisis de las distintas Recomendaciones en las que se mencionaban medidas para facilitar el derecho de acceso a la justicia, entre otras, la cuestión relativa a hacer uso de otros medios para la resolución de la controversia distintos a la vía judicial. Mencionaremos someramente algunas de ellas ya que nos detendremos en las que más nos interesan para el asunto objeto de este estudio más adelante.

En primer lugar, menciona la Recomendación (1981) 7 del Comité de Ministros del Consejo de Europa por la que se alentaba a los Estados miembros a tomar medidas tendentes a facilitar el derecho de acceso a la justicia, esta fue adoptada en fecha 14 de mayo de 1981, como consecuencia *de la complejidad, la lentitud y el excesivo coste económico del tradicional proceso judicial*[157] incluyendo como medida facilitar a los interesados la participación en conciliaciones o en otro tipo de vías para la solución amistosa de controversias. En segundo lugar, encontramos la Recomendación (1986) 12, del Comité de Ministros

---

156 ORTIZ PRADILLO, J. C.: "Los mecanismos alternativos de resolución de conflictos y su operatividad presente y futura", en *Justicia y Transnacionalidad. Tutela judicial y Mecanismos Alternativos de Solución de Controversias.* Iustel. 2021. Pp.135 a 165.

157 ORTIZ PRADILLO, J. C.: "Los mecanismos alternativos de resolución de conflictos y su operatividad presente y futura" *cit...* Pp.135 a 165.

a los Estados Miembros, relativa a medidas tendentes a prevenir y reducir la sobrecarga de trabajo de los Tribunales de Justicia, adoptada en fecha 16 de septiembre de 1986, con el mismo objetivo que la anterior, aunque esta *proponía a los Estados incentivar el uso de mecanismos alternativos de resolución de conflictos en determinadas materias relacionadas con los conflictos civiles y comerciales.*[158] Por lo que encontramos en esta última el primer atisbo de la regulación actual de mediación en materia civil y mercantil. Tras ambas menciones se realizan recomendaciones relativas a la mediación familiar[159], la mediación en cuestiones penales[160], alternativas a los litigios entre autoridades administrativas y particulares[161] y exclusivamente de mediación en asuntos civiles[162].

La normativa genérica de la mediación en Europa, comienza con el desarrollo de la Directiva 2008/52/CE, en adelante Directiva de 2008. La Directiva obligó a los Estados Miembros a recoger las normas contempladas e incorporarlas en su legislación, pero, cada país decide de forma individual cómo incorpora las normas a su legislación.

La aplicación de esta Directiva ha sido diferente por cada Estado, encontrando al final resultados distintos, no habiendo sido suficiente, ya que la mediación se usa en menos del 1%

158 ORTIZ PRADILLO, J. C. .: "Los mecanismos alternativos de resolución de conflictos y su operatividad presente y futura" *cit...* Pp.135 a 165.

159 Recomendación R (98) 1, de 21 de enero de 1998, del Comité de Ministros a los Estados miembros del Consejo de Europa sobre la Mediación Familiar

160 Recomendación (1999) 19, del Comité de Ministros a los Estados Miembros, sobre la mediación en cuestiones penales

161 Recomendación (2001) 9, del Comité de Ministros a los Estados Miembros, sobre alternativas a los litigios entre autoridades administrativas y particulares

162 Recomendación (2002) 10, del Comité de Ministros a los Estados Miembros, sobre mediación en asuntos civiles

de los asuntos de la Unión. Como consecuencia de ello, el Parlamento Europeo propone la inclusión en las normativas del término "mediación obligatoria mitigada" para promover así la aplicación de la mediación por los beneficios que tiene tanto para las partes como para los jueces y tribunales[163].

Tal como indica ZATO ETCHEVERRÍA[164] en su estudio de la aplicación de la mediación en Europa, *es significativo igualmente, que sólo en cuatro países, a saber: Alemania, Italia, Holanda y Reino Unido, que suponen un 14% del territorio, se lleven a cabo más de 10.000 mediaciones cada año.* Teniendo en cuenta que, según el mismo estudio, en la mitad de la Unión Europea se llevan a cabo menos de 500 mediaciones al año. Evidentemente, la participación de los cuatro países mencionados, sube notablemente la media de las mediaciones que se realizan en la Unión, encontramos a España en el estudio situada en el bloque de países que realizan un número de entre 500 y 2.000 mediaciones al año.

Llegados a este punto nos preguntamos por qué en algunos países de la Unión Europea es tan efectiva la práctica de la mediación y si el resto de países de la Unión deben tomar ejemplo de la transposición de la Directiva de estos países, modificando sus legislaciones para intentar aumentar el uso de la mediación y beneficiar así a las partes o al Estado.

Para entender el éxito de la mediación en estos países debemos ver qué les diferencia del resto de legislaciones. Comenzamos por las características significativas de la aplicación de la mediación en Alemania[165], encontrando en primer lugar que

---

163 ZATO ETCHEVERRÍA, M.: "Una aproximación al mapa de la mediación en la Unión Europea", en *Revista de Mediación, 8* (1), 2015. Pp. 72-83.

164 ZATO ETCHEVERRÍA, M: "Una aproximación al mapa de la mediación en la Unión Europea", *cit...* Pp. 72-83

165 Disponible en:https://e-justice.europa.eu/content_mediation_in_member_states-64-de-maximizeMS-es.do?member=1#tocHeader1 [en línea] [Consultado en 10 de enero de 2024]

la legislación alemana contempla no sólo litigios mercantiles y civiles, sino todas las modalidades de mediación. Debemos resaltar además que en la propia legislación encontramos incentivos para hacer uso de la mediación como por ejemplo que las partes, antes de comenzar un litigio, deben acreditar que han intentado resolver el litigio de forma extrajudicial, por ejemplo, a través de la mediación. Igualmente, una vez iniciado el litigio, el tribunal puede sugerir que las partes traten de resolver su conflicto por medio de la mediación y, en caso de negarse, el tribunal puede suspender el procedimiento, esto es interesante puesto que, como veremos más adelante, la legislación española exige el intento de resolución extrajudicial de forma previa al litigio e incluso el tribunal puede derivar a las partes a mediación, pero no se contempla la suspensión del procedimiento en caso de que las partes se nieguen a acudir a la mediación o no acudan ni tan siquiera al punto de información de mediación que se pone a su disposición.

Resulta interesante pensar, tal como indica SOLETO MUÑOZ, que en Alemania la mediación es una competencia exclusiva de los abogados, ya que la ley que regula el asesoramiento jurídico, les reconoce el monopolio de prestación de servicios jurídicos, y, en este caso se tiene en consideración que la resolución alternativa de conflictos, forma parte de la prestación de los servicios jurídicos[166].

El caso de Italia[167] es especial y para comprenderlo debemos analizar la evolución de la mediación en su entorno, la cual comienza en el Código Civil Italiano del año 1865 aun-

---

166 SOLETO MUÑOZ, H. (2007). La mediación en la Unión Europea. En *Mediación y solución de conflictos: habilidades para una necesidad emergente.* (pp. 185-203). Tecnos.

167 Disponible en:https://e-justice.europa.eu/64/ES/mediation_in_eu_countries?ITALY&member=1 [en línea] [Consultado en 10 de enero de 2024]

que no para uso del público en general, sino para resolución de disputas empresariales, ya que el uso general de la mediación comienza con la aplicación de la Directiva en el año 2009. Frente al modelo de mediación voluntaria que han acogido muchos países, el Parlamento Europeo aconseja apostar por el modelo de obligatoriedad mitigada, el mismo que aplicaba en su normativa la legislación italiana. Lo que se ha podido comprobar de este modelo en Italia, es que el uso de la mediación aumenta y además se obtienen resultados positivos. Los más escépticos plantearían la pregunta de cómo se puede afirmar que obligando a las partes a someterse a un determinado medio de resolución de conflictos, el resultado de la mediación será positivo. Tal como indica MARTÍNEZ CALVO[168], el carácter voluntario de la mediación familiar en el Derecho italiano no ha estado exento de discusión y han sido varios los intentos del legislador de introducir la obligatoriedad de participación. Pues bien, en Italia, se produjo un cambio del sistema desde el mes de octubre del año 2012 en donde la mediación dejó de calificarse como obligatoria para pasar a ser voluntaria[169]. Esta modificación duró hasta septiembre de 2013 y durante ese tiempo, el número de mediaciones descendió en gran medida, además de que volvieron a colapsarse los juzgados y se ralentizaba la resolución de los conflictos[170].

---

168 MARTÍNEZ CALVO, J.: "La mediación familiar: un análisis comparativo de las regulaciones italiana y española", en *Anuario de Derecho Civil, LXXII*(4), 2019, Pp 1203-1246. [en línea] [Consultado en 10 de enero de 2024] Disponible en: https://www.boe.es/biblioteca_juridica/anuarios_derecho/abrir_pdf.php?id=ANU-C-2019-40120301246

169 AVETA, R.: "Il modello italiano di mediazione e la deflazione del contenzioso giudiziario", en *Rassegna Economica, 1*, 2015. Pp. 251-268.

170 CONSORTI, P. "Gestión de los conflictos y mediación social en Italia", en *Política y Sociedad. Universidad de Pisa, 50*(1), 2012. Pp.99-111. [en línea] [Consultado en 10 de enero de 2024] Disponible en:https://dialnet.unirioja.es/servlet/articulo?codigo=4335350

Con fecha 30 de junio de 2023 entró en vigor la "Reforma Cartabia"[171] o nueva reforma procesal civil relativa a la institución de la mediación civil y mercantil en Italia por medio del Decreto Legislativo 149/2022 planteando nuevas cuestiones en el ámbito de mediación. Las principales novedades sobre el procedimiento son las relativas a nuevas materias sujetas a condiciones de admisibilidad, es decir, se plantea la mediación obligatoria para nuevas materias; también se incluye que el administrador del condominio puede activar un procedimiento de mediación, incorporarse y participar en él sin necesidad de delegación o autorización; por otro lado se plantea la ejecución de la mediación delegada por el juez; se impone una duración máxima de tres meses para el procedimiento de mediación: también se impone la participación de las partes personalmente en el procedimiento, sólo con motivos justificados pueden delegar en un representante. Se justifica la obligatoriedad de la mediación en un inicio indicando que esto obligará a cambiar costumbres consolidadas en el tiempo, generando que las partes acudan a la mediación también para la resolución de sus conflictos y no piensen sólo en la resolución a través de los tribunales[172].

En Países Bajos[173] se siguió una línea de fomento de la mediación a través de diferentes ministros, quienes promueven

---

[171] Decreto legislativo n. 28 del 2010. Testo coordinato alla "reforma Cartabia 2022" in materia di mediazione e allá legge di bilancio del 29 diciembre 2022, n. 197 https://www.ordineavvocatitivoli.it/wp-content/uploads/2023/02/Mediazione-Riforma-Cartabia.pdf

[172] Parlamento Europeo "'Rebooting' the mediation directive: assessing the limited impact of its implementation and proposing measures to increase the numbre of mediations in the EU" *Estudio del Policy Department C: Citizens' rights and constitutional affairs.* European Parliament, manuscript completed in January 2014, Brussels.

[173] Disponible en: https://e-justice.europa.eu/content mediation in member states-64-nl-es.do?member=1 [en línea] [Consultado en 10 de enero de 2024]

los procedimientos extrajudiciales y fortalecieron la posición de los profesionales necesarios para estos medios de resolución de conflictos. Se llevó a cabo igualmente una campaña para mayor familiarización con la mediación para que esta se convirtiera en la norma, tanto para particulares como para empresas, en la resolución de conflictos. Después de la implementación de su ley complementaria, se ha podido ver cómo la mediación ha ganado protagonismo en este país con la ayuda de la promoción de su uso por el Estado.

Destacamos Portugal puesto que se ha promovido desde el 2001 el uso de los MASC a través de la *Lei dos Julgados de Paz*[174], es el equivalente a los juzgados de paz en España, pero los de Portugal disponen de un servicio de mediación que ponía la misma a disposición de cualquier ciudadano que estuviera interesado en hacer uso del mismo. Lo interesante de Portugal es que este servicio era competente para mediar en todos los conflictos que puedan ser objeto de mediación a excepción de los conflictos que se refieran a derechos no disponibles[175]. En el año 2007 el Ministerio de Justicia de Portugal pretendía ampliar el uso de la mediación para descongestionar los tribunales a través de la creación del *Sistema de Mediação Familiar*[176] y a raíz de dicha orden se empieza a promover el uso de la

174 Lei nº78/2001 de 13 de julho dos Julgados de Paz, modificada por Lei nº54/2013 https://www.pgdlisboa.pt/leis/lei_mostra_articulado.php?nid=724&tabela=leis

175 *Como funcionam os Julgados de paz?* (s. f.). Direção-Geral da Política de Justiça. [en línea] [Consultado en 10 de enero de 2024] Disponible en:https://dgpj.justica.gov.pt/Resolucao-de-Litigios/Julgados-de-Paz/Como-funcionam-os-Julgados-de-Paz

176 Despacho n.º 18778/2007 de 22 de agosto, do Sistema de Mediação Familiar https://www.pgdlisboa.pt/leis/lei_mostra_articulado.php?nid=1509&tabela=leis&ficha=1&pagina=1

mediación familiar para la resolución de diversos conflictos en otras normativas[177].

Se traspone la Directiva de 2008 a través de la Lei n.29/2009 que introdujo en el Código de Proceso Civil los artículos 249ºA, B, y C y el artículo 279ºA, este MASC debe ser integrado en el ámbito de la resolución de conflictos paralelamente al sistema de justicia tradicional. Sin embargo, la mediación ya estaba siendo utilizada en este país desde la década de 1990 como un sistema extrajurisdiccional, en particular en el ámbito familiar[178], ya que en 1993 surge el Instituto Portugués de Mediación Familiar que organizó el primer curso de formación de mediadores familiares[179], y educativo[180] aunque no fue hasta la *Lei dos Julgados de Paz*[181] que se implanta un servicio de mediación específico en estos juzgados y se reguló este MASC de forma específica, hasta que se vio modificada por lo dispuesto en la *Lei de Mediação.*

---

177 Así ocurre en la Lei do Divórcio por la que el tribunal o registro civil ante el que se presente la demanda de divorcio, deben informar a los cónyuges sobre la existencia y los objetivos de los servicios de mediación familiar. Lei nº61/2008, de 31 de outubro, altera o regime jurídico do divórcio, https://www.pgdlisboa.pt/leis/lei_mostra_articulado.php?nid=1028&tabela=leis&ficha=1&pagina=

178 Em artigo 147.º-D da Lei n.133/1999, de 28 de agosto de 1999, de quinta alteração do Decreto-Lei n.º 314/78, de 27 de Outubro, em matéria de processos tutelares cíveis. https://www.pgdlisboa.pt/leis/lei_mostra_articulado.php?tabela=leis&nid=559&pagina=1&ficha=1

179 MAGALHÃES, L.: "A evolução do regime jurídico da mediação em Portugal", en *Revista da Faculdade de Direito e ciência política da Universidade Lusófona do Porto, 1*(9), 2017. Pp.155-193.

180 Em artigo 42 da Lei n.166/1999, de 14 de setembro de 1999 que aprova a Lei Tutelar Educativa https://www.pgdlisboa.pt/leis/lei_mostra_articulado.php?nid=542&tabela=leis

181 Artigo 16 e artigo 21 e seguintes da Lei n.78/2001, de 13 de julho de 2001 dos julgados de paz. https://www.pgdlisboa.pt/leis/lei_mostra_articulado.php?nid=724&tabela=leis

La Lei de Mediação[182] de Portugal regula el régimen general de la mediación consagrando, además, los principios generales de la mediación privada, del sistema público de mediación de los Juzgados de Paz y de todos los sistemas públicos de mediación especializada[183].

A diferencia de la LMACM, la mediación en Portugal tiene tres campos de actuación que debemos destacar como son la Mediación Laboral, la Mediación Penal y la Mediación Familiar. En este caso vamos a centrarnos en la Mediación Familiar ya que es la más relacionada con la normativa española. La mediación familiar comienza su desarrollo a través de una orden[184] que pretende regularla con los siguientes objetivos: expandir el uso de la mediación a nuevos ámbitos del país del que pueda hacerse uso en nuevas comarcas y municipios; ampliar las materias disponibles susceptibles de resolverse a través de la mediación familiar, como pueden ser casos de divorcio, separación, atribución de alimentos, autorización para utilizar la casa familiar o autorización para la utilización del apellido del excónyuge; y, la reconfiguración del servicio público de mediación pretendiendo que sea un medio de resolución de

182 Lei n.29/2013, de 19 de abril de 2013, de principios gerais aplicáveis à mediação civil e comercial. https://www.pgdlisboa.pt/leis/lei_mostra_articulado.php?nid=1907&tabela=leis complementada pela Portaria n.203/2011, de 20 de maio de 2011 de sistemas de mediação pré-judicial, prazos, caducidade e precrição dos direitos https://www.pgdlisboa.pt/leis/lei_mostra_articulado.php?nid=1333&tabela=leis

183 PACHECO, D.: "La perspectiva portuguesa de la institucionalización de la mediación", en *Revista de Mediación,* 7(2), 2014. Pp. 58-65. [en línea] [Consultado en 10 de enero de 2024] Disponible en: https://revistademediacion.com/articulos/la-perspectiva-portuguesa-de-la-institucionalizacion-de-la-mediacion/index.html

184 Gabinete do Secretário de Estado da Justiça. Despacho nº 18 778/2007. Diário da República, 2ª serie, nº161, 22 de agosto de 2007. https://files.dre.pt/2s/2007/08/161000000/2405124052.pdf

conflictos más flexible, proporcionando una lista de mediadores profesionales aptos para el desarrollo de este MASC específicamente en materia de familia así como aptos para actuar en diversos puntos del país.

Con la *Lei de Mediação* se regula la mediación civil y mercantil, por lo que tal y como se indica en el artículo 10 apartado 2, el capítulo III de dicha norma no es aplicable para los conflictos objeto de mediación familiar, los de mediación laboral y los de mediación penal. Es curioso cómo se realiza la distinción entre mediación civil y mediación familiar, esto es así porque con los conflictos de materia civil hace referencia a aquellos que afecten a intereses de carácter patrimonial.

La clasificación de Reino Unido[185] dentro de los cuatro países que más uso hacen de la mediación es previa al Brexit como se pueden imaginar, por lo que en la actualidad no aparece información en el Portal Europeo de Justicia respecto de la mediación en este país de forma explícita, aunque en colaboración con el Departamento de Tribunales de Su Majestad[186], actualizan la información necesaria en este asunto para garantizar la calidad de la mediación. Analizaremos la evolución de la mediación con la información obtenida en el estudio del Parlamento Europeo donde nos indican que no existe una Ley de Mediación que controle el procedimiento o la práctica de la mediación, y no existe un control estatal actual para la formación, desempeño o designación de mediadores[187]. Se hace

---

185 Disponible en: https://e-justice.europa.eu/content_mediation_in_member_states-64-ew-es.do?member=1 [en línea] [Consultado en 10 de enero de 2024]

186 Disponible en: https://e-justice.europa.eu/content_ordinary_courts-18-ew-es.do?member=1 [en línea] [Consultado en 10 de enero de 2024]

187 Parlamento Europeo "'Rebooting' the mediation directive: assessing the limited impact of its implementation and proposing measures to increase the numbre of mediations in the EU" *Estudio del Policy Department C:*

uso de iniciativas judiciales y gubernamentales, así como de empresas privadas para promover la mediación, ya que históricamente, se hacía uso de la mediación a través de decisiones judiciales en casos individuales.

En el año 1994 el Lord Canciller le solicitó a Lord WOOLF que realizase una investigación sobre el funcionamiento de la justicia civil en Inglaterra y Gales y éste la efectuó a través de un seguimiento del procedimiento civil y a la labor de los jueces, abogados y las partes. El estudio realizado por WOOLF conocido como Acceso a la Justicia[188], se hizo con el objetivo de mejorar el acceso a la justicia y disminuir los costes del litigio, reducir la complejidad de las normas y modernizar la terminología y remover las distinciones innecesarias de las prácticas y de los procedimientos y como consecuencia de este estudio se concluyeron los hallazgos que posteriormente han promovido la reforma a la justicia civil introduciendo la mayoría de las recomendaciones expresadas en el informe. Esta reforma planteó la adopción de un nuevo procedimiento civil para reducir el coste del litigio, la demora en su resolución y la complejidad que los procesos suponen para las partes[189]. Desde que se introdujo la mediación en el sistema de justicia civil en el 1997, se ha alentado a las partes a hacer uso de la mediación, incluso los jueces y tribunales estimulaban su uso. Sin embargo, esto no era suficiente, por lo que el Ministerio de Justicia consideró in-

---

Citizens' rights and constitutional affairs. European Parliament, manuscript completed in January 2014, Brussels

188 WOOLF, H.: *Access to Justice: Final Report to the Lord Chancellor on the Civil Justice System in England and Wales.* Her Majesty's Stationery Office HMSO. 1996.

189 VILLADIEGO, C., & PIÑEIRO, C: "La reforma a la justicia civil en Inglaterra y Gales". En *CEJA, Centro de Estudios de Justicia de las Américas.* 2023. [en línea] [Consultado en 10 de enero de 2024] Disponible en: https://biblioteca.cejamericas.org/bitstream/handle/2015/1177/ceja-justicia-civil-inglaterra.pdf?sequence=1&isAllowed=y

troducir un mecanismo o paso previo al proceso judicial para garantizar la realización de los intentos de resolución, y que las controversias sólo avanzan a los tribunales en última instancia, cuando es absolutamente necesario.

Tal y como dice SOLETO MUÑOZ[190], debemos destacar que en los países anglosajones existen más formas de resolución alternativa que en los países europeos. Así, además de los tradicionales métodos como arbitraje, mediación y conciliación, se hace uso de otras formas de resolución como son la evaluación imparcial, la encuesta neutra, la determinación por un experto y la mediación-arbitraje, para los casos en los que se prevea que, ante el fracaso de la mediación, las partes se someten al arbitraje.

Dentro del Portal Europeo de Justicia[191] encontramos estos elementos que se han contemplado para hacer uso de la mediación. Entre ellos encontramos que se exige que el tribunal recurra activamente a un procedimiento alternativo de resolución de litigios, lo que implica alentar a las partes a utilizar la mediación. Se tiene en consideración que la mediación es voluntaria, pero el juez debe sopesar previamente los esfuerzos que se han realizado para intentar resolver el litigio. Incluso las costas pueden verse afectadas por esto ya que si una parte rechaza una oferta razonable de mediación proporcionada por la contraria, y, finalmente quien rechaza la oferta gana el procedimiento en vía judicial, el juez puede decidir que no se obligue a la parte perdedora a pagar las costas de la ganadora, puesto que ha intentado la resolución del conflicto de forma previa.

---

190 SOLETO MUÑOZ, H.: "La mediación en la Unión Europea", cit... Pp. 185-203.

191 Disponible en: https://e-justice.europa.eu/home?action=home&plang=es [en línea] [Consultado en 10 de enero de 2024]

La legislación de estos países es muy interesante y de todos ellos podemos sacar un denominador común que es, por un lado, la promoción de la mediación por el Estado y la Administración para evitar gastos innecesarios de tiempo y dinero para las partes y, por otro lado, la aplicación de la obligatoriedad mitigada de la mediación, ya sea porque se contemple que sea obligatorio someterse a una sesión de información de mediación, porque se otorguen incentivos a las partes que se someten a mediación o porque se "sanciona" a las partes que no se someten a mediación de forma previa al conflicto, como puede ser lo mencionado previamente respecto de las costas.

1.2.1. Consejo de Europa: Recomendaciones del Comité de ministros

Como indica el Tratado de Funcionamiento de la Unión Europea[192] (en adelante TFUE) en su artículo 288, con objeto de ejercer las competencias de la Unión, las instituciones adoptarán reglamentos, directivas, decisiones, recomendaciones y dictámenes, estas son las distintas formas que pueden adoptar los actos de la Unión Europea.

Las recomendaciones no tienen consecuencias jurídicas ya que es una de las formas de actos no vinculantes contempladas en el TFUE, sin embargo, estas pueden ofrecer una guía para la interpretación o sobre el contenido de Derecho de la UE.

---

192 Versión consolidada del Tratado de Funcionamiento de la Unión Europea, Diario Oficial de la Unión Europea de fecha 30 de marzo de 2010.

1.2.1.1. Recomendación R (81) 7, de 14 de mayo de 1981 relativa a medidas tendentes a facilitar el derecho de acceso a la Justicia.

En el año 1981 se adoptó por el Comité de ministros la recomendación relativa a facilitar el derecho de acceso a la justicia. A través de ella el Consejo de Europa alentaba a los Estados miembros a tomar medidas que mejoran este derecho de acceso ya que el proceso judicial se consideró complejo, lento y con alto coste económico como para que pudieran acceder a este derecho todas las personas con cualquier conflicto[193].

Junto con las medidas acordadas se encontraba la promoción del uso por las partes en conflicto de vías para la solución amigable de disputas o conciliaciones, podría ser de forma previa al proceso judicial o durante el proceso[194]. Esta es la primera recomendación que invitó al uso de los MASC con la intención de mejorar el cumplimiento del derecho del que disponen las partes de acceso a la justicia.

1.2.1.2. Recomendación R (86) 12, de 16 de septiembre de 1986 sobre determinadas medidas destinadas a prevenir y reducir el exceso de carga de trabajo de los Tribunales.

En el año 1986 se presenta la Recomendación R (86) 12 del Consejo de Ministros a los Estados miembros respecto a algunas medidas para prevenir y reducir el exceso de carga de trabajo en los Tribunales. En esta recomendación se promue-

---

193 MACHO GÓMEZ, C.: "Origen y evolución de la Mediación: el nacimiento del «movimiento ADR» en Estados Unidos y su expansión a Europa", en. *Anuario de Derecho Civil, LXVII,* 2014. Pp 969-970.

194 REBOLLO REVESADO, S.: "La mediación penal en España, Castilla y León y Salamanca", en *Familia, 57.* 2019 [en línea] [Consultado en 10 de enero de 2024] Disponible en: https://revistas.upsa.es/index.php/familia/article/view/66/52

ve que los Estados miembros cumplan con algunos objetivos como promover la resolución amistosa de los conflictos, prever el uso de órganos fuera del sistema judicial para la resolución de determinados asuntos de pequeña importancia o para determinadas materias, facilitar el acceso al arbitraje como alternativa más eficaz respecto de la acción judicial, entre otras[195].

Esto se promueve como consecuencia del aumento del número de casos presentados ante los tribunales, lo que puede ocasionar que se infrinjan derechos de los litigantes, también como consecuencia de la cantidad de funciones no jurisdiccionales que en algunos Estados se establecen al juez, el objetivo de esta recomendación es mejorar el funcionamiento de la justicia, pretendiendo asegurar una distribución equilibrada del negocio entre los tribunales y hacer el mejor uso de los recursos humanos a su disposición.

Le damos especial importancia a esta recomendación como introducción de los MASC en los Estados Miembros ya que a través de la propuesta *prendre les dispositions appropriées pour que, dans les cas qui s'y prêtent, l'arbitrage puisse constituer une alternative plus accessible et plus efficace à l'action judiciaire* entendemos que no se incluye exclusivamente el arbitraje como alternativa más accesible sino que deben tenerse en consideración todos los medios alternativos de resolución de estas controversias que tenemos a nuestro alcance y así lo ven algunas normas como la

---

195 GARCÍA PRESAS, I.: "Las Directrices de la Unión Europea en materia de mediación. Su proyección en España" *Dereito, Universidade de A Coruña, 18*(1), 2009. Pp. 253. [en línea] [Consultado en 10 de enero de 2024] Disponible en: https://minerva.usc.es/xmlui/bitstream/handle/10347/7921/08.Presas.pdf?sequence=1

Ley de mediación de las Islas Baleares o la Ley del Principado de Asturias[196].

1.2.1.3. Recomendación 98/1 del Consejo de Ministros de 21 de enero de 1998[197]

En el año 1998, el Consejo de Ministros, a partir de la 616 reunión de los Delegados de los Ministros, reconoce el número creciente de conflictos familiares, resaltando que en su mayoría resultaban de una separación o divorcio. El Comité observó las consecuencias perjudiciales de los conflictos para las familias y destaca así la necesidad de asegurar la protección del interés superior del menor.

Para poder dar solución a este asunto, se deben conocer en primer lugar las características de estos conflictos familiares. Estos se caracterizan porque de forma general implican a personas que tienen relaciones interdependientes, por lo que estas relaciones continuarán en el tiempo. Se debe tener en cuenta además que los conflictos surgen en un contexto emocional difícil que los agrava. Finalmente, se debe tener en cuenta que la separación y el divorcio tienen impacto sobre todos los miembros de la familia, pero de forma especial sobre los niños.

Como consecuencia del estudio realizado, se formaliza la recomendación del comité de instituir o promover la mediación familiar o reforzar la mediación familiar en caso de que

---

196 GARCÍA PRESAS, I.: "Las Directrices de la Unión Europea en materia de mediación...", *cit...* p. 253.

197 Recomendación NºR (98)1 del Comité de Ministros a los Estados miembros sobre la mediación familiar aprobada por el Consejo de Ministros el 21 de enero de 1998, a partir de la 616 reunión de los Delegados de los Ministros. https://www.ucm.es/data/cont/media/www/pag-40822/recomendacioneuropea.pdf

ya se encuentre instaurada. Se recomienda también que los Estados miembros adopten las medidas necesarias para asegurar la puesta en marcha de ciertos principios propuestos por el comité para el uso de la mediación como medio apropiado de resolución de conflictos familiares.

Podemos ver así que en el año 1998 se contempla a nivel europeo la mediación familiar como una medida adecuada de resolución de los conflictos que pueden surgir entre los miembros de una misma familia. La recomendación establece unas sugerencias, sin embargo, los Estados miembros son libres de determinar cuáles serán las cuestiones cubiertas por la mediación familiar.

Esta Recomendación, a pesar de no tener carácter vinculante, debemos entenderla como una orientación de las cuestiones que deben abordarse a la hora de plantear la mediación, no sólo familiar, sino también internacional, ya que la Unión Europea es una realidad internacional y por ello se contempla la problemática internacional en materia de familia.

Para la redacción de dicha recomendación, se ha contado también con el trabajo del Comité de expertos en Derecho de familia del Consejo de Europa, los cuales reconocen la necesidad de una directiva internacional en mediación familiar.

1.2.1.4. Recomendación R (2002) 10, de 18 de septiembre de 2002 sobre mediación en asuntos civiles.

En el año 2002, aprueba el Comité de ministros la Recomendación 2002/10 en fecha 18 de septiembre de 2002, con el fin de utilizar este MASC, ya no sólo en el ámbito familiar, sino en el conjunto de materias que constituyen el Derecho privado[198].

---

198 ORTIZ PRADILLO, J. C.: "Los mecanismos alternativos de resolución de conflictos y su operatividad presente y futura" *cit....* pp. 133-165.

Esta recomendación supuso un impulso para la ampliación y promoción de la mediación en asuntos de derecho privado ampliando así las materias dispositivas de la mediación.

1.2.2. Unión Europea

A través de diferentes planes de acción, la Unión Europea ha promovido el uso de los MASC para la resolución pacífica de los conflictos, así como la intención de garantizar con ellos un enfoque integral de derechos humanos ante los conflictos y las crisis como lo hace el Plan de acción de la UE sobre derechos humanos y democracia[199].

El Consejo Europeo aprueba el Plan de Acción del Consejo y de la Comisión de las modalidades óptimas de aplicación de las disposiciones del Tratado de Amsterdam relativo al establecimiento de un espacio de libertad, de seguridad y de justicia. En el propio plan se indica que una de las medidas que deberán tomarse es el estudio de la posibilidad de elaborar soluciones no judiciales de las controversias, haciendo especial referencia a los conflictos familiares transnacionales, en especial el estudio del uso de la mediación para la resolución de conflictos familiares. [200]

A partir del Plan de Acción de Viena de 1998 y las Conclusiones del Consejo Europeo de Tampere de 1999, el Consejo de Ministros de Justicia e Interior invitó a la Comisión a que

---

[199] Plan de acción de la UE sobre derechos humanos y democracia de 2015 a 2019. https://op.europa.eu/en/publication-detail/-/publication/045bdbed-a943-11e5-b528-01aa75ed71a1/

[200] Apartado 41, párrafo b) del Plan de acción del Consejo de la Comisión, de 3 de diciembre de 1998, sobre la mejor manera de aplicar las disposiciones del Tratado de Amsterdam relativas a la creación de un espacio de libertad, seguridad y justicia. https://eur-lex.europa.eu/legal-content/ES/ALL/?uri=CELEX%3A31999Y0123%2801%29

presentara un Libro Verde sobre modalidades alternativas de solución de conflictos en materia civil y mercantil distintas del arbitraje, que posteriormente fue publicado por la Comisión en 2002.

1.2.2.1. Libro Verde del 2002[201]

No podemos hablar del avance de la mediación a nivel europeo sin mencionar el Libro Verde. Propuso su creación el Consejo de Ministros de Justicia en el Consejo Europeo de Tampere de 1999 a la Comisión con el objetivo de resolver algunas cuestiones relativas a los medios de resolución de conflictos, como consecuencia de la nueva eclosión de los mismos a nivel práctico en beneficio de los ciudadanos. Además, en el momento de redacción del Libro Verde, los MASC representaban una prioridad política para las instituciones de la Unión Europea.

El Libro Verde constituye la oportunidad de dar a conocer los MASC a un gran número de personas, así como recoger las observaciones generales de los medios interesados y las reacciones específicas a las cuestiones que se plantean a lo largo de su redacción.

Se realiza un estudio a nivel global de la aplicación de estos medios de resolución de conflictos, destacando que los Estados Unidos de América disponen de gran experiencia en este sector, por lo que se han adoptado multiplicidad de leyes sobre la mediación en distintos ámbitos y ello condujo a elaborar una

---

201 Libro Verde sobre las modalidades alternativas de solución de conflictos en el ámbito del derecho civil y mercantil, abril del 2002. https://op.europa.eu/es/publication-detail/-/publication/61c3379d-bc12-431f-a051-d82fefc20a04

ley uniforme sobre la mediación. Es evidente que los MASC no son una novedad, pero estos han experimentado un impulso en su desarrollo desde hace algún tiempo, por lo que poco a poco son más conocidos por la población y más utilizados.

Esta expansión se debe principalmente a las dificultades de acceso a la justicia que se vienen experimentando desde hace un tiempo en muchos países, multiplicándose los litigios ante los tribunales, alargándose los procedimientos y aumentando los gastos, por lo que los MASC se aplican como mejora del acceso a la justicia por los ciudadanos.

Además de ello, debemos destacar que los MASC suponen un avance en el espacio de libertad, seguridad y justicia en la Unión Europea, resolviendo, incluso en ocasiones previniendo, los conflictos sociales, tanto nacionales como transnacionales, así como integrando la dimensión internacional, en el sentido de que el uso de los MASC según lo estipulado en el Libro Verde no se limita exclusivamente a ciudadanos de los Estados miembros de la Unión Europea.

También se traen a colación cuestiones a nivel europeo como la creación en Francia del *Conseil national consultatif de la médiation familiale* que sirve para proponer medidas que faciliten la organización de la mediación familiar y así fomentar su desarrollo.

Todo esto induce a la creación de una formación de mediadores que se impartirá a través del Foro Europeo de Formación e Investigación de la Mediación Familiar, organización sin ánimo de lucro formada por expertos que trabajan en el campo de los conflictos familiares, separación y divorcio, creado con el fin de coordinar la formación de la mediación familiar en Europa.

1.2.2.2. Reglamento de Bruselas II bis[202].

En el artículo 55 del presente Reglamento se regula la cooperación en casos específicamente relacionados con la responsabilidad parental de las autoridades centrales para supuestos en los que lo solicite una autoridad central de otro Estado miembro o de un titular de la responsabilidad parental.

Según esta regulación, las autoridades centrales adoptarán todas las medidas adecuadas, con arreglo a la legislación de dicho Estado miembro en materia de protección de datos personales, para por ejemplo facilitar la celebración de acuerdos entre los titulares de la responsabilidad parental a través de la mediación o por otros medios, y facilitar con este fin la cooperación transfronteriza, según se regula en el artículo 55 e).

1.2.2.3. Directiva 2008/52 sobre ciertos aspectos de la mediación en asuntos civiles y mercantiles[203]

En fecha 22 de octubre de 2004, la Comisión adoptó una propuesta de Directiva con la finalidad de facilitar el acceso a la resolución de conflictos y promover el acuerdo entre las partes haciendo uso de la mediación[204]. La intención es asegu-

---

202 Reglamento (CE) nº 2201/2003 de la Comisión, de 27 de noviembre de 2003, relativo a la competencia, el reconocimiento y la ejecución de resoluciones judiciales en materia matrimonial y de responsabilidad parental, por el que se deroga el Reglamento (CE) nº 1347/2000. https://eur-lex.europa.eu/ES/legal-content/summary/matrimonial-and-parental-judgments-jurisdiction-recognition-and-enforcement-brussels-iia.html

203 Directiva 2008/52/CE del Parlamento Europeo y del Consejo de 21 de mayo de 2008, sobre ciertos aspectos de la mediación en asuntos civiles y mercantiles. https://eur-lex.europa.eu/legal-content/ES/TXT/?uri=uriserv%3AOJ.L_.2008.136.01.0003.01.SPA

204 GARCÍA PRESAS, I.: "Las Directrices de la Unión Europea en materia de mediación. Su proyección en España"... *cit.*

rar una relación dinámica entre mediación y procedimientos judiciales[205].

La Directiva pretende solventar una cuestión que en su momento no está regulada, intentando unificar ciertos criterios entre los Estados miembros. El objeto de la directiva es promover el uso de los MASC, más concretamente el uso de la mediación.

La Directiva hace referencia a los litigios transfronterizos en asuntos civiles y mercantiles. Los países de la Unión deben establecer un procedimiento que permita que las partes soliciten la confirmación del acuerdo, cuestión que da seguridad a las partes, para posteriormente poder hacer uso de una ejecución en caso de que no se cumpla con lo acordado[206].

Debemos destacar que la Directiva se limita a establecer unas normas mínimas para fomentar la mediación en los litigios, esto podemos verlo en diferentes consideraciones realizadas a lo largo del texto, como por ejemplo: que las disposiciones sólo se refieren a los procedimientos de mediación en litigios transfronterizos, pero nada debe impedir que los Estados miembros apliquen las disposiciones a procedimientos de mediación de carácter nacional; que los Estados miembros deben promover la formación de mediadores y el establecimiento de mecanismos de control; o, que los Estados miembros deben asegurar que las partes en un acuerdo escrito puedan hacer que el contenido tenga fuerza ejecutiva.

---

205 Disponible en: https://eur-lex.europa.eu/LexUriServ/LexUriServ.do?uri=CELEX:52008PC0131:ES:HTML [en línea] [Consultado en 10 de enero de 2024]

206 Disponible en: https://eur-lex.europa.eu/ES/legal-content/summary/mediation-in-civil-and-commercial-matters.html [en línea] [Consultado en 10 de enero de 2024]

La publicación de la Directiva, conlleva su incorporación al ordenamiento jurídico de los Estados miembros quienes debían transponerla antes del 21 de mayo de 2011, aunque advertimos desde este momento que no todos los Estados miembros pusieron en vigor las disposiciones legales, reglamentarias y administrativas necesarias antes de la fecha prevista por la Directiva.

1.2.2.4. Reglamento 4/2009 relativo a la competencia, la ley aplicable, el reconocimiento y la ejecución de las resoluciones y la cooperación en materia de obligaciones de alimentos[207].

Al igual en el reglamento anterior, en su artículo 51 se regulan las funciones específicas de las autoridades centrales entre las cuales se encuentra la de prestar asistencia en lo que respecta a las solicitudes disponibles por el acreedor o el deudor a las autoridades centrales.

En particular, en el artículo 51 d) de estipula que las autoridades centrales deberán promover las soluciones amistosas a fin de obtener el pago voluntario de los alimentos, recurriendo cuando sea apropiado a la mediación, la conciliación o mecanismos análogos.

---

[207] Reglamento (CE) nº 4/2009 de la Comisión, de 18 de diciembre de 2008, relativo a la competencia, la ley aplicable, el reconocimiento y la ejecución de las resoluciones y la cooperación en materia de obligaciones de alimentos. https://www.boe.es/buscar/doc.php?id=DOUE-L-2009-80018

1.2.2.5. Directiva 2012/29 sobre derechos, apoyo y protección de las víctimas de delitos[208].

La Unión se ha impuesto el objetivo de mantener e impulsar un espacio de libertad, seguridad y justicia, cuya piedra angular la constituye el reconocimiento mutuo de decisiones judiciales en materia civil y penal.

Se contempla en dicha Directiva los servicios de justicia reparadora entre los que se encuentra la posibilidad de mediación entre víctima e infractor, cuestiones que pueden ser de gran ayuda para la víctima, pero requieren garantías para evitar toda victimización secundaria y reiterada, la intimidación y las represalias.

En la Directiva se entiende que de forma previa a remitir un asunto determinado a la justicia reparadora, se deben tomar en consideración factores como la naturaleza y gravedad del delito, el grado de daños que se ha causado, la violación repetida de la integridad física, sexual o psicológica de una víctima, los desequilibrios de poder y la edad, madurez o capacidad intelectual de la víctima, que podrían limitar o reducir su capacidad para realizar una elección con conocimiento de causa o podrían ocasionarle un perjuicio.

Igualmente se establecen principios para el procedimiento de justicia reparadora, se establece que estos procedimientos han de ser confidenciales, a menos que las partes lo acuerden de otro modo o que el Derecho nacional disponga otra cosa por razones de especial interés general.

---

[208] Directiva 2012/29/UE del Parlamento Europeo y del Consejo de 25 de octubre de 2012 por la que se establecen normas mínimas sobre los derechos, el apoyo y la protección de las víctimas de delitos, y por la que se sustituye la Decisión marco 2001/220/JAI del Consejo. https://eur-lex.europa.eu/legal-content/ES/TXT/?uri=celex%3A32012L0029

1.2.2.6. Directiva 2013/11 sobre resolución alternativa de litigios en materia de consumo.[209]

En dicha Directiva se regula la resolución alternativa de litigios, entendiendo que ofrece una solución extrajudicial, sencilla, rápida y asequible para los litigios entre los consumidores y los comerciantes. Además, se entiende que para que los consumidores puedan aprovechar plenamente el potencial del mercado interior, es necesario que la resolución alternativa pueda aplicarse a todos los tipos de litigios, nacionales y transfronterizos.

Hemos visto que en la presente Directiva se dispone que la misma debe entenderse sin perjuicio de la Directiva de 2008, la cual ya establece un marco para los sistemas de mediación en el ámbito de la Unión en litigios transfronterizos, pero la presente Directiva de 2013, está destinada a aplicarse de manera horizontal a todo tipo de procedimientos de resolución alternativa, incluidos los regulados por la Directiva de 2008.

Lo interesante de esta directiva es que las entidades de resolución son muy diversas en la Unión y esta directiva debe aplicarse a cualquier entidad establecida de manera duradera que ofrezca la resolución de un litigo entre un consumidor y un comerciante siempre mediante un procedimiento de resolución alternativa.

---

209 Directiva 2013/11/UE del Parlamento Europeo y del Consejo de 21 de mayo de 2013 relativa a la resolución alternativa de litigios en materia de consumo y por la que se modifica el Reglamento (CE) n o 2006/2004 y la Directiva 2009/22/CE (Directiva sobre resolución alternativa de litigios en materia de consumo). https://eur-lex.europa.eu/legal-content/ES/ALL/?uri=CELEX%3A32013L0011

2. NORMATIVA NACIONAL ESTATAL ESPAÑOLA

2.1. Antecedentes al marco jurídico estatal

Según indica FERNÁNDEZ RIQUELME, en España encontramos testimonios de una primera reglamentación de la tradición mediadora en las Juntas vecinales, los Gremios medievales y las Hermandades agrarias y rurales, especificando que en el Fuero de Avilés en el año 1076 se documenta el origen de la mediación[210].

España inició su propio proceso de institucionalización de la mediación a raíz de la aprobación de la ley del divorcio a mediados de los años 80. Al igual que ocurrió en Estados Unidos, con dicha aprobación de la ley del divorcio recibieron los juzgados una avalancha de solicitudes de separación y divorcio, esta avalancha supuso una amenaza de colapso en los tribunales, por lo que se buscó una solución alternativa a la judicial.

En España la situación del país es diferente a la de Estados Unidos, ya que, en esa época, tras el fin de la dictadura con el fallecimiento de Francisco Franco, la sociedad española se encuentra en un importante proceso de democratización y renovación de los poderes del Estado, entre ellos el poder judicial.

Entre la renovación que sufría España y la Recomendación nº 7/1981 del Comité de Ministros del Consejo de Europa, que invitaba a la utilización de los MASC alentando a los Estados a tomar medidas para mejorar el cumplimiento del derecho de acceso a la justicia, junto con la Recomendación nº 12/1986 del Comité de Ministros relativa a medidas tendentes a prevenir y reducir la sobrecarga de trabajo de los Tribunales de

---

210 FERNÁNDEZ RIQUELME, S.: "La mediación social: itinerario histórico de la resolución de conflictos sociales", en *La Razón Histórica, Revista hispanoamericana de Historia de las Ideas, 9*, 2009, p. 82.

Justicia[211], surge en España el primer servicio de mediación en 1988 en el País Vasco.

A partir del año 1990 aparecen nuevos servicios relativos a la mediación familiar, por lo que el uso de este MASC se implanta e infunde en este momento con el Servicio de Mediación familiar de la Unión de Asociaciones Familiares en Madrid, el Programa de Mediación Familiar del centro Ábside y la Fundación Familia, Ocio y Naturaleza, el Servicio de Mediación Familiar de Barcelona y el Servicio de Mediación Familiar del Instituto Genus, en Barcelona[212].

Tras este avance que va ocurriendo en materia de medios alternativos, en España se produce el desarrollo legislativo de la mediación a nivel autonómico siendo las pioneras en la aplicación de programas de mediación familiar Cataluña con la ley 1/2001 y Galicia con la ley 4/2001[213].

Posteriormente, como hemos mencionado con anterioridad, en el año 2004 ya se inicia la propuesta legislativa de la Directiva de 2008, por lo que, tras ella comienza la regulación de la mediación a nivel estatal como veremos a continuación.

---

211 MACHO GÓMEZ, C.: "Origen y evolución de la Mediación: el nacimiento del «movimiento ADR» en Estados Unidos y su expansión a Europa", *cit...* pp. 969-970.

212 MACHO GÓMEZ, C.: "Origen y evolución de la Mediación: el nacimiento del «movimiento ADR» en Estados Unidos ...", *cit*, 971.

213 MIRANZO DE MATEO, S.: "Quiénes somos, a dónde vamos. . . origen y evolución del concepto mediación", en *Revista de Mediación, 5*, 2010. P. 15. [en línea] [Consultado en 10 de enero de 2024] Disponible en: https://revistademediacion.com/articulos/quienes-somos-a-donde-vamos-origen-y-evolucion-del-concepto-mediacion/index.html

2.2. Normativa estatal sobre mediación civil

2.2.1. Ley 5/2012, de 6 de julio, de mediación en asuntos civiles y mercantiles[214]

La LMACM, no es la primera ley de mediación que se observa en la legislación española. Dicha ley sí que es la primera genérica, ya que, hasta la fecha, once Comunidades Autónomas plantearon de forma expresa sus leyes, aunque estas eran de mediación familiar. Todas ellas consideran la mediación familiar como una necesidad por la evolución que ha habido del concepto de familia, así como el aumento de la cantidad de divorcios, y, otras cuestiones, como el crecimiento de litigiosidad matrimonial y de los costes procesales.

El objetivo de la LMACM es regular la mediación como un instrumento eficaz para la resolución de conflictos. La intención es que se conciban los tribunales de justicia como un último remedio y que las partes acudan en primer lugar a los medios alternativos de solución de conflictos para reducir la carga de trabajo de los tribunales y para que las partes lleguen a un acuerdo con el que ambas se sientan conformes, el objetivo es el *win-win*.

En la regulación se refleja la necesidad de intervención de un profesional neutral que facilite la resolución del conflicto por las partes, limitando el uso de la mediación para aquellos conflictos que afectan a derechos de carácter disponible, civil y mercantil. La LMACM contiene cinco títulos dedicados a las disposiciones generales, los principios informadores de la mediación, el estatuto del mediador, los procedimientos de mediación y el de ejecución. Tal como refleja SANGÜESA CA-

---

214 BOE núm.162 de 7 de julio de 2012. https://www.boe.es/buscar/act.php?id=BOE-A-2012-9112 (LMACM)

BEZUDO, se debe destacar que la Ley ofrece amplias posibilidades al regular el procedimiento de una forma flexible, bajo el principio de voluntariedad y libre disposición[215].

Por supuesto, esta ley incorpora al Derecho español la Directiva 2008/52/CE, sin embargo, su regulación va más allá del contenido de la Directiva ya que, al ser de mínimos, esta regulación conforma un régimen general aplicable a toda mediación que tenga lugar en España y pretenda tener un efecto jurídico vinculante.

Como podemos ver, la transposición de la Directiva en España es tardía por lo que la Comisión se vio obligada a abrir expediente a España, así como a otros ocho Estados Miembros más. España resuelve esta cuestión con la aprobación del Real Decreto-Ley 5/2012 que actualmente es la LMACM y recurriendo posteriormente al real decreto-ley como norma adecuada para adaptar esta normativa, con lo que de esta forma se pone fin al retraso en el cumplimiento de esta obligación y se resuelven las cuestiones que quedan pendientes a través de disposiciones en la LMACM.

2.2.2. Real Decreto 980/2013, de 13 de diciembre, por el que se desarrollan determinados aspectos de la Ley 5/2012, de 6 de julio, de mediación en asuntos civiles y mercantiles[216].

La Ley mencionada previamente, ha venido a establecer un régimen general de esta institución en España, en ella se con-

---

215 SANGÜESA CABEZUDO, A. M.: "El procedimiento de Mediación en la Ley 5/2012, de 6 de julio", en *Revista del Colegio Notarial de Madrid, El Notario del Siglo XXI,* 45. 2012

216 BOE núm.310 de 27 de diciembre de 2013. https://www.boe.es/buscar/act.php?id=BOE-A-2013-13647

templa la figura del mediador como responsable de dirigir el procedimiento imponiendo además al profesional determinados requisitos, haciendo así en la ley una apuesta clara por la calidad de la mediación.

El Real Decreto 980/2013, parte de una concepción abierta de la formación, según los principios que rigen este MASC, no estableciendo así requisitos estrictos o cerrados para esa formación, aunque sí establecen unas reglas básicas con intención de preservar la intención de la ley respecto de la calidad de la mediación, lo que supone que se debe dotar a los profesionales de una cualificación idónea para poder llevar a cabo la mediación.

A su vez en dicho Real Decreto se regula la creación del Registro de Mediadores e Instituciones de Mediación y con él la publicidad de los mediadores a través de esta vía. También se concreta la obligación de aseguramiento que la ley impone a los mediadores a través de un contrato de responsabilidad civil o garantía equivalente para cubrir los daños y perjuicios derivados de su actuación. Por último, se determinan también las líneas básicas del procedimiento simplificado de mediación por medios electrónicos.

Será de especial importancia para este estudio el capítulo IV del mismo que regula, tal como dice el hecho IV de la exposición de motivos, la obligación de aseguramiento que la ley impone a los mediadores y que se articula a través de un contrato de seguro de responsabilidad civil o garantía equivalente a fin de cubrir los daños y perjuicios derivados de su actuación. Igualmente se introduce una nueva obligación de aseguramiento de la responsabilidad de las instituciones de mediación a las que se refiere el artículo 14 de la LMACM y que puede derivar, como veremos más adelante, de la designación del mediador o del incumplimiento de las obligaciones que incumben a las instituciones.

2.2.3. Ley 7/2017, de 2 de noviembre, por la que se incorpora al ordenamiento jurídico español la Directiva 2013/11/UE, del Parlamento Europeo y del Consejo, de 21 de mayo de 2013, relativa a la resolución alternativa de litigios en materia de consumo[217].

Al igual que ocurre a lo largo de la historia, la Comisión Europea muestra su preocupación en las dos últimas décadas del siglo XX respecto al acceso de los consumidores a la justicia en los Estados miembros ya que no observa sólo un problema respecto del acceso a los tribunales como consecuencia de su saturación, sino que a su vez detecta dificultades de acceso en otras instancias o mecanismos como pueden ser la mediación, la conciliación y el arbitraje.

Esta cuestión es interesante puesto que los consumidores, como parte vulnerable de la relación con el empresario, deberían de tener una protección especial y además una facilidad de acceso a vías de resolución de sus conflictos. Además, incide la Comisión en que las dificultades observadas se acrecientan considerablemente cuando el consumidor y el empresario residen en diferentes Estados miembros, donde ya entran en juego las normas sobre competencia judicial internacional.

Por lo que dicha ley, con objeto de transponer la Directiva de 2013, tiene como objeto garantizar a los consumidores residentes en la Unión Europea el acceso a MASC en materia de consumo que sean de alta calidad por ser independientes, imparciales, transparentes, efectivos, rápidos y justos. En el caso de España será de aplicación para las entidades que propongan una solución entre las partes en materia de consumo.

---

217 BOE núm.268 de 4 de noviembre de 2017. https://www.boe.es/buscar/act.php?id=BOE-A-2017-12659

2.2.4. Instrumento de Ratificación del Convenio Europeo sobre el Ejercicio de los Derechos de los Niños[218].

Debemos destacar también que en el instrumento de ratificación de los derechos de los niños se hace alusión a la mediación en su artículo 13, así como otros sistemas de resolución de controversias, indicando que, con la intención de prevenir o resolver las controversias y evitar los procedimientos que afecten a los niños ante una autoridad judicial, se fomentará por las partes la práctica de la mediación o cualquier otro MASC y su uso para llegar a un acuerdo.

Entendemos por la redacción de dicho artículo en relación con la función de dicha norma, que los conflictos relativos al interés superior del menor y sus derechos podrán resolverse a través de la mediación siempre y cuando las partes estén de acuerdo y sea materia disponible de la mediación. Además, menciona dicha norma que el presente Convenio no impedirá a las partes aplicar reglas más favorables para la promoción y ejercicio de los derechos de los niños, por lo que, si en cualquier caso es más favorable el uso de la mediación, se podrá hacer uso de la misma por las partes.

---

218 Instrumento de Ratificación del Convenio Europeo sobre el Ejercicio de los Derechos de los Niños, hecho en Estrasburgo el 25 de enero de 1996. https://www.boe.es/diario_boe/txt.php?id=BOE-A-2015-1752

2.3. Otras normas estatales relacionadas con la mediación civil

2.3.1. Ley Orgánica 1/2004, de 28 de diciembre, de Medidas de protección Integral contra la Violencia de Género[219].

Es importante tener en consideración esta norma en la legislación española en materia de mediación ya que se indica que los Juzgados de Violencia sobre la Mujer, conocerán de las causas penales en materia de violencia sobre la mujer, así como aquellas causas civiles que estén relacionadas.

En su artículo 44 relativo a la competencia, se adiciona un artículo 87 ter apartado cinco, en la Ley Orgánica del Poder Judicial[220] (en adelante LOPJ) en relación con esta materia, indicando que en todos los supuestos en los que tienen competencia los Juzgados de Violencia sobre la Mujer está vedada la mediación.

Esta regulación es una prohibición total que afecta a las cuestiones civiles y penales con violencia de género, esta prohibición también hace imposible que se medien conflictos de tipo familiar.

---

219 Ley Orgánica 1/2004, de 28 de diciembre, de Medidas de protección Integral contra la Violencia de Género, cuyo artículo 44.5 excluye la mediación respecto a los delitos comprendidos en su articulado. BOE núm.313 de 29 de diciembre de 2004. https://www.boe.es/buscar/act.php?id=BOE-A-2004-21760

220 Ley Orgánica 6/1985, de 1 de julio, del Poder Judicial publicada en BOE núm. 157, de 2 de julio de 1985.

2.3.2. Orden JUS/746/2014, de 7 de mayo, por la que se crea el fichero de mediadores e instituciones de mediación[221].

La disposición final segunda del Real Decreto 980/2013 habilitaba al Ministro de Justicia para dictar las disposiciones necesarias para la puesta en funcionamiento del mencionado Registro.

Los artículos 14 y 21 del Real Decreto remiten a la aprobación de una orden ministerial que especifique los documentos electrónicos que deben acompañarse a la solicitud de inscripción por parte de los mediadores en el Registro de Mediadores e Instituciones de Mediación.

Se procede por tanto por esta Orden a desarrollar los artículos 14 y 21 del Real Decreto según indican en su redacción, procediendo así a crear el Fichero de Mediadores e Instituciones de Mediación con la intención de constituir una base de datos informatizada accesible a través del sitio web del Ministerio de Justicia. Además, el Ministerio habilitará formularios a través de su sede electrónica para recabar datos de los solicitantes, la información requerida y los documentos electrónicos mencionados en los artículos 14 y 21que han sido especificados en esta Orden.

---

221 Orden JUS/746/2014, de 7 de mayo, por la que se desarrollan los artículos 14 y 21 del Real Decreto 980/2013, de 13 de diciembre y se crea el fichero de mediadores e instituciones de mediación. BOE núm.113 de 9 de mayo de 2014. https://www.boe.es/buscar/doc.php?id=BOE-A-2014-4910

2.3.3. Ley Orgánica 1/2015, de 30 de marzo, por la que se modifica la Ley Orgánica 10/1995, de 23 de noviembre, del Código Penal[222].

Como hemos visto, en diversas normativas se contemplan cuestiones relativas a la mediación y entre ellas se encuentra la modificación de determinados artículos del CP.

Entre otros artículos, se modifica el 84 el cual reza que *el juez o Tribunal también podrá condicionar la suspensión de la ejecución de la pena al cumplimento de alguna o algunas de las siguientes prestaciones o medidas:* y se especifica en este caso que *el cumplimiento del acuerdo alcanzado por las partes en virtud de mediación* es una de esas medidas que provocará la suspensión de la ejecución de la pena.

Esto es lo que se indica en el artículo 84 pero en el preámbulo de dicha norma se especifica que esto será una posible condición de la suspensión en los casos en que legalmente sea posible.

2.3.4. Ley 4/2015, de 27 de abril, del Estatuto de la víctima del delito[223].

El Estatuto de la víctima del delito contempla en su artículo 15 que las víctimas podrán acceder a servicios de justicia restaurativa con el objeto de obtener una adecuada reparación material y moral de los perjuicios que han sufrido a consecuencia del delito.

---

222 BOE núm.77 de 31 de marzo de 2015. https://www.boe.es/buscar/doc.php?id=BOE-A-2015-3439

223 BOE núm. 101 de 28 de abril de 2015. https://www.boe.es/buscar/act.php?id=BOE-A-2015-4606

Este mismo artículo establece determinados requisitos para acceder a la justicia restaurativa, será así siempre y cuando:

a) *el infractor haya reconocido los hechos esenciales de los que deriva su responsabilidad;*

b) *la víctima haya prestado su consentimiento, después de haber recibido información exhaustiva e imparcial sobre su contenido, sus posibles resultados y los procedimientos existentes para hacer efectivo su cumplimiento;*

c) *el infractor haya prestado su consentimiento;*

d) *el procedimiento de mediación no entrañe un riesgo para la seguridad de la víctima, ni exista el peligro de que su desarrollo pueda causar nuevos perjuicios materiales o morales para la víctima; y*

e) *no esté prohibida por la ley para el delito cometido.*

Este último apartado es porque, en relación con la Ley de Violencia de Género (en adelante LVG) ya hemos mencionado que la mediación y la conciliación en supuestos de violencia sexual y violencia de género estarán vedadas. Además, también se prevé que siempre que el uso de la justicia restaurativa suponga o pueda suponer un riesgo para la seguridad de la víctima o pueda ocasionar algún perjuicio, quedará excluida su utilización.

En el preámbulo de la norma se indica que el Estatuto subraya la desigualdad moral que existe entre la víctima y el infractor, por lo que la actuación de estos servicios se orienta a la reparación material y moral de la víctima, debe contar la mediación con estas dos cuestiones para que pueda llevarse a cabo: en primer lugar, que el consentimiento de la víctima sea libre e informado y, en segundo lugar, el reconocimiento de los hechos esenciales por parte del autor de forma previa a dar inicio a la mediación.

Evidentemente, el procedimiento de mediación sigue siendo confidencial, por lo que lo que se hable durante la mediación no podrá difundirse, salvo consentimiento de ambas partes. Por supuesto, el mediador está sujeto a secreto profesional sobre las cuestiones que se han tratado en el procedimiento.

Dando cumplimiento igualmente al principio de voluntariedad, tanto la víctima como el infractor podrán revocar en cualquier momento su consentimiento para la participación en el procedimiento de mediación, ya que disponen de autonomía de voluntad de participación de forma individualizada para todas las sesiones que se lleven a cabo.

2.3.5. Ley Orgánica 10/2022, de 6 de septiembre, de libertad sexual[224]

A través de la disposición final duodécima se produce la modificación de la ley del estatuto de la víctima del delito, en lo relativo a la mediación se modifica el apartado 1 del artículo 3 en donde se indica que en todo caso estará vedada la mediación y la conciliación en supuestos de violencia sexual y violencia de género, aunque se mantiene la redacción del artículo 15 relativo a la justicia restaurativa.

Esta misma norma modifica también la ley Orgánica 5/2000, de 12 de enero, reguladora de la responsabilidad penal de los menores, en lo relativo a los MASC nos interesa la modificación del apartado segundo del artículo 19, en donde se indica que se entenderá producida la conciliación cuando el menor reconozca el daño causado y se disculpe ante la víctima, esta debe aceptar sus disculpas y se entenderá reparado el daño cuando el menor cumpla con las acciones que se han acordado

---

224 BOE núm. 215 de 7 de septiembre de 2022 https://www.boe.es/buscar/act.php?id=BOE-A-2022-14630

en beneficio de las víctimas o de la comunidad, esto no afecta a la responsabilidad civil, sólo afectará a la penal.

El uso de la conciliación no es aplicable a todos los delitos tipificados en el CP, de hecho, en esta ley se especifica que no podrá hacerse uso de la conciliación en los delitos tipificados en los Capítulos I y II del Título VIII del CP relativos a las agresiones y abusos sexuales, así como cualquiera relacionado con la violencia de género, a no ser que la víctima lo solicite expresamente y que el menor haya realizado la medida accesoria de educación sexual y de educación para la igualdad.

2.4. Otras iniciativas legislativas

En este apartado vamos a hacer alusión a todos estos anteproyectos y proyectos que se han ido impulsando para promover el uso de los MASC en los conflictos latentes, pero que nunca han fraguado en una norma.

2.4.1. Anteproyecto de Ley de Impulso de la Mediación de 2019[225]

Las normativas mencionadas con anterioridad, y especialmente la LMACM en lo referente a España, surgieron con la intención de asentar en este país la mediación como un instrumento de resolución de controversias. El legislador apuesta por proporcionar a los ciudadanos un mecanismo alternativo a la jurisdicción para solucionar estos conflictos. La mediación se caracterizaría por la flexibilidad de los trámites, la agilidad procedimental y los menores costes económicos y personales para las partes interesadas.

---

225 Anteproyecto de Ley de Impulso de la Mediación. https://www.aeafa.es/files/noticias/anteproyectoleyimpulsomediaci0n.pdf

Como previamente hemos señalado, nos encontramos en una crisis de saturación del sistema judicial y de la consecuente insatisfacción de las partes, cuestión a la que hace alusión el Anteproyecto en la propia exposición de motivos, indicando que la eficacia de este tipo de sistemas alternativos, actuaría como expectativa coadyuvante para reducir los altos niveles de litigiosidad que actualmente ostenta España. El objetivo final por lo que parece es que el ciudadano conciba los órganos de la Administración de Justicia como un recurso subsidiario para la resolución de sus controversias, lo que se traduce en la consecuente descongestión de la carga de trabajo de los juzgados y acortar así los tiempos de respuesta de la Justicia.

En relación con el aumento de la congestión judicial, plantea MAGRO SERVET[226] como solución recurrir de forma preceptiva y obligatoria a la mediación extrajudicial en el orden civil para evitar ese colapso en el orden jurisdiccional y para demostrar la eficacia de la mediación civil como solución alternativa a la vía judicial en la resolución de conflictos.

Esto destacó especialmente durante la situación extraordinaria y especial vivida a causa de la crisis sanitaria del coronavirus, momento en el que el legislador debió tomar medidas y hacer oídos sordos a lo que se manifiesta en contra de la obligatoriedad, de forma añadida a las medidas tomadas de suspensión de todas las actuaciones judiciales que no se considerasen esenciales durante los primeros meses de pandemia y la realización de los actos esenciales de forma telemática, propulsando la necesidad de culminar el camino hacia la digitalización de la Justicia que ya se emprendió por la Ley 18/2011, de 5 de julio reguladora del uso de las tecnologías de la información y la comunicación en la Administración de Justicia derogada

---

226 MAGRO SERVET, V.: "La ley de mediación obligatoria para resolver los conflictos civiles ante la crisis originada por el Coronavirus.", en *Diario La Ley*, 2020, p 9618.

en la actualidad. Con ello se garantiza el uso de las tecnologías como instrumento de las actuaciones procesales garantizando mayor agilidad y flexibilidad frente al rígido proceso judicial tradicional[227].

Tal como indica GONZÁLEZ FERNÁNDEZ[228]: *La propia Comisión Permanente del Consejo propuso al Gobierno una serie de pautas entre las que se incluía como condición para admitir demandas en determinados asuntos, «la necesidad de haber intentado una solución extrajudicial previa». A la misma conclusión también ha llegado el Consejo General de la Abogacía Española, defendiendo que «la mediación como método alternativo de solución de conflictos supone un instrumento de conveniente aplicación ante la situación actual» (Requeijo y Villarrubia, 2020).*

Este Anteproyecto superaría el modelo de mediación vigente en la LMACM basado en el carácter exclusivamente voluntario de la misma, si retrocedemos a la Recomendación 98/1 veremos que la misma indica que la mediación no debe, en principio ser obligatoria. En la actualidad son muchas las voces que se alzan a favor de la aprobación definitiva del Anteproyecto de Ley de Impulso de Mediación, en adelanta ALIM, en el ámbito civil y mercantil ya que, a raíz de la excepción de "en principio" contemplada en la Recomendación, en el anteproyecto pasa a ser el proceso de mediación de "obligatoriedad mitigada", por lo que se preveía la obligatoriedad de acudir a mediación con carácter previo a la vía judicial en determinados asuntos como, por ejemplo, familia, contractual o reclamaciones de cantidad que no excedan de determinada cuantía.

---

227 BARONA VILAR, S.: "Justicia civil post-coronavirus, de la crisis a algunas de las reformas que se avizoran", en *Actualidad Jurídica Iberoamericana,* 12 bis, 202, p. 779.

228 GONZÁLEZ FERNÁNDEZ, A. I.: "El impacto de la COVID-19 en la administración de justicia. La necesidad de impulsar la mediación en el ámbito civil", en *Revista de Mediación, 13*(2) 2020.

Este modelo obligaría a los litigantes a asistir a una sesión informativa y exploratoria en los seis meses previos a la interposición a la demanda en un número tasado de materias, por eso la misma es mitigada ya que esto no es de aplicación en todos los casos y además no te obliga a someterte a la mediación, sólo a ser informado.

La sesión informativa en esta nueva normativa sería conducida por un mediador y estaría dirigida a explorar tanto el asunto objeto de controversia como el posicionamiento inicial de las partes, que deberían recibir información clara y precisa del procedimiento, la dinámica de trabajo que se seguiría en caso de que finalmente se acordase continuar la mediación y de sus beneficios frente a la vía judicial en cuanto a ahorro de tiempo y costes. La obligación contemplada en el anteproyecto de intentar la mediación, se extiende a los casos civiles más comunes como pequeñas reclamaciones de cantidad, herencias o asuntos de familia.

No sólo se contemplaría la obligación de someter el asunto a mediación en los seis meses previos a la presentación de una demanda, sino que en la propia normativa se establecería también una mediación intrajudicial que tendrá lugar cuando el juez o tribunal, según la información recibida, considere que una forma alternativa al juicio puede resultar más satisfactoria para las partes, este supuesto de mediación intrajudicial se dará siempre que no se hubiera producido un intento de mediación con carácter previo al inicio del proceso. En estos casos se opta por no suspender el curso del proceso judicial.

Otra cuestión importante para nuestro estudio y que modifica el anteproyecto es la persona mediadora y su actuación, en este caso será necesaria la inscripción en el Registro de Mediadores e Institución de Mediación que depende del Ministerio de Justicia o en los registros habilitados a tal fin por las comunidades autónomas. Se apuesta en esta redacción por una mejor cualificación profesional del mediador, exigiéndose formación en igualdad y detección de violencia de género de forma que pueda poner fin al mismo de ver atisbos de violencia de género.

No podemos dejar de mencionar la disposición adicional segunda en la que se establecería que *en el plazo de un año desde la publicación de esta ley se llevarán a cabo las reformas precisas para modificar los planes formativos del grado en Derecho y otros grados que se determinen por acuerdo del Consejo de Ministros para incluir la mediación como asignatura obligatoria.* Esta novedad es de especial importancia ya que la mediación no se incluye en los planes de estudio ni se menciona como otros medios de resolución de controversias.

Para finalizar, el ALIM introduciría reformas en tres normas: la LMACM, la LEC y la Ley de Asistencia Jurídica Gratuita (en adelante LAJG) para incorporar la mediación entre sus servicios.

En primer lugar, se modificaría la LAJG para introducir la mediación como prestación incluida en el derecho a la asistencia jurídica gratuita. Esta modificación se realiza para dar mayor alcance a la resolución de conflictos mediante la mediación.

En segundo lugar, en lo referente a la LEC, las modificaciones que se han propuesto buscarían impulsar la mediación, por lo que, con intención de dar a conocer la misma al máximo número de personas posibles, se decide superar el modelo basado exclusivamente en su carácter voluntario y pasa a ser de "obligatoriedad mitigada" como indicamos anteriormente, esta obligación se constituye como un presupuesto procesal necesario para acceder a la vía judicial. La finalidad de esta modificación es la de lograr una solución más ágil y efectiva. Otra modificación significativa que se realiza en esta norma, es que se introduce un nuevo capítulo IV al Título I del Libro II que llevará por rúbrica "De la mediación por derivación judicial", referente a la derivación a un procedimiento de mediación durante la primera instancia y durante la segunda instancia de los procesos declarativos.

En tercer y último lugar, se modificaría la LMACM para ampliar a treinta días naturales el plazo de duración del efecto suspensivo de la mediación, dejando un mayor margen para que se haga efectivo el intento. Al igual, se establece que la reanudación de los plazos se contará desde que el mediador extienda el acta de la conclusión del proceso de mediación. En esta normativa se mantiene la voluntariedad de la mediación, si bien, se exige la celebración ante el mediador de una sesión informativa y una sesión exploratoria del conflicto que debe efectuarse en los seis meses anteriores a la presentación de la demanda. Además, se contempla en dicha ley la exigencia de inscripción en el Registro de Mediadores del Ministerio de Justicia, como indicamos con anterioridad.

2.5. Proyecto de Ley de Medidas de Eficiencia Procesal del Servicio Público de Justicia[229]

El PLMEP surge como consecuencia de las insuficiencias estructurales que padece nuestro sistema de Justicia desde hace mucho tiempo. Existe una escasa eficiencia de las soluciones que se han ido implantando para reforzar la Administración de Justicia como servicio público. Tal como indica el Proyecto en su exposición de motivos, *se trata, por tanto, de afianzar que el acceso a la justicia suponga la consolidación de derechos y garantías de los ciudadanos y ciudadanas; que su funcionamiento como servicio público se produzca en condiciones de eficiencia operativa; y que la transformación digital de nuestra sociedad reciba traslado correlativo en la Administración de Justicia.*

---

229 Proyecto de Ley de medidas de eficiencia procesal del servicio público de Justicia. BOCG núm.97-4 de 8 de junio de 2023. https://www.congreso.es/public_oficiales/L14/CONG/BOCG/A/BOCG-14-A-97-4.PDF

El Consejo de ministros aprobó someter al Congreso el Anteproyecto de Ley en fecha 15 de diciembre de 2020[230], posteriormente dicha iniciativa fue aprobada por la Mesa del Congreso como Proyecto de Ley 121/000097[231]. En su exposición de motivos narra la necesidad actual de esta ley, indicando que la LMACM, así como el Real Decreto 980/2013 nacieron con la intención de asentar la mediación en España como instrumento de resolución de controversias, pero no se ha conseguido a día de hoy desarrollar la potencialidad augurada desde su gestación.

Es de especial interés para el desarrollo de esta norma el análisis que efectúa la Comisión Europea de las medidas utilizadas en otros Estados miembros para el fomento de la mediación del que se extrae que las legislaciones nacionales contemplan la aplicación de mecanismos de incentivación y estímulo fiscal a las partes intervinientes, así como mecanismos sancionadores para quienes rechazan de forma injustificada el sometimiento a la mediación.

Como consecuencia de la recomendación efectuada por la Comisión, España busca en esta normativa fomentar y alentar el recurso a la mediación de las partes en conflicto, principalmente a través del requisito de procedibilidad en los procedi-

---

230 GILSANZ USUNAGA, J., & MARTÍNEZ DE VELASCO, P.: "Anteproyecto de Ley de Medidas de Eficiencia Procesal del Servicio Público de Justicia", en *Newsletter de PwCTax & Legal.* 2021.[en línea] [Consultado en 10 de enero de 2024] Disponible en: https://periscopiofiscalylegal.pwc.es/wp-content/uploads/2021/01/Anteproyecto-de-Ley-de-Medidas-de-Eficiencia-Procesal-del-Servicio-P%C3%BAblico-de-Justicia.pdf y Anuncio de La Moncloa de fecha 15 de diciembre de 2020 https://www.lamoncloa.gob.es/consejodeministros/Paginas/enlaces/151220-justicia.aspx

231 BOCG Congreso de los Diputados, serie A, núm. 97-1, de 22 de abril de 2022. https://www.congreso.es/public_oficiales/L14/CONG/BOCG/A/BOCG-14-A-97-1.PDF

mientos civiles y mercantiles, que exige haber intentado una solución consensuada con carácter previo a la interposición a la demanda, compatible con la exigencia del anterior Anteproyecto de exigir el intento de mediación en los seis meses previos a la interposición de la demanda[232].

Cabe preguntarse tras esta regulación que dichos medios son adecuados para cumplir con el requisito de procedibilidad pero, cómo se puede acreditar que se ha dado cumplimiento a la exigencia legal, la respuesta dependerá de cuál sea el medio elegido, contempla MARTÍN MARCO[233], que para el caso de la mediación, si esta se ha llevado a cabo, la prueba de cumplimiento del requisito de procedibilidad será el acta final firmada por las partes y el mediador, en la cual debe constar la controversia objeto de la mediación y que la misma se da por terminada sin acuerdo.

Además, se modificaría el artículo 6 de la LMACM, el cual quedaría redactado de la siguiente manera: *A efectos procesales, se entenderá cumplido este requisito con la celebración, al menos, de una sesión inicial ante el mediador, siempre que quede constancia en la misma del objeto de la controversia y demás requisitos establecidos en el artículo 17. A dicha sesión habrán de asistir las partes, personalmente si se trata de personas físicas, y el representante legal o persona con facultad para transigir, si se trata de personas jurídicas.*

---

232 CASTILLEJO MANZANARES, R.: "Métodos Adecuados de Solución de Conflictos según el Proyecto de Eficiencia Procesal", en *Externalización de la justicia civil, penal, contencioso-administrativa y laboral* Tirant Lo Blanch. 2022, pp. 289-324.

233 MARTÍN MARCO, J. R.: "Los MASC como requisito de procedibilidad en el PLEP", en Economist&Jurist. 2023 [en línea] [Consultado en 10 de enero de 2024] Disponible en: https://www.economistjurist.es/premium/la-firma/los-masc-como-requisito-de-procedibilidad-en-el-plep/#:~:text=En%20la%20actualidad%2C%20los%20%C3%BAnicos,voluntaria%20por%20la%20Ley%2015%2F

Otra cuestión novedosa en este proyecto es también la regulación de las medidas imprescindibles para la digitalización, adaptando la legislación española a las nuevas tecnologías de la información y la comunicación, modificándose igualmente la Ley 18/2011, de 5 de julio, reguladora del uso de las tecnologías de la información y la comunicación en la Administración de Justicia, así como reformas en la Ley de Enjuiciamiento Criminal (en adelante LECrim) la LEC y la Ley reguladora de la Jurisdicción Contencioso-Administrativa[234] (en adelante LJCA).

Como hemos venido señalando, nos encontramos en la actualidad en un momento de profundos cambios legislativos como consecuencia del Plan Justicia 2030 en donde se pretenden reforzar los diversos sistemas de resolución de conflictos así como implantar algunos nuevos, realiza CALAZA LÓPEZ un estudio de estos medios que se integran en la inminente Ley de Eficiencia procesal cuestionando la revolución que se ha producido como consecuencia de las numerosas reformas realizadas en diferentes normativas por las que se afectan los procesos civiles y penales. Como indica la catedrática, *ya llegan los MASC. Y llegan poque la Jurisdicción ha perdido el pulso de la celeridad con la que debe darse respuesta a los conflictos cotidianos de los ciudadanos, quienes se ven abocados a perder, aunque ganen porque, como decía Séneca, "nada se parece tanto a la injusticia como la justicia tardía."*[235]

---

234 Información de interés profesional: Aprobados los Proyectos de Ley de eficiencia organizativa de la Administración de Justicia y de eficiencia procesal del Servicio Público de Justicia. (2022). Ilustre Colegio de Abogados de Madrid. [en línea] [Consultado en 10 de enero de 2024] Disponible en: https://web.icam.es/informacion-de-interes-profesional-aprobados-los-proyectos-de-ley-de-eficiencia-organizativa-de-la-administracion-de-justicia-y-de-eficiencia-organizativa-del-servicio-publico-de-justicia/

235 CALAZA LÓPEZ, S.: "Ya llegan los medios adecuados de solución de controversias en vía no jurisdiccional: cuanta más desjudicialización, mejor", en *La Ley,* 6248/2022(Actualidad Civil, n. 6).

Se cuestionan de esta forma los medios contemplados en el Proyecto ya que se contemplan algunas figuras que no se encuentran perfeccionadas, salvo la mediación y la conciliación, las cuales disponen de regulación específica. Los MASC existentes a día de hoy son: negociación, mediación, conciliación, experto independiente y oferta vinculante; pero, se plantea en este proyecto la posibilidad de ampliación de estos medios, aunque dicha ampliación es reglada, dado que la Ley se refiere a la posibilidad de sumar otros posibles métodos siempre que se encuentren tipificados en la inminente ley.

Con estos conceptos previos y el esquema mental histórico en España de la mediación, nos adentramos en este estudio que pretende esclarecer este medio de resolución de controversias y más concretamente la responsabilidad civil derivada del mediador en el desarrollo de su profesión, no sin antes poner de relieve el estudio llevado a cabo por un Grupo de trabajo de FIDE[236] en el que se advierte aún la escasa relevancia que tiene el uso de la mediación en los países que han sido objeto del análisis y estudio.

De este estudio, nos interesa saber principalmente si se usa la mediación como método de resolución de conflictos en estos países, habiendo respondido un 82% de los profesionales que la mediación se usa poco en su país. Esto es realmente significativo teniendo en consideración que por ejemplo en España sí que se encuentra regulada la mediación al igual que en Ecuador, aunque en otros países como Perú no se encuentra

---

236 Grupo de trabajo de FIDE el papel clave de la mediación "La opinión de los usuarios respecto del uso de la mediación en los conflictos civiles y mercantiles" FIDE, Madrid, septiembre de 2022. "*El Grupo de Trabajo Internacional de FIDE denominado "El papel clave de la mediación (I)", ha realizado un estudio del uso de la mediación en los conflictos civiles y mercantiles, entre profesionales de Argentina, Brasil, Ecuador, Bolivia, Colombia, Chile, Perú, Uruguay, México, Panamá, Paraguay, Reino Unido y España, aunque la mayoría de las encuestas debidamente completadas fueron contestadas por profesionales de España, Ecuador y Perú.*"

regulada. Los profesionales valoran que la principal causa de que la mediación no funcione, es la falta de conocimiento e información como método de resolución de conflictos.

La segunda causa de que no se haga uso de la mediación, es la existencia de una cultura de conflicto o litigiosidad que impera en los países encuestados. Además, parece que la experiencia que tienen las partes con la mediación en un 46% es regular, en un 29% es buena y en un 3% es excelente. No parece que los profesionales encuestados hayan participado en muchas mediaciones, ya que el 31% ha participado en menos de 5 mediaciones y el 27% ha intervenido en más de 5, pero el resto en ninguna. Sin embargo, la experiencia del 80% de los que sí han participado es positiva, ya que se alcanzó un acuerdo respecto de todas las controversias sometidas a la mediación.

A la vista de los resultados de la encuesta, el Grupo de Trabajo realiza diversas recomendaciones, aunque consideramos especialmente importantes: poner en marcha iniciativas legislativas en aquellos países en los que la mediación no esté regulada, incrementar el conocimiento de la mediación entre los profesionales del Derecho y cambiar la cultura de la litigiosidad por la cultura del acuerdo. Estas recomendaciones genéricas las consideramos especialmente importantes porque es el impulso que necesita la mediación como medio de resolución de conflictos concretamente en España.

2.6. Declaración del Gobierno en apoyo a la mediación familiar[237]

En fecha 19 de enero de 2018, el Consejo de ministros aprueba una Declaración Institucional en apoyo a la media-

---

[237] Declaración del Gobierno en apoyo a la mediación familiar https://www.lamoncloa.gob.es/consejodeministros/Paginas/enlaces/190118-enlacemediacion.aspx

ción familiar con motivo del Día Europeo de la Mediación, que se celebra el día 21 de enero, coincidiendo con la aprobación de la Recomendación R(98) 1.

Con esta declaración se comprometen a impulsar la cultura de la mediación, pretendiendo conseguir una sociedad en la que el uso de la mediación tenga las máximas garantías, además de fomentar un entorno para la mejor resolución de las disputas de forma amistosa.

Se manifiesta exactamente en la declaración, que el Gobierno se compromete a: *i) promover tales objetivos a fin de impulsar la cultura de la mediación en el ámbito familiar en la senda marcada por el Consejo de Europa, ampliando, en la misma línea que las posteriores recomendaciones de esta organización internacional, el uso de este instrumento al ámbito civil y mercantil; y ii) fomentar un entorno que configure la mediación como un mecanismo flexible, eficaz y eficiente, de modo que se considere la voluntad, la posición, la confidencialidad y los intereses de las partes en conflicto para la mejor resolución de las disputas y el mantenimiento de las relaciones inter partes de modo amistoso*[238]

2.7. Proyecto de Ley Orgánica de medidas en materia de eficiencia del Servicio Público de Justicia

Por último, en fecha 12 de marzo de 2024 el Consejo de ministros ha aprobado el Anteproyecto de Ley Orgánica de medidas en materia de eficiencia del servicio público de Justicia y de acciones colectivas para la protección y defensa de los derechos e intereses de los consumidores y usuarios. Esta

---

[238] Acuerdo por el que se aprueba la Declaración del Gobierno en apoyo de la mediación familiar: [en línea] [Consultado en 10 de enero de 2024] Disponible en: https://www.coppa.es/gestor/uploads/noticias/documentos/180119_ACM_mediaci__n.pdf

norma constituiría el tercer pilar de la transformación integral de la Administración de Justicia que pretende el ministerio. En fecha 22 de marzo se publica en el Boletín Oficial de la Cortes Generales (en adelante BOCG) indicando que el servicio público de Justicia debe ser capaz de ofrecer a la ciudadanía la vía más adecuada para gestionar su problema asumiendo que la elección del medio más adecuado de solución de controversias aporta calidad a la Justicia y reporta satisfacción a la ciudadanía. Con los MASC se incrementa el protagonismo de las profesiones jurídicas, pero también de otros profesionales como los mediadores y con ello se pretende potenciar la mediación en todas sus formas e introducir el uso de otros MASC.

En la norma se enumeran y regulan diversos MASC, entre ellos la conciliación privada, la oferta vinculante confidencial, la opinión de experto independiente y la mediación. Se regula este último como un MASC en que dos o más partes intentan voluntariamente, a través de un procedimiento estructurado, alcanzar por sí mismas un acuerdo con la intervención de la persona mediadora, significando que la mediación continúa regulada en la LMACM en la que se realizan las modificaciones puntuales necesarias. La LMACM se modifica en distintos aspectos; entre otros, los efectos de la mediación sobre los plazos de prescripción y caducidad, su conexión con el requisito de procedibilidad establecido en la Ley 1/2000, de 7 de enero, los requisitos que han de cumplirse para ello, la armonización del requisito de confidencialidad con la regulación contenida en la presente ley para los restantes medios adecuados de solución de controversias en vía no jurisdiccional, la asistencia letrada, la sesión inicial, la sesión constitutiva y la derivación intrajudicial.

En fecha 26 de junio de 2024 se publica en el BOCG la enmienda a la totalidad de devolución de dicho Proyecto.

CAPÍTULO III.

LOS NEGOCIOS JURÍDICOS DE LA MEDIACIÓN

I. LA MEDIACIÓN, ¿ES UN CONTRATO?

El contrato existe desde que una o varias personas consienten en obligarse respecto de una u otras a dar alguna cosa o a prestar algún servicio. En estos términos, demasiado genéricos e imprecisos, se expresa el artículo 1254 del CC, primero de los preceptos del Título II (De los contratos), que dentro del Libro IV del CC (De las obligaciones y contratos), y en combinación con otros precedentes en el Título I (De las obligaciones), nos permitirán acercarnos a un concepto legal de contrato.

Para aproximarnos a una definición que nos sirva de base en el análisis de la institución de la mediación, conviene poner en valor que este concepto resulta de la combinación de los artículos 1089 y 1091 del CC, y del que encabeza este capítulo, el 1254[239]. Mientras que el artículo 1089 del CC lo enumera

---

239 Así lo refleja DIEZ-PICAZO Y PONCE DE LEÓN, L.: *Fundamentos del Derecho Civil Patrimonial: Introducción Teoría del Contrato: Vol. I.* Civitas. 2012. Son muchos los autores que en términos parecidos nos aproximan al concepto jurídico de contrato. Vid. también entre otros: LACRUZ BERDEJO, J. L., SANCHO REBULLIDA, F. de A., LUNA SERRANO, A., DELGADO ECHEVERRÍA, J., RIVERO HERNÁNDEZ, F., & RAMS ALBESA, J.: *II Derecho de obligaciones: Contratos y cuasicontratos. Delito y cuasidelito: Vol. II.* Dykinson. 2013.; MARTÍNEZ DE AGUIRRE ALDAZ, C., DE PABLO CONTRERAS, P., PÉREZ ÁLVAREZ, M. A., & PARRA LUCÁN, M. A.: *Curso de Derecho Civil (II), Teoría general de la obligación y del contrato: Vol. I* (6ª). Edisofer. 2023; o, LACRUZ BERDEJO, J. L.: *Elementos de Derecho*

entre las fuentes de las obligaciones, el artículo 1091 le otorga fuerza de ley entre las partes contratantes, determinando en el citado artículo 1254 CC, que es preciso que exista voluntad de ambas partes para obligarse, destacando así la relevancia del consentimiento y la voluntad y efecto de querer obligarse.

Así las cosas, la definición de contrato dada por DÍEZ-PICAZO Y PONCE DE LEÓN, aglutina los aspectos principales antedichos, en cuanto precisa que este acuerdo de voluntades es: (i) negocio jurídico (ii) bilateral (iii) por el que se constituye, modifica o extingue una relación jurídica patrimonial. Además, deberá tenerse en cuenta que, de conformidad con el artículo 1261 del Código, son elementos esenciales para la existencia del contrato, junto al consentimiento, el objeto cierto y la causa de la obligación.

El contrato de mediación está vinculado a esta definición, por lo que debemos mencionar que el mismo existe desde el momento en que las partes consienten iniciar el procedimiento con el que resolverán sus disputas. Las partes, como individuos que conocen sus intereses, tienen la capacidad de manejar sus relaciones con otros individuos, basando estas en la autonomía de voluntad de cada uno. Esta voluntad, en el momento en que los individuos se relacionan, puede constituirse en negocio jurídico teniendo como esencia el acuerdo de voluntades o los intereses de cada uno[240].

La mediación puede ser dividida en tipologías según el papel del mediador, la relación entre las partes e incluso el contexto social donde surge el conflicto. En este punto estamos analizando la relación entre el mediador y las partes y esta rela-

---

Civil II. Derecho de Obligaciones: Parte General. Teoría General del Contrato.: Vol. I. Dykinson. 2011

240 GARCÍA VILLALUENGA, L.: *Mediación en conflictos familiares: Una construcción desde el Derecho de familia.* Reus. 2006.

ción puede surgir bien de forma "emergente" donde entre las partes y el mediador existe un conocimiento o relación previa de la que se genera la función del mediador por una de las personas; o bien, como venimos hablando, puede constituirse por el contrato de mediación por el cual se contrata al tercero mediador con la intención de que cumpla unas determinadas obligaciones[241].

Ahora bien, de mediación hablamos incluso antes de que nazca el contrato de mediación entendido con el rigor jurídico de lo dicho en los párrafos precedentes. El CC no distingue entre contratos de formación instantánea y los contratos de formación progresiva o sucesiva, tampoco contempla el proceso de formación del contrato. En estos últimos, es posible visibilizar con nitidez que hay tres fases en la vida del contrato. Aunque en rigor, no todas estas fases se pueden considerar contrato (en cuanto acuerdo de voluntades entre dos o más partes, por el que estas consienten en obligarse -dar, hacer o no hacer-, constituyendo, modificando o extinguiendo obligaciones), ni en todas las fases se producen los mismos efectos jurídicos, teniendo en cuenta que la eficacia se extiende a todo el Derecho patrimonial (crea, modifica, transmite y extingue obligaciones y también derechos reales). A continuación, veremos el *iter* de los pactos que surgen con el objeto de alcanzar un acuerdo que ponga fin a la controversia latente entre las partes.

En primer lugar, el compromiso previo de las partes en conflicto para someter la controversia a mediación. La fase previa a la celebración del contrato propiamente dicha comprende "los tratos preliminares", que todavía no tienen significación desde el punto de vista de las obligaciones. Aún no hay acuerdo, no existe vinculación, no se ha concluido el contrato y, por

---

241 CUNHA, P., & LOPES, C.: "Em torno do conceito de mediação: algumas ideias de base", en *Revista Antropológicas*, 5, 2001, pp.151-160.

tanto, ni cabe hablar de obligación nacida de contrato, ni de incumplimiento de este, ni de responsabilidad contractual.

Desde IHERING, ilustre jurista alemán del siglo XIX y uno de los mayores filósofos del derecho de Europa y de la historia jurídica continental, se planteó la cuestión de si en esa fase previa puede haber una cierta responsabilidad frente a quien ve sus expectativas frustradas. Surge el concepto de culpa *in contrahendo*[242] (y la indemnización del interés negativo por la ruptura de los tratos) y se acepta en los Derechos de nuestro entorno que estamos ante un supuesto de responsabilidad precontractual si se han producido daños. Ahora bien, no faltan quienes desean reconducir muchos tratos preliminares a la responsabilidad contractual (en la línea del Derecho alemán como veremos a continuación). Se considera que estos supuestos que no contienen aún un vínculo contractual, que no constituyen incumplimiento de una obligación preexistente, si producen daños, no se resuelven vía responsabilidad contractual (art. 1101 y ss. del CC), y sí vía responsabilidad extracontractual. En España, en el art. 1902 y ss. del Código civil.

En segundo lugar, el contrato de mediación entre las partes y el mediador, o la entidad al efecto, para que medie entre las partes. La fase de "la perfección del contrato". El art. 1258 CC vincula la perfección del contrato al mero consentimiento que, según el art. 1262, se manifiesta por el concurso de la oferta y de la aceptación sobre la cosa y la causa que han de constituir el contrato, reuniendo así los requisitos esenciales de todo contrato, según el art. 1261 CC. Y desde entonces obliga, continúa diciendo el art. 1258 CC: *no sólo al cumplimiento de lo expresamente pactado, sino también a todas las consecuencias que, según su naturaleza, sean conforme a la buena fe, al uso y a la ley*. Perfeccionado el contrato, cualquier incumplimiento derivará

---

242 ARENAS GARCÍA, R.: "La regulación de la responsabilidad precontractual en el Reglamento Roma II", en *InDret*, 4. 2008.

en los mecanismos para exigir el cumplimiento (u otros mecanismos) y la exigencia de la correspondiente responsabilidad contractual.

Y, finalmente, el acuerdo fruto de la mediación que pondrá fin a la controversia entre las partes y que, como verdadero contrato, produce efectos civiles y procesales. El cumplimiento o "consumación del contrato" para el que el contrato se constituyó. En este caso, la falta de regulación en el CC sobre esta fase se resuelve con la amplia regulación sobre el incumplimiento de las obligaciones. Basta recordar las distintas hipótesis que, sobre el incumplimiento de la obligación y sus tipos, imputación y responsabilidad, se desarrollan con ocasión del estudio de la Teoría General de la Obligación.

1. EL COMPROMISO DE SOMETIMIENTO A LA MEDIACIÓN

1.1. Introducción

Como hemos recalcado anteriormente en el camino de la mediación, incluso de forma previa pero íntimamente relacionados con este MASC, existen diversidad de contratos. En primer lugar, debemos hablar de las fases previas a la mediación y los contratos que pueden surgir, por lo que hacemos uso del término pacto o compromiso de sometimiento a la mediación para hablar de aquellos supuestos en los que las partes pactan que, para el caso de que en el futuro tengan una disputa, acudirán a un MASC, específicamente a la mediación.

Este contrato no lo encontramos expresamente regulado en la LMACM y por ello vamos a hacer uso de la figura del convenio arbitral para explicar el contrato al que nos referimos, aunque los efectos de éste, no son los mismos que el pacto de sometimiento a la mediación. El convenio arbitral es un negocio jurídico en virtud del cual las partes se obligan a someter a arbitraje las controversias que hayan surgido o puedan surgir entre ellas, este convenio puede consistir en una cláusula compromisoria que se manifieste en un contrato bilateral previo, o bien un simple compromiso de sometimiento a este MASC entre las partes una vez ha surgido el conflicto. Este compromiso tiene carácter preliminar.

Según el artículo 9 de la LA, el convenio arbitral debe expresar la voluntad de las partes de someter a arbitraje todas o algunas de las controversias que hayan surgido o puedan surgir respecto de una determinada relación jurídica. El convenio arbitral viene a ser un acto o negocio jurídico constitutivo, desde que genera obligaciones para las partes y las vincula a su finalidad específica, que es la de someter a árbitros la solución de su conflicto[243].

En el caso del compromiso de sometimiento a mediación, ya se hace referencia a esta posibilidad en la LMACM, aunque de forma muy escueta se indica que puede existir un pacto por escrito que exprese el compromiso de someter a mediación los conflictos y que dicho compromiso impedirá a los tribunales conocer de estos conflictos mientras se desarrolle la mediación, es decir, se exige en la norma intentar el procedimiento de mediación si existe un pacto previo por escrito antes de acudir a la vía judicial o incluso a otro MASC.

Dadas las pocas indicaciones que existen al respecto, equiparamos este compromiso con el convenio arbitral entendiendo que también en el supuesto de la mediación las partes pueden establecer ese pacto de sometimiento surgiendo así un acto o negocio jurídico por el cual se genera la obligación de resolver

---

243 VIDAL RAMÍREZ, F.: "El convenio arbitral", en *Revista de la Facultad de Derecho* PUCP, 56, 2003, pp. 569-582.

las controversias surgidas entre las partes de forma preferente haciendo uso de la mediación, aunque en el caso de la mediación, este pacto o compromiso no podemos entenderlo como un precontrato, sino como un trato preliminar.

En el derecho portugués esta cuestión es mucho más clara puesto que el artículo 12 de la *Lei de Mediação* regula que las partes podrán disponer, en el ámbito de un contrato, que cualquier controversia que surja de esa relación jurídica contractual sea sometida a mediación. Igualmente se contempla que el acuerdo de sometimiento se realice por escrito y, además, el órgano jurisdiccional que conozca de una cuestión que sea objeto de un acuerdo de sometimiento a mediación sin que el mismo se haya llevado a cabo, deberá suspender el procedimiento y remitir el caso a mediación.

1.2. El *animus contrahendi*

En el caso del compromiso de sometimiento a mediación el *animus contrahendi* es requisito necesario para que este pacto se lleve a cabo puesto que será un compromiso que surge de la voluntad de las partes por establecer que cualquier posible conflicto surgido de su relación se resuelva de forma preferente a través de la mediación. En el caso del convenio arbitral ocurre lo mismo ya que se indica que el mismo deberá expresar la voluntad de las partes, por lo que si las partes no desean establecer esa cláusula o crear ese contrato que les obliga a someter sus conflictos a un MASC determinado, no existirá este compromiso previo.

Evidentemente para que surja este pacto de sometimiento del conflicto a un MASC es absolutamente necesario la existencia del *animus contrahendi* de todas las partes implicadas. Este tipo de compromiso es un acto jurídico *inter vivos*, por lo general bilateral, ya que requiere esta confluencia de las manifestaciones de voluntad de las partes, sin embargo, puede ser unilateral como excepción cuando es *mortis causa* y el testador lo establece como acto de última voluntad para obligar a sus sucesores y causahabientes[244].

Es completamente necesario que la voluntad de someterse a mediación sea directa y expresa, que manifieste la intención de las partes de someter su controversia a un procedimiento de mediación. Además, no debe admitir duda alguna sobre el sentido y la interpretación de la voluntad de sumisión y tampoco puede estar viciada por ninguna forma de coacción Y, por último, esta voluntad debe ser libre, sin ningún tipo de limitación[245]. De este modo, si alguna de las partes no goza de libertad de negociación contractual, es evidente que tampoco tendrá voluntad para una libre aceptación del sometimiento a mediación contenido en el clausulado del contrato[246].

Una vez entendido que es necesario que las partes manifiesten su voluntad para poder implantar este compromiso, nos planteamos si es necesario este pacto para poder llevar a cabo la mediación posteriormente. En el caso del arbitraje, el convenio arbitral es elemento fundamental e indispensable, ya que de él depende el resto del procedimiento arbitral[247].

En el caso de la mediación, si acudimos al artículo 16 de la LMACM vemos reguladas las diferentes formas por las que puede dar comienzo el procedimiento de mediación, aunque

---

244 VIDAL RAMÍREZ, F.: "El convenio arbitral", *cit*... pp. 569-582.

245 COLOMER HERNÁNDEZ, I. Artículo 6. Voluntariedad y libre disposición. En *Comentarios a la ley 5/2012, de mediación en asuntos civiles y mercantiles.* Tirant lo Blanch. 2013, pp. 91-94.

246 VALIÑO CES, A. "Reflexiones en torno al pacto de sometimiento a mediación en el marco de la Ley 5/2012, de 6 de julio", en *Proceso, Métodos Complementarios o Alternativos para la Solución de Conflictos y nuevas tecnologías para una justicia más garantista.* Aranzadi. 2021. Pp. 157-169.

247 MONTESINOS GARCÍA, A.: "Algunas reflexiones sobre el convenio arbitral", en *Revista de la Corte Española de Arbitraje,* 2006, pp. 25-50.

esto lo estudiaremos con más detenimiento cuando desarrollemos el contrato de mediación. Por ahora, sólo debemos tener en cuenta que en el artículo 16 LMACM se indica que puede dar comienzo la mediación bien en cumplimiento de un pacto de sometimiento a mediación existente entre las mismas o bien sin necesidad de compromiso previo entre las partes.

Evidentemente para que surjan frutos de la mediación deberá haber una voluntad de todas las partes implicadas en el conflicto que se pretende resolver, por lo que será necesario el consentimiento de las partes para que pueda formalizarse el pacto de sometimiento a la mediación.

1.3. Requisitos formales

El compromiso de sometimiento a mediación en la mayoría de los casos se produce como consecuencia de una cláusula que se incorpora a un contrato. El pacto de sometimiento a mediación debe observar varios requisitos formales.

El primer requisito formal del que ya hemos hablado será el *animus contrahendi* o el compromiso de las partes considerando que la voluntad debe ser clara y libre, pero no es el único que podemos desgranar de este pacto.

De lo manifestado en la LMACM podemos extraer que el segundo requisito formal es la necesidad de que el pacto de sometimiento se lleve a cabo por escrito donde se exprese el compromiso de someter a mediación las controversias surgidas o que puedan surgir, no se plantea la posibilidad de que esto sea un acuerdo verbal. Lo mismo ocurre con el convenio arbitral en donde se exige que el convenio se refleje por escrito pero debiendo tenerse en cuenta lo manifestado en la LA en donde se refuerza el criterio antiformalista del convenio, por lo que este también puede celebrarse por medio del intercambio de correos electrónicos, sistemas SMS o MMS de mensajería e incluso a través de una página web[248], esto deja claro que el uso de los medios informáticos es aceptado para la formalización del convenio arbitral, cuestión que se podría extender al pacto de sometimiento de mediación.

Ambos MASC coinciden en la formalización del pacto por escrito, sin embargo, en el pacto de sometimiento a mediación no se establecen requisitos que deben manifestarse en el mismo, por el contrario, a lo largo de la LA se pueden dilucidar las cuestiones que deben incluirse en el convenio. En primer lugar, debe quedar reflejada la voluntad de las partes de someter la cuestión litigiosa al arbitraje, ya que el sometimiento debe ser decisivo, exclusivo y excluyente. En segundo lugar, el convenio arbitral debe contener necesariamente los nombres y domicilios de las personas que suscriben el convenio, es decir, las partes deben estar identificadas sin que haya lugar a confusión. Y, en tercer, y último lugar, es necesario incluir en el convenio la controversia que se someterá al fallo arbitral, es decir, debe reflejarse cuál es el conflicto por el que se acude al arbitraje. En el caso de que el convenio arbitral sea preventivo las partes se limitarán a manifestar la relación jurídica por la cual podría surgir la controversia. Mientras que, si se llevase a cabo el convenio una vez surgido el conflicto, las partes deben definir la controversia por la cual se someten a arbitraje.

En el ámbito de la mediación entendemos que no es necesario incluir todas estas cuestiones por dos motivos: en primer lugar, porque el pacto de sometimiento a mediación no es preceptivo puesto que las partes pueden decidir de mutuo acuerdo acudir a mediación sin necesidad de que exista este compromiso previo, y, en segundo lugar, porque todas estas cuestiones se verán reflejadas en el contrato de mediación con posterioridad. Es decir, que el convenio arbitral tiene un tercer requisito formal de contenido que no comparte con el pacto de sometimiento a mediación.

---

248 MONTESINOS GARCÍA, A.: "Algunas reflexiones...", *cit. Pp.* 25-50.

El siguiente requisito que debemos destacar será la formalización del compromiso. De la LMACM sólo podemos dilucidar que el mismo puede formalizarse a través de una cláusula incluida en un contrato previo entre las partes, aunque esto sólo se manifiesta en el artículo 6, del resto de menciones al pacto o compromiso de sometimiento a mediación podemos intuir que este puede ser un acuerdo por escrito entre las partes sin necesidad de que exista un negocio jurídico entre ellas que pueda dar lugar a un conflicto.

Por tanto, si la controversia aún no se ha producido y sólo se formaliza entre las partes una relación jurídica contractual, se pueden introducir cláusulas de mediación en la cual se establecerán las controversias que puedan surgir de esa relación jurídica y que deberán ser sometidas a mediación. Entendemos que este pacto puede ser independiente, por ejemplo, en relaciones familiares en donde se decida que todos los conflictos que surjan se someterán a mediación, sin necesidad de especificar el posible conflicto, aunque consideramos que sí sería necesario manifestar el ámbito en el que podría surgir, como puede ser por ejemplo, los días de visita a un familiar dependiente.

Como todavía no existe un conflicto, estas cláusulas de mediación son una actuación *a priori*, pero en otras ocasiones el sometimiento a mediación se produce *a posteriori* por lo que nos encontramos ante un convenio *ad hoc*. Existe una tercera modalidad y es que el sometimiento a mediación se produzca por una decisión de un tercero como puede ocurrir en un testamento donde el testador indicase que todas las controversias que surjan con objeto del testamento deberán solucionarse a través de la mediación[249].

Por motivos de eficacia, el pacto de sometimiento no debe contener sólo la mediación como MASC, sino que deberían in-

---

249 VILLAR FUENTES, I.: "El convenio de sometimiento a mediación", en *Mediación y Derecho*. 2.ª ed., Aranzadi. 2022. pp. 93-98.

cluirse otros medios, como puede ser una previa negociación, o conciliación, o incluso el arbitraje para el caso de fracasar la mediación. Esta cuestión hace referencia a cláusulas escalonadas de MASC con las cuales se fija un calendario de uso de estos medios que permiten distintas fórmulas, pero esto siempre debe incluir la fijación de determinados plazos para el uso de cada uno de estos MASC.

Otro requisito para el pacto de sometimiento a mediación a tener en cuenta es el objeto de la mediación entendiendo por ello el contenido del pacto suscrito entre las partes. En el caso del convenio arbitral, pueden someterse a arbitraje las controversias determinadas o determinables sobre las que las partes tienen facultades de libre disposición. Cabe preguntarse si podrán ser objeto de pacto de sometimiento a mediación las materias que no son objeto de mediación en la LMACM, pero entendemos que sólo podrá hacerse para materias disponibles para las partes, es decir, consideramos que, en el caso de la mediación laboral, por ejemplo, sí podrá establecerse en el contrato laboral el pacto de sometimiento a mediación. Por supuesto, entendemos que se puede llevar a cabo en asuntos civiles o mercantiles, incluidos los conflictos transfronterizos, siempre que no afecten a materias indisponibles.

1.4. Los sujetos

Las personas que tienen la potestad de firmar un pacto de sometimiento a mediación serán aquellas que formen parte del conflicto o de una posible controversia que pueda surgir. En este previo acuerdo las partes son únicamente las personas que tienen un conflicto latente, ya que en esta fase previa todavía no intervienen personas ni instituciones mediadoras.

En este caso entendemos que las partes tendrán que tener capacidad para poder adquirir este compromiso previo de sometimiento a mediación, como hemos indicado que es un negocio jurídico, serán exigibles los requisitos de validez que se establecen en el artículo 140 CC, por lo que la manifestación de la voluntad que se requiere como requisito formal del pacto, debe emanar de sujetos capaces.

En el caso de los convenios arbitrales se pueden celebrar directamente por el interesado o por un representante suyo. Al igual que se exige que el interesado sea sujeto capaz, se entiende que el representante en su caso debe estar provisto de la facultad especial de actuar en el convenio arbitral[250]. Entonces, surge la cuestión de si el compromiso de sometimiento a mediación puede llevarse a cabo por una persona representante de persona física. Entendemos que sí podría llevarse a cabo por una persona representante siempre y cuando disponga de un documento notarial para que actúe en el área jurídica del representado.

Este negocio jurídico del que venimos hablando lo categorizamos como uno de los contratos de la mediación, aunque si se examina de forma conjunta con lo que posteriormente analizaremos como contrato de mediación vienen a nuestra mente dos elementos: por un lado, los tratos preliminares y, por otro lado, los precontratos.

Hablamos de tratos preliminares de un contrato cuando las partes adquieren el compromiso de formalizar un contrato, pero se requerirá una actividad posterior de las partes para concretar las bases del acuerdo. En el caso de los tratos preliminares no se han fijado las cuestiones relativas al contrato de forma clara y definida. Hablaremos de precontrato cuando dos o más personas se comprometan a hacer efectivo en tiempo futuro la conclusión de un determinado contrato que por el mo-

---

250 VIDAL RAMÍREZ, F: "El convenio arbitral", *cit...*, pp 569-582.

mento no se quiere o no se puede celebrar como definitivo[251]. En este caso, se han fijado la totalidad de las prestaciones y únicamente será necesaria la aceptación posterior de las partes.

Los tribunales diferencian ambas figuras según la existencia o inexistencia de la totalidad de elementos esenciales del contrato. Si trasladamos esta cuestión al estudio que nos ocupa, podríamos hablar de que, según la circunstancia concreta, el compromiso de sometimiento a mediación puede ser bien trato preliminar, o bien precontrato, para poder entender esta cuestión vamos a poner un ejemplo.

Si dos personas realizan una compraventa, y firman un contrato donde se incluye una cláusula de sometimiento a mediación que indica "para la solución de cuantas controversias puedan derivarse del presente contrato o estuvieran con él relacionadas, las partes acuerdan y se comprometen a someterlas al Centro de Mediación del ICAM" estaríamos hablando de tratos preliminares puesto que no se han fijado cuestiones como el objeto concreto del contrato de mediación. Sin embargo, si la cláusula de sometimiento indicara "para la solución de las controversias surgidas entre las partes que firman este contrato relativas a posibles defectos en el producto comprado, las partes acuerdan y se comprometen a someterlas al Centro de Mediación del ICAM" estaríamos hablando de un precontrato ya que se han fijado de forma expresa las partes y el objeto de la controversia.

En la realidad nos encontraremos con cláusulas de sometimiento a mediación que van a caballo entre ambas figuras, por lo que, aunque consideremos que la misma es un trato preliminar puede que el objeto de la controversia se encuentre fijado de forma expresa, por lo que podríamos en ocasiones encon-

---

251 MEDINA DE LEMUS, M.: *Derecho Civil. Obligaciones y contratos. Teoría General.* Editorial Dilex S.L. 2004.

trarnos con que el pacto de sometimiento podría ser más bien un precontrato.

El negocio jurídico entre las partes debe tener un grado de concreción y detalles que permita su cumplimiento y ejecución, pues bien, estos requisitos son igualmente exigibles para la cláusula de sometimiento a mediación dada su naturaleza contractual. Esta cuestión es importante dado que la falta de certidumbre en un acuerdo en el que las partes se comprometieran simplemente a resolver sus diferencias amistosamente, la ambigüedad de la cláusula podría impedir su ejecutabilidad[252].

Para YZQUIERDO TOLSADA[253] las relaciones previas al contrato, conocido como tratos preliminares, no son contrato. En el caso de que no se perfeccionase el contrato, nos encontraríamos con una ruptura de estos tratos preliminares que no podemos enmarcar, según nuestro Derecho, en el contrato. Aunque en esta fase todavía no podamos hablar de partes en el contrato ni tan siquiera de un precontrato se estima que se deberán resarcir los daños ocasionados ya que surge responsabilidad civil extracontractual en virtud de lo dispuesto en el artículo 1902 CC. Esta cuestión la analizaremos en capítulos posteriores comparando esta figura con la promesa del matrimonio para tratar de dar respuesta a estas dudas.

1.5. Efectos jurídicos del sometimiento

El pacto entre los sujetos es fuente de obligaciones, lo que conlleva que ambos deben cumplir lo acordado y por lo me-

---

252 TARABAL BOSCH, J., & GINEBRA MOLINS, M. E.: "La obligatoriedad de la mediación derivada de la voluntad de las partes: las cláusulas de mediación", en *InDret Revista para el Análisis del Derecho, 4,* 2013, pp. 2-31.

253 YZQUIERDO TOLSADA, M., NAVARRO MENDIZÁBAL, I. A., & ACOSTA MÉRIDA, M. P.: *Derecho del Consumo.* Calamo–Manubas, Manuales Básicos. 2005.

nos realizar un intento de mediación antes de acudir a la vía judicial. Este efecto material se fundamenta en la naturaleza contractual de este compromiso.

Es evidente que, con el compromiso de sometimiento a mediación de las partes, ambas asumen que antes de acudir a la vía judicial para resolver la controversia, intentarán la resolución a través de la mediación, entendiendo que esto es un pacto previo de sumisión.

Como hemos dicho, existe la posibilidad de que el acuerdo de sometimiento se lleve a cabo en una cláusula de un contrato entre las partes. Como indica VALIÑO CES, según la doctrina de la separabilidad de la cláusula arbitral respecto del contrato en que se halle incorporada, entendemos que el pacto de mediación debe considerarse como un negocio jurídico independiente del contrato en que esté incorporado, de forma que, si se entiende nulo el primero, no tiene por qué considerarse nulo el acuerdo de sometimiento[254].

En el artículo 4 de la LMACM se regula la prescripción o caducidad de acciones desde la fecha en la que se formalice la solicitud de inicio de la mediación según se regula en el artículo 16 de la misma norma. Se contemplan la prescripción y caducidad con el objetivo de fomentar y promover la mediación como MASC. Se promueve la mediación y se pretende incentivar su uso con la suspensión de los plazos, de forma que si el ciudadano acude a este MASC no se le cierran las puertas a la vía judicial por haber expirado los plazos[255]. En el caso de la mediación, la interrupción no queda sometida a que la peti-

---

[254] VALIÑO CES, A.: "Reflexiones en torno al pacto de sometimiento a mediación…", *cit*, pp. 157-169.

[255] SERRANO GÓMEZ, E.: "Artículo 4. Efectos de la mediación sobre los plazos de prescripción y caducidad" en *Mediación en asuntos civiles y mercantiles. Comentarios a la Ley 5/2012.* (Dir. Leticia García Villaluenga y Carlos Rogel Vide) Ed. Reus. Madrid, 2012. Página 64

ción de mediación sea admitida a trámite, como sí ocurre con la conciliación, aunque en ambos MASC la interrupción opera con efecto desde la presentación de la solicitud[256].

Debemos tener en consideración, además como cuestión relevante, el cómputo de la suspensión del artículo 4. Debe entenderse que empezará a contar desde que conste la recepción de la solicitud de mediación, según lo establecido en el artículo 16 de la LMACM como hemos dicho con anterioridad. Y, finalizará con la terminación del procedimiento, bien sea por la firma del acuerdo de mediación o cuando finalice el procedimiento por cualquiera de las causas contempladas en el artículo 22 de la LMACM, tal y como veremos a continuación.

Además, de recoger la ventaja de interrupción de la prescripción y caducidad, también se integra en la LMACM una medida para evitar un abuso o uso fraudulento de esta ventaja por la cual se especifica que los plazos de suspensión se reanudarán siempre y cuando, tras la solicitud de mediación, no se formalice el acta de constitución en el plazo de quince días[257].

2. EL CONTRATO DE MEDIACIÓN

2.1. Introducción

Como ya hemos puesto de relieve al comienzo del capítulo, el CC no nos proporciona una definición de contrato, pero de los artículos que lo regulan podemos extraer que esta figura surge de la conjunción de los consentimientos de dos o más

---

256 FÉLEZ BLASCO, P. M.: *El acto de conciliación pre procesal civil ante el juzgado* (1.ª ed.). Wolters Kluwer. 2019.

257 VILLAR FUENTES, I.: "El procedimiento de mediación (I)", *cit...*, pp. 99-110.

personas con la finalidad de ser fuente de obligaciones entre ellas, y así lo definen DIEZ-PICAZO y GULLÓN[258].

Con lo antedicho, es frecuente plantearse si la mediación tal y como ha sido descrita en el primer capítulo, tiene la consideración de contrato. Sin duda, si esta es su naturaleza, sus elementos, la perfección del contrato, sus efectos, e incluso su ineficacia, tendrán mucho que ver con las coordenadas específicas a aplicar a esta institución y a la solución de los problemas que se presentan atendido a su regulación.

Así es como llegamos en un inicio al concepto del contrato de mediación en lo que sería una fase inicial, posterior al acuerdo previo de sometimiento a mediación que podría darse. El concepto de contrato de mediación surge de la LMACM[259] a raíz de la regulación del acta de la sesión inicial que deben firmar las partes indicando que aceptan su sometimiento a la mediación.[260] Y, es precisamente en su artículo 19, donde la ley desarrolla el contenido de la sesión constitutiva, la cual nos dará muestras de que lo que caracteriza este contrato es el consentimiento o voluntad de resolución de la controversia latente. De ahí que, aparezcan rasgos propios del contrato, siendo el objetivo de dicha sesión *la delimitación del procedimiento y la aceptación expresa de las partes de los siguientes aspectos*:

a) La identificación de las partes.

---

258 DÍEZ-PICAZO Y PONCE DE LEÓN, L. M., & GULLÓN BALLESTEROS, A.: *Sistema de Derecho Civil:* Vol. II. Tomo I. Tecnos. 2016.

259 Ley 5/2012, de 6 de julio, de mediación en asuntos civiles y mercantiles. «BOE» núm. 162. https://www.boe.es/buscar/act.php?id=BOE-A-2012-9112

260 El artículo 4 referido a los *Efectos de la mediación sobre los plazos de prescripción y caducidad,* señala en su apartado 2º que ... "Si en el plazo de quince días naturales a contar desde la recepción de la solicitud de inicio de la mediación no se *firmara el acta de la sesión constitutiva* prevista en el artículo 19, se reanudará el cómputo de plazos..."

b) *La designación del mediador y, en su caso, de la institución de mediación o la aceptación del designado por una de las partes.*

c) *El objeto del conflicto que se somete al procedimiento de mediación.*

d) *El programa de actuaciones y duración máxima prevista para el desarrollo del procedimiento, sin perjuicio de su posible modificación.*

e) *La información del coste de la mediación o las bases para su determinación, con indicación separada de los honorarios del mediador y de otros posibles gastos.*

f) *La declaración de aceptación voluntaria por las partes de la mediación y de que asumen las obligaciones de ella derivadas.*

g) *El lugar de celebración y la lengua del procedimiento.*

La mayoría de normas autonómicas denominan al contrato que dará comienzo al proceso "acta de inicio" en la cual se recogerán estos aspectos mencionados además de que la misma deberá firmarse tanto por las partes como por el mediador o mediadores.[261] Jurídicamente entendemos que la firma del acta es en realidad la firma de un contrato, lo que conforma un negocio jurídico que genera obligaciones para las partes.

Equiparamos el contenido de este acta de inicio con la hoja de encargo, ya que se define como un documento en el que queda plasmada la celebración de un contrato de prestación de servicios por el cual el profesional se obliga a realizar un servicio y el cliente a abonar el pago establecido.

La hoja de encargo suele realizarse por profesionales como abogados o asesores, detallándose en la misma conceptos que son equiparables a la mediación, como será el importe a abo-

---

261 Además, su apartado 2º se refiere al acta que se levantará tras la finalización de la sesión donde deberá constar *estos aspectos,* y en otro caso, declarará que la *mediación se ha intentado sin efecto.*

nar por las actuaciones, los derechos y obligaciones de las partes y las actuaciones que el profesional va a llevar a cabo, pero llama la atención una cuestión que no se menciona expresamente en el artículo 19 de la LMACM, y es la plasmación de los riesgos que asume cada parte al someterse al procedimiento de mediación y las posibles consecuencias.

En próximos capítulos evaluaremos los deberes del mediador entre los cuales se encuentra el de información en relación con este contrato inicial del cual resulta evidente que el mediador dará a conocer a las partes las ventajas de la mediación frente a otros sistemas alternativos de resolución de conflictos o el procedimiento judicial, así como lo hará de las desventajas o posibles riesgos que asumen las partes, aunque los mismos no se reflejen en el contrato inicial.

Lo cierto es que, en el proceso de mediación, la mayor desventaja es la posibilidad de engaño existente para el supuesto de que una de las partes no cumpla con las obligaciones pactadas en el propio contrato, pero este riesgo no se refleja en el contrato inicial porque el mismo va intrínseco al deber de confidencialidad, así como al deber de participación de las partes que voluntariamente inician el procedimiento de mediación.

El contrato de mediación se rige fundamentalmente por las disposiciones del Libro IV, de las obligaciones y contratos, del CC, ya que este contrato implica la prestación de servicios profesionales, definiendo en este momento todos los extremos contractuales en las relaciones entre el mediador y las partes.

Podemos comprobar que, al igual que ocurre en la mayoría de los contratos en nuestro país, el legislador no establece requisitos de forma para la contratación, requiriendo la información precontractual y que en el acta se reflejen los términos del contrato de mediación, lo que lleva a que sea aplicable la normativa de derecho común del CC respecto al contrato en las Comunidades Autónomas que no hayan contemplado la forma de este en su normativa[262].

No obstante, algunas Comunidades Autónomas sí lo han establecido en su normativa aunque, como es sabido, según el artículo 149.1.8 de la CE es competencia exclusiva del Estado, la legislación en materia contractual, salvo para aquellas comunidades autónomas que cuenten con derecho foral o civil propio[263]. Además, debemos diferenciar entre las Comunidades Autónomas que han aprobado una "ley de mediación", como es el caso de la Comunidad de Madrid, y en ocasiones se exceden de sus competencias, y aquellas otras que han aprobado una "ley de un servicio social" de mediación, como la Comunidad de Castilla La Mancha, pudiendo en este caso regular cómo es ese servicio y cómo es la mediación que se desarrollará en ese servicio social.

---

262 MERINO NOGALES, M.: *Contrato de mediación y acuerdo mediacional conforme a la legislación española: Eficacia jurídica de los acuerdos alcanzados*. Universidad Internacional de Andalucía. 2012. [en línea] [Consultado en 10 de enero de 2024] Disponible en: https://dspace.unia.es/bitstream/handle/10334/1826/0329_Merino.pdf?sequence=1&isAllowed=y: "*El contrato de mediación, conforme a la normativa autonómica que regula esta institución en España, vuelve a ser, si no dispar, no homogénea en cuanto a su concepto, elementos formales, momento de plasmación, contenido y denominación; lo cual puede conducir a errores sobre el alcance de algunas de las actuaciones llevadas a cabo durante el proceso.*"

263 Recordamos que la coexistencia de la norma general con normas especiales dentro del territorio español se da sólo en determinadas zonas en forma de compilaciones forales:
Compilación de Derecho Civil Foral de Vizcaya y Álava.
Compilación del Derecho Civil Especial de Cataluña.
Compilación del Derecho Civil Especial en Baleares.
Compilación del Derecho Civil Especial de Galicia.
Compilación del Derecho Civil de Aragón.
Compilación de Derecho Civil Foral de Navarra.
Por tanto, las regulaciones de comunidades que no cuenten con derecho civil propio no pueden considerarse correctas.

Como hemos indicado, el concepto de contrato de mediación no está expresamente regulado en la LMACM, pero hemos querido extraer dicho concepto para dar comienzo a nuestro estudio y para ello debemos entender que existirá un contrato, entre las partes y el mediador, cuando apreciemos los requisitos contemplados en los artículos 1.254[264] y 1.258[265] del CC.

El contrato de mediación se llevará a cabo en la sesión constitutiva, siendo esta de especial importancia por la trascendencia jurídica que lleva aparejada. En esta sesión se firmará un acta en la cual se reflejan todos los elementos del contrato de mediación. En este momento se van a definir todos los extremos contractuales en las relaciones entre el mediador y las partes. Lo más recomendable es que se realice a su vez por el mediador una hoja de encargo profesional en donde se recogerán los términos de contratación de los arrendamientos de servicios. Es importante resaltar que, de no existir contrato formal independiente, el acta de la sesión constitutiva hará prueba del mismo.[266]

En un primer avance, podemos afirmar que el contrato de mediación se mueve en la órbita de los contratos de prestación de servicios profesionales, suscribiendo en este caso una obligación de medios, ya que un mediador no se comprometerá a alcanzar un resultado, pues el servicio que presta se centra en

---

264 Artículo 1.254 del Código Civil: "*El contrato existe desde que una o varias personas consienten en obligarse, respecto de otra u otras, a dar alguna cosa o prestar algún servicio.*"

265 Artículo 1.258 del Código Civil: "*Los contratos se perfeccionan por el mero consentimiento, y desde entonces obligan, no sólo al cumplimiento de lo expresamente pactado, sino también a todas las consecuencias que, según su naturaleza, sean conformes a la buena fe, al uso y a la ley.*"

266 VÁZQUEZ DE CASTRO, E., & FERNÁNDEZ CANALES, C. *Practicum Mediación*. Aranzadi. 2014.

guiar y en acompañar a las partes en el procedimiento, para que ellas mismas lleguen al resultado y resuelvan el conflicto[267].

En el caso concreto de la mediación las partes pueden abandonar en cualquier momento la misma, lo que provocaría una inseguridad al deudor (esto es a cualquiera de las partes) si la obligación del mediador fuese de resultado.

2.2. El *animus contrahendi*

Con carácter previo, es oportuno hacer mención a ese *animus contrahendi*, que será factor determinante en la posible formación del contrato de mediación, el cual se encuentra plenamente relacionado con el consentimiento, que hace referencia a la voluntad o la intención de las partes de celebrar el contrato, en nuestro caso de mediación que, a su vez, se relaciona con la razón de ser de su celebración o cuál es la finalidad perseguida. Sin la existencia de esa razón o propósito, sin la pretendida voluntad ilícita de las partes, el contrato carece de causa que lo valide (art. 1275 CC).

El *animus contrahendi* se erige en requisito esencial de la mediación, de tal manera que faltando este, el contrato no es viable. *Animus* centrado en el deseo de resolver el conflicto de una manera específica: a través del procedimiento de mediación alcanzando por sí mismos la resolución.

Como hemos indicado previamente, el consentimiento es esencial de forma genérica para que cualquier contrato, sea la que sea su causa (siempre que la misma sea lícita), y sea cual sea el objeto, exista. Sin embargo, el *animus contrahendi*, tiene a

---

267 Recordemos que, en las *obligaciones de medio*, el sujeto obligado, en este caso el mediador, se compromete a actuar de forma diligente, tendiendo por tanto al logro del resultado que las partes esperan obtener, pero nunca asegurando el mismo ni prometiéndolo.

nuestro juicio una importancia especial en este contrato. Siempre que hablamos de consentimiento, de oferta y de aceptación, existe una negociación, en la que las partes asumen ciertas cuestiones para obtener la formalización del contrato. Esto es relevante en todos los contratos, y no justificaría, *per se*, el estudio pormenorizado del *animus contrahendi* interno de cada una de las partes que lo forman.

Debemos resaltar en este momento que en inicio las partes prestan su consentimiento de un modo particular, ya que del mismo proceso de mediación se extrae el principio de voluntariedad, el cual implica que las partes podrán desistir del proceso en cualquier momento, cuestión que veremos más adelante.

La relevancia de las negociaciones y el *animus contrahendi* de las partes, especialmente, es fundamental. Éstas contratan motivadas por su voluntad de intentar alcanzar por sí mismas un acuerdo, que resuelva su conflicto. Este "querer" o esta voluntad configura su *animus contrahendi* el cual motiva la celebración del contrato y, además, ese *animus* ayuda al profesional mediador (abogado, trabajador social, psicólogo…) y a los centros de mediación oferentes a obtener un nuevo tipo de cliente.

Cuando del resultado del proceso de mediación no se alcance ningún acuerdo, esto es, no hay una correspondencia con la voluntad inicial de las partes en conflicto acreedoras de la mediación, realmente para ellas no se habrá producido un daño, fruto del desajuste entre el resultado real y el pretendido. Y ello porque, al ser una obligación de medios no se garantiza el acuerdo, sino que se ponen a disposición de las partes los conocimientos del mediador para intentar llegar a un acuerdo.

Por otro lado, puede ocurrir que en el momento de formación de la voluntad se haya producido un desajuste entre la voluntad interna del cliente–su intención o *animus* – y la voluntad externalizada en el consentimiento contractual, esto ocurrirá cuando se negocia sobre las posiciones y no se descubren los intereses reales de las partes.

Y, ello unido a que el mediador habla un lenguaje diferente (más técnico), o significativamente distinto, al que puedan estar acostumbradas las partes, dado que aquel es profesional abogado, psicólogo, trabajador social… y las partes interesadas no tienen por qué tener ningún tipo de conocimientos legales, puede originar que el principio de autonomía de la voluntad de las partes, en nuestra opinión, se vea afectado.

No es que las partes no sean libres para contratar lo que estimen por conveniente, siempre respetando los límites que señala el artículo 1.255 CC, sino que una de las partes puede tener más dificultades para expresar como quiere resolver el conflicto, o los límites de mínimos o de máximos del acuerdo a alcanzar, y ello puede llevar, y de hecho llevará, a que tras la prestación del servicio surjan desacuerdos entre las partes.

Estas desavenencias o discusiones siempre se consideran motivadas por un desajuste en el resultado del procedimiento, es decir, siempre surgen como incumplimiento contractual (a *posteriori*), y prudentemente consideramos que el problema es de base, y viene propiciado por las dificultades para esclarecer el *animus contrahendi* en el momento de la perfección contractual.

De ahí precisamente la insistencia en todo momento de las diferentes normativas de que se haga uso siempre en la mediación de un lenguaje sencillo y claro, tal como se indica en el artículo 1.281 del CC que establece, en relación con la interpretación del contrato que, *si los términos de un contrato son claros y no dejan duda sobre la intención de los contratantes, se estará al sentido literal de sus cláusulas. Si las palabras parecieren contrarias a la intención evidente de los contratantes, prevalecerá ésta sobre aquéllas.* En el momento en que se suscriba el contrato, las partes deberán tener en cuenta esta y otras reglas de interpretación de los contratos[268].

La importancia del concepto y sentido del *animus contrahendi* se enfatiza en el precepto anterior pues la intención evidente de las partes puede llegar a primar sobre la literalidad del contrato, cuando la misma no sea clara. Es lo que LACRUZ BERDEJO denominaba "primacía del espíritu sobre la letra, de la intención sobre el texto"[269]

La intención de los contratantes se observa a través de sus manifestaciones exteriores, es decir, se puede analizar solo aquello que haya sido expresamente manifestado, dado que no podemos conocer la voluntad interna, motivo por el que se recomienda, en todo caso, que se externalice en la negociación el *animus contrahendi* auténtico y más visceral. Cuestión distinta es que, en el transcurso de los tratos previos a la celebración del contrato, se llegue a un acuerdo distinto, a la voluntad manifestada *a priori* o al comienzo del proceso de mediación. En este caso, el acuerdo será lo más similar posible a la idea original y originaria del contrato. Por ejemplo, el progenitor que desea obtener la custodia a su favor de los menores tras el divorcio y así lo expone en la sesión inicial, pero que tras las negociaciones acuerda que una custodia unilateral con un régimen muy amplio de visitas a favor del otro progenitor sería lo más favorable para todos, padres y menores.

Podemos señalar que la voluntad inicial se habría completado o ampliado tras las conversaciones con el profesional y con

---

268 Teniendo en consideración que para la mediación es importante la aplicación de este artículo 1.281 del CC y que deberá tenerse en cuenta al tiempo de la formación del contrato, consideramos que también deberán tenerse en cuenta los otros criterios que sirven a la interpretación de los contratos.

269 LACRUZ BERDEJO, J. L.: *Elementos de Derecho Civil II. Derecho de Obligaciones: Parte General. Teoría General del Contrato.: Vol. I.* Dykinson. 2011.

la otra parte, adoptándose una decisión diferente a la inicial; opción más eficaz y completa para lograr el fin perseguido que es la resolución de la controversia.

Hasta aquí la interpretación subjetiva de los contratos, es decir, la que se realiza intentando encontrar el motivo por el cual las partes llegaron a contratar, para analizar la interpretación objetiva de los mismos, la cual considera que los contratos deben interpretarse en atención a la buena fe y al tráfico jurídico más habitual. La interpretación objetiva sirve para defender nuestra postura pues vamos a ver en los siguientes capítulos, como la buena fe es uno de los principios rectores de la mediación, y, por consiguiente, siempre debería ser interpretada en atención a la intencionalidad del acreedor (las partes), que son las que adquirieron el servicio concreto a un profesional experto en la materia, que es la persona indicada para llevarlos a alcanzar el fin perseguido.[270]

2.3. Requisitos formales

El artículo 1.255 CC recoge el principio general de libertad de pacto o de autonomía contractual, con base en el cual cabe clasificar el contrato dentro de los distintos tipos contractuales existentes pero exclusivamente para todo aquello que las partes no previeron en la realización de su contrato, o para estudiar si lo pactado resulta contrario a las reglas imperativas que rijan ese contrato, ya que el señalado precepto establece

---

270 DÍEZ-PICAZO Y GULLÓN señalan que "nuestro código civil, como veremos a continuación, acoge la primera dirección, si bien no de una forma exclusiva, pero siempre predominante. No obstante, en la medida en que jurisprudencialmente se atienda con mayor frecuencia al criterio de la buena fe en la interpretación contractual, la dirección objetiva se irá imponiendo" DÍEZ-PICAZO Y PONCE DE LEÓN, L. M., & GULLÓN BALLESTEROS, A.: *Sistema de Derecho Civil: Vol. II. Tomo I.* Tecnos. 2016.

como límite a la libertad de la voluntad de las partes, que los contratos celebrados no sean contrarios a las leyes, a la moral ni al orden público.

Es importante en este punto recordar qué entiende por mediación la Directiva de 2008, la cual regula en su artículo 3, apartado a), que la mediación es *un procedimiento estructurado, sea cual sea su nombre o denominación, en el que dos o más partes en un litigio intentan voluntariamente alcanzar por sí mismas un acuerdo sobre la resolución de su litigio con la ayuda de un mediador.*

Este procedimiento puede ser iniciado por las partes, sugerido u ordenado por un órgano jurisdiccional o prescrito por el Derecho de un Estado miembro. Incluye la mediación llevada a cabo por un juez que no sea responsable de ningún procedimiento judicial vinculado a dicho litigio. No incluye las gestiones para resolver el litigio que el órgano jurisdiccional o el juez competentes para conocer de él realicen en el curso del proceso judicial referente a ese litigio. Aunque de manera laxa y muy genérica, nos servirá de base para entender el espíritu que impregna este acuerdo, a todas luces, y por el momento, de carácter voluntario.

2.3.1. Rasgos definitorios del contrato de mediación

Según lo dispuesto en el CC a la luz del principio de autonomía de voluntad o libertad contractual podemos decir que en primer lugar las partes tienen el poder de decidir si quieren contratar o no y, en segundo lugar, encontramos libertad en cuanto al tipo contractual e incluso la elección de llevar a cabo un contrato atípico. Por ello vamos a ver cuáles son los rasgos que definen el contrato de mediación.

2.3.1.1. Contrato *intuitu personae*

Estamos ante un contrato de carácter personalista ya que se suscribe una obligación de hacer[271] con una contraprestación y los acreedores tienen, a *priori*, absoluta libertad en la elección del profesional que eligen para dirigir la mediación.

En este tipo de obligaciones la especial relevancia se centra pues, en la persona del contratante deudor, que es la persona que asume, la realización de una actividad de cumplimiento (el mediador). No es lo mismo que el mediador sea un abogado especialista en derecho concursal, que el mediador sea un trabajador social especialista en *bullying* escolar entre adolescentes. El acreedor/acreedores elegirá/n al mediador especialista que se ajuste a la resolución de su problema y sepa llevar un procedimiento donde se alcance una solución de acuerdo con dicho conflicto.

También en relación con la libertad del acreedor en la elección del profesional, éste puede acudir a una agencia o institución de mediación donde diversos profesionales ejercen su actividad. En dicho caso puede que el cliente no seleccione concretamente qué profesional necesita–aunque nada lo impide–pero, en la práctica, haciendo la selección de la agencia ya está ejercitando su derecho de elección.

El artículo 1161 del CC establece que, *en las obligaciones de hacer, el acreedor no podrá ser compelido a recibir la prestación o el servicio de un tercero, cuando la calidad y circunstancias de la persona del deudor se hubiesen tenido en cuenta al establecer la obligación.* En nuestro caso, el deudor seleccionado es el mediador escogido

---

271 El *facere* a que queda obligado el mediador se caracteriza porque las cualidades personales de este son, en la mayoría de ocasiones, determinantes en la celebración del contrato. Por decirlo de otro modo, existe un *intuitu personae* que nace de la confianza que el profesional inspira a las partes.

para dirigir el procedimiento de mediación, y considero que estamos ante un *intuitus personae debitoris.*[272] Precepto que establece la *limitación* en interés del acreedor que decide quién es el deudor que quiere para que realice la prestación pretendida. El deudor de la prestación de hacer es muy *relevante.*

Tras este análisis cabe preguntarse si es posible el uso de auxiliares o asistentes del mediador[273] Recordemos que existe la posibilidad de que haya un equipo mediador que dirija el caso, existe la posibilidad de que haya una pareja de mediadores que lo dirijan o bien que sea uno solo. Normalmente, para casos complejos se hace con dos mediadores. Incluso se puede extender a mediador en prácticas. En tal caso, ¿les afecta a ellos la obligación *intuitu personae*? En dicho supuesto, se entiende que la confianza del cliente se extiende al conjunto de mediadores, o a los auxiliares o sustitutos escogidos por el profesional. El *intuitu personae* se tiene en la persona del deudor (mediador) no

---

272 Señala GÁLVEZ CRIADO, que "la expresión *intuitu personae* no es una expresión técnica, ni siquiera es citada en nuestro ordenamiento jurídico, cuya expresión más cercana es la referencia del art. 709 LEC a la ejecución de condena de hacer personalísimo (...). Sin embargo, el Ordenamiento conoce el principal efecto o consecuencia de la obligación *intuitu personae* (o personalísima): aquella obligación (de hacer, en este caso) en la que *la calidad y circunstancias de la persona del deudor se hubiesen tenido en cuenta al establecer la obligación* (art. 1161 CC), de tal forma que el obligado lo está a cumplir personalmente la prestación prometida, excluyéndose la posibilidad de que un tercero pueda hacerlo por él, siendo ésta su característica principal". GÁLVEZ CRIADO, A.: *La relevancia de la persona en los contratos de obra y servicio.* Tirant Lo Blanch. 2008.

273 Existe la posibilidad de que haya un equipo mediador que dirija el caso, existe la posibilidad de que haya una pareja de mediadores que lo dirijan o bien que sea uno solo. Normalmente, para casos complejos se hace con dos mediadores. Incluso se puede extender a mediador en prácticas, yo cuando hacía las prácticas estaba con un mediador como si fuera otra mediadora.

sólo como ejecutor directo, sino también en cuanto que puede dirigir un equipo digno de su confianza.

2.3.1.2. Contrato oneroso

El contrato de mediación se ajusta al concepto de contrato oneroso que señala el artículo 1274 CC, que describe tres tipos de contratos en relación con su causa.[274]

En palabras de BERCOVITZ RODRÍGUEZ-CANO[275] *son contratos onerosos aquellos en que el beneficio que espera obtener una parte mediante su cumplimiento es consecuencia o a cambio de un propio sacrificio previo, simultáneo o posterior en el tiempo.*

Podemos decir que las partes obtendrán un beneficio cuando el mediador-deudor cumpla con su parte del contrato, esto es, dirigirá el procedimiento de mediación e intentará ayudar o ayudará a los acreedores a resolver su conflicto, y a cambio de ese beneficio, las partes realizarán la contraprestación pactada como pago.

Que el contrato sea calificado como oneroso es muy relevante ya que la responsabilidad de las partes es mayor cuando el contrato es oneroso que cuando es gratuito, tal y como se desprende, por ejemplo, de artículos como el 1726 CC.[276]

---

274 Art. 1274 CC: "En los contratos onerosos se entiende por causa, para cada parte contratante, la prestación o promesa de una cosa o servicio por la otra parte; en los remuneratorios, el servicio o beneficio que se remunera, y en los de pura beneficencia, la mera liberalidad del bienhechor."

275 BERCOVITZ RODRÍGUEZ-CANO, R. *Tratado de Contratos. Tomo I.* Tirant Lo Blanch. 2013.

276 Por ejemplo, tengamos en cuenta lo señalado para el mandato: El artículo 1726 señala, que deberá estimarse la culpa del mandatario con más o menos rigor por los Tribunales según que el mandato haya sido o no retribuido.

2.3.1.3. Contrato sinalagmático

Los contratos bilaterales o sinalagmáticos son aquellos en virtud de los cuales se generan obligaciones recíprocas a las partes. El contrato de mediación será un contrato sinalagmático, y del mismo surgirán obligaciones bilaterales y recíprocas, aunque nada impide que un profesional celebrara un contrato de mediación sin que el acreedor se obligara a ningún resultado concreto, pues no olvidemos que en el acta hay unas obligaciones específicas implícitas que deben cumplir las partes

En la práctica, como los mediadores (ya sean psicólogos, trabajadores sociales, abogados,) están actuando dentro de su profesión, se suele exigir una contraprestación económica a su actuación, de ahí surge la bilateralidad. La obligación del profesional será prestar el servicio (obligación de hacer) y la de los clientes, como regla general, será la de pagar el precio fijado (obligación de dar), sin embargo, la libertad de pacto entre las partes puede alterar este esquema. BERCOVITZ RODRÍGUEZ-CANO señala que *conviene, pues puntualizar que todos los contratos sinalagmáticos son onerosos, pero que no todos los contratos onerosos son sinalagmáticos,*[277] ya que existen contratos onerosos unilaterales.

2.3.1.4. Contrato consensual o formal

La definición de contrato consensual es aquel que se perfecciona con el mero consentimiento de las partes, mientras que los contratos formales son aquellos en los que el consentimiento se otorga mediante una forma concreta, exigiéndose en este tipo de contrato una forma escrita para que el contrato se entienda perfeccionado.

---

277 BERCOVITZ RODRÍGUEZ-CANO, R: *Tratado de Contratos cit...* p. 126.

Antes de pretender encajar el contrato de mediación en uno de estos dos tipos debemos tener en cuenta sus características. En el contrato de mediación existe consentimiento entre las partes y esto se plasma en el acta constitutiva, se deben reflejar unos mínimos exigidos por la LMACM y se pueden establecer cláusulas conformes a la ley. Independientemente de ello, al ser nuestro contrato de mediación, calificado de *intuitu personae*, todavía hay un margen de negociación al establecer en la sesión constitutiva las condiciones propuestas por las partes. Los acreedores manifestarán su voluntad y junto con las directrices marcadas por el profesional y experto en la materia y así constatarían en esa sesión previa todas las condiciones estipuladas imperativamente por las leyes y así alcanzar un acuerdo contractual.

Aparentemente podríamos considerar que el contrato de mediación sería consensual ya que es suficiente la voluntad de las partes para iniciar el proceso de mediación, pero existe la obligación ineludible, como ya hemos dicho, de realizar el acta constitutiva que es un requisito de forma. En definitiva, consideramos que, aunque alguna característica del contrato de mediación lo pueda definir como consensual, es formal. Al igual que ocurre en el contrato de donación, donde es necesaria la aceptación por el donatario, aquí es requisito imprescindible la firma de los implicados en el acta constitutiva para someterse a la mediación con todas las garantías contempladas en la LMACM.

Actualmente, cada vez existe menos negociación de los contratos, se celebran muy pocos contratos en igualdad de condiciones, las partes suelen ser desiguales, de ahí que las leyes protejan a grupos que se consideran más vulnerables como puede ser el caso de consumidores y usuarios. La mayoría de los contratos son contratos tipo o contratos de adhesión, donde el consenso característica esencial de los contratos consensuales realmente es inexistente. Generalmente estamos ante contratos donde una de las partes acepta y se adhiere al consenso propuesto.

Ciertos autores han mencionado que el contrato de mediación puede considerarse como atípico e innominado, pero desde aquí venimos a manifestar nuestra disconformidad con dicha afirmación ya que, aunque efectivamente, es cierto que el mismo se acoge a la normativa genérica de los contratos, es evidente que tiene particularidades contempladas en la ley de mediación, y más concretamente en el artículo 19 mencionado con anterioridad.

2.3.2. Contenido del contrato

Cuando hablamos del contenido del contrato hacemos referencia al contenido negocial, cuestión que se habrá determinado basándose siempre en el principio de autonomía de voluntad de las partes reconocido en el artículo 1255 CC, como hemos explicado anteriormente, y en la voluntad común de los contratantes, ya que este principio implica el reconocimiento del poder de autorregulación de los objetivos e intereses que las partes desean.

Como indican DIEZ-PICAZO y GULLÓN[278], para conocer el contenido del contrato debemos fijar los hechos y calificarlos jurídicamente. Esta cuestión es especialmente relevante para poder determinar los efectos del mismo conforme a las normas aplicables a la figura jurídica y a los pactos a los que hayan llegado las partes en el negocio.

Como es sabido, la autonomía no es ilimitada por ello existen límites generales a la voluntad de las partes, dirigidos a la

---

278 DIEZ-PICAZO, L. y GULLÓN, A.: *Sistema de Derecho Civil*. Volumen II. Cit..., pp. 83-84

tutela de los intereses generales y de los terceros. Los límites generales a la autonomía de la voluntad de las partes son las leyes, la moral y el orden público, de forma añadida cabe preguntarse si existen límites específicos en el contrato de mediación. Con respecto a esta cuestión, habrá de estarse a la existencia de normas imperativas o dispositivas de la mediación, lo cual marcará el camino de la autonomía de la voluntad.

En el supuesto de la mediación, encontramos límites que vienen prefijados en la LMACM como la buena fe, la imparcialidad, la confidencialidad... Por ello debemos estar a lo dispuesto en los artículos para dilucidar si existe o no límite a la concreta voluntad de las partes.

COBAS COBIELLA[279] resalta que el presupuesto esencial de la mediación es la voluntad de las partes y la autonomía de la voluntad que constituye uno de los principios rectores del Derecho civil. Resulta importante resaltar que la mediación no es exclusivamente aplicable a las cuestiones de Derecho civil y que, aunque la mediación sea en otra materia diferente, la misma sigue naciendo de la voluntad de las partes y de sus decisiones ya que la voluntad es su fundamento conceptual y teórico.

2.3.2.1. Elementos del contrato

A fin de analizar y poder conocer más a fondo este contrato, debemos adentrarnos en el Libro IV del CC referente a obligaciones y contratos, y específicamente en el artículo 1261 CC, el cual indica que para que haya contrato se han de cumplir los requisitos de:

---

279 COBAS COBIELLA, M.E.: "Autonomía de la voluntad y mediación. Algunas notas sobre la cuestión" *Mediación en el ámbito civil, familiar, penal e hipotecario: cuestiones de actualidad* (Coord.: Alfonso Ortega Giménez, María Elena Cobas Cobiella, Silvia Barona Vilar) 2013, pp. 81-104

1. *Consentimiento* de los contratantes
2. *Objeto* cierto que sea materia del contrato
3. *Causa* de la obligación que se establezca

2.3.2.1.1. El consentimiento de los contratantes

El elemento formal a raíz del cual se perfecciona el contrato, en este caso de mediación, es el mero consentimiento, sin embargo, este consentimiento debe cumplir con los requisitos establecidos por la Ley.

2.3.2.1.1.1. Aceptación y consentimiento

Según lo contemplado en el artículo 1262 del CC *el consentimiento se manifiesta por el concurso de la oferta y de la aceptación sobre la cosa y la causa que han de constituir el contrato.*

Para que pueda llevarse a cabo la mediación, es necesaria una aceptación de esta por las partes intervinientes, si no fuese aceptada no podría dar comienzo la misma. Es decir, se requiere que las partes asuman, acepten y consientan lo acordado en la sesión inicial y que queda reflejado en ese acta o documento probatorio. Tras esto nos cuestionamos si podría ser que el uso del término "aceptación" en la ley de mediación, fuese análogo al consentimiento otorgado en la sesión y del que da fe el acta. Al consentir las partes evidentemente se perfecciona el contrato. Tal como contempla el CC en su artículo 1258, *los contratos se perfeccionan por el mero consentimiento, y desde entonces obligan, no sólo al cumplimiento de lo expresamente pactado, sino también a todas las consecuencias que, según su naturaleza, sean conformes a la buena fe, al uso y a la ley.*

El consentimiento o aceptación es uno de los requisitos básicos del contrato. Este consiste en el asentimiento conjunto de dos o más voluntades. En este caso, los intervinientes en el contrato no serán sólo las partes afectadas, sino también el tercero mediador, lo cual implica que todos deben manifestarse conformes sobre el objeto y la causa para celebrar el contrato de mediación.

La aceptación, sinónimo de consentimiento, expresa que los intervinientes comparten el parecer, están de acuerdo en que se realice algo, en este caso la conformidad se presta respecto de lo manifestado en el acta de la sesión constitutiva, lo que formalizaría el contrato de mediación.

2.3.2.1.1.2. Menores no emancipados y personas con discapacidad. La relevancia del consentimiento válido

Para que exista una prestación del consentimiento en un contrato, debemos estudiar cuáles son las personas que pueden llevar a cabo esta acción. Tal y como regula el CC en su artículo 1263, no podrán prestar su consentimiento los menores no emancipados ni tampoco las personas con discapacidad que deberán acudir acompañadas por su curador si así se establece en la sentencia judicial, sin embargo, sabemos que se llevan a cabo mediaciones en las que se ven inmersas personas que entran dentro de los grupos mencionados.

Por ejemplo, en la mediación escolar, pueden verse inmersos menores no emancipados que tengan un conflicto con otro menor o con un profesor del centro escolar; o, por ejemplo, en la mediación familiar, pueden verse inmersas personas que tienen su capacidad modificada judicialmente con su grupo familiar o con una persona de éste; o, por ejemplo, en el ámbito de la mediación penal, encontramos que puede verse inmerso un menor con la víctima del delito para resarcir el daño causado.

Estas prácticas de la mediación se llevan a cabo, pero nos preguntamos cómo es posible que se realicen las mismas si al menos una de las partes implicadas podría necesitar medidas de apoyo para ejercer su capacidad jurídica de prestar su consentimiento para la celebración del contrato de mediación. Pues estas personas que consideren que necesitan apoyo en su capacidad jurídica pueden elegir a la persona o entidad que le de estos apoyos según el artículo 255[280] de la ley de reforma de la legislación civil en materia de discapacidad. Para el caso de que la persona no pudiera decidir las medidas de apoyo, lo hará el juez teniendo en cuenta la voluntad de la persona.

A pesar de que existen varios tipos de mediación en los que se ven inmersos menores no emancipados o personas con capacidad jurídica limitada, nos vamos a centrar en el estudio de la mediación civil, que es la regulada por la LMACM, en donde podemos encontrar a personas con estas características, sobre todo en la mediación familiar.

En el ámbito de la mediación, como venimos explicando, es esencial el concepto del consentimiento informado. Este consentimiento exige que las partes entiendan la naturaleza del procedimiento para que, posteriormente, cada uno preste su consentimiento.

En la mediación que contiene a un menor no emancipado o a una persona con discapacidad como una de las partes, debe tenerse en cuenta que no ven limitada su capacidad para comprender cuál es su interés, cuáles son sus sentimientos y qué debe contener el acuerdo o la negociación para que lo sienta como satisfactorio.

Pero, a la hora de formalizar un contrato para llevar a cabo un procedimiento de mediación, cabe preguntarse si estas personas, pueden ver limitada su capacidad para prestar su consentimiento, si entienden la naturaleza del procedimiento.

---

280 Ley 8/2021, de 2 de junio, por la que se reforma la legislación civil y procesal para el apoyo a las personas con discapacidad en el ejercicio de su capacidad jurídica. BOE núm. 132 de 3 de junio de 2021.

Es requisito fundamental de la mediación que las partes intervinientes deseen solventar el conflicto y deseen llegar a una solución de común acuerdo, preparándose de manera positiva para que esa mediación se desenvuelva adecuadamente.

Varios autores, como ROGEL VIDE, consideran necesario que exista plena capacidad de obrar para poder realizar actos o para transigir[281]. Pero, actualmente debemos tener en cuenta, además, la ley 8/2021, de 2 de junio, por la que se reforma la legislación civil y procesal para el apoyo a las personas con discapacidad en el ejercicio de su capacidad jurídica con la que se reconoce que la persona con discapacidad no sólo tiene la misma capacidad para ser titular de derechos y obligaciones sino que tiene que tener también la posibilidad de ejercerla ella misma a través de la expresión de esa voluntad.

Los menores pueden participar en la mediación de dos formas diferentes, en primer lugar, pueden ser parte del conflicto, esto no se regula en la LMACM, pero sí lo hace la Ley de mediación valenciana.[282] En su artículo 22.2 se prevé que *las personas menores de edad y las personas con capacidad modificada judicialmente podrán intervenir en los procedimientos de mediación en la medida en que según la normativa vigente tengan capacidad*

---

281 Como indica ROGEL VIDE, C.: "Mediación y transacción en el Derecho Civil" en *Revista general de legislación y jurisprudencia,* nº3, 2009, pp. 545-564. "En cualquier caso y circunstancia, transigir -de conformidad con lo dispuesto en el artículo 1713.II del Código civil y cual enajenar o hipotecar- es alienar, es un acto de riguroso dominio, más allá de los actos de administración -ordinaria o extraordinaria que sea -ésta-, exigiéndose, pues y para ello, la capacidad necesaria para enajenar capacidad de obrar plena, no restringida por ningún estado civil, cual la menor edad o la incapacitación, que la pueda limitar- y, cuando fuese necesario, las oportunas autorizaciones judiciales, requeridas, fundamentalmente, en el ámbito de la representación legal."

282 Ley 24/2018, de 5 de diciembre, de mediación de la *Comunitat* Valenciana. BOE núm. 23, de 26 de enero de 2019.

para disponer del objeto del conflicto. En su defecto, podrán intervenir a través de sus legales representantes. Tal y como afirma COBAS COBIELLA[283], todos los derechos del menor forman parte de su interés superior, por ello se abarcan también los derechos dirigidos a promover su autonomía y participación en los asuntos que le conciernen.

En segundo lugar, el menor puede participar como interviniente pero no como parte en el conflicto, sino simplemente como receptor indirecto en la mediación, que puede ser destinatario del posible acuerdo, pero ajenos a que se les considere como parte real del procedimiento. COBAS COBIELLA[284] hace referencia a esta participación de los menores como beneficiarios de la mediación, ya que en las mediaciones familiares se estima que los sujetos partícipes deben ser los mayores de edad en situación de conflicto sin plantearse la posibilidad de que los destinatarios principales y beneficiarios de la solución coyuntural sean los hijos menores.

Nos adentramos también en la legislación de Cataluña, donde en el artículo 4 de su ley de mediación se contempla específicamente, a las personas que están legitimadas para intervenir en un procedimiento de mediación pudiendo hacerlo: Las personas que tienen capacidad y un interés legítimo para disponer del objeto de la mediación; y, los menores de edad, si tienen suficiente conocimiento, y, en todos los casos, los mayores de doce años, quienes pueden intervenir en los procedimientos de mediación que los afecten. Se contempla incluso que excepcionalmente los menores insten la mediación en asuntos que les afecten directamente.

---

283 COBAS COBIELLA, M.E.: "Menores y mediación en el ámbito familiar" *Actualidad Jurídica Iberoamericana*, Instituto de Derecho Iberoamericano. Nº 13, agosto 2020, pp. 734-769.

284 COBAS COBIELLA, M.E.: "Menores y mediación…", *cit*, pp. 734-769.

Si acudimos a otras normativas como la Ley de Cantabria[285], encontramos que la misma estima que *podrán someterse a mediación las personas, físicas o jurídicas y públicas o privadas, que se vean afectadas por un conflicto relativo a una materia de libre disposición y que tengan capacidad para disponer de su objeto. Las personas menores podrán intervenir en la mediación en la medida en que, conforme a la legislación sustantiva, ostenten capacidad para disponer del objeto del conflicto.* Sin embargo, nada se dice respecto de las personas que podrían tener capacidad jurídica limitada para ciertos actos. Al igual que en la ley de las Islas Baleares[286] se estima que los menores de edad estarán legitimados para intervenir en un procedimiento de mediación *si tienen suficiente juicio, y en todos los casos los mayores de 12 años, quienes pueden intervenir en los procedimientos de mediación que les afecten. Excepcionalmente, en los casos en que exista contradicción de intereses, los menores de edad pueden participar asistidos por un defensor o una defensora.*

La LEC igualmente contiene normas respecto de la capacidad de las partes en el proceso, indicando en su artículo 7 que podrán comparecer en juicio todas las personas[287]. Así encontramos en la ley una vía de escape para la participación de los menores y de las personas sin capacidad jurídica, ya que, equiparando la comparecencia en juicio con la comparecencia en la mediación, entendemos que las mismas pueden hacer uso de la mediación solicitando las medidas de apoyo voluntarias

---

285 Ley de Cantabria 1/2011, de 28 de marzo, de Mediación de la Comunidad Autónoma de Cantabria. NOC núm. 66 de 5 de abril de 2011.

286 Ley 14/2010, de 9 de diciembre, de mediación familiar de las Illes Balears. BOE núm 16, 19 de enero de 2011.

287 Como indica ROGEL VIDE, Carlos en su artículo “Mediación y transacción en el Derecho Civil”, mencionado con anterioridad: “En suma y tanto para la mediación como para la hipotética transacción subsiguiente, se requiere la oportuna capacidad o, en su caso, la oportuna representación legal, mediante, llegado el caso, la oportuna autorización judicial, todo lo cual ha de ser sabido y tenido en cuenta por el mediador.”

siempre y cuando consideren que necesitan apoyo para ejercer su capacidad jurídica.

2.3.2.1.2. *El objeto del contrato de mediación*

Según el artículo 1271 del CC *pueden ser objeto de contrato todas las cosas que no están fuera del comercio de los hombres, aun las futuras. Sobre la herencia futura no se podrá, sin embargo, celebrar otros contratos que aquéllos cuyo objeto sea practicar entre vivos la división de un caudal y otras disposiciones particionales, conforme a lo dispuesto en el artículo 1056. Pueden ser igualmente objeto de contrato todos los servicios que no sean contrarios a las leyes o a las buenas costumbres.*

El objeto general del contrato de mediación será la prestación del servicio de mediación, actividad que no es contraria ni a la ley ni a las buenas costumbres.

Nos planteamos la posibilidad de que las partes se sometan voluntaria y directamente a la mediación, por lo que entendemos que en este supuesto el objeto del contrato es exclusivamente la prestación del servicio de mediación. Pero nos preguntamos qué ocurrirá si bien las partes tienen un contrato previo en el cual se contempla una cláusula híbrida de mediación y arbitraje o mediación y tribunales, o bien las partes se someten a mediación, pero se añade una cláusula en donde se acuerda continuar con otro MASC para el supuesto de que no lleguen a un acuerdo.

En estos supuestos consideramos que siempre debe formalizarse un contrato de mediación en el cual el objeto seguirá siendo la prestación de ese servicio a pesar de que se contemple la posibilidad de acudir a otro medio ya que, para el caso de que no se llegue a un acuerdo y se deban someter a otro MASC formalizarán los contratos correspondientes para poder resolverlo. Aunque el consentimiento de las partes para el sometimiento ya no sea necesario, deberán fijar el objeto concreto de ese contrato en el cual el objeto ya no será la prestación del servicio de mediación.

La prestación de este servicio tal como contempla la LMACM en su artículo 2.1 tendrá, además, un objeto concreto como pueden ser *las mediaciones en asuntos civiles o mercantiles, incluidos los conflictos transfronterizos, siempre que no afecten a derechos y obligaciones que no estén a disposición de las partes en virtud de la legislación aplicable.*

Quedan excluidas de la regulación de esta ley otro tipo de mediaciones como penal, mediación con Administraciones Públicas o la mediación laboral.

Existen infinidad de tipos de mediación que podrán llevarse a cabo, aunque las que no entren dentro del ámbito de la LMACM, no estarán amparadas por esta.

En conclusión, en el contrato de mediación (generalmente acta inicial) debería reflejarse el objeto concreto de la mediación, ya que de éste dependerá la exigencia para el mediador de ciertas cuestiones o conocimientos para que la guía de esta sea efectiva, tal y como veremos más adelante.

Como acertadamente indica VÁZQUEZ DE CASTRO *debe concluirse que no todos los conflictos son mediables ni todas las partes pueden mediar. La mediación no es la medicina infalible para todos los males.*[288]

Para poder identificar qué materia se considera mediable, debemos hablar en primer lugar de los derechos disponibles, siendo estos los derechos respecto de los que la persona titular puede disponer ampliamente, sin más limitaciones que las que

---

288 VÁZQUEZ DE CASTRO, E: "Artículo 19, sesión constitutiva", en *Colección de mediación y resolución de conflictos: Mediación en asuntos civiles y mercantiles; comentarios a la ley 5/2012.* García Villaluenga & Rogel Vide (Dir.). Reus. Madrid. 2012. pp. 233.

impone la ley. Por tanto, son derechos que se pueden transferir, limitar, renunciar o adquirir por la persona que es titular del mismo a su libre voluntad, además de que son negociables cuando tienen un valor patrimonial y económico.

Como hemos mencionado con anterioridad, en el caso de la LMACM se establece cuál será el ámbito de aplicación haciendo referencia a que serán asuntos mediables los civiles o mercantiles determinando cada Comunidad Autónoma cuáles serán las materias mediables. Podemos clasificar las normativas autonómicas en materia de mediación en las relativas a mediación familiar exclusivamente y las relativas a mediación en otras cuestiones civiles o mercantiles.

En el ámbito de la mediación familiar las materias mediables que podrán someterse a una actuación de mediación familiar serán las materias legalmente disponibles para las partes o que sean susceptibles de ser homologadas judicialmente, además de las derivadas de las relaciones personales o paterno-materno-filiales, este tipo de mediación es el que se regula en las leyes de Andalucía[289], Aragón[290], Asturias[291], Castilla y León[292],

---

[289] Artículo 1 de la Ley 1/2009, de 27 de febrero, reguladora de la Mediación Familiar en la Comunidad Autónoma de Andalucía. BOE núm. 80, 2 de abril de 2009.

[290] Artículo 5 de la Ley 9/2011, de 24 de marzo, de mediación familiar de Aragón. BOE núm. 115, 14 de mayo de 2011.

[291] Artículo 3 de la Ley 3/2007, de 23 de marzo, de Mediación Familiar. BOE núm. 81, de 9 de abril de 2007.

[292] Artículo 3 de la Ley 1/2006, de 6 de abril de mediación familiar de Castilla y León. BOE núm. 105, 3 de mayo de 2006.

Cataluña[293], Galicia[294], Islas Baleares[295], Islas Canarias[296], Madrid[297], Murcia[298], Navarra[299] y País Vasco[300].

En las Comunidades restantes se clasifica la mediación de forma diferente, pero hace referencia a materias civiles y/o mercantiles. En primer lugar, en la ley de Castilla la Mancha[301] relativa al Servicio Regional de Mediación Social y Familiar se contempla que serán objeto de mediación los conflictos relativos a mediación familiar similares a los de otras normativas aunque también se incluyen conflictos entre los miembros de

---

293 Artículo 2 de la Ley 15/2009, de 22 de julio, de mediación en el ámbito del derecho privado. BOE núm. 198, de 17 de agosto de 2009.

294 Artículo 6 de la Ley 4/2001, de 31 de mayo, reguladora de la Mediación Familiar. BOE núm. 157, de 2 de julio de 2001.

295 Artículo 4 de la Ley 14/2010, de 9 de diciembre, de mediación familiar de las Illes Balears. BOE núm. 16, de 19 de enero de 2011.

296 Artículo 3 de la Ley 15/2003, de 8 de abril, de la mediación familiar, BOE núm. 134, de 5 de junio de 2003 modificado por la Ley 3/2005, de 23 de junio. BOE núm. 177, de 26 de julio de 2025.

297 En ella no se indican expresamente los conflictos mediables, pero con la redacción de su artículo 2 de la Ley 1/2007, de 21 de febrero, de Mediación Familiar de la Comunidad de Madrid. BOE núm. 153, de 27 de junio de 2007, entendemos que coinciden con los de las anteriores normativas.

298 En su propuesta de Ley de Mediación Familiar de la Comunidad Autónoma de la Región de Murcia del año 2015 no se especifican las materias mediables, pero al ser del servicio de familia entendemos que coinciden con las otras normativas.

299 El artículo 2.5 del Decreto Foral por el que se regula el servicio de mediación familiar de la Administración de la Comunidad Foral de Navarra contempla las materias objeto de mediación familiar.

300 Artículo 5 de la Ley 1/2008, de 8 de febrero, de Mediación Familiar. BOE núm. 212, de 3 de septiembre de 2011.

301 Artículo 3 de la Ley 1/2015, de 12 de febrero, del Servicio Regional de Mediación Social y Familiar de Castilla-La Mancha. BOE núm. 148, de 22 de junio de 2015.

la comunidad escolar, los conflictos en el ámbito sanitario, los conflictos surgidos entre los responsables de las instituciones públicas o entidades sociales y personas usuarias de las mismas, los conflictos existentes entre la víctima y el menor infractor y cualesquiera otros conflictos que afecten a personas mencionadas en la misma normativa.

En la Comunidad Autónoma de Cantabria[302] se regula la mediación en general, haciendo referencia a que la mediación se referirá a aquellas materias que sean de libre disposición de las partes conforme a la legislación que resulte de aplicación. En la Comunidad Autónoma de Extremadura[303], se regula la mediación en materia de consumo como medio de resolución de las controversias que surjan entre un consumidor y un empresario derivados de un contrato de compraventa o prestación de servicios, además de contemplarse en la propia normativa las materias excluidas del ámbito de mediación.

Por último, en la *Comunitat Valenciana*[304] se regula la mediación para los conflictos que versen sobre materias de libre disposición además de los que versen sobre materias en las que las partes puedan alcanzar acuerdos en virtud de la legislación de aplicación, siempre y cuando dichas materias no se encuentren entre las excluidas por la LMACM.

Como vemos, en la mediación se admiten como objeto del contrato cuestiones más amplias que las contempladas en el propio CC ya que excede lo contemplado en el artículo 1236 de la Propuesta de Modernización del Código Civil en donde se indica que, *por el contrato, dos o más personas acuerdan crear, modificar o*

---

302 Artículo 4 de la Ley 1/2011, de 28 de marzo, de Mediación de la Comunidad Autónoma de Cantabria. BOE núm. 99, de 26 de abril de 2011.

303 Artículo 1 del Anteproyecto de Ley de mediación en las relaciones de consumo de Extremadura.

304 Artículo 3 de la Ley 24/2018, de 5 de diciembre, de mediación de la *Comunitat* Valenciana. BOE núm. 23, de 26 de enero de 2019.

extinguir relaciones jurídicas patrimoniales, y establecer reglas para las mismas. Evidentemente exceden los posibles objetos contemplados para la mediación de los contemplados en el CC, podemos encontrar conflictos familiares en los que se plantea el uso de la mediación sin necesidad de que estén en juego aspectos patrimoniales, sino únicamente aspectos personales.

En el supuesto de la transacción, según artículo 1814 CC, no se puede transigir sobre determinados aspectos, tales como *el estado civil de las personas, ni sobre las cuestiones matrimoniales, ni sobre alimentos futuros.* Hemos comentado anteriormente que, en el caso de la mediación, se indica que *quedan excluidos del ámbito de aplicación de esta Ley la mediación penal, la mediación con las Administraciones pública y la mediación laboral* por lo que, a diferencia del ámbito de la transacción, en la mediación se excluyen materias genéricas, mientras que en la transacción se excluyen cuestiones concretas en materia de familia.

Consideramos trasladable en este punto la doctrina sobre el objeto del proceso que diferencia entre objeto inmediato y mediato. Según las cuestiones excluidas de las que venimos hablando, podemos considerar que en la transacción se excluyen cuestiones de objeto inmediato, mientras que en la LMACM se hace respecto de cuestiones de objeto mediato. Recordamos que el objeto inmediato del proceso hace referencia a la concreta pretensión ejercitada, mientras que el objeto mediato hace referencia a la cosa, el derecho, el interés sobre lo que versa la pretensión ejercitada.

En el contrato de mediación, el objeto del contrato es la prestación del servicio por parte del mediador consistente en asistir a las partes a la hora de facilitar la consecución de uno o varios acuerdos. Este servicio del mediador estará referido a la existencia de una controversia, ya que sin ella no tiene sentido acudir a un MASC. Además, tal como exige la LMACM, la controversia deberá versar sobre una materia de derecho privado y ser de carácter disponible ya que si no hay disponibilidad[305], no procede la mediación, sino otros medios como podría ser la orientación familiar[306].

2.3.2.1.3. La causa en el contrato de mediación

Según lo contemplado en el artículo 1274 del CC *en los contratos onerosos se entiende por causa, para cada parte contratante, la prestación o promesa de una cosa o servicio por la otra parte; en los remuneratorios, el servicio o beneficio que se remunera, y en los de pura beneficencia, la mera liberalidad del bienhechor.*

A la vista de las distintas regulaciones podemos determinar que el contrato de mediación puede ser gratuito u oneroso. Acudimos en primer lugar a la LMACM y vemos que en su artículo 15 se regula el coste de la mediación, no planteando en ningún caso la gratuidad, por lo que cabe deducir que este contrato es de carácter oneroso. Por otro lado, acudimos a la Ley 7/2017 de Consumo en donde se contempla la posibilidad de resolver los litigios por diferentes medios o procedimientos indicando que estos deberán ser gratuitos para los consumidores[307], previendo la gratuidad de la mediación de consumo

---

305 Como ejemplo de esta disponibilidad, hacemos uso de la la ley 1/2008 del país vasco que regula: *conflictos sobre materias de Derecho privado respecto a las cuales el ordenamiento jurídico vigente en cada momento reconozca a las personas interesadas la libre disponibilidad o, en su caso, la posibilidad de ser homologadas judicialmente.*

306 Como ejemplo resaltamos que el divorcio es materia que puede encontrarse sometida a mediación, pero la decisión del divorcio no es mediable, lo que sí es mediable son las relaciones patrimoniales y personales derivadas del divorcio sobre las cuales sí que cabe acuerdo, existiendo esa disponibilidad de esa materia podrá hacerse uso de la mediación.

307 El proyecto de ley fijaba una cuantía máxima de 30 euros de coste por la mediación, los cuales se reintegrarían al consumidor en caso de que su pretensión fuera totalmente satisfecha, aunque finalmente fue excluida

a tenor de lo que se regulaba ya en la Directiva 2013/11 en su considerando 41[308] y en su artículo 8.c)[309].

Eso sí, cuestión distinta será que algunas comunidades autónomas ofrezcan servicios gratuitos como puede ser en los casos de derivación judicial o a través de los servicios sociales de mediación familiar. De las diferentes regulaciones autonómicas podemos extraer hasta tres regímenes distintos en cuanto al coste de la mediación familiar:

En primer lugar, encontramos los que no contemplan expresamente la existencia de procesos de mediación familiar gratuitos, como ocurre en la Comunidad de Madrid con la ley 1/2007, aunque la mediación que se hace en los PEF es gratuita en virtud del artículo 23 de la ley 3/2019[310], o la propuesta de ley de la Comunidad Autónoma de la Región de Murcia en donde se prevé simplemente la división del coste entre las partes, o la navarra que se adhiere a lo previsto en la LMACM

En segundo lugar, los que reconocen la gratuidad de la mediación familiar sólo a las personas beneficiarias del derecho a

---

y en la presente Ley 7/2017 se establece la total gratuidad del procedimiento, así lo contempla MARUGÁN ESCOBEDO, E: "Mediación de Consumo: una perspectiva española y europea" en *Anuario de la Facultad de Derecho* de la Universidad de Extremadura, 35, 2019, p. 145.

308 Los procedimientos de resolución alternativa deben, preferiblemente, ser gratuitos para el consumidor. En caso de que se cobren costas, tales procedimientos deben ser accesibles, atractivos y asequibles para los consumidores. Con tal propósito, las costas no deben exceder una cuota mínima.

309 Los Estados miembros velarán por que los procedimientos de resolución alternativa sean eficaces y cumplan los siguientes requisitos: c) que el procedimiento de resolución alternativa sea gratuito o se preste a cambio de un precio simbólico para los consumidores.

310 Ley 3/2019, de 6 de marzo, Reguladora de los Puntos de Encuentro Familiar en la Comunidad de Madrid. BOE núm.92, de 17 de abril de 2019.

la asistencia jurídica gratuita conforme a la LAJG, como ocurre en el caso de la legislación andaluza, la legislación asturiana, la legislación gallega o la legislación canaria.

En tercer y último lugar, los que establecen un beneficio de mediación gratuita "particular" que, como veremos a continuación, es lo establecido en la mayoría de los casos. Así, la regulación aragonesa en su artículo 24 indica que el servicio será gratuito en casos concretos como que lo determine la Administración de la Comunidad Autónoma de Aragón o para quien tenga reconocido el derecho a la asistencia gratuita en el supuesto de iniciación de la mediación por la Autoridad Judicial. La ley cántabra indica que tendrán derecho a ella las personas que sean beneficiarias según lo establecido por la propia ley que se reconocerá por la Consejería competente. La legislación castellanomanchega reconoce casos en los que la Administración puede derivar a personas a mediación a raíz de otros servicios sociales y otros supuestos de gratuidad para la responsabilidad penal de los menores y los de búsqueda de orígenes en adopción. Por su parte, la ley castellanoleonesa indica que será gratuita para quien acredite que sus recursos económicos son escasos. La legislación catalana afirma que se beneficiará de la gratuidad quienes acudan a mediación a través del Centro de Mediación de Derecho Privado de Cataluña. En cuanto al anteproyecto extremeño de mediación en consumo, se contemplaba que el coste de la mediación será gratuito siempre que se realice por las administraciones públicas y los organismos vinculados o dependientes. La balear concreta que la consejería creará servicios públicos de mediación familiar gratuitos. Igualmente lo hará la vasca que creará y mantendrá servicios públicos integrales gratuitos de mediación familiar. Y, por último, también lo hace la valenciana con el derecho a la gratuidad a las personas que cumplan con los criterios establecidos en esa ley.

Entendemos que será onerosa la mediación siempre y cuando se contrate al mediador como profesional o entidad privada sin hacerlo a través de los servicios públicos, además, cada entidad o profesional establecerá las tarifas que considere adecuadas. Debemos tener en cuenta que, de forma general, el coste de la mediación en los supuestos en los que no sea de aplicación la gratuidad suele ser bastante inferior a la vía judicial, habiéndose indicado por diversas entidades que la mediación puede suponer un gasto de aproximadamente un 25% de lo que costaría la vía judicial.

En los demás supuestos, el coste se indicará en la reunión inicial y quedará reflejado en el acta que deben firmar las partes intervinientes. No obstante, recordemos que estamos ante un contrato de prestación de un servicio profesional, por lo que consideramos que la causa de este tipo de contrato será la "guía" (la dirección profesional) realizada por el mediador durante todo el proceso para intentar llegar a una solución beneficiosa para las partes intervinientes, como ya hemos indicado en apartados anteriores.

2.4. Los sujetos

Previamente hemos analizado las partes en el pacto o acuerdo de sometimiento a mediación en donde hemos podido comprobar que las partes sólo son las personas que tienen el conflicto o controversia, es decir, las partes son diferentes a las que vamos a ver a continuación ya que en el contrato de mediación pueden ser sujetos del mismo el mediador, una institución de mediación, un equipo de mediación e igualmente las partes que tienen el conflicto que se somete al MASC.

2.4.1. El mediador

Según el artículo 3, apartado a) de la Directiva 2008/52/CE del Parlamento Europeo y del Consejo, de 21 de mayo de 2008, sobre ciertos aspectos de la mediación en asuntos civiles y mercantiles, se entenderá por mediador a *todo tercero a quien se pida que lleve a cabo una mediación de forma eficaz, imparcial y competente, independientemente de su denominación o profesión en el Estado miembro en cuestión y del modo en que haya sido designado o se le haya solicitado que lleve a cabo la mediación.*

Como bien contempla GARCÍA VILLALUENGA, la LMACM no recoge una definición de la figura del mediador[311], aunque se realiza la siguiente referencia en el Preámbulo: *la figura del mediador es, de acuerdo con su conformación natural, la pieza esencial del modelo, puesto que es quien ayuda a encontrar una solución dialogada y voluntariamente querida por las partes.*

Sin embargo, el Anteproyecto de ley de mediación de 19 de abril de 2010, sí que recogía una definición de dicha figura en su artículo 13 entendiendo que a *los efectos de esta Ley se entiende por mediador aquella persona inscrita como tal en el Registro de mediadores y de instituciones de mediación del Ministerio de Justicia, a quien se solicite que preste sus servicios para llevar a cabo una mediación de forma eficaz, imparcial, neutral y competente, con respeto al principio de confidencialidad y que cumpla con las condiciones exigidas en el artículo 14.*[312]

La LMACM describe directamente las condiciones que han de cumplirse para ejercer de mediador en su artículo 11. En su primer punto, primer párrafo, indica *pueden ser mediadores las personas naturales que se hallen en pleno ejercicio de sus derechos civiles, siempre que no se lo impida la legislación a la que puedan estar sometidos en el ejercicio de su profesión.*

En primer lugar, indica que el mediador ha de ser persona natural. Es cierto que hay instituciones que se dedican a pres-

---

311 GARCÍA VILLALUENGA, L.: "Artículo 11", en *Mediación en asuntos civiles y mercantiles: Comentarios a la Ley 5/2012* Reus. Madrid. 2012. pp. 149-162.

312 Anteproyecto de Ley de mediación de 19 de abril de 2010, artículo 13, relativo al "concepto de mediador".

tar servicio de mediación, pero nunca se llevará a cabo un proceso de mediación por medio de una persona jurídica, siempre deberá designarse a una persona natural que dirija el proceso.

Esto es importante en la actualidad ya que se han ido asumiendo el uso de las tecnologías para resolver las disputas a través de los medios que se denominan *Online Dispute Resolution* (ODR) haciendo uso de instrumentos tales como plataformas de conversación *online* o el uso de aplicaciones para celebrar videoconferencias a los que las partes implicadas se han ido adaptando por la facilidad que existe en la actualidad del acceso a este tipo de instrumentos al tener gran parte de la población acceso a un teléfono móvil o un ordenador[313]. Asumimos por tanto que, en principio, el mediador tiene que ser una persona natural, aunque vemos que se llevan a cabo diversos estudios para relacionar el concepto de inteligencia artificial con estos medios alternativos de solución de conflictos, surgiendo así conceptos nuevos que desarrollaremos más adelante.

La ley en su Preámbulo indica que las instituciones gozan de la importante labor de ordenar y fomentar los procedimientos de mediación. Por esto, en su segundo párrafo hace referencia a que *las personas jurídicas que se dediquen a la mediación, sean sociedades profesionales o cualquier otra prevista por el ordenamiento jurídico, deberán designar para su ejercicio a una persona natural que reúna los requisitos previstos en esta Ley.*

En cuanto a la segunda parte del primer párrafo, en la que indica que podrán ejercer como mediador siempre que no se lo impida la legislación a la que puedan estar sometidos en el ejercicio de su profesión, el mediador ha de estar en el pleno ejercicio de sus derechos civiles y ha de actuar conforme

---

313 FERNÁNDEZ DE LA IGLESIA, E.: "Online Dispute Resolutions e Inteligencia Artificial", en *Protección jurídica de la privacidad. Inteligencia Artificial, Salud y Contratación.* Vol. 20. Aranzadi. 2022, pp. 255-279.

a la ley a la que se someta por su profesión. Expone GARCÍA VILLALUENGA como ejemplo *así, v.gr. en el caso de los funcionarios públicos, habrá que estar a la normativa sobre incompatibilidades, si se quiere, en su caso, desarrollar la actividad profesional de mediación en el sector privado. Vid. artículo 1.3 de la Ley 53/1984, de 26 de diciembre, de Incompatibilidades del personal al servicio de las Administraciones Públicas que señala que desempeñar la actividad propia de un empleado o cargo público es incompatible con el ejercicio de cualquier profesión, pública o privada, que pueda impedir o menoscabar el estricto cumplimiento del deber o comprometer la imparcialidad o independencia, en relación con el Real Decreto 598/1985, de 30 de abril.*[314]

2.4.1.1. La cualificación del mediador

En el artículo 4.2 de la Directiva de 2008, se indica que los Estados miembros fomenten la formación inicial y continua de mediadores ya que se entiende que la formación del mediador constituye una garantía de que la mediación se lleve a cabo de forma eficaz, imparcial y competente en relación con las partes. En la LMACM se concibe al mediador como un elemento esencial en el procedimiento de mediación, por lo que su formación es especialmente importante ya que para desarrollar su profesión el mediador debe tener un conjunto de competencias y habilidades, que integran su cualificación profesional.

A su vez, la Directiva de 2013 promueve que las entidades de resolución alternativa ofrezcan formación a las personas profesionales encargadas de llevar a cabo ese MASC, es decir, a las personas que actuarán como mediadores, sin embargo, no especifica cómo debe ser esta formación, sólo que las autorida-

---

314 GARCÍA VILLALUENGA, L.: "Artículo 11", *cit...* pp. 149-162.

des competentes supervisarán los programas de formación, tal como establece su artículo 6.6.

No sólo se incide en la cualificación del mediador en estas directivas, sino que a nivel europeo encontramos otras normas que establecen ciertos requisitos para los profesionales mediadores. En el Reglamento 2019/1150[315], sobre el fomento de la equidad y la transparencia para los usuarios profesionales de servicios de intermediación en línea, se hace referencia a los mediadores que participarán en los servicios de intermediación en línea y se exige de estos profesionales que deberán disponer de un conocimiento suficiente de las relaciones comerciales generales interempresas, es decir, requiere la especialización de los mediadores participantes.

Por otro lado, encontramos el Reglamento 2022/2065, relativo a un mercado único de servicios digitales[316] en donde se indica que debe tenerse en cuenta la posibilidad de resolver los conflictos de forma extrajudicial y resalta que se hará por organismos certificados que posean los conocimientos necesarios. Aquí también se exige una cualificación tanto de los organismos como de las personas físicas que lleven a cabo la resolución extrajudicial de los conflictos, para ello el Estado miembro en el que estén establecidos debe comprobar que tienen los conocimientos necesarios en relación con las cuestio-

---

315 Reglamento (UE) 2019/1150 del Parlamento Europeo y del Consejo, de 20 de junio de 2019, sobre el fomento de la equidad y la transparencia para los usuarios profesionales de servicios de intermediación en línea. DOUE núm. 186, de 11 de julio de 2019. https://www.boe.es/buscar/doc.php?id=DOUE-L-2019-81157

316 Reglamento (UE) 2022/2065 del Parlamento Europeo y del Consejo de 19 de octubre de 2022 relativo a un mercado único de servicios digitales y por el que se modifica la Directiva 2000/31/CE (Reglamento de Servicios Digitales). DOUE núm. 277, de 27 de octubre de 2022. https://www.boe.es/buscar/doc.php?id=DOUE-L-2022-81573

nes planteadas en uno o varios ámbitos específicos para poder contribuir de manera eficaz a la resolución de un litigio.

Como consecuencia de que la calidad de los MASC está íntimamente relacionada con la formación de los mediadores, y por ello se basa esencialmente en la competencia de los profesionales que actúan en la resolución de conflictos, se recoge por la Recomendación R(98)1 la necesidad de que el mediador tenga una adecuada formación y que se ajuste a un Código Deontológico, incluyendo procedimientos para la selección, la formación y cualificación de los mediadores.

El Libro Verde resuelve la importancia de estas cuestiones con la respuesta que se otorga a las preguntas 19 y 20. En la primera, sobre qué iniciativa deberían tomar las instituciones comunitarias para apoyar la formación de los terceros. Y, en la segunda, si cree que convendría apoyar las iniciativas dirigidas a establecer requisitos mínimos de formación con miras a la acreditación de los terceros. Recalca la importancia de la formación de la persona mediadora y la relaciona de forma evidente con el funcionamiento de las ADR, su calidad, la protección de los usuarios de las ADR y, *también en la perspectiva de la libre prestación de servicios que garantiza el art. 49 del Tratado.*

No sólo la Recomendación y el Libro Verde hacen mención a la formación del mediador, sino que a su vez lo especifica el Código de Conducta Europeo para los Mediadores de 2004 destacando no sólo la necesidad de la formación, sino que además debe actualizarse de manera continua tanto en la teoría como en la práctica. A la vista de este apoyo, la Directiva de 2008 considera que los Estados deben garantizar la capacitación de los mediadores debiendo comprometerse a fomentar la formación a la que se hace referencia, así como los códigos de conducta de los profesionales.

Una vez analizada la norma europea, nos adentramos en la nacional destacando en primer lugar el punto 2 del artículo 11 de la LMACM, se indica que *el mediador deberá estar en posesión de título oficial universitario o de formación profesional superior y contar con formación específica para ejercer la mediación, que se adquirirá mediante la realización de uno o varios cursos específicos impartidos por instituciones debidamente acreditadas, que tendrán validez para el ejercicio de la actividad mediadora en cualquier parte del territorio nacional.* La cuestión de la formación del mediador ha generado muchas especulaciones, lo que supone que no existe actualmente unanimidad respecto de cuál sería el perfil del mediador.

La formación del mediador constituye un requisito fundamental del mismo ya que garantizará que la mediación se lleve a cabo de forma eficaz, imparcial y competente. El Real Decreto 980/2013[317] parte de una concepción abierta de la formación, es decir, que no se establecen en él requisitos concretos para la formación, aunque sí se establecen reglas básicas. El objeto del Real Decreto es desarrollar las cuestiones de la LMACM relativas a la formación de los mediadores entre otras, por lo que en su artículo 3 obliga a que el mediador cuente con formación específica para ejercer la mediación y a continuación regula el contenido y los requisitos de la mediación. Así, se recoge en la misma que pueden ser profesionales mediadores todas las personas que tengan un grado o formación profesional superior siempre y cuando tengan formación específica en mediación. En todo caso, recae en el Gobierno la facultad de determinar la duración y el contenido de los cursos según lo dispuesto en la Disposición final octava de la LMACM.

La formación deberá proporcionar a los mediadores conocimientos y habilidades suficientes para el ejercicio profesional de mediación además de que debe desarrollarse tanto a

---

317 Real Decreto 980/2013, de 13 de diciembre, por el que se desarrollan determinados aspectos de la Ley 5/2012, de 6 de julio, de mediación en asuntos civiles y mercantiles. Publicado en BOE núm. 310, de 27 de diciembre de 2013.

nivel teórico como a nivel práctico, especificando que debe emplearse un 35% de la duración total de la formación para la práctica, lo que incluirá ejercicios y simulación de casos e incluso la participación asistida en mediaciones reales[318]. En su artículo 5 establece la duración de la formación en materia de mediación que será de 100 horas de docencia efectiva, es decir que mínimo 35 de esas horas deberán ser prácticas y el resto serán teóricas. Además, se establece en su artículo 6 un requisito de formación continua por el cual los mediadores deberán realizar una o varias actividades de formación continua en materia de mediación, predominantemente práctica. Esta formación continua deberá ser por lo menos cada cinco años con una duración total mínima de 20 horas de docencia.

Por otro lado, en el conjunto de las normativas autonómicas de mediación se exigen requisitos mínimos para ejercer como mediador, tales como estar en posesión de una titulación universitaria determinada y una formación específica teórico-práctica en mediación, además podemos extraer que coinciden muchas de ellas en determinar algunas profesiones que estarían avocadas a cumplir con esta tarea, como por ejemplo el abogado, el psicólogo, el educador social o el trabajador social, principalmente. En cualquier caso, entendemos que no puede delimitarse esta formación previa, ya que será más enriquecedor el procedimiento si las instituciones, servicios o equipos son interdisciplinarios.[319]

---

318 Artículo 4 del Real Decreto 980/2013, de 13 de diciembre, por el que se desarrollan determinados aspectos de la Ley 5/2012, de 6 de julio, de mediación en asuntos civiles y mercantiles. «BOE» núm. 310, de 27 de diciembre de 2013

319 FONT GUZMÁN, J. N. ("Programas de derivación judicial en Estados Unidos", en *Mediación y resolución de conflictos: técnicas y ámbitos*. Tecnos. 2011, p. 333), afirma que "los programas de mediación son más robustos cuando se abre la puerta a que diversos profesionales puedan servir como mediadores. Los conflictos no son unidimensionales. Los conflictos que

En la normativa autonómica también encontramos regulación respecto de la formación de los mediadores y nos llama la atención la exigencia de horas de formación tan dispar que existe entre algunas comunidades autónomas y la normativa nacional, por ello vamos a destacar algunas de estas leyes. En primer lugar, hacemos referencia a la ley de Castilla y León[320], en su artículo 8 c) se establece que para poder ejercer la mediación familiar que regula la presente ley, los mediadores deben acreditar la formación en mediación familiar por un mínimo de trescientas horas de formación impartidas, organizadas o tuteladas por Instituciones Universitarias o Colegios Profesionales. En el caso de esta norma no se hace mención a la formación continuada de las personas mediadoras.

En segundo lugar, la ley del País Vasco[321] en su artículo 9 habla de las personas mediadoras, de cuáles son las condiciones para que puedan actuar, y, de cómo debe ser su preparación incidiendo en que esta deberá incluir en cualquier caso un curso teórico práctico en mediación de una duración mínima de 200 horas. Esta formación es específica en mediación familiar pues debe contener aprendizaje respecto del derecho de familia, la psicología de la familia y la mediación como resolución de conflictos en general. En el mismo artículo se exige que la

---

llegan a los tribunales ciertamente tienen un elemento legal, pero... también pueden tener un elemento social, psicológico, o económico. A tales efectos, limitar los registros de mediación únicamente a abogados, me parece que limita innecesariamente las opciones a la comunidad. De igual manera, es importante "tener diversidad en género, edad, raza y cultura en los registros de mediadores" en GARCÍA VILLALUENGA, L., & ROGEL VIDE, C.: *Colección de mediación y resolución de conflictos: Mediación en asuntos civiles y mercantiles; comentarios a la ley 5/2012.* Reus. 2012.

320 Ley 1/2006, de 6 de abril, de Mediación Familiar de Castilla y León. BOCyL núm. 75, de 18 de abril de 2006.

321 Ley 1/2008, de 8 de febrero, de Mediación Familiar del País Vasco. BOE núm. 212, de 3 de septiembre de 2011.

formación en mediación familiar sea continua, aunque no se especifican contenidos concretos, horas ni práctica.

Y, por último, destacamos la Orden respecto de la formación de mediadores en Andalucía[322], aquí vemos dos exigencias relevantes. Primero, debemos destacar la disposición transitoria única en donde se exige que, para la habilitación de las personas mediadoras, deberá haberse realizado una formación específica en materia de mediación familiar y esta deberá ser como mínimo de 200 horas acumulables debiendo corresponder al menos 80 de ellas al bloque temático relativo a la mediación familiar como sistema de gestión de conflictos familiares. Esto se incluye en la disposición transitoria porque en, segundo lugar en dicha orden, en el artículo 3, se incluye que la formación específica de las personas mediadoras deberá consistir en superar un curso con una duración no inferior a 300 horas o su equivalente en el Sistema Europeo de Transferencia de Créditos (ECTS), de las cuales al menos 60 tendrán carácter práctico. Es decir, que se exige para los mediadores en Andalucía actualmente una formación de 300 horas. Esta Orden es más específica en materia de formación continua en donde se indica que tendrá un carácter trienal y consistirá en la realización de nuevos cursos de 60 horas acumulables en materias relacionadas con la mediación familiar.

Aunque no se especifica el contenido o las horas de formación de las personas mediadoras en todas las normativas autonómicas, se aprecian determinadas características que también conforman la cualificación de la persona mediadora como puede ser el requisito de poseer un título universitario

---

322 Orden de 16 de mayo de 2013, por la que se establecen los contenidos mínimos de la formación específica de las personas mediadoras. BOJA núm. 98 de 22 de mayo de 2013. https://mediacion.icav.es/wp-content/uploads/2018/01/11.3-ORDEN-16-MAYO-2013-FORMACI%C3%93N-MEDIADORES.pdf

de educación superior encontrando en todas ellas un criterio multidisciplinar sin limitar el desempeño de esta profesión a una concreta titulación universitaria y menos aún sin exigir la profesión de abogado[323].

Con estas cuestiones nos queda claro que el mediador en lo relativo a su formación, debe satisfacer dos aspectos tales como: a) estar en posesión de título oficial universitario o de formación profesional superior, no obstante debemos advertir que la ley no concreta qué titulaciones dan ingreso a la condición de mediador, y, b) contar con formación específica para ejercer la mediación, lo cual se divide en la formación inicial y una formación continua, la primera habilitará al mediador para ejercer la profesión y la segunda en referencia a la formación permanente para mantener sus conocimientos actualizados.

Además, tal como indica RIVERA MORALES[324] el mediador debe dominar nociones básicas de esos diferentes campos de conocimiento para que pueda comprender las muchas situaciones que se presentan en el conflicto, es decir, todo lo que esté en juego, tanto desde el punto de vista jurídico, psicológico y social como desde el punto de vista religioso, emocional, cultural y otros.

Por último, en relación con la cualificación del mediador, regula el artículo 11 en su apartado 3 lo siguiente *el mediador deberá suscribir un seguro o garantía equivalente que cubra la responsabilidad civil derivada de su actuación en los conflictos en que intervenga.* Esta exigencia se ha contemplado desde el comien-

---

323 ORTIZ PRADILLO, J. C. *Estudio Sistemático de la Mediación Familiar: Propuestas de Actualización y Mejora.* Ediciones Parlamentarias de Castilla-La Mancha. 2015.

324 RIVERA MORALES, R.: "La formación del mediador", en *Revista de Derecho Procesal de la Asociación Iberoamericana de la Universidad de Salamanca,* IUDICIUM, 78. 2017.

zo de la regulación al poder derivarse daños que surgen de la actuación profesional del mediador.

El objeto del seguro es la responsabilidad civil que pueda ser exigida al mediador como consecuencia de los daños y perjuicios causados en su actividad profesional, esto se encuentra relacionado con su cualificación puesto que entendiéndose que si la formación del mediador es de mejor calidad mayores situaciones de daños o perjuicios a las partes se podrán evitar, aunque esto no es ciencia cierta, ya que en el desarrollo de la actividad profesional pueden darse errores, negligencias u omisiones por parte del mediador, por ello es necesaria la suscripción de un seguro de responsabilidad civil.

No exige la Ley la inscripción en un Registro de Mediadores como un requisito para ejercer la mediación, pero la inscripción en un registro puede entenderse como garantía de que el mediador cumple los requisitos contemplados en la ley para su ejercicio.

2.4.1.2. La especialidad del mediador. Su capacitación

Una vez analizada la exigencia de formación del mediador del artículo 11, debemos destacar el artículo 12 de la LMACM, en el cual se regula la calidad de la mediación en relación con la formación de la siguiente forma: *el Ministerio de Justicia y las Administraciones públicas competentes, en colaboración con las instituciones de mediación, fomentarán y requerirán la adecuada formación inicial y continua de los mediadores, la elaboración de códigos de conducta voluntarios, así como la adhesión de aquéllos y de las instituciones de mediación a tales códigos.*

Con esta redacción se garantiza la calidad de la mediación de dos formas. La primera, por medio de la formación inicial y continuada de los mediadores, y, la segunda, por la adhesión a Códigos de Conducta que aseguren el diligente actuar de estos profesionales[325]. Hemos visto previamente esta formación inicial y continua del mediador, por lo que ahora debemos hablar de la actuación del mediador y de si esta se encuentra regulada.

La Administración pública, a raíz de la redacción de este artículo, tiene la obligación de fomentar y requerir estos sistemas, estos medios de garantía de la mediación. Al requerir estos sistemas de control de calidad de la mediación, se refuerza el cumplimiento de los requisitos exigidos a los mediadores.

Tal como se indica, las autoridades públicas deben garantizar la capacidad del mediador y de ello se encargarán, por ser de su competencia, tanto el Ministerio de Justicia como la Administración Pública competente. Por ejemplo, dentro de las competencias de creación de esos sistemas de control, estaría la de creación de colegios profesionales, sistema que podría ser un filtro que garantice el cumplimiento de los requisitos de los mediadores y a su vez amparase a estos profesionales.

Como indican GARCÍA VILLALUENGA y BOLAÑOS CARTUJO[326] en lo referente a este artículo la calidad del proceso de mediación y de la propia institución mediadora pasa por que los mediadores que la lleven a cabo estén cualificados para ello, reconociéndose la profesionalidad como principio fundamental en todos los instrumentos internacionales relativos a esta materia. Las autoridades públicas han de promover y fomentar la formación del mediador, cerciorándose de que existen garantías mínimas de competencia.

Los elementos que garantizan la calidad del mediador y, por ende, del procedimiento, serán según este artículo el cumplimiento de los Códigos de Conducta donde se contemplan

---

325 BLANCO CARRASCO, M.: "Artículo 12", en *Mediación en asuntos civiles y mercantiles; comentarios a la ley 5/2012*. Reus. 2012, pp. 163-171.

326 GARCÍA VILLALUENGA, L., & BOLAÑOS CARTUJO, I.: *La mediación familiar: una aproximación interdisciplinar*. Trea S.L. 2006.

cuestiones éticas que deben cumplirse y, además, la colegiación de los mediadores ya que en otras profesiones el colegio profesional se ocupa de la formación y del control de la calidad de los servicios prestados.

Dentro del término genérico de mediador, como ya hemos avanzado, encontramos con que pueden llevar a cabo esta profesión un grupo de profesionales de diferentes ámbitos, cada uno con una especialidad diferente. Resulta indiscutible que la mediación debe realizarse por un profesional por ser un acto de una determinada magnitud, entidad y complejidad, incluso cuando no tenga que acudir a la autoridad judicial con posterioridad,[327] y además, es positivo para la resolución de los conflictos encontrar diversidad entre los profesionales mediadores, quienes tendrán una formación base de mediador, pero también tienen formación en diferentes disciplinas académicas, lo que consideraremos la especialidad.

Vamos a poner un ejemplo del uso de la formación especializada de los mediadores. Por ejemplo, no es lo mismo tratar una controversia entre menores por *bullying* que un asunto relativo a derecho concursal entre empresas, por lo que consideramos que el profesional que deberá dirigir a las partes en cada asunto tendría que ser diferente, en el primer caso deberá ser un psicólogo o un mediador social, mientras que en el segundo podría ser un abogado mercantilista especializado en derecho concursal.

Los mediadores son profesionales que no han realizado simplemente una licenciatura o grado, sino que han realizado

---

327 "El establecimiento de las tasas judiciales, según el magistrado, potenciará la mediación extrajudicial, ya que es mucha más barata. Como ejemplo puso los 300 o 400 euros de media que puede suponer la solución de un conflicto ante un mediador frente a los 800 euros que cuesta en España una apelación." Vicente Magro, en 2013, en una conferencia en la Unión Profesional de Canarias.

las especializaciones necesarias a través de Másteres o Cursos especializados para adquirir los conocimientos, habilidades, destrezas y aptitudes propias de la especialización que permite el ejercicio autónomo de la actividad. Aún no hay un grado en mediación, aunque como veremos más adelante la Directiva insiste en la necesidad de potenciar esta actividad incluyéndose en los estudios de grado. Debemos tener en cuenta que los profesionales que se califican como mediadores son profesionales que han sido habilitados para ello cumpliendo con la LMACM y que siguen los programas que el Ministerio de Justicia ha establecido. Esto pretende ser una garantía de que dichos profesionales están totalmente capacitados o deberían estarlo.

Las exigencias enumeradas en la LMACM respecto de la persona mediadora, como hemos podido ver, parten de que la misma debe ser persona natural, además de estar en posesión de título oficial universitario o de formación profesional superior y contar con formación específica para ejercer la mediación. Sobre esta cuestión formativa, como hemos mencionado con anterioridad, se ha especulado mucho, y es que las leyes de mediación de las Comunidades Autónomas no contemplan de modo unánime el perfil del mediador, es decir, no existe un catálogo cerrado de titulaciones a las cuales les esté reservado el acceso a la profesión de mediador, estando en perfecta sintonía con lo determinado por la Directiva de 2008[328].

Como la capacitación de las personas mediadoras es una cuestión que preocupa de forma constante a Gobiernos e Instituciones por ser el fiel reflejo de la figura de la mediación y, por ende, la imagen que se va a transmitir a la sociedad de este medio de resolución de conflictos, los distintos países de la

---

[328] VÁZQUEZ DE CASTRO, E., & FERNÁNDEZ CANALES, C. *Practicum Mediación*. cit...

Unión Europea han venido plasmando los criterios de formación en su normativa interna.

2.4.1.3. La obligación de registro de las personas mediadoras

La normativa europea ha marcado la necesidad de una formación para los profesionales mediadores, dejando al arbitrio de los Estados miembros la creación de medidas o instrumentos que les ayuden a promover esta formación, impartirla e incluso verificar su cumplimiento. Sin embargo, no encontramos en la normativa europea un registro de mediadores a nivel europeo. A falta de lo anterior, parece oportuno citar algunos ejemplos de registros internos que resultan de interés. Por ejemplo, el de mediadores familiares que es la *Cross-Border Family Mediators*[329], una red que fue lanzada en el año 2012 cuando se estableció de forma conjunta por las oenegés *Child Focus* de Bélgica y *Mediation bei internationalen Kindschaftskonflikten* de Alemania. En esta red de mediadores se reúnen alrededor de 206 mediadores familiares biculturales de 40 países, por lo que podríamos decir que alberga un registro de mediadores europeos.

En el marco normativo estatal nos adentramos de nuevo en la LMACM, ya que en ella es donde comienza la historia del registro de mediadores. Su disposición final octava, en su apartado primero, plantea la creación de un Registro de Mediadores y de Instituciones de Mediación que dependa del Ministerio de Justicia, el cual se ha desarrollado conforme al Real Decreto

---

[329] Portal web de *Cross-Border Family Mediators* [en línea] [Consultado en 10 de enero de 2024] Disponible en: https://crossbordermediator.eu/about/

980[330] y la Orden JUS/746/2014[331]. Como bien indica el Real Decreto 980, la finalidad de este registro es facilitar la publicidad y transparencia de la mediación.

Este Registro tiene carácter público e informativo, se constituye como una base de datos accesible gratuitamente a través de la web del Ministerio de Justicia, con la finalidad de facilitar el acceso de los ciudadanos a la mediación a través de la publicidad de los mediadores profesionales y las instituciones de mediación[332]. El registro se estructura en tres secciones. La primera de ellas está dirigida a la inscripción de los mediadores, de forma separada; en una segunda sección se inscribirán los mediadores concursales y, por último, en la tercera sección, se inscribirán las instituciones de mediación.

La inscripción de los mediadores y de las instituciones en este registro a nivel estatal es voluntaria, salvo para los mediadores concursales. Sin embargo, se promueve su utilización ya que la inscripción refuerza la seguridad jurídica ya que permite comprobar la condición de mediador. También pueden inscribirse mediadores reconocidos en cualquier otro Estado miembro de la Unión Europea siempre y cuando dispongan de una certificación oficial o bien del registro de su país, o bien de su condición de mediador. La inscripción acredita la condición de mediador y esto no excluye la responsabilidad del me-

---

330 Real Decreto 980/2013, de 13 de diciembre, por el que se desarrollan determinados aspectos de la Ley 5/2012, de 6 de julio, de mediación en asuntos civiles y mercantiles. Publicado en BOE núm. 310, de 27 de diciembre de 2013.

331 Orden JUS/746/2014, de 7 de mayo, por la que se desarrollan los artículos 14 y 21 del Real Decreto 980/2013, de 13 de diciembre y se crea el fichero de mediadores e instituciones de mediación. Publicado en BOE núm. 113, de 9 de mayo de 2014.

332 Portal web del Ministerio de Justicia. [en línea] [Consultado en 10 de enero de 2024] Disponible en: https://www.mjusticia.gob.es/es/ciudadania/registros/mediadores-instituciones

diador respecto del cumplimiento de los requisitos que les son exigibles ni la que pueda surgir en el ejercicio de su actividad.

El registro del Ministerio de Justicia permite la inscripción de personas físicas y personas jurídicas. La LMACM, en su artículo 5, permite expresamente que haya instituciones de mediación, por ello encontramos inscritas estas instituciones en el registro. Además, junto con los requisitos legales, nos encontramos con que las instituciones privadas de mediación pueden tener un registro propio de los mediadores que forman parte de la misma y, por ende, disponer internamente otros requisitos añadidos o complementarios.

Por ejemplo, si acudimos a la plataforma *mediaICAM*[333], que pertenece al Colegio de Abogados de Madrid, vemos que los profesionales mediadores que formen parte de esta institución, deben cumplir con criterios adicionales a los requeridos por la propia ley, según se contempla en sus estatutos[334]. Por ejemplo, se prevé por los estatutos de *mediaICAM*[335] que para poder inscribirse en el registro de este centro es necesario que los mediadores sean Colegiados del ICAM, que no tengan sanción vigente en su expediente profesional, estar al corriente de todas las obligaciones colegiales y la obligación de contar con un seguro de responsabilidad civil. Además, hacen distinciones entre aquellos colegiados ejercientes y no ejercientes. También se incluye que deben cumplir con los requisitos de formación continua para permanecer en los listados del Centro

---

333 Sitio web ADRS ICAM: [en línea] [Consultado en 10 de enero de 2024] Disponible en: https://adrs.icam.es/inicio/mediaicam/

334 En el Título Quinto de los Estatutos del Centro de Resolución de Conflictos del Ilustre Colegio de Abogados de Madrid conocido como mediaICAM, se regula sobre las personas mediadoras y otros profesionales MASC.

335 Sitio web ICAM: [en línea] [Consultado en 10 de enero de 2024] Disponible en: https://web.icam.es/bucket/MEDIACION/Estatutos%20mediaICAM%2022-10-2019-1.pdf

que consisten en realizar anualmente una o varias actividades de formación continua en materia de mediación, de carácter preferiblemente práctica, las cuales tendrán una duración total mínima de 20 horas. Por tanto, vemos que las instituciones privadas pueden añadir requisitos formativos a los ya dispuestos por la LMACM y el Real Decreto 980, fomentando así la calidad y autorregulación de la mediación tal y como propone el Código de Conducta Europeo y la Directiva de 2008 en su artículo 4.1. Como curiosidad, en *medialCAM* podrán acceder a los listados de mediadores las sociedades profesionales inscritas como tales en el Registro de Sociedades profesionales del ICAM que se dediquen a la mediación.

Por otro lado, analizando la normativa autonómica, debemos resaltar que casi por cada una de las normativas se ha creado un registro de mediadores familiares y que la inscripción de los mediadores en los mismos puede ser de carácter obligatorio. En el caso de Andalucía se crea el Registro de Mediación Familiar, a través de la ley de mediación[336], por el cual se obliga a que se inscriban en el mismo tanto las personas mediadoras como los equipos de personas mediadoras. Resulta interesante el funcionamiento del mismo ya que los interesados, al inscribirse deben acreditar que cumplen con los requisitos de formación, pero esta inscripción tiene un período de vigencia de tres años la cual podrá quedar prorrogada por el mismo período cuando el profesional acredite dos meses antes de la fecha de vigencia el cumplimiento de los requisitos de formación continua establecidos en la norma[337]. En este sentido, po-

---

[336] Ley 1/2009, de 27 de febrero, reguladora de la Mediación Familiar en la Comunidad Autónoma de Andalucía. BOJA núm. 50, de 13 de marzo de 2009 y BOE núm. 80, de 2 de abril de 2009. https://www.juntadeandalucia.es/boja/2009/50/d1.pdf

[337] Reglamento de desarrollo de la Ley 1/2009, de 27 de febrero, reguladora de la mediación familiar en la Comunidad Autónoma de Andalucía. BOJA

demos equiparar ésta regulación a la de otras comunidades, como es la de Asturias[338] que igualmente fija la obligatoriedad de la inscripción e impone unos requisitos de acreditación de formación continua para poder mantenerse en el Registro de Mediadores, la única diferencia con la de Andalucía es que en esta norma no se habla de equipos de mediación, pero sí lo hace de entidades de mediación familiar. De hecho, en esta normativa se sanciona como infracción muy grave ejercer sin estar inscrito en el Registro de Mediadores Familiares.

También encontramos dentro de este grupo a Castilla y León[339] en donde se deben inscribir los profesionales que deseen desarrollar la mediación familiar y, en una sección distinta, los equipos de los que estos profesionales forman parte. En esta comunidad la inscripción tiene una vigencia de cinco años. Debemos incluir aquí también a Galicia[340] que prevé en su normativa que se inscribirán en el Registro de Mediadores las personas que reúnan los requisitos de capacidad y aptitud para el desempeño de esta función. En el caso de Canarias[341], podrán incluirse en el Registro de Mediadores Familiares los

núm. 46, de 7 de marzo de 2012. https://www.juntadeandalucia.es/boja/boletines/2012/46/d/updf/d3.pdf

338 Ley 3/2007, de 23 de marzo, de Mediación Familiar de la Comunidad Autónoma del Principado de Asturias. BOPA núm. 81, de 9 de abril de 2007 y BOE núm. 170 de 17 de julio de 2007. https://www.boe.es/buscar/pdf/2007/BOE-A-2007-13751-consolidado.pdf

339 Ley 1/2006, de 6 de abril de 2006. Ley de Mediación Fmailiar de Castilla y León. BOCyL núm. 75, de 18 de abril de 2006 y BOE núm. 105 de 3 de mayo de 2006. https://www.boe.es/buscar/pdf/2006/BOE-A-2006-7837-consolidado.pdf

340 Ley 4/2001, de 31 de mayo, reguladora de la Mediación Familiar. BOE núm. 157, de 2 de julio de 2001. https://www.boe.es/buscar/doc.php?id=BOE-A-2001-12716

341 Ley 15/2003, de 8 de abril, de la Mediación Familiar. BOE núm. 134, de 5 de junio de 2003. https://www.boe.es/buscar/doc.php?id=BOE-A-2003-11273

centros en los que se desarrollan programas de mediación familiar y punto de encuentro familiar aprovechando que su utilización ha sido positiva desde su creación[342].

En el caso de la ley de mediación de Madrid[343], el Registro de Mediadores Familiares es un único Registro en el que figurarán todas las personas físicas que ejerzan la mediación conforme a los requisitos previstos en la Ley. Se busca garantizar la cualificación y formación del profesional como persona física que realiza la mediación. Se incide en que la inscripción será de personas físicas. Los colegios profesionales pueden colaborar en la gestión del Registro mediante la creación de registros auxiliares. Además, los profesionales mediadores que estén colegiados deberán acceder al Registro a través de su colegio profesional de pertenencia. La misma dinámica sigue el País Vasco[344] que denomina la creación del registro como un control del nivel de calidad de la mediación y añade que, en el caso de los colegios profesionales, las personas mediadoras deberán inscribirse primero en el Registro del Gobierno Vasco, y, posteriormente, en el del colegio profesional si quisieran.

En el caso de Aragón[345] encontramos dos opciones diferentes ya que se indica que podrán inscribirse los profesionales

---

342 Decreto 144/2007, de 24 de mayo, por el que se aprueba el Reglamento de la Ley de la Mediación Familiar. BOC núm. 114, de 8 de junio de 2007. https://www.ucm.es/data/cont/media/www/pag-40828/ReglamentoleyMedFAM.pdf

343 Ley 1/2007, de 21 de febrero, de Mediación Familiar de la Comunidad de Madrid. BOCM núm ,54 de 5 de marzo de 2007 y BOE núm. 153 de 27 de junio de 2007. https://www.boe.es/buscar/act.php?id=BOE-A-2007-12563

344 Ley 1/2008, de 8 de febrero, de Mediación Familiar de la Comunidad Autónoma del País Vasco. BOE núm. 212, de 3 de septiembre de 2011. https://www.boe.es/buscar/doc.php?id=BOE-A-2011-14345

345 Ley 9/2011, de 24 de marzo, de mediación familiar de Aragón. BOA núm. 70, de 7 de abril de 2011 y BOE núm. 115 de 14 de mayo de 2011.

que cumplan con los requisitos de la ley, es decir, no se impone la inscripción de los mediadores con carácter obligatorio. Reflejo de esta afirmación es el artículo 4.3 que indica que las mediaciones podrán ser realizadas por particulares no inscritos, regulándose estas mediaciones por la legislación correspondiente al ejercicio de su actividad profesional. Sin embargo, en su artículo 8.3 se especifica que el mediador familiar deberá figurar inscrito en el Registro de Mediadores Familiares de Aragón, entendemos que, para el caso de llevar a cabo mediaciones en el ámbito de familia, es obligatoria la inscripción en el registro. Además, plantea otro requisito y es que el profesional deberá colegiarse en el colegio profesional que le corresponda, salvo que sea un empleado público al servicio de la Administración de la Comunidad Autónoma que ejerza funciones de mediador familiar en el desempeño de su puesto de trabajo. Los mediadores familiares sólo podrán ser designados para el desarrollo de una mediación si están inscritos en el Registro de Mediadores Familiares de Aragón. Por tanto, las personas que desarrollen una mediación en cualquier otro ámbito que no sea el familiar, podrán ejercer sin necesidad de estar inscritos en el registro, pero los mediadores familiares tienen obligación de inscripción.

En la normativa de Cantabria se prevé también la inscripción como obligatoria para todos los mediadores y de ella queremos destacar tres cuestiones: la primera es que también podrán actuar como mediadores en este territorio quienes estén inscritos en otros registros estatales o autonómicos que sean homologados por exigir similares requisitos para el acceso a la función de persona mediadora. La encargada de determinar si se da esta homologación es la Consejería competente en materia de Justicia. La segunda se basa en que se incide

---

https://www.boe.es/buscar/pdf/2011/BOE-A-2011-8402-consolidado.pdf

en dicha norma que los colegios, asociaciones profesionales, organizaciones y entidades sociales podrán gestionar su propio registro de personas mediadoras, al igual que hemos visto en la normativa estatal, pero se incluye como requisito que las personas que se inscriban en ellos deben estar previamente inscritas en el Registro de Personas Mediadoras de Cantabria. Y, la tercera, es que en este Registro podrán clasificarse a las personas mediadoras por sus preferencias, experiencia y formación para posteriormente asignarse con preferencia a los procedimientos de mediación que versen sobre una o determinadas materias. Las dos primeras cuestiones van a verse modificadas por la Ley de 2017[346], sin embargo, se mantiene a día de hoy vigente la tercera cuestión contemplada en el artículo 27 de la ley de 2011[347].

En el caso de Cataluña[348], el Centro de Mediación de Derecho Privado gestiona dos registros, el Registro general de personas mediadoras en el ámbito familiar, y, el Registro general de personas mediadoras en los ámbitos del derecho privado. Igualmente, los colegios profesionales que desarrollan mediaciones, gestionarán los registros de personas mediadoras que estén colegiadas y serán ellos quienes comuniquen las altas y las bajas de los profesionales. Por otro lado, si los profesionales son miembros de una asociación profesional del ámbito de la mediación, podrán solicitar su inscripción en el registro ge-

---

346 Ley 4/2017, de 19 de abril, por la que se modifica la Ley 1/2011, de 28 de marzo, de Mediación de Cantabria. BOE núm. 113, de 12 de mayo de 2017. https://www.boe.es/diario_boe/txt.php?id=BOE-A-2017-5196

347 Ley 1/2011, de 28 de marzo, de Mediación de la Comunidad Autónoma de Cantabria. BOE núm. 99, de 26 de abril, de 2011. https://www.boe.es/buscar/doc.php?id=BOE-A-2011-7406

348 Ley 15/2009, de 22 de julio, de mediación en el ámbito del derecho privado. DOGC núm. 5432 de 30 de julio de 2009 y BOE núm. 198 de 17 de agosto de 2009. https://www.boe.es/buscar/act.php?id=BOE-A-2009-13567

neral del Centro de Mediación de Derecho Privado. Además, se crea el Registro de Servicios de Mediación Ciudadana para facilitar el acceso de los usuarios al servicio de mediación. En el caso de las Islas Baleares[349] se crea con la norma el Servicio de Mediación Familiar y con ello el Registro de Mediadores y el Registro de Centros de Mediación de Colegios Profesionales y de Entidades Públicas o Privadas para poder controlar que las personas que llevan a cabo la mediación cumplen con los requisitos que exige la norma, asegurando así que los servicios se prestan con un determinado nivel de calidad.

En Valencia[350] se crea el Registro de Personas y Entidades Mediadoras de la Comunidad Valenciana y esta normativa es la única en la que se especifica que la inscripción en este registro es voluntaria. Por esta cuestión se incluye un instrumento llamado el sello de calidad mediadora con la finalidad de distinguir las entidades y los profesionales que desarrollan con calidad la mediación en la Comunitat Valenciana. El Registro de Personas y Entidades Mediadoras hará indicación expresa de quiénes gozan del sello de calidad mediadora y esta cuestión se medirá en función de la adhesión y el respeto a códigos de conducta existentes en el sector por parte de los mediadores y de las organizaciones que presten servicios de mediación. A este sello sólo podrán acceder las personas que se encuentren inscritas en el Registro por lo que entendemos que es un ali-

---

349 Ley 14/2010, de 9 de diciembre, de mediación familiar de las Illes Balears. BOE núm. 16, de 19 de enero de 2011. https://www.boe.es/buscar/doc.php?id=BOE-A-2011-976

350 Ley 24/2018, de 5 de diciembre, de mediación de la Comunitat Valenciana. DOGV núm. 8439, de 7 de diciembre de 2018 y BOE núm. 23 de 26 de enero de 2019. https://www.boe.es/buscar/pdf/2019/BOE-A-2019-966-consolidado.pdf

ciente para que los profesionales mediadores se inscriban en el Registro ya que es sinónimo de calidad de la mediación[351].

En el caso de Portugal el planteamiento es diferente. En su caso el organismo gubernamental responsable de la regulación de los MASC es la Dirección General de Política Judicial[352]. Este organismo dispone de listas de mediadores de los Sistemas Públicos de Mediación. Estos sistemas se dividen en Sistema de Mediación Familiar, Sistema de Mediación Laboral y Sistema de Mediación Penal. Cada sistema tiene unos requisitos de acceso a los listados para los mediadores, entre ellos estar titulado con un curso de mediación de conflictos, reconocido por el Ministerio de Justicia o impartido por una entidad de formación certificada por la DGPJ[353]. Dentro de este requisito encontramos que el organismo recalca que la mediación debe cumplir con altos estándares de calidad y exigencia en la formación y cualificación de las personas mediadoras. La cualificación del mediador es una cuestión de especial importancia para la prestación de servicios de mediación en los Sistemas

---

351 Decreto 55/2021, de 23 de abril, del Consell, de aprobación del Reglamento de mediación de la Comunitat Valenciana. DOGV núm. 9076 de 5 de mayo de 2021. https://dogv.gva.es/portal/ficha_disposicion_pc.jsp?sig=004021/2021&L=1

352 Sitio web DGPJ: [en línea] [Consultado en 10 de enero de 2024] Disponible en: https://dgpj.justica.gov.pt/Resolucao-de-Litigios/Mediacao/Sistemas-Publicos-de-Mediacao/Listas-de-mediadores-dos-Sistemas-Publicos-de-Mediacao-geridos-pela-DGPJ

353 Podemos ver la regulación relativa a la formación de los mediadores y entidades formadoras en el artículo 24 de la Ley nº 29/2013, de 19 de abril, que establece los principios generales aplicables a la mediación realizada en Portugal. *Diário da República,* 1ª serie, nº77, 19 de abril de 2013. [en línea] [Consultado en 10 de enero de 2024] Disponible en: https://files.diariodarepublica.pt/1s/2013/04/07700/0227802284.pdf

Públicos de Mediación y en los Juzgados de paz, así como para la inscripción en la lista de mediadores de conflictos[354].

2.4.1.4. La actuación del mediador

A pesar de que el objetivo de la participación del mediador en el desarrollo de la mediación puede parecer de simple facilitador, lo cierto es que realiza muchas funciones que pueden quedar ocultas, ya que el objetivo principal es que las partes puedan desarrollar la mediación con su autonomía de decisión y una buena comunicación entre ellas. En el artículo 13 de la LMACM se recoge la actuación del mediador de forma genérica, este artículo nos mostrará cuáles son esos deberes que el mediador debe cumplir, además de seguir la mediación conforme a sus principios rectores.

El primer apartado del artículo indica que *el mediador facilitará la comunicación entre las partes y velará porque dispongan de la información y el asesoramiento suficientes.* En cualquier caso, el mediador estará autorizado a proporcionar información y asesoramiento sobre el proceso de mediación, pero este no está obligado a proporcionar asesoramiento sobre otra materia.

Tal como indica ROGEL VIDE[355], el Grupo Parlamentario Catalán presentó, al artículo 13.1, la Enmienda nº 115, que no prosperó, siendo reiterada, en el Senado, con la misma suerte. La Enmienda dicha proponía el siguiente texto para el 13.1: *"El mediador facilitará la comunicación entre las partes y velará porque dispongan de la información y el asesoramiento suficientes, en espe-*

---

[354] A través del Despacho n.º01/DGPJ/2015 se regula el reconocimiento de la cualificación del mediador en los términos previstos en la Ley de mediación en Portugal. [Consultado en 10 de enero de 2024] Disponible en: https://dgpj.justica.gov.pt/Portals/31/GRAL_Media%E7%E3o/Rec_qualificacoes_Desp1DGPJ2015.pdf

[355] ROGEL VIDE, C.: "Artículo 13", *cit...* pp. 173-178.

cial, el asesoramiento jurídico. Asimismo, el mediador informará a las partes de la conveniencia de recibir asesoramiento jurídico durante la mediación y de la necesidad de la intervención de un abogado o abogada designado libremente para redactar el convenio o el documento jurídico adecuado, sobre la base del resultado de la mediación. En los casos en que sea procedente, el abogado puede ser el que corresponda según el turno de oficio, a solicitud de las personas interesadas". Podemos comprobar cómo el Grupo Parlamentario Catalán considera la inclusión de los abogados dentro de las formaciones necesarias para actuar como mediador.

En la mayoría de los conflictos el desencadenante que obliga a las partes a acudir a juicio o a cualquier sistema alternativo de resolución de conflictos, es una comunicación errónea entre ellas, ya que, si la comunicación fuese buena, tal como se demuestra con la mediación, las partes podrían resolver el problema por sí mismas llegando a soluciones más favorables para ambas que las que se obtienen por medio de la justicia.

Se exige para el mediador que el mismo sea especialista en técnicas de mediación, en comunicación, en conflictos y su evolución. El mediador no tiene por qué conocer las especialidades del fondo de la controversia ya que el mismo no tiene que resolver sobre el fondo del asunto. No obstante, consideramos que el mediador, como debe poseer un título oficial universitario sin exigir la ley concretamente qué titulaciones son necesarias, puede ser especialista en alguna materia independientemente de los conocimientos que disponga sobre mediación, por lo que podría guiar la mediación ayudado por sus conocimientos como técnico en dicha materia. De esta forma, entendemos que tiene sentido que en una mediación relacionada con cuestiones del ámbito de la construcción hubiera un ingeniero o un arquitecto, porque hay cuestiones que podrían escapar del conocimiento del técnico especialista en otra materia no porque sea necesario para su resolución, pero podría facilitar la mediación a la hora de las comunicaciones.

En su segundo apartado se indica que *el mediador desarrollará una conducta activa tendente a lograr el acercamiento entre las partes mejorando la comunicación, con respeto a los principios recogidos en esta Ley*, principalmente debe controlar los principios de lealtad, buena fe y respeto mutuo a los que se someten las mismas.

Señalado anteriormente que la obligación del mediador no es de resultado, esta obligación que se contempla en el segundo apartado del artículo 13 es también de medios, indicando que su conducta, activa, debe tender a lograr ese acercamiento, no refiriendo que debe lograrlo como obligación.

En el apartado 3 del artículo 13, se contempla que *el mediador podrá renunciar a desarrollar la mediación, con obligación de entregar un acta a las partes en la que conste su renuncia*. En cualquier caso, podrá renunciar a la mediación, no se aplica restricción alguna ni casos expresos en la ley por los que podría renunciar. Sin embargo, ROGEL VIDE nos hace pensar en la responsabilidad cuando indica que esta renuncia sin justificación podría dar lugar a responsabilidad del mediador, sobre todo si existe mala fe[356].

Del mismo modo, el apartado 4 señala que *no podrá iniciar o deberá abandonar la mediación cuando concurran circunstancias que afecten a su imparcialidad*, debido a la importancia de la neutralidad en el desarrollo de la mediación. Por lo tanto, antes de iniciar o de continuar su tarea, el mediador deberá revelar cualquier circunstancia que pueda afectar a su imparcialidad o bien generar un conflicto de intereses.

Completa el apartado cuarto con el quinto del artículo 13 en el que se contempla que *se considerarán como circunstancias que afectan a su imparcialidad, en todo caso:*

a) Todo tipo de relación personal, contractual o empresarial con una de las partes.

---

356 ROGEL VIDE, C.: "Artículo 13", *cit*... pp. 173-178.

b) Cualquier interés directo o indirecto en el resultado de la mediación.

c) Que el mediador, o un miembro de su empresa u organización, hayan actuado con anterioridad a favor de una o varias de las partes en cualquier circunstancia, con excepción de la mediación.

En tales casos el mediador sólo podrá aceptar o continuar la mediación cuando asegure poder mediar con total imparcialidad y siempre que las partes lo consientan y lo hagan constar expresamente. El deber de revelar esta información permanece a lo largo de todo el procedimiento de mediación para el caso de que se den circunstancias nuevas o sobrevenidas.

Esto significa que, siempre que el mediador pueda garantizar el cumplimiento de los principios rectores y de las obligaciones contempladas en la LMACM, podrá continuar con la mediación. Es destacable la exigencia de la ley en este sentido, teniendo en cuenta que la Directiva no es tan rigurosa en su regulación, y, además, el mediador no tiene decisión sobre el proceso como podría tener un árbitro o un juez, pero es cierto que los deberes, por ejemplo, de acercamiento entre las partes podrían verse afectados si el mediador no actúa de forma imparcial, como veremos a lo largo de este estudio.

2.4.1.5. El intrusismo profesional o laboral en el ámbito de la mediación

Al observar y estudiar la figura del mediador resulta interesante detenerse brevemente en el problema existente de intrusismo,[357] consecuencia de la falta de regulación concreta y

---

357 La LMACM recoge en su disposición final octava que el Gobierno, a iniciativa del Ministerio de Justicia, podrá determinar la duración y contenido mínimo del curso o cursos que con carácter previo habrán de realizar los mediadores para adquirir la formación necesaria para el desempeño de la mediación indicándose en el propio ministerio como

clara que delimite la capacidad y la habilitación del mediador. Debemos en este caso estudiar dos cuestiones: el intrusismo impropio y el intrusismo propio.

Conocemos como intrusismo impropio a la situación generada por la inexistencia de especialización en mediación como tal. Por ello es posible encontrarnos con profesionales que, o bien no tienen ninguna especialización, o bien son especialistas en otras ramas y se dedican a la mediación, o, son mediadores pero desconocedores de la especialidad de la mediación sobre la que trabajan, no estando capacitados para ello.[358]

En este último caso no hay "irregularidad", sin embargo, el límite, para no incurrir en el tipo delictivo de intrusismo, se halla en acometer actuaciones para las que se requiere una especialización sin contar con ella, lo que sí supone uno de los dos supuestos de intrusismo propio, el cual concuerda con lo tipificado como delito en la Ley Orgánica 10/1995, de 23 de noviembre, del CP.[359] Concretamente con lo tipificado en el artículo 403 del CP.[360]

---

requisito para ser mediador, diferenciando en esta disposición entre formación específica y formación continua.

358 Los colegios, explicó, elaborarán los listados de mediadores a los que acudirán las partes para solicitar designación y solo los colegiados, que además deberán contar con una póliza de seguro de responsabilidad civil individual, podrán formar parte de esos listados que, a su vez, se remitirán al registro central que creará el Ministerio de Justicia. Esto fomentará la colegiación y evitará el intrusismo profesional. En palabras de Vicente Magro, en 2013, en una conferencia en la Unión Profesional de Canarias.

359 Ley Orgánica 10/1995, de 23 de noviembre, del Código Penal. Publicado en BOE núm. 281 de 24 de noviembre de 1995.

360 Artículo 403: 1. El que ejerciere actos propios de una profesión sin poseer el correspondiente título académico expedido o reconocido en España de acuerdo con la legislación vigente, incurrirá en la pena de multa de doce a veinticuatro meses. Si la actividad profesional desarro-

Pueden darse pues dos tipos de intrusismo que pueden incurrir en hecho delictivo, el caso más grave se produce cuando alguien sin ser mediador realiza actos propios de la profesión, y el caso menos grave se daría cuando un mediador realizara actos propios de una especialización que no ostenta. El intrusismo profesional, tipificado como delito en el artículo 403 CP, lleva a que personas sin la habilitación suficiente e incluso sin el título o habilitación de mediador dirijan procedimientos de mediación de cierta complejidad sin las garantías suficientes.

La SAP de Sevilla de 23 de noviembre de 2015,[361] determina en su FJ 1° con mención a la STS de 18 de julio de 2013,[362] que en su FJ 4° afirma que se vienen distinguiendo cuatro situaciones de menor a mayor importancia dentro de las figuras delictivas de intrusismo: *1° La atribución de cualidad profesional amparada en título académico, sin poseerlo y sin ejercer actos de esa profesión, se trata de la falta del art. 637. 2° El ejercicio de actos propios de una profesión sin poseer el correspondiente título oficial que integra el tipo atenuado o privilegiado de delito. 3° El ejercicio de actos propios de una profesión sin poseer el correspondiente título académico*

---

llada exigiere un título oficial que acredite la capacitación necesaria y habilite legalmente para su ejercicio, y no se estuviere en posesión de dicho título, se impondrá la pena de multa de seis a doce meses.
2. Se impondrá una pena de prisión de seis meses a dos años si concurriese alguna de las siguientes circunstancias:
a) Si el culpable, además, se atribuyese públicamente la cualidad de profesional amparada por el título referido.
b) Si el culpable ejerciere los actos a los que se refiere el apartado anterior en un local o establecimiento abierto al público en el que se anunciare la prestación de servicios propios de aquella profesión.

361 SAP de Sevilla, Sección 1ª, de 23 de noviembre de 2015. Número Sentencia: 558/2015. Número Recurso: 8284/2013. Ponente: Pedro Izquierdo Martín. Numroj: SAP SE 3563:2015. Ecli: ES:APSE:2015:3563. TOL5.710.144.

362 STS, Sala Segunda de lo Penal. Sección Primera. Sentencia de 18 de julio de 2013. Ponente: Juan Ramón Berdugo Gómez de la Torre. Número Sentencia: 648/2013 Número Recurso: 2168/2012. TOL3.853.720.

que constituye el tipo básico, se trata de una novedad del actual texto, ya que antes no se diferenciaba entre título académico y título oficial. 4º El ejercicio de actos propios de una profesión unido a la atribución pública de la cualidad de profesional amparado por título que habilite para el ejercicio que constituye el tipo agravado.

Cuando el artículo incide en que lleve a cabo actividades profesionales sin el correspondiente título oficial, entiende la doctrina que podemos diferenciar entre dos clases de títulos: por un lado, el título académico que se obtiene después de completar un ciclo de estudios universitarios y, por otro lado, el título oficial que es aquel exigible para llevar a cabo una profesión sin necesidad de que haya unos estudios superiores específicos previos aunque sí implica el cumplimiento de determinadas condiciones[363]. En el caso de los títulos de especialista LLORIA GARCÍA[364] analiza esta cuestión desde las titulaciones médicas entendiendo que los Licenciados en Medicina y Cirugía, podían ejercer la Medicina general y la Cirugía general, sin embargo, el ejercicio de las especialidades médicas, como requieren una titulación adicional, son profesiones especiales para cuyo ejercicio se expedirá un título oficial. En el caso de la mediación, la especialización en el tipo de mediación que puede atender viene determinada tanto por la formación como mediador como la titulación universitaria previa de la que disponga el profesional.

Existe diversa jurisprudencia que ha trabajado sobre este artículo 403 y el delito de intrusismo profesional, sin embargo, no hay jurisprudencia específica respecto de los profesionales

---

363 En este sentido se manifestó el Tribunal Supremo a través de la STS, Sala Segunda. Sección Primera. Sentencia de 13 de mayo de 1989. Número Recurso: 4096/1986. Ponente: Enrique Bacigalupo Zapater. TOL2.370.955.

364 LLORIA GARCÍA, P.: *El delito de intrusismo: bien jurídico y configuración del injusto* [Tesis doctoral]. Universitat de València, Facultad de Derecho. 2000.

mediadores de conflictos y el intrusismo profesional. Para el supuesto de intrusismo profesional en los mediadores de conflictos debemos tener en consideración las cuestiones genéricas contempladas por los tribunales, queremos resaltar la STS de 14 de octubre de 2011, en cuyo FJ 10 se fijan los elementos configuradores del delito de intrusismo indicando que estos serán: a) La realización o ejecución de actos propios de una profesión para la que sea preciso título oficial; y, b) Violación antijurídica de la normativa extrapenal ordenadora de la profesión invadida y del sector que reglamenta la concesión y expedición de la titularidad que faculta para el ejercicio de la actividad profesional que se enjuicia.[365]

En la mediación podemos diferenciar la que surge impulsada desde las Administraciones Públicas o la que surge en virtud de la LMACM. En esta división podemos encontrarnos con diferentes profesionales ya que la mediación puede desarrollarse o bien por personal propio de las Administraciones, o bien mediante la subcontratación de Asociaciones o Fundaciones que se dediquen a la mediación como puede ser en el caso de la mediación familiar que se rige por la LMACM, pero en este caso el mediador debe cumplir, además de con los requisitos exigidos en la LMACM, con los establecidos en la ley autonómica que le corresponda.

Cualquier sujeto que quiera llevar a cabo una mediación está obligado a cumplir con la normativa, que exige unos requisitos necesarios a nivel de formación, inscripción en registros, responsabilidad, deontología profesional... Lo mismo pasa con las Instituciones de mediación y los Colegios Profesionales, Cámaras de Comercio u otros entes que puedan surgir, que deberán de atenerse a lo regulado hasta el momento.

---

365 STS, Sala Segunda de lo Penal, Sección 1ª. Sentencia de 14 de octubre de 2011. Número Sentencia: 1045/2011 Número Recurso: 10365/2011. Ponente: Juan Ramón Berdugo Gómez de la Torre. TOL2.264.800

A la vista del problema que supone el intrusismo, nos planteamos cómo podría solucionarse, considerando que la primera opción es concretar la formación realizada y estudios de especialización y visibilizarlos. También es importante publicitar el alta en registros públicos y en registros de colegios profesionales o de juzgados y entidades de mediación. Pueden crearse y promoverse Agencias o Gabinetes de Mediación, abogando por la multidisciplinariedad e interdisciplinariedad de sus componentes, aportándolo como un valor añadido. A nivel general, consideramos que la inscripción registral evitará el intrusismo. Podemos ver que algunas normas autonómicas han desarrollado en los Reglamentos estas dos cuestiones relativas a la formación complementaria y la inscripción registral, tales como por ejemplo el Decreto 50/2007 de Castilla y León[366] o, más recientemente, el Decreto 55/2021 de la *Comunitat Valenciana*[367].

Podemos acudir a la STC 283/2006, de 16 de noviembre de 2006, en cuyo FJ 8º se aclara que para poder imponer pena alguna por intrusismo es necesario que la conducta calificada de delictiva quede suficientemente precisada con el complemento indispensable de la norma a la que la ley penal se remita, por lo que *no puede considerarse a tal fin una ley que debe complementarse por remisión a un real decreto que, a su vez, tampoco determina el conjunto de conductas prohibidas, sino que es preciso acudir a otra disposición administrativa que tiene por objeto el programa de formación académica*[368]. Por lo que el CP no puede calificar

---

366 Decreto 50/2007, de 17 de mayo, por el que se aprueba el Reglamento de desarrollo de la Ley 1/2006, de 6 de junio, de mediación familiar de Castilla y León

367 Decreto 55/2021, de 23 de abril, del Consell, de aprobación del Reglamento de mediación de la Comunitat Valenciana.

368 STC, Sala Primera, sentencia de 9 de octubre de 2006 publicada el 16 de octubre de 2006. Número Sentencia: 283/2006 Número Recurso: 3614/2003. Ponente: Javier Delgado Barrio. Ecli: ECLI:ES:TC:2006:283. TOL1.001.090.

por sí mismo de intrusismo una actividad sin entrar a valorar la *lex artis*, lo único que puede indicar es que será delito siempre y cuando una persona que no disponga del correspondiente título académico expedido o reconocido en España esté realizando actos propios de una profesión.

Igualmente, la STS de 23 de marzo de 2005, en su FJ 2, [369] distingue cuatro situaciones de intrusismo clasificándolas de menor a mayor importancia, haciendo referencia en primer lugar a la falta del artículo 637 del antiguo CP en el que se calificaba así la atribución de cualidad profesional amparada en título académico, sin poseerlo y sin ejercer actos de esa profesión. En segundo lugar, al ejercicio de actos propios sin poseer el correspondiente título oficial, que integra el tipo atenuado o privilegiado de delito, haciendo referencia a una sanción inferior a la injerencia en profesiones cuyo ejercicio exija un título oficial no académico. En tercer lugar, al ejercicio de actos propios de una profesión sin poseer el correspondiente título académico, lo que constituye el tipo básico. Y, en cuarto lugar, el ejercicio de actos propios de una profesión unido a la atribución pública de la cualidad de profesional amparado por un título que habilite para el ejercicio, que constituye el tipo agravado.

Pero volviendo al delito de intrusismo cabe señalar que el tipo más grave, que estaría reservado para aquellos que realizan funciones reservadas a un profesional mediador sin tener la titulación académica universitaria que otorga el título correspondiente; así como el tipo más leve, que se comete cuando se realizan actos propios de una especialidad para la que no se está habilitado. Esto es lo que sucede cuando un profesional que sí tiene un título académico, de licenciado o graduado en

---

[369] STS, Sala Segunda de lo Penal, Sección Primera. Sentencia de 23 de marzo de 2005. Número Sentencia: 407/2005. Número Recurso: 2301/2003. Ponente: Joaquín Giménez García. TOL633.171.

derecho, psicología, trabajador social..., y que no tenga el título oficial de la especialidad, mediación realice actos propios de la misma. Y ello independientemente de si se provoca un daño, el daño es irrelevante a efectos de la comisión del delito. Dado que estamos ante un delito de los conocidos como delito de actividad.

Es importante a su vez tener en cuenta que el delito de intrusismo profesional se consuma independientemente de si los particulares, clientes o las partes sufren cualquier daño o merma ya que se trata de un delito de mera actividad que se consuma en cuando se realiza un acto propio de la profesión, en este caso mediación.

Al ser esta cuestión un tema de actualidad se han llevado a cabo algunos análisis[370] con diferentes propuestas tales como la promoción de un Grado en Mediación lo que ayudaría en este sentido ya que el profesional estaría en mejores condiciones de acreditar una adecuada formación y de exigir su espacio laboral evitando el intrusismo y además permitiría una mayor identidad profesional, es decir, se consideraría la mediación como una profesión con entidad propia facilitando la comprensión igualitaria con otras profesiones, lo que reduciría también el intrusismo profesional. No habiendo una solución explícita en materia de intrusismo en mediación consideramos que existe una necesidad de que se alcance un consenso y se regule y estandarice este sector.

---

370 MARTÍNEZ LÓPEZ, J. A., GARCÍA-LONGORIA SERRANO, M. P., & RONDÓN PEREYRA, U.: "El estado de la mediación en España: un análisis descriptivo del perfil y práctica profesional", en *Mediaciones sociales,* 21. 2023. [en línea] [Consultado en 10 de enero de 2024] Disponible en: https://revistas.ucm.es/index.php/MESO/article/view/79178/4564456562843

2.4.2. La institución de mediación

A través de la LMACM el legislador ha querido promover la mediación a través de centros y servicios permanentes de mediación, lo que conocemos como instituciones de mediación. Con esta denominación, se hace referencia a entidades públicas y privadas muy dispares, pero con la finalidad común de promocionar y canalizar el ejercicio de la mediación por parte de los mediadores que las integran, componen o dependen de ellas.

En el texto legal se recoge de un modo impreciso esta definición de instituciones de mediación, indicando el artículo 5 de la LMACM que *tienen la consideración de instituciones de mediación las entidades públicas o privadas, españolas o extranjeras, y las corporaciones de derecho público que tengan entre sus fines el impulso de la mediación.*

Vamos a equiparar las instituciones de mediación a las de arbitraje para poder realizar la comparativa, a los efectos de poder analizar en detalle, con sus similitudes y sus diferencias, las instituciones que llevan a cabo sus sistemas MASC. Se regula en el artículo 14 de la LA[371] el arbitraje institucional entendiendo que las instituciones arbitrales ejercerán sus funciones conforme a sus propios reglamentos en todo aquello que no contradiga lo dispuesto en dicha ley. Igualmente, las instituciones arbitrales velarán por el cumplimiento de las condiciones de capacidad de los árbitros y por la transparencia en su designación, así como su independencia, al igual que ocurre entre las instituciones de mediación y los mediadores.

En el libre mercado nada debe impedir la iniciativa privada y así actúan las empresas e instituciones que están dispuestas a ofrecer servicios de arbitraje o mediación. Las partes pueden

---

371 Ley 60/2003, de 23 de diciembre, de Arbitraje

acudir a una entidad de mediación donde trabajen varios profesionales, o acudir a un profesional en concreto, y el mismo le reconduzca a la agencia para la que trabaja. El contrato que se celebra puede ser bilateral entre las partes y la agencia mediadora, o, plurilateral cuando sea entre las partes, el profesional mediador y la agencia.

Por citar algún ejemplo concreto, acudimos a los reglamentos[372] de algunas instituciones de mediación, concretamente el Centro de Resolución de Conflictos del ICAM. En este se dispone que algunos de los objetivos del Centro son la designación, el nombramiento o la confirmación del profesional por lo que entendemos por sus redacciones que en los contratos bilaterales entre las partes y la agencia, se puede designar al profesional que realizará la mediación o no, es decir, puede que el profesional no sea una parte del contrato y tampoco un elemento esencial del mismo, porque las partes pacten con cualquiera de los profesionales que trabajen en esa institución mediadora. Tanto si se deja al profesional expresamente designado, como si se deja por designar, en los contratos entre las partes y la agencia mediadora, el responsable por incumplimiento contractual será la institución mediadora, pues es la parte contratante (todo ello con independencia de que el profesional que efectivamente provoque el daño al sujeto perjudicado sea responsable por su actuación).

Cuando el profesional está designado y, además, es la parte contractual, esto es, cuando estemos ante un contrato plurilateral las partes, mediador o institución de mediación, serán responsables por el incumplimiento contractual.

---

[372] Acudimos a los Estatutos del Centro de Resolución de Conflictos del Ilustre Colegio de Abogados de Madrid mediaICAM y al Reglamento de Mediación de la Fundación Notarial SIGNUM para la Resolución Alternativa de Conflictos.

Desde el punto de vista de las garantías al particular, por regla general tanto el mediador como la agencia mediadora contarán con un seguro de responsabilidad civil que responderá, por los daños causados en sus actuaciones, de ahí que sean infundadas razones de solvencia para contratar con el mediador directamente o con la agencia o institución de mediación.

Dentro de las entidades de mediación que se definen en la ley, podemos distinguir, como mencionamos con anterioridad, entre las entidades públicas y las entidades privadas, reconociéndose por la ley su capacidad de autoorganización, dentro del ámbito de sus competencias, de actividades y servicios de mediación. Encontramos casos como los colegios profesionales que son corporaciones de derecho público pero que pueden desarrollar actividades privadas, al igual que ocurre en las cámaras de comercio. O, por ejemplo, que, a través del oportuno convenio de colaboración, una entidad privada lleve a cabo las mediaciones que le encomiende una Administración Pública, por lo que entonces esa mediación deberá regirse por la normativa de la Administración Pública, siendo esta generalmente la ley de mediación familiar de la Comunidad que le corresponda.

Las instituciones de mediación, sean entidades públicas o privadas, no podrán prestar de forma directa el servicio de mediación. Sus funciones se limitan a dar a conocer a los profesionales mediadores que actúan dentro de su ámbito y, por ende, forman parte de su registro, debiendo informar además de la formación adquirida, su experiencia y especialidad.

Para poder cumplir con su función se implementa a través del Real Decreto 980[373] la creación de un Registro de Mediadores e Instituciones de Mediación del cual hablaremos más

---

373 Real Decreto 980/2013, de 13 de diciembre, por el que se desarrollan determinados aspectos de la Ley 5/2012, de 6 de julio, de mediación

adelante, pero, recalcamos en este momento que las instituciones de mediación podrán inscribirse con independencia de su carácter público o privado.

A medida que se ha promovido el uso de la mediación, no sólo en el ámbito familiar, se han ido creando en España Centros Públicos de Mediación como órganos adscritos a distintos departamentos de justicia o servicios sociales habiendo sido las impulsoras desde un inicio las Comunidades Autónomas.

Encontramos los servicios de mediación de ámbito comunitario o social, creados por las Diputaciones provinciales y los propios Ayuntamientos, aunque en la actualidad encontramos que muchos de estos servicios no han prosperado, por lo que sus expectativas se han reducido notablemente. Estos servicios pretenden dar una prestación de proximidad a los ciudadanos abarcando la prevención de los conflictos, la gestión y resolución de estos e incluso el seguimiento de los casos que ya han obtenido una resolución.

A través de normativas a nivel autonómico y a nivel local se han tomado iniciativas de desarrollo de diversos centros con el objeto de promover, fomentar y administrar la mediación pública normalmente asociada a la que también realizan otras entidades para facilitar la información y acceso a la mediación a todos los ciudadanos. Como ejemplo que sí ha prosperado a nivel local encontramos en el Ayuntamiento de Madrid[374] los

---

en asuntos civiles y mercantiles. Publicado en BOE núm. 310, de 27 de diciembre de 2013.

374 Boletín del Ayuntamiento de Madrid, BOAM, núm. 7.093, de 27 de enero de 2014 de Acuerdo de 23 de enero de 2014 de la Junta de Gobierno de la Ciudad de Madrid por el que se aprueba la Carta de Servicios de los Centros de Apoyo a las Familias (CAF) [en línea] [Consultado en 10 de enero de 2024] Disponible en:https://sede.madrid.es/csvfiles/UnidadesDescentralizadas/UDCBOAM/Contenidos/Boletin/2014/ENERO/Ficheros%20PDF/BOAM_7093_24012014134313035.pdf

Centros de Apoyo a las Familias[375] como dispositivos municipales de carácter público que ofrecen servicios especializados dirigidos a las familias, entre los servicios que se ofrecen encontramos la función mediadora específicamente en el ámbito familiar como un apoyo profesional para ayudar a afrontar y gestionar situaciones de conflicto.

A nivel autonómico encontramos diversos centros dividiéndolos en los de uso exclusivo de mediación, los cuales pueden ser bien órganos dedicados a facilitar el acceso a todos los ciudadanos u órganos que asesoran a las Administraciones Públicas en materia de mediación, o bien los que promueven servicios sociales dentro de los cuales encontramos la mediación.

Como ejemplo de estos tres tipos de centros analizamos los creados en las siguientes Comunidades. En Cataluña, a través de la Ley de Mediación Familiar[376] se creó el Centro de Mediación Familiar de Cataluña, entidad adscrita al Departamento de Justicia que tiene por objeto promover y administrar la mediación regulada por esta norma, tal y como se regulaba en su artículo 2, posteriormente a ella en el año 2015[377] se adapta el presente órgano pasando a ser el Centro de Mediación de Derecho Privado de Cataluña como un órgano adscrito ahora al departamento competente en materia de derecho civil pero con el mismo objeto que el órgano anterior.

---

[375] Información, organización y competencias de los Centros de Apoyo a las Familias: [en línea] [Consultado en 10 de enero de 2024] Disponible en: https://www.madrid.es/portales/munimadrid/es/Inicio/Infancia-y-familia/Centros-de-Apoyo-a-las-Familias-CAF-/?vgnextfmt=default&vgnextoid=6926df919b149410VgnVCM2000000c205a0aRCRD&vgnextchannel=2fbfb7dd3f7fe410VgnVCM1000000b205a0aRCRD

[376] Ley 1/2001, de 15 de marzo, de Mediación Familiar de Cataluña, disposición ya derogada.

[377] Ley 15/2009, de 22 de julio, de mediación en el ámbito del derecho privado, DOGC núm. 5432, de 30 de julio de 2009 y BOE núm. 198 de 17 de agosto de 2009.

En Cantabria, se regula en su Ley de Mediación[378] la creación del Observatorio de Mediación de la Comunidad Autónoma de Cantabria[379] como un órgano adscrito a la Consejería competente en materia de Justicia habiéndose dado por modificación de dicha norma las funciones de órgano consultivo, de colaboración, estudio, coordinación y asesoramiento de las Administraciones públicas competentes en las materias reguladas en la norma inicial. Se busca que, a través de este órgano colegiado, el Gobierno de Cantabria reciba el mejor asesoramiento para impulsar la implantación definitiva de la mediación en la Comunidad[380].

En la Comunidad Autónoma de Madrid se crea la Ley Reguladora de los Puntos de Encuentro Familiar[381] que se integran como un recurso específico dependientes de la Dirección General de la Familia y el Menor, dentro de este servicio se presta atención profesional orientada a garantizar y facilitar con carácter temporal las relaciones paternofiliales mayoritariamente, entre las actuaciones de las que se dispone en este servicio encontramos la intervención en negociación y aplicación de técnicas de mediación para la resolución pacífica de conflictos.

En otras entidades de mediación, esta vez en el ámbito privado, encontramos las asociaciones y colegios profesionales, con la finalidad de promover y facilitar a los ciudadanos en

---

378 Ley 1/2011, de 28 de marzo, de Mediación de la Comunidad Autónoma de Cantabria, BOE núm. 99, de 26 de abril de 2011.

379 Ley 4/2017, de 19 de abril, por la que se modifica la Ley 1/2011, de 28 de marzo, de Mediación de Cantabria. BOE núm. 113, de 12 de mayo de 2017.

380 Se desarrolla con este objetivo el Decreto 57/2018, de 29 de junio, por el que se regula el Observatorio de Mediación de la Comunidad Autónoma de Cantabria en el BOC núm. 131 de fecha 5 de julio de 2018.

381 Ley 3/2019, de 6 de marzo, Reguladora de los Puntos de Encuentro Familiar en la Comunidad de Madrid. BOE núm. 92, de 17 de abril de 2019.

general, pero también a los profesionales y a las instituciones, una relación de mediadores que hayan acreditado una experiencia y formación como tal. Estos centros no actúan sólo en el ámbito familiar, sino que han incorporado a profesionales especializados en temática mercantil y empresarial para llevar a cabo mediaciones mercantiles.

2.4.3. Los equipos de mediación

Consideramos oportuno destacar una figura poco conocida que surge en la Ley de mediación familiar de Castilla y León[382], la Ley de Mediación de Cantabria[383] y en la Ley de Mediación de Andalucía[384]; y es el concepto de equipos de mediación o grupos de personas mediadoras. Esta figura hace referencia a la colaboración interdisciplinar entre los profesionales que quieran agruparse, lo que da cabida a la constitución de cualquier forma de personalidad jurídica, normalmente a través de sociedades profesionales u otra forma prevista por el ordenamiento jurídico.

Cabe preguntarse por qué no se incluyen estos equipos en el apartado de instituciones, y esto es porque, aunque su finalidad también es la del impulso de la mediación, falta el rasgo fundamental contemplado en la ley y es la administración de la misma tal como contempla el artículo 5 de la LMACM: *facilitando el acceso y administración de la misma, incluida la designa-*

---

382 Ley 1/2006, de 6 de abril, de mediación familiar de Castilla y León. BOCL núm. 75, de 18 de abril de 2006 y BOE núm. 105, de 3 de mayo de 2006.

383 Ley 1/2011, de 28 de marzo, de Mediación de la Comunidad Autónoma de Cantabria, BOE núm. 99, de 26 de abril de 2011.

384 Ley 1/2009, de 27 de febrero, reguladora de la Mediación Familiar en la Comunidad Autónoma de Andalucía. BOJA núm. 50, de 13 de marzo de 2009 y BOE núm. 80, de 2 de abril de 2009.

ción de mediadores, debiendo garantizar la transparencia en la referida designación. Ya que la actuación del mediador profesional es individual en cada procedimiento.

No cabe duda de que, aunque exista esta figura separada de la institución, las instituciones de mediación podrán establecer funciones de colaboración y apoyo entre los mediadores que estén en su registro y actúen dentro de la misma, lo que conocemos como comediación.

2.4.4. Los sujetos en la mediación

Las partes de la mediación son aquellas que están implicadas en el conflicto, en la interacción y entre las que existe incompatibilidad, expresada o percibida.[385] Las partes serán los sujetos del acuerdo al que se quiere llegar y los protagonistas del desarrollo del proceso de la mediación ya que son ellas mismas quienes han de encontrar una solución a su conflicto, la cual depende de su autonomía de decisión. Esto se debe a que estamos ante un sistema autocompositivo, no pueden delegar en una tercera persona la decisión sobre cómo van a solucionar su conflicto.

A pesar de que, en la LMACM, no se especifica quién puede ser parte en un proceso de mediación, se ha extraído de las indicaciones contenidas en la misma que son tanto los sujetos enfrentados por el conflicto, como el propio mediador, puesto que todos ellos deben firmar el acta inicial o constitutiva.

Como bien indica BLANCO CARRASCO, con quien nos mostramos de acuerdo en la siguiente afirmación, "sin embar-

---

385 MORENO MARTÍN, F.: "Conflicto: definición, proceso y análisis", en *La mediación: experiencias internacionales, una visión compartida,* coord. por Elena de Gracia Rodríguez; Marta Blanco Carrasco (dir.), Leticia García Villaluenga (dir.), 2020, ISBN 84-290-2322-4, p. 26.

go, en ningún lugar del articulado se determina quiénes serán "las partes" y las condiciones de capacidad o requisitos para poder ser considerados como tales, cuestión que consideramos importante y que en nuestra opinión debería haberse incluido separadamente en un artículo dentro del Título Primero de la Ley que recoge las "Disposiciones Generales ".[386]

Sí, se especifican en su artículo 10 de la LMACM, unas breves normas muy básicas o reglas de actuación en las que deben basarse las actuaciones de las partes durante el proceso. Dicho artículo exige el respeto a las normas de la ley, pero otorga a las partes la libertad de organizar la mediación del modo que consideren conveniente.

En su primer párrafo contempla la flexibilidad del proceso de mediación. Esta flexibilidad es necesaria para que el proceso se adapte a las intervenciones y propuestas de las partes, pero sin embargo se debe asegurar el cumplimiento de las fases contempladas en la ley, ya que dichas fases hacen la mediación, esto es, componen el proceso de mediación. Es decir, el proceso debe desarrollarse sin sujeción a un procedimiento reglado, pero debe regirse por los requisitos mínimos establecidos en la ley.

Una vez sometidos a la mediación las partes deben sujetar sus actuaciones a los principios de lealtad, buena fe y respeto mutuo, consecuencia que deviene de los principios de voluntariedad y confidencialidad, por eso mientras se desarrolle la mediación una parte no podrán ejercitar contra la otra ninguna acción judicial o extrajudicial en relación con su objeto, con excepción de la solicitud de las medidas cautelares u otras medidas urgentes imprescindibles para evitar la pérdida irreversible de bienes y derechos. Este compromiso impide a los

---

386 BLANCO CARRASCO, M.: "Artículo 12", en *Mediación en asuntos civiles y mercantiles; comentarios a la ley 5/2012*. Reus. 2012, pp. 163-171.

tribunales conocer de las controversias sometidas a mediación durante el tiempo en que se desarrolle esta.

Al ser el mediador el facilitador de la comunicación de las partes, la ley exige que estas deban prestar colaboración y apoyo permanente a la actuación del mediador, manteniendo la adecuada deferencia hacia su actividad.

Nos basamos en las normas básicas de los contratos establecidas en el CC para responder a otros requisitos que deben cumplir las partes. En primer lugar, nos planteamos qué ocurre cuando el conflicto concierne a personas colectivas, como empresas u organizaciones, por ello entendemos que en este caso el mediador deberá ser o bien el sujeto directamente envuelto en el conflicto, o bien el representante con poderes suficientes para decidir la controversia. Esto será así siempre y cuando el mediador lo estime oportuno y no vaya contra la norma.

En segundo lugar, nos planteamos si puede ser parte en el conflicto de mediación una persona que sufra alguna incapacitación como la minoría de edad, dependencia o deficiencia psíquica, cuestión que resolveremos más adelante con mayor detenimiento, aunque adelantamos que se debe exigir la misma capacidad general que para contratar, según lo establecido en el artículo 1263 del CC, aunque esto no implica una respuesta definitiva ni rotunda.

2.4.4.1. Otras cuestiones. La consideración de las partes como clientes

Cuando analizamos las partes de la mediación debemos hacer alusión a la consideración de las mismas como "clientes" cuando acudan a resolver el conflicto ante el mediador, a diferencia de cuando se acude ante el ámbito judicial. Y ello resulta porque para los sujetos, la mediación conlleva un coste que deben afrontar. Los sujetos acuden al mediador para adquirir un servicio, para que les ayuden a dirigirles para conseguir la resolución de su controversia.

No obstante, vamos a ver, que hay supuestos en los que las partes acuden a la autoridad judicial para que se resuelva su problema, y ésta deriva el caso a la Institución de Mediación o al mediador que acuerden las partes mediante una resolución motivada, con intención de que sean ellos mismos quienes lo solucionen. En tales casos, nos preguntamos si las partes pueden ser consideradas como clientes en la mediación intrajudicial ya que el juez es quien deriva a este servicio siendo en un inicio las partes clientes de los abogados y procuradores.

Habiendo analizado que una vez las partes acuden a la mediación extrajudicial encontramos que hay un abono de un precio al mediador por estas partes, nos preguntamos si también podríamos delimitar si las partes son clientes a través de ese pago. En los supuestos de mediación intrajudicial encontramos dos tipos de relaciones, en primer lugar, la relación entre las partes y el tribunal como partes procesales, la cual se rige por las normas procesales y, en segundo lugar, la relación de partes fuera del plano procesal ya que están en otra relación con el mediador o la institución mediadora.

El hecho de que se haya remitido a las partes desde los tribunales de justicia no significa que su actuación siga estando regulada por el Derecho Procesal, sino que esta relación estará sometida a la normativa que regule esa mediación. Encontramos como ejemplo la Ley de Mediación Familiar de Aragón[387] donde se regula el desarrollo de la mediación familiar haciendo referencia tanto a la modalidad extrajudicial como a la intrajudicial.

En esta relación que surgirá entre las partes y el mediador en una mediación intrajudicial nos preguntamos en definitiva si habrá un pago al mediador por el servicio del que hace uso

---

[387] Ley 9/2011, de 24 de marzo, de mediación familiar de Aragón. BOE núm. 115, de 14 de mayo de 2011.

el ciudadano, considerando en este caso que existen dos posibilidades, la primera es que el mediado sea el que pague el servicio de mediación; y, la segunda es que considerando que el mediado ya habrá pagado las tasas judiciales, abogado y procurador, y que probablemente no querrá acudir a la mediación si eso le supone un coste adicional sin tener garantía de que va a llegar a un acuerdo. Por tanto, entendemos que el mediador tendrá derecho a cobrar este servicio, pero en estas situaciones pueden surgir complicaciones con el abono, considerando que la mejor opción es que el mediador pase a ser personal al servicio de la Administración de Justicia[388].

A raíz de este planteamiento acudimos a la Ley de Presupuestos Generales de La Rioja del 2021, que contenía una sección de partidas llamada "SECCIÓN 20. SERVICIOS SOCIALES Y GOBERNANZA PÚBLICA", en donde se fijaba una partida para el Colegio Oficial de Abogados de La Rioja y Colegio Oficial de Procuradores de La Rioja en materia de asistencia jurídica gratuita por valor de 1.400.000 euros, otra para el

---

388 Para que sirva como ejemplo, a raíz de este planteamiento acudimos a la Ley de Presupuestos Generales de La Rioja del 2021, que contenía una sección de partidas llamada "SECCIÓN 20. SERVICIOS SOCIALES Y GOBERNANZA PÚBLICA", en donde se fijaba una partida para el Colegio Oficial de Abogados de La Rioja y Colegio Oficial de Procuradores de La Rioja en materia de asistencia jurídica gratuita por valor de 1.400.000 euros, otra para el Colegio Oficial de Abogados de La Rioja en materia de mediación intrajudicial por valor de 36.500 euros, otra para el Colegio Oficial de Psicólogos de La Rioja en materia de mediación intrajudicial por valor de 15.000 euros, otra para el Colegio Oficial de Diplomados en Trabajo Social y Asistentes Sociales de La Rioja en materia de mediación intrajudicial por valor de 5.000 euros y otra para el Colegio Oficial de Economistas de La Rioja en materia de mediación mercantil por valor de 8.000 euros. Entendemos por ello que el gobierno subvenciona, a través de convenios con ciertos colegios profesionales, que éstos gestionen las mediaciones que les remiten desde los juzgados y de esta forma pagan a los mediadores.

Colegio Oficial de Abogados de La Rioja en materia de mediación intrajudicial por valor de 36.500 euros, otra para el Colegio Oficial de Psicólogos de La Rioja en materia de mediación intrajudicial por valor de 15.000 euros, otra para el Colegio Oficial de Diplomados en Trabajo Social y Asistentes Sociales de La Rioja en materia de mediación intrajudicial por valor de 5.000 euros y otra para el Colegio Oficial de Economistas de La Rioja en materia de mediación mercantil por valor de 8.000 euros. Entendemos por ello que el gobierno subvenciona, a través de convenios con ciertos colegios profesionales, que éstos gestionen las mediaciones que les remiten desde los juzgados y de esta forma pagan a los mediadores.

Para poder dar una respuesta definitiva a si las partes en mediación intrajudicial son consideradas clientes acudimos a la definición de cliente en la RAE en donde se le define como la persona que utiliza los servicios de un profesional o una empresa. Con esta definición apreciamos que no es necesario que haya un pago en la relación, por lo que independientemente de que las partes abonen o no el servicio se considerarán como clientes ya sea porque acuden directamente a un mediador o porque son derivadas a través del juzgado.

También tenemos que referirnos a la segunda matización en su acepción por la RAE, cuando señala que es aquella persona que está bajo la protección o la tutela de otra. Tanto en los casos en los que haya pago por los servicios, como cuando sea de carácter gratuito, en todo caso, las partes están siempre bajo la dirección protectora y/o la dirección tutelada del mediador. Acudir a la ayuda específica, esto es, a las actuaciones del mediador, propias de profesionales liberales, implica que las partes que contratan sus servicios son los clientes.

Por ello consideramos que todo servicio de mediación es realizado por mediadores que actúan de forma privada, previo contrato entre un mediador (o institución o agencia de mediación) y clientes. Los sujetos que acuden a mediación, ya sea por voluntad o iniciativa propia o dirigidos por la autoridad judicial, se asemejan mucho a la concepción de cliente.

2.4.4.2. *Breve alusión a los consumidores y la mediación*

La CE de 1978, en su artículo 51, establece que *los poderes públicos garantizarán la defensa de los consumidores y usuarios, protegiendo, mediante procedimientos eficaces, la seguridad, la salud y los legítimos intereses económicos de los mismos.*

Son varias las leyes que se ocupan del régimen de protección de los consumidores y usuarios y que se han refundido en el Texto Refundido de la Ley General para la Defensa de los Consumidores y Usuarios[389] (en adelante TRLGDCU). Cabe preguntarse pues, si el proceso de mediación tiene cabida dentro de la protección jurídica a los consumidores. El Capítulo I, del Título I, del Libro Primero del TRLGDCU afirma como el ámbito de aplicación de la norma son las relaciones entre consumidores o usuarios y empresarios (art. 2), y, seguidamente, señala que tendrán la consideración de consumidores o usuarios las *personas físicas que actúen con un propósito ajeno a su actividad comercial, empresarial, oficio o profesión* (art. 3). Así, que las partes al acudir al mediador pueden considerarse consumidores porque actúan fuera de su profesión.

Por otro lado, el mediador como profesional se ajustará a la definición de empresario que da la norma en el artículo 4°, cuando indica que se considerará *empresario a toda persona física o jurídica, ya sea privada o pública, que actúe directamente o a través de otra persona en su nombre o siguiendo sus instrucciones, con un*

---

[389] Real Decreto Legislativo 1/2007, de 16 de noviembre, por el que se aprueba el texto refundido de la Ley General para la Defensa de los Consumidores y Usuarios y otras leyes complementarias. BOE núm. 287, de 30 de noviembre de 2007. En adelante, TRLGDCU.

propósito relacionado con su actividad comercial, empresarial, oficio o profesión.

Esta nueva perspectiva, hace que veamos de otro modo la relación jurídica entre mediador y cliente, pues se percibe una *relación vertical de consumo, en la que los clientes que intervienen como consumidores necesitan una protección especial.*[390]

El art 148 del TRLGDCU señala que *se responderá de los daños originados en el correcto uso de los servicios, cuando por su propia naturaleza, o por estar así reglamentariamente establecido, incluyan necesariamente la garantía de niveles determinados de eficacia o seguridad, en condiciones objetivas de determinación, y supongan controles técnicos, profesionales o sistemáticos de calidad, hasta llegar en debidas condiciones al consumidor y usuario.... Sin perjuicio de lo establecido en otras disposiciones legales, las responsabilidades derivadas de este artículo tendrán como límite la cuantía de 3.005.060,52 euros.*

Pues bien, la principal duda que nos surge estriba en la aplicación o no de las normas de defensa de consumidores a la responsabilidad personal del profesional mediador y de la institución de mediación en su caso. Se considerará que el servicio prestado es defectuoso siempre y cuando este no se preste diligentemente o no cumpla con los estándares mínimos exigidos. Si se trata del funcionamiento del servicio durante el procedimiento, parece que su aplicación es clara. Por ejemplo, si en el transcurso del procedimiento se produce una vulneración del deber de confidencialidad contra uno de los consumidores-clientes. O, por ejemplo, contratamos los servicios de un mediador, pero, llegado el momento de reunirse el profesional no comparece, no facilita las reuniones o pone impedimentos que

390 Artículo 147. Régimen general de responsabilidad. Los prestadores de servicios serán responsables de los daños y perjuicios causados a los consumidores y usuarios, salvo que prueben que han cumplido las exigencias y requisitos reglamentariamente establecidos y los demás cuidados y diligencias que exige la naturaleza del servicio.

alteran la pretensión inicial. En estos casos planteados, además de reclamar las partes por un incumplimiento contractual, el rol de consumidor posibilita que las mismas insten reclamación al amparo de estos artículos.

Por otro lado, en el ámbito del consumo, ¿cabría reclamar por los daños morales? Si contestamos negativamente puesto que estamos ante una responsabilidad objetiva, implica que se reduce considerablemente el *quantum indemnizatorio* ... cuestión muy a tener en cuenta por los usuarios de la mediación.

Resulta curioso que el art. 148 TRLGDCU establece un régimen especial de responsabilidad para aquellos supuestos en los que se exige al servicio que se ofrece al consumidor la garantía de niveles determinados de eficacia o seguridad (por ello se cuida la calidad de las personas mediadoras) y supongan controles técnicos profesionales o sistemáticos de calidad, hasta llegar en las debidas condiciones al consumidor.

2.5. Efectos jurídicos del contrato de mediación

Se entiende por acto jurídico la acción que se lleva a cabo conforme a la voluntad consciente y libre del hombre, con el objetivo de establecer vínculos jurídicos entre distintas personas con el fin de crear, modificar o extinguir derechos. Los actos jurídicos tienen diversos efectos que serán aquellos hechos humanos, voluntarios y lícitos que tienen como fin inmediato la creación, extinción y modificación de un derecho.

En el caso de la mediación el acto jurídico será la decisión de las partes de acudir a la mediación de la cual van a surgir diversos efectos jurídicos según el momento en el que se encuentre el procedimiento.

Los efectos de los contratos pueden clasificarse en efectos comunes o generales a todos los contratos y también en efectos propios o específicos de cada tipo contractual. Los efectos comunes a todos los contratos son la obligatoriedad, la relatividad y la inalterabilidad. Los contratos crean relaciones obligatorias entre las partes ya que es la principal fuente de obligaciones, la mediación genera en su inicio obligaciones para todos los sujetos. La relatividad implica que los contratos sólo surten efectos entre las partes que los otorgan y sus herederos, sin que sean oponibles a terceros. Y, por último, la inalterabilidad, esto implica que los contratos no pueden ser modificados o alterados por uno solo de los contratantes[391].

Por otro lado, encontramos los efectos específicos de cada contrato analizando en este caso los relativos al contrato de mediación.

Como hemos mencionado previamente, la LMACM regula que la mediación está sujeta al cumplimiento de unas fases. La primera fase sería la sesión informativa que hemos explicado y a continuación las partes acudirán a la sesión constitutiva de la que hemos extraído que las partes procederán a la firma del acta o contrato de mediación.

Tal como indica VÁZQUEZ DE CASTRO, *son importantes los efectos jurídicos de la sesión constitutiva porque en ella queda reflejada la aceptación voluntaria de las partes (art. 19.1, f). Esta aceptación es tanto del sometimiento a la mediación con las implicaciones sobre las que se les informa, como la aceptación del mediador designado.*[392]

La eficacia del contrato de mediación se despliega entre las partes que lo celebran. El acuerdo o la transacción a la que se llegue a raíz de la mediación es una cuestión que estudiaremos más adelante para determinar su eficacia.

---

391 GALLEGO DOMÍNGUEZ, I.: "Eficacia e ineficacia del contrato", en *Manual de Derecho Civil. Obligaciones y contratos. Teoría general: Vol. II.* 1ª ed. Wolters Kluwer. 2021. pp. 345-370.

392 VÁZQUEZ DE CASTRO, E.: "Artículo 19·, en *Mediación en asuntos civiles y mercantiles; comentarios a la ley 5/2012.* Reus. 2012. pp. 227-235

Tal como establece el artículo 1275.1 CC, los contratos sólo producen efectos entre las partes que los otorgan y sus herederos. Aplicable igualmente el principio *pacta sunt servanda*, que obliga a las partes a cumplir con lo pactado entre ellas.

Por regla general, el contrato de mediación surtirá efectos entre las partes en conflicto y de los efectos de este también se verá afectado el mediador, que pasará a ser parte interviniente ya que el contrato de mediación no se lleva a cabo únicamente entre las partes, sino entre estas y el mediador.

En principio, cabe afirmar que las reglas que surgen del contrato de mediación celebrado no se aplicarán a terceros. No obstante, no debemos olvidar que en determinadas ocasiones la presencia de terceros asesores (o representantes, aunque en tal caso tal vez no sea muy correcto hablar de terceros porque actúan como partes) será necesaria y en tal caso pueden verse afectados, y también afectar a la situación o incluso colaborar en la escalada del conflicto. E incluso pueden verse afectados como terceras personas que no sean sujetos del contrato de mediación como pueden ser los menores en un supuesto de mediación familiar.

Debemos distinguir a lo largo de nuestro estudio entre la eficacia del acuerdo de sometimiento a mediación, la eficacia del contrato de mediación de la cual venimos hablando, y la eficacia de los acuerdos a los que se llegue durante el contrato de mediación, así como la eficacia del propio desarrollo de la mediación, es decir, la valoración del cumplimiento de los deberes del mediador.

Los efectos específicos del contrato de mediación los vamos a encontrar contemplados en la LMACM. El contrato de mediación surge con la firma de las partes del acta de inicio del procedimiento de mediación, por lo que de ella también pueden extraerse los efectos del contrato. En este acta encontraremos el sometimiento de las partes integrantes a los principios y obligaciones que forman la mediación y con la aceptación de ellas surgirá otro efecto que es la preparación del procedimiento por parte de la institución de mediación o del mediador designado. Esta preparación consiste en la organización de la primera sesión y la cita de las partes para llevarla a cabo.

Por otro lado, el efecto de la suspensión de los plazos de prescripción y caducidad se mantiene en este contrato, puede ser porque comenzara con el pacto de sometimiento a la mediación o bien porque comience con la solicitud de inicio del procedimiento de mutuo acuerdo entre los sujetos que mantienen un conflicto.

En definitiva, los efectos del contrato de mediación quedan sujetos a tres cuestiones: la eficacia normativa, la eficacia inter partes y la eficacia frente a terceros. La eficacia normativa general de los contratos será el Libro Cuarto del CC ya que en el mismo se regulan las obligaciones y los contratos, en sentido específico relativo a la mediación será la LMACM en donde se regula el contrato de mediación. La eficacia *inter partes* determina que la suscripción del contrato queda sujeta a la voluntad de las personas y las obligaciones que surgen del mismo tendrán efecto entre las partes contratantes, en el caso del contrato de mediación la eficacia *inter partes* surge entre las partes del conflicto y el mediador o la institución mediadora ya que de la suscripción del contrato de mediación surgen obligaciones para todos estos sujetos. Y, la eficacia frente a terceros, surge en casos excepcionales, no tiene por qué darse en todos los contratos de mediación, pero surgirá siempre y cuando por el contrato se vea afectado algún tercero, ya sea a favor o en daño. Por ejemplo, en el caso de la mediación podemos encontrar fácilmente eficacia frente a terceros en los casos de familia en los que se puedan ver afectados menores que pertenezcan a ella, pero no formen parte del contrato de mediación como sujetos. Podemos decir que la mediación produce efectos, en según qué fase de la misma, con mayor o menor alcance.

Un contrato es eficaz cuando produce efectos jurídicos, pero ocurren circunstancias que, o bien impiden el nacimiento de éste o una vez nacido lo extinguen total o parcialmente. La ineficacia del contrato es una sanción que se impone cuando el contrato resulta irregular, lo cual tendrá lugar cuando hay disconformidad entre el negocio tal como lo prevé el ordenamiento jurídico y el contrato tal y como ha sido realizado. Esta puede ser originaria, es decir desde el comienzo del contrato, o bien sobrevenida, es decir producida por hechos posteriores a la celebración del contrato. La ineficacia del contrato puede ser de diferente alcance según el supuesto que opere[393].

Dentro de la ineficacia podemos distinguir diversos supuestos de ineficacia contractual diferenciando entre los casos de invalidez, que son aquellos en los que la ineficacia se produce por defectos o causas internas al propio contrato, es decir, es una ineficacia estructural; y, los casos de ineficacia en sentido estricto, que serán aquellos supuestos o circunstancias extrínsecas o externas al contrato cuya concurrencia o inexistencia llevan a que el mismo no produzca los efectos a los que está encaminado[394].

En primer lugar, haremos referencia a los supuestos de invalidez hablando de inexistencia del contrato, término que puede incluirse junto con la nulidad absoluta pero que algunos autores deslindan del mismo[395]. Por un lado, la inexistencia del contrato surge de aquellos casos en los que falta un elemento

---

[393] MEDINA DE LEMUS, M.: *Derecho Civil. Obligaciones y contratos. Teoría General.* Editorial Dilex S.L. 2004.

[394] GALLEGO DOMÍNGUEZ, I.: “Eficacia e ineficacia del contrato”, en *Manual de Derecho Civil. Obligaciones y contratos. Teoría general: Vol. II.* 1ª ed. Wolters Kluwer. 2021. pp. 345-370.

[395] Algunos autores como O’CALLAGHAN entienden que la inexistencia se separa de la nulidad absoluta, mientras que otros como ALBALADEJO, LACRUZ O DÍEZ-PICAZO lo incluyen en la nulidad absoluta.

esencial del mismo (art. 1261 CC), lo que lleva a la conclusión de que el contrato no llega a nacer. Así, la nulidad absoluta, se refiere a los supuestos más graves de invalidez que han impedido que el contrato nazca, puede ser por falta de algún elemento esencial o porque fuera contrario a la norma imperativa o prohibitiva (art. 6.3 CC). Que el contrato sea declarado nulo será la máxima sanción ya que niega al contrato la posibilidad de producir consecuencias jurídicas.

Seguimos con otro supuesto de invalidez como es la anulabilidad, la cual afecta a aquellos contratos que, pese haberse celebrado con todos los elementos esenciales y no ir en contra de la norma imperativa o prohibitiva, tienen un vicio del consentimiento (art. 1265 CC), falta la capacidad necesaria o falta el consentimiento del otro cónyuge cuando fuese preciso. Este vicio no impide que el contrato despliegue sus efectos. Si el contrato se determina como anulable, se podría sanar el vicio del que adoleciese el contrato o negocio jurídico ya sea por el transcurso del tiempo (art. 1301 CC) o por un hecho posterior para que este pueda producir sus efectos desde el momento de su perfección, ya sea vía confirmación o convalidación del contrato anulable (art. 1309 CC).

Otras causas de ineficacia menos contempladas pueden ser: el mutuo disenso, por el que las partes contratantes son libres para dejar sin efecto su relación contractual en su totalidad o en parte; el desistimiento unilateral, que implica que sólo una de las partes deja sin efecto el contrato, aunque esto se ve limitado por lo dispuesto en el artículo 1256 CC[396], y sólo cabe en los supuestos previstos por la ley o el contrato; la rescisión, que se aplica para los supuestos en los que no le falta ninguno de sus elementos esenciales, ni hay vicio, ni adolece de falta de alguno de los presupuestos establecidos para su tipo negocial,

---

396 Artículo 1256 del Código Civil: *La validez y el cumplimiento de los contratos no pueden dejarse al arbitrio de uno de los contratantes.*

pero puede dejarse sin efecto siempre que concurran causas establecidas en la ley como puede ser que la relación jurídica perjudique a determinadas personas. Por este motivo el ordenamiento jurídico aplica la acción rescisoria para cesar la eficacia del contrato; y, la resolución por incumplimiento de una de las partes, circunstancia que puede operar siempre y cuando las partes lo hayan incorporado en el contrato expresamente.

Como hemos explicado previamente, la nulidad se instituye como efecto jurídico en caso de error. Si se determinase que fuera de aplicación la anulabilidad, se suspendería el consentimiento desde que se conoce el error manteniéndose los efectos que hayan surtido hasta el momento.

Se aplica la nulidad por ser el consentimiento un elemento esencial y el error por falta de consentimiento significará la inexistencia de la relación contractual erróneamente consentida.

Para que no nos encontremos con errores o vicios del consentimiento, deberá realizarse un trabajo previo por el cual el mediador se asegurará de que las partes estén legitimadas y se encuentren en sus plenas facultades o, en su caso, que las mismas estén asistidas de los correspondientes representantes legales.

De igual forma, para el caso de las personas jurídicas, deberá comprobar estos extremos por medio de la validez de los poderes con los que cuentan sus representantes y si cuentan con la suficiente capacidad de decisión como para alcanzar acuerdos.

2.5.1. Redacción del acta inicial: cláusulas y obligaciones

El acta inicial se redacta en el momento en que las partes deciden acudir a la mediación, puede ser al finalizar la sesión informativa o puede ser que las partes la redacten en el momento de inicio de la sesión constitutiva. Con la firma del acta inicial se acredita la celebración de la sesión y la comprensión de los asistentes de la información que se ha proporcionado por el mediador.

Del acta inicial surgen efectos jurídicos como es el comienzo del cumplimiento de los principios regulados en la LMACM o el pago del precio correspondiente. En la LMACM se establecen en su artículo 19 las cuestiones que deben incluirse en el acta, encontramos efectos que surgen tanto para las partes como: la necesidad de confirmar, aunque sea indirectamente, la voluntariedad de permanecer en la mediación en cada sesión, o la responsabilidad de las partes de colaborar de forma activa con el mediador para intentar llegar a acuerdos; como para los mediadores concretados en: la necesidad de informar a las partes y corroborar que las mismas han entendido la información dada o estudiar cada uno de los puntos en discusión desde un contexto favorecedor para los intereses comunes manifestados por las partes.

De forma más concreta podemos decir que el primer efecto de la suscripción del contrato de mediación se encuentra en la aceptación expresa del mediador por las partes en conflicto. Además, en este momento el mediador deberá manifestar, antes del comienzo, cualquier causa sobrevenida que pueda afectar a su imparcialidad, ya que debe haber informado en la sesión informativa si hubiera alguna cuestión previa. Si las partes, aun conociendo la afectación, admiten que el mediador siga siendo el mismo, deberá hacerse constar expresamente en el acta de constitución.

El segundo efecto es la aceptación en sí misma de la mediación y de los principios esenciales a la misma. La aceptación responde a los principios de la mediación, como la voluntariedad, pero es igualmente relevante a efectos de cuestiones que puedan plantearse por el consentimiento dado como vicios o defectos. Si se lleva a cabo una impugnación de dicha aceptación, se estará aplicando en su caso la anulabilidad o la nulidad del contrato.

En tercer lugar, nos encontramos con que, en la sesión constitutiva, además debe delimitarse el objeto del contrato. El objeto del conflicto será de estudio por el mediador para determinar si se trata de una de las materias disponibles para llevar a cabo la mediación. Igualmente, si se trata de una materia muy concreta, el mediador puede aconsejar a las partes la derivación a un especialista para su asesoramiento.

En cuarto lugar, encontramos la cláusula de confidencialidad, lo cual provocará que no pueda saberse fuera del espacio de mediación lo tratado en ella. A excepción de motivos específicos por los que el mediador estará obligado o autorizado a no cumplir con dicho deber, todos los intervinientes en la mediación tienen el deber de mantener el principio de confidencialidad sin utilizar los datos obtenidos en la mediación en contra de la otra parte en caso de que no se llegue a un acuerdo.

2.5.2. Incidencia de la mediación sobre los plazos de prescripción y caducidad: inicio y terminación

Las figuras de prescripción y caducidad hacen referencia a la importancia que tiene el transcurso del tiempo en las relaciones jurídicas dado que toda relación jurídica se desarrolla en un espacio y en un tiempo determinados. Para determinados supuestos, el CC establece plazos civiles tales como la prescripción y caducidad.

Como indica VERDERA SERVER[397], la prescripción supone la conversión de un estado de hecho, mantenido a lo largo del

---

397 VERDERA SERVER, R.: *Lecciones de Derecho Civil. Derecho Civil I*. Ed. Tirant Lo Blanch. Valencia, 2012, pp. 123–142

tiempo, en un estado jurídico. La prescripción puede definirse como la extinción del derecho subjetivo por la falta de ejercicio del mismo durante un período de tiempo establecido por la ley. Por otro lado, la caducidad surge cuando la ley establece un plazo de duración a un derecho de forma que una vez transcurrido el plazo ya no puede ejercerse el derecho.

Como indica ORTIZ PRADILLO, dicha suspensión de los plazos de prescripción era exigible para que las partes no se encontrasen con una situación en la que tras acudir a otros MASC y que fracasaran en el intento de un acuerdo por estas vías, tuvieran vedado el acceso a los Tribunales como consecuencia de haberse extinguido la acción por el paso del tiempo, por ello se promovió que se contemplase por las leyes procesales nacionales que los plazos de prescripción y caducidad se suspendiesen cuando comenzara el procedimiento alternativo y se reanudase si concluía sin alcanzar una solución[398].

Cuestión de especial importancia planteada por SERRANO GÓMEZ[399] es la de la suspensión en la prescripción, ya que de forma general la prescripción es susceptible de interrupción y no de suspensión. Existen autores que sí reconocen la suspensión en la prescripción, incluso el CCC en su artículo 121 reconoce esta posibilidad, por lo que no es de extrañar que el Informe al Anteproyecto de Ley emitido por el CGPJ considerase que podría aceptarse la suspensión en la prescripción, indicando expresamente que la medida es acertada porque si el inicio de un procedimiento de mediación tuviese por efecto

---

398 ORTIZ PRADILLO, J.C.: "La mediación en asuntos civiles y mercantiles: propuestas para la incorporación de la Directiva 2008/52/CE al derecho español" en *Revista General de Derecho Procesal 26*, 2012, p. 25

399 SERRANO GÓMEZ, E.: "Artículo 4. Efectos de la mediación sobre los plazos de prescripción y caducidad" en *Mediación en asuntos civiles y mercantiles. Comentarios a la Ley 5/2012.* (Dir. Leticia García Villaluenga y Carlos Rogel Vide) Ed. Reus. Madrid, 2012, pp. 66 y 67.

la interrupción de los plazos de prescripción, podría incentivar que se hiciera uso del MASC sin ánimo de alcanzar ninguna solución, por lo que se encontraría el efecto contrario con la medida planteada en la LMACM.

Por otra parte, se plantea la suspensión de la caducidad cuestión controvertida igualmente y más difícil de resolver que la prescripción puesto que distintos autores como LACRUZ BERDEJO[400] indican que no cabe la interrupción, sino que las acciones o se ejercitan en el tiempo que le corresponden o caducan inevitablemente. Sin embargo, PUIG BRUTAU[401] plantea de forma excepcional la suspensión en la caducidad cuando la Ley lo indique de forma expresa, así como lo indica la LMACM.

Como situación excepcional en la que también se planteó la suspensión de los plazos procesales, así como la de los plazos correspondientes de las acciones y derechos a los que podía afectar la prescripción o caducidad de las acciones, pensamos en la planteada por la pandemia del COVID-19 regulándose esta suspensión generalizada con el RD 463/2020[402].

2.5.3. Vicios del consentimiento en el contrato de mediación

Entendemos que el carácter contractual del pacto de mediación, hace que los vicios del consentimiento contemplados para los contratos en general también le afecten. En el artículo 1265 del Código Civil vienen regulados los vicios que pueden

---

400 LACRUZ BERDEJO, J.L.: *Elementos de Derecho Civil, Parte General, vol. III.* Ed. Dykinson. Madrid, 2005, p. 350.

401 PUIG BRUTAU, J.: *Caducidad, prescripción extintiva y usucapión.* Ed. Bosch. Barcelona, 1996, p. 87.

402 Real Decreto 463/2020, de 14 de marzo, por el que se declara el estado de alarma para la gestión de la situación de crisis sanitaria ocasionada por el COVID-19. BOE núm. 67, de 14 de marzo de 2020.

surgir indicando que *será nulo el consentimiento prestado por error, violencia, intimidación o dolo* y por dicha definición entendemos por vicio cualquier anomalía que afecte a los elementos del contrato ya sea porque falte alguno o porque alguno presente algún tipo de deficiencia[403].

A la hora de prestar el consentimiento en cualquier relación contractual, es necesario que ambas partes coincidan en relación con el objeto y con la causa del contrato, cuestión que igualmente es exigible en el pacto de mediación. En el supuesto de que no exista coincidencia en estos elementos esenciales de la estructura del contrato, atendiendo a la posición de cada una de las partes, no se produciría el ensamblaje necesario, existiendo una distorsión entre lo querido, lo manifestado y la realidad de la cosa objeto del contrato y en este momento es cuando estamos ante un error en la manifestación del consentimiento.

Existiendo la posibilidad de que surjan estos vicios del consentimiento en el contrato o pacto de mediación como aquellos defectos que hacen anulable la declaración de voluntad, consideramos necesario analizar si existirán especialidades en su caso para cada vicio del consentimiento contemplado en el CC en el pacto de mediación.

2.5.3.1. El error y nulidad en el contrato de mediación

El error, según DIEZ-PICAZO Y PONCE DE LEÓN[404], es un vicio del consentimiento contractual que se caracteriza por una falsa o equivocada representación mental de la realidad,

---

403 ARNAU MOYA, F.: *Lecciones de Derecho Civil II. Obligaciones y Contratos.* Sapientia. 2008.

404 DIEZ-PICAZO, L., & GULLÓN, A.: *Sistema de Derecho Civil.:Vol. II. Tomo 1.* (10.ª ed.). Tecnos. 2015.

lo que vicia el proceso formativo del querer interno, y que opera como presupuesto para la realización del negocio ya que de haberse conocido exactamente la realidad o no se hubiera querido o se hubiera querido de otra manera.

Una vez identificado el error, se expresa en el artículo 1266 del CC los requisitos para que el consentimiento dado se invalide. *Para que el error invalide el consentimiento, deberá recaer sobre la sustancia de la cosa que fuere objeto del contrato, o sobre aquellas condiciones de la misma que principalmente hubiesen dado motivo a celebrarlo. El error sobre la persona sólo invalidará el contrato cuando la consideración a ella hubiese sido la causa principal del mismo. El simple error de cuenta sólo dará lugar a su corrección.*

Se instituye en el artículo 1265 CC el efecto jurídico de la *nulidad* en caso de error frente al de anulabilidad, causa trascendente ya que la nulidad retrotraerá los actos hasta el momento inicial. Esto significa que se deshará todo lo hecho y se volverá al inicio en el que no existían las obligaciones que surgieron del contrato. Todas las actuaciones que se hayan llevado a cabo finalizarán sin que hayan surtido efectos. Sin embargo, si en vez de nulidad se determinase que fuera anulabilidad, se suspendería el consentimiento desde que se conoce el error manteniéndose los efectos que hayan surtido hasta el momento.

Se aplica la nulidad por ser el consentimiento un elemento esencial y el error por falta de consentimiento significará la inexistencia de la relación contractual erróneamente consentida.

Para poder determinar si el error posee entidad suficiente como para invalidar el consentimiento se debe explorar, no sólo la esfera interna del individuo, sino también el contexto en el que se ha dado este error y las circunstancias, por eso la jurisprudencia ha establecido que, para que el error resulte invalidante, deben concurrir ciertos requisitos.

Primero, el error debe recaer sobre lo que constituye el objeto del contrato o sobre condiciones esenciales que hayan sido determinantes de la celebración del contrato. En el caso del contrato de mediación, podría entenderse que existiría error si las partes intervinientes hubiesen entendido de forma diferente los motivos por los que acudían a la mediación. O, por ejemplo, resulte equivocada la forma de entender el mediador la materia a tratar.

Segundo, que el error no sea imputable a la persona que lo padece, en el contrato de mediación, en una de las partes, es decir, que del error resulte un daño para una de las partes intervinientes que no sea la causante de éste.

Tercero, que del error resulte afectado el negocio jurídico concertado, si del error no se entiende que se vea afectada la finalidad del contrato no resultará invalidante. En nuestro caso, el error debe afectar a la mediación, al acuerdo final, por la elección del mediador, porque vean afectadas las partes su participación en la mediación, etc.

Cuarto, y último, que se trate de un error excusable, es decir, que no pudiera ser evitado por quien lo cometió actuando con una diligencia media. En nuestro caso, la diligencia media de las partes será su actuación normal, comprendiendo las pautas a seguir en la mediación, por ejemplo, que las partes sean conscientes del principio de voluntariedad, ya que si no lo son sería un error excusable porque quien lo comete no sabe que lo está haciendo o que está actuando de forma diligente.

En definitiva, para que el error resulte invalidante del negocio jurídico llevado a cabo, debe entenderse que concurren los cuatro requisitos expuestos debiendo tener en consideración además la necesidad de que exista un nexo de causalidad entre el error sufrido y la celebración del contrato.

En relación con el error sobre la persona debemos diferenciar entre error en la persona de una de las partes, o de las dos, o en relación con la persona del mediador. Recordemos que el precepto indica imperativamente que *el error sobre la persona sólo invalidará el contrato cuando la consideración a ella hubiese sido la causa principal del mismo.* En este sentido, habría error si incide en el nombre e identificación personal de alguna de las partes. Pero también lo habría, cuando el error se proyecta sobre las cualidades del mediador, siempre, claro está, que aquellas hayan sido determinantes del consentimiento del contratante que incurrió en error. Es un tipo de error que, sólo dará lugar a la anulación del contrato cuando éste se haya celebrado en consideración a la persona. Pero es que en nuestro caso esta cuestión también puede hacer que surja error especial en este tipo de contrato en relación con el mediador, ya que éste es parte fundamental del proceso, y puede verse afectado el negocio jurídico al que se han comprometido y, además, podría afectar a las partes. Por ejemplo, si el error se debe a la falta de especialización en el conflicto existente -pensemos en tema de concurso- porque se ha elegido a un mediador que no conoce las destrezas necesarias en ese ámbito especializado, si se puede probar que la elección del mediador es causa principal del contrato de mediación el contrato será inválido. Ambas partes deben aceptar expresamente al mediador en concreto.

En cuanto al posible error de identificación en alguna de las partes (errores en cuanto al nombre, apellidos, número de DNI...), así como el error en los costes presupuestos, o en el número de sesiones necesarias para la resolución del conflicto como indica el precepto, sólo dará lugar a su corrección

Por todo ello son importantes: la sesión inicial con su carácter informativo junto con la sesión constitutiva, aunque se entienda como la más formal, ya que la aceptación voluntaria de las partes quedará reflejada y de ella surgirán los efectos jurídicos. La aceptación que se lleva a cabo es, tanto del sometimiento a la mediación con las particularidades e implicaciones de las que se informa, como de la designación del mediador.

Sin embargo, se puede plantear que el incumplimiento de forma del acta de la sesión constitutiva no lleva aparejada la ineficacia de la mediación, ya que se aplica el principio de libertad de forma de los contratos que inspira el CC en su artículo 1278, y, por ello, cualquiera de las partes puede exigir la subsanación o el cumplimiento correcto de la forma del contrato por parte del mediador, que es quien tiene la obligación de levantar el acta. El incumplimiento de esta obligación por parte del mediador podría generar responsabilidad[405].

2.5.3.2. Violencia

La violencia es un vicio del consentimiento que origina la anulabilidad del consentimiento contractual que se encuentra plasmada en el artículo 1267 CC en donde se indica que *hay violencia cuando para arrancar el consentimiento se emplea una fuerza irresistible.*[406] Además, según el artículo 1268 CC *la violencia o intimidación anularán la obligación, aunque se hayan empleado por un tercero que no intervenga en el contrato.* Es decir, no es necesario que la violencia con la que se obtenga el consentimiento provenga de una de las partes contractuales.

La violencia sustituye por completo la voluntad de una de las partes contractuales por la del sujeto que la ejerce. La violencia sucede en el momento de contratar mientras que la intimidación es una especie de miedo a que, si no se contrata se llegue a una situación de violencia.

---

405 VÁZQUEZ DE CASTRO, E., & FERNÁNDEZ CANALES, C.: *Practicum Mediación*... cit...

406 El CC en su artículo 1267 señala al respecto de la misma "(...) hay intimidación cuando se inspira a uno de los contratantes el temor racional y fundado de sufrir un mal inminente y grave en su persona o bienes, o en la persona o bienes de su cónyuge, descendientes o ascendientes. / Para calificar la intimidación debe atenderse a la edad y a la condición de la persona. (...)"

Podemos encontrar supuestos de violencia en los casos de mediación en donde la voluntad de acudir a la misma se ve viciada por esa violencia ejercida pudiendo no existir ni siquiera esa voluntad de acudir a ella por alguna de las partes implicadas. En los casos de mediación familiar podemos encontrar estos supuestos de violencia ya que la conflictividad puede surgir en un ambiente de dominación donde una de las partes obligue a la otra a acudir a mediación. En estos casos es especialmente relevante la figura del mediador para que el mismo analice si existe o no violencia entre las partes pudiendo suspender o finalizar la mediación.

2.5.3.3. Intimidación

El CC en su artículo 1267 señala al respecto de la misma que *hay intimidación cuando se inspira a uno de los contratantes el temor racional y fundado de sufrir un mal inminente y grave en su persona o bienes, o en la persona o bienes de su cónyuge, descendientes o ascendientes. Para calificar la intimidación debe atenderse a la edad y a la condición de la persona.*

En la intimidación, la situación temida no ha ocurrido aún, pero se contrata para evitar que llegue a suceder, es decir, bajo coacción y en evitación de algún tipo de mal inminente y grave. Podemos encontrar igualmente este supuesto en mediación por causas similares a las expuestas en el apartado de la violencia, aunque se especifica en el CC, que se apreciará vicio del consentimiento por intimidación en los supuestos en los que una persona realice una manifestación de la voluntad que no es real por temor a desagradar a las personas a las que se debe sumisión y respeto ya que para que haya intimidación se deben identificar claramente los factores de un temor racional y fundado y un mal inminente y grave.

2.5.3.4. Dolo

Otra de las causas de anulabilidad del consentimiento contractual es el dolo, y según el artículo 1269 CC habrá dolo cuando, *con palabras o maquinaciones insidiosas de parte de uno de los contratantes, es inducido el otro a celebrar un contrato que, sin ellas, no hubiera hecho.* A su vez, el artículo 1270 CC señala que *para que el dolo produzca la nulidad de los contratos, deberá ser grave y no haber sido empleado por las dos partes contratantes. El dolo incidental sólo obliga al que lo empleó a indemnizar daños y perjuicios.*

Podemos entender que el dolo únicamente se da en los actos positivos, pero este también surgirá con las omisiones, ya que el principio de buena fe impone el deber de información, por tanto, el engaño doloso puede ser la no información intencionada sobre aspectos relevantes que las partes debieran conocer. Se nos ocurre pensar en el supuesto en que el mediador omita que carece de la especialización necesaria para realizar la mediación, cuando la misma sea una información relevante.

El dolo capaz de provocar la nulidad del consentimiento contractual puede ser una actuación negativa del mediador, aunque el señalado artículo 1269 CC parece que solo hable de actuaciones positivas. Otra cosa sería que el mediador se hiciera pasar por especialista para conseguir que los clientes contratasen con él una mediación que debe ser realizada por un especialista específico.

En el artículo 1270 del CC se especifica como requisito para que el vicio del dolo llegue a producir la nulidad de los contratos que el mismo sea grave y no haya sido empleado por las dos partes contratantes, mientras que el dolo incidental sólo obliga al que lo empleó a indemnizar daños y perjuicios.

2.5.3.5. *Otras causas de anulabilidad en el contrato de mediación*

Además de todo lo anterior, podemos determinar otras razones o causas de anulabilidad del contrato de mediación, pudiendo identificar algunas mencionadas a lo largo de la normativa como serán las siguientes.

La inexistencia de plena capacidad en algunos de los contratantes, como hemos mencionado con anterioridad y veremos más adelante, pudiendo encontrar en este supuesto a personas sometidas a tutela, las sometidas a curatela o las que tengan establecidas medidas judiciales como una persona de apoyo o un defensor judicial por no disponer de suficiente autonomía.

Otra de las causas, de carácter formal, como son: que no conste en el acuerdo de mediación la identidad y domicilio de las partes en conflicto, o el lugar y fecha en que se suscribe, u otras cuestiones que sean contrarias al acuerdo, o cualquier otra de las manifestadas en el artículo 23 de la LMACM, referente al acuerdo de mediación[407].

---

[407] El artículo 23 indica "*1. El acuerdo de mediación puede versar sobre una parte o sobre la totalidad de las materias sometidas a la mediación. En el acuerdo de mediación deberá constar la identidad y el domicilio de las partes, el lugar y fecha en que se suscribe, las obligaciones que cada parte asume y que se ha seguido un procedimiento de mediación ajustado a las previsiones de esta Ley, con indicación del mediador o mediadores que han intervenido y, en su caso, de la institución de mediación en la cual se ha desarrollado el procedimiento.*
2. El acuerdo de mediación deberá firmarse por las partes o sus representantes.
3. Del acuerdo de mediación se entregará un ejemplar a cada una de las partes, reservándose otro el mediador para su conservación. El mediador informará a las partes del carácter vinculante del acuerdo alcanzado y de que pueden instar su elevación a escritura pública al objeto de configurar su acuerdo como un título ejecutivo.
4. Contra lo convenido en el acuerdo de mediación sólo podrá ejercitarse la acción de nulidad por las causas que invalidan los contratos." Ley 5/2012, de 6 de julio, de mediación en asuntos civiles y mercantiles.

Será también motivo de anulabilidad, que el acuerdo no sea firmado por las partes, tal como establece el artículo 23.2 de la LMACM.

Incluso se valora que sea causa de anulabilidad si del acuerdo de mediación no se hace entrega de un ejemplar a alguna de las partes o al mediador, tal como determina el artículo 23.3 de la LMACM.

3. EL ACUERDO DE MEDIACIÓN O NEGOCIO JURÍDICO MEDIADO

El acuerdo de mediación es el contrato por el que las partes solucionan, de manera total o parcial, la controversia sometida a mediación, evitando así un litigio y poniendo fin al ya iniciado[408]. Sin embargo, veremos que este acuerdo puede tener eficacia jurídica superior a la reconocida a un contrato privado entre partes.

3.1. Introducción

La terminación del procedimiento de mediación se regula en el artículo 22 de la LMACM en donde se prevé que la misma puede finalizar en acuerdo o sin acuerdo cuestión que surge al final del proceso, pero no necesariamente debe surgir cuando ya se han llevado a cabo todas las fases previstas en la ley, ya que las partes a raíz del principio de voluntariedad y libre disposición pueden dar por terminada la mediación en cualquier momento, por lo que se dará por finalizada la mediación siempre y cuando se proceda a la firma por las partes y el mediador de

[408] VILLAR FUENTES, I. “El acuerdo de mediación”, *cit*... pp. 119-124.

lo que se conoce como acta final de la mediación, tal y como se regula en el artículo 22 apartado segundo de la LMACM.

Encontramos también la posibilidad de que el mediador aprecie que las posiciones de las partes son irreconciliables y por ello se dará la terminación del procedimiento a instancia del mediador. Con este poder de decisión que se otorga al profesional, se podrá poner fin a la mediación en supuesto de desigualdad de poder, desequilibrio entre las partes, falta de colaboración por alguna de las partes o bien que considere imposible que el procedimiento alcance la finalidad perseguida a través de la mediación y considere más adecuado otro procedimiento para ello. Tal como indica ORTIZ PRADILLO[409], estas posibilidades se contemplan de forma más detallada en algunas normativas autonómicas como en la ley de mediación de Madrid[410], en la de Asturias[411] o en la del País Vasco[412].

En la fase de terminación del proceso encontramos reflejada la finalidad del procedimiento de mediación y nos permitirá una mejor comprensión del conflicto ya que podremos analizar el procedimiento a raíz del resultado del acuerdo. Tal como se indica en el Libro Verde, esta parte constituye una

---

409 ORTIZ PRADILLO, J. C.: Análisis de los principios informadores de la mediación en materia civil y mercantil. Boletín del Ministerio de Justicia, LXV(2135). 2011. Pp. 16 y ss. [en línea] [Consultado en 10 de enero de 2024] Disponible en: https://revistas.mjusticia.gob.es/index.php/BMJ/article/view/6424

410 Artículo 19 de la Ley 1/2007, de 21 de febrero, de Mediación Familiar de la Comunidad de Madrid, BOE núm. 153, de 27 de junio de 2007 y BOCM núm. 54 de 5 de marzo de 2007.

411 Artículo 14 de la Ley 3/2007, de 23 de marzo, de Mediación Familiar, BOE núm. 170, de 17 de julio de 2007 y BOPA núm. 81, de 9 de abril de 2007.

412 Artículo 24 de la Ley 1/2008, de 8 de febrero, de Mediación Familiar, BOE núm. 212, de 3 de septiembre de 2011.

fase especialmente delicada donde se debe garantizar que el acuerdo celebrado sea un verdadero acuerdo[413].

El acuerdo de mediación en sí mismo es un efecto jurídico. En primer lugar, debemos tener en consideración que el acuerdo de mediación pone término a la mediación y se identifica con los puntos en común alcanzados respecto a la disputa, el mismo se regula en el artículo 23 de LMACM. Hablamos de acuerdo de mediación cuando nos referimos a las cuestiones que las partes han considerado adecuadas para poner fin al conflicto por el que acudieron al procedimiento de mediación. Según indica BONET NAVARRO, *el acuerdo de mediación, desde el punto de vista del Derecho sustantivo, constituye un contrato de transacción, tal y como aparece conceptuado en el artículo 1809 del Código Civil: contrato por el cual las partes, dando, prometiendo o reteniendo cada una alguna cosa, evitan la provocación de un pleito o ponen término al que habían comenzado. Es decir, el acuerdo de mediación no es sino una transacción asistida a través de un procedimiento específico regulado en la Ley*[414].

El acuerdo puede ser total o parcial, haciendo referencia a que en el acuerdo parcial sólo se contemplan algunos puntos del conflicto llevado a mediación, en este caso tal como indica BARONA VILAR[415], queda abierta la posibilidad de plantear a través de otros medios, la resolución parcial del conflicto. Cuestión reseñable es que el efecto jurídico del acuerdo será

---

413 Considerando 83 del Libro Verde sobre las modalidades alternativas de solución de conflictos en el ámbito del derecho civil y mercantil presentado por la Comisión de las Comunidades Europeas. Bruselas, 19 de abril de 2002.

414 BONET NAVARRO, A. (2013). *Proceso Civil y Mediación. Su análisis en la Ley 5/2012, de mediación en asuntos civiles y mercantiles.* Thomson Reuters Aranzadi.

415 BARONA VILAR, S. (2013). Mediación en asuntos civiles y mercantiles en España tras la aprobación de la Ley 5/2012 de 6 de julio. Tirant Lo Blanch.

diferente si el mismo es total, es decir, se llega a acuerdo sobre todo el objeto de mediación o si el mismo es parcial, es decir, si se llega a acuerdo sobre algunos de los elementos que componían el conflicto.

Además, del mismo acuerdo sea total o parcial surgirá otro efecto que es la redacción del mismo por escrito o de lo que se conoce como acta de acuerdo, debiendo fijarse por escrito lo acordado de forma clara y comprensible. Esto es esencial para que posteriormente surja otro efecto del que ya hablaremos más adelante que se conoce como la formalización del título ejecutivo.

El acuerdo de mediación se regula en el artículo 23 de la LMACM en donde se determina que el mediador es el guía que tiene la obligación de ayudar a las partes a construir y formalizar el acuerdo, pero sólo las partes decidirán si suscriben el acuerdo o no[416]. En cualquier caso, el acuerdo es un compromiso que toman las partes para poner fin a su conflicto o, al menos, mejorarlo[417].

Es interesante cómo TAMAYO HAYA[418] refleja que se separa la mediación del acuerdo de mediación. Defiende la denominación de negocio jurídico mediado en vez de acuerdo de mediación ya que entiende que con esta calificación lo que hace es equiparar mediación con solución cuando la mediación únicamente es el vehículo para llegar al resultado.

---

416 CARRETERO MORALES, E.: *La mediación civil y mercantil en el sistema de justicia*. Dykinson. 2016.

417 GONZÁLEZ FERNÁNEZ, A. I.: *La mediación como método de resolución de controversias* [Tesis Doctoral]. Universidad de Vigo, Escola Internacional de Doutoramento. 2022.

418 TAMAYO HAYA, S.: "Artículo 22. Terminación del procedimiento". en *Mediación en asuntos civiles y mercantiles, Comentarios a la Ley 5/2012*. Reus. 2012. p. 272.

El acuerdo de mediación al que hacemos referencia en este apartado es el acuerdo transaccional resultante de una mediación, aunque en la realidad acuerdo de mediación puede confundirse con el acuerdo por el que dos partes se obligan a intentar una mediación, habiendo diferenciado nosotros previamente estas cuestiones ya que a este acuerdo de intento de mediación lo hemos denominado como pacto o compromiso de sometimiento a mediación.

La LMACM no nos da una definición de acuerdo de mediación, aunque pone a nuestro alcance algunos términos a través de los cuales podemos configurarla. En primer lugar, entendemos que el acuerdo es el fin del MASC de mediación. Del artículo 23 de la LMACM podemos extraer tres características, la primera es que el acuerdo debe versar sobre una parte o sobre la totalidad de las materias sometidas a mediación y debe especificarse las obligaciones que cada parte asume, el segundo requisito es la obligación del mediador de informar a las partes del carácter vinculante del acuerdo; y, en tercer lugar, se especifica que contra lo convenido en el acuerdo, sólo podrá ejercitarse la acción de nulidad por las causas que invalidan los contratos.

3.2. El *animus contrahendi*

El acuerdo de mediación es un contrato entre las dos partes que difieren en cómo solucionar el conflicto, por tanto, es un negocio jurídico de carácter bilateral generador de obligaciones. En el acuerdo se deben reflejar la controversia surgida entre las partes y, por otro lado, las obligaciones recíprocas que surgen del mismo. Resulta especialmente importante resaltar que la Exposición de Motivos de la LMACM indica que no se determina de forma necesaria el contenido del acuerdo restaurativo o reparatorio.

Según lo extraído podemos afirmar que no habrá acuerdo de mediación siempre y cuando las partes no hayan manifestado su voluntad común de quedar vinculadas, es decir, es completamente necesario el *animus contrahendi* exigible para cualquier contrato.

En este momento se extiende el *animus contrahendi* del contrato de mediación puesto que para llegar al acuerdo es necesario que las partes hayan mantenido su voluntad de continuar en el procedimiento de mediación y seguirá siendo necesaria la voluntad para concluir la mediación con el llamado acuerdo de mediación.

3.3. Requisitos formales

En el régimen jurídico del acuerdo de mediación concurren requisitos de forma que condicionan su validez y de documentación que afectarán a su eventual configuración como título ejecutivo.

En cuanto a la forma, el acuerdo de mediación debe estar hecho por escrito como condición de su validez[419]. Por tanto, no cabe admitir la validez de un acuerdo verbal de mediación ya que, si el acuerdo no se formaliza por escrito, nos encontraremos con un acuerdo de mediación *in itinere*, es decir, en formación pero que no se ha concluido todavía[420]. La condición de la formalización por escrito parece obvia puesto que al acuerdo se le reconocerá eficacia jurídica siempre y cuando sea elevado a escritura pública ante Notario.

Por otro lado, la firma del acuerdo de mediación es otro requisito de la formalización del acuerdo ya que el mismo debe

---

[419] VILLAR FUENTES, I.: "El acuerdo de mediación", cit… pp. 119-124.

[420] DIEZ-PICAZO, L: *Fundamentos del Derecho Civil Patrimonial: Introducción Teoría del Contrato: Vol. I.* Civitas. 2012.

estar firmado por los sujetos que lo suscriben y que se obligan en virtud de su contenido. De la redacción del artículo 23 apartado 2 de la LMACM deducimos que las partes a las que afecta el acuerdo son las que deben firmarlo, por lo que el mediador no debe firmar el acuerdo, aunque sí firmará el acta final como veremos más adelante. Sólo cuando el documento haya sido firmado puede decirse que el contrato se ha perfeccionado y existe jurídicamente[421]. Se incluye además en la LMACM que la firma del acuerdo deberá realizarse en el plazo máximo de diez días desde el acta.

En el caso del derecho portugués esta cuestión es especial porque según el artículo 20 de la *Lei de Mediação* el contenido del acuerdo se determinará libremente por las partes, al igual que ocurre en la LMACM, sin embargo, cuando el acuerdo se plasma por escrito deberá ser firmado por las partes y también por el mediador. No hace referencia a que esto sea el acta final de la mediación, sino que es el propio acuerdo y el mismo debe firmarse por el tercero profesional, esto no quiere decir que el mediador deba imponer la solución, la solución siempre viene dada por el acuerdo entre los sujetos.

Como consecuencia de la firma surgirá un efecto procesal que es el inicio de la fecha de caducidad de la acción ejecutiva del acuerdo. De este modo, desde que se firma el acuerdo se comienzan a contabilizar los cinco años de caducidad contemplado en el artículo 518 LEC[422]. Y, a su vez, determina el plazo

---

421 LÓPEZ DE ARGUMEDO, A., & FERNÁNDEZ DE LA MELA, J. M. (s. f.). El acuerdo de mediación. *Uría Menéndez*. [en línea] [Consultado en 10 de enero de 2024] Disponible en: https://www.uria.com/documentos/publicaciones/4481/documento/20150116_um.pdf?id=5651

422 Artículo 518 de la LEC: Caducidad de la acción ejecutiva fundada en sentencia judicial, o resolución arbitral o acuerdo de mediación.: La acción ejecutiva fundada en sentencia, en resolución del tribunal o del Letrado de la Administración de Justicia que apruebe una transacción

de espera para el ejercicio de la acción ejecutiva, que es de veinte días desde la firma del acuerdo de mediación regulado en el artículo 548 LEC[423].

Tras haber analizado los requisitos de forma, analizaremos los de documentación. Debe quedar constancia del acuerdo de mediación de dos formas, en primer lugar, en el acta final y, en segundo lugar, tiene que redactarse en un documento separado y concreto en el que se recogen los acuerdos alcanzados. De ambos documentos debe entregarse un ejemplar a cada una de las partes y el mediador se reservará otro para su conservación. Este requisito de documentación no constituye un presupuesto de validez, pero sí condicionan la posibilidad de configurar el acuerdo de mediación como título ejecutivo mediante su elevación a público[424].

3.3.1. Contenido del acuerdo de mediación

El acuerdo debe ser el reflejo de la voluntad de las partes, es decir, debe redactarse de forma clara y adecuada para evitar

---

judicial o un acuerdo alcanzado en el proceso, en resolución arbitral o en acuerdo de mediación caducará si no se interpone la correspondiente demanda ejecutiva dentro de los cinco años siguientes a la firmeza de la sentencia o resolución.

423 Artículo 548 de la LEC: Plazo de espera de la ejecución de resoluciones procesales o arbitrales o de acuerdos de mediación: No se despachará ejecución de resoluciones procesales o arbitrales o de acuerdos de mediación, dentro de los veinte días posteriores a aquel en que la resolución de condena sea firme, o la resolución de aprobación del convenio o de firma del acuerdo haya sido notificada al ejecutado.

424 LÓPEZ DE ARGUMEDO, A., & FERNÁNDEZ DE LA MELA, J. M. (s. f.). El acuerdo de mediación. *Uría Menéndez.* [en línea] [Consultado en 10 de enero de 2024] Disponible en: https://www.uria.com/documentos/publicaciones/4481/documento/20150116_um.pdf?id=5651

errores. VILLAR FUENTES[425] nos identifica que los pactos a los que se obligan las partes deben ser: claros y operacionales, es decir, las partes deben saber con claridad lo que cada parte tiene que hacer, cómo y cuándo, sin dar lugar a confusiones o malos entendidos; realistas, ya que ambas partes tienen que estar verdaderamente capacitadas para cumplir los pactos a los que se compromete; y, suficientes, es decir, que cubran los aspectos necesarios para alcanzar el resultado necesario sin que sea necesario realizar negociaciones adicionales con posterioridad.

Si el acuerdo se redacta de forma correcta, no habrá problema alguno con su cumplimiento. Esta cuestión nos lleva a plantearnos quién debe ser el encargado de la redacción del acuerdo. El anteproyecto de ley de mediación establece que deben ser las partes las que lo redacten ya que técnicamente el mediador no forma parte de ese acuerdo, sin embargo, otras normativas como la ley de mediación de Cantabria[426], especifican que, para el caso de que haya acuerdo en el procedimiento de mediación, será el mediador el que tiene el deber de redactar, firmar, y entregar el documento final del acuerdo.

En el artículo 23 se entiende a su vez que en el propio acuerdo debe constar la identidad y domicilio de las partes, el lugar y fecha en que se suscribe, las obligaciones que cada uno asume e identificar el acuerdo y el proceso de mediación como ajustado a las previsiones de esta ley, indicando además el mediador o mediadores que han intervenido y, en su caso, la institución de mediación. Entendemos que el objeto del acuerdo de mediación queda determinado en el acta de la sesión constitutiva donde se fijaron ya las cuestiones objeto de debate según el conflicto.

---

425 VILLAR FUENTES, I.: "El acuerdo de mediación", *cit*... pp. 119-124.

426 Artículo 29, letra g, Ley 1/2011, de 28 de marzo, de Mediación de la Comunidad Autónoma de Cantabria. BOE núm. 99 de 26 de abril de 2011.

Culmina el acuerdo con la firma de las partes o sus representantes, siempre y cuando las partes hayan sido representadas en el procedimiento de mediación, es decir por sus abogados u otros asesores jurídicos, entregándose además un ejemplar a cada una de las partes y reservando uno para el mediador.

En el acuerdo, así como verbalmente por el mediador, se debe informar a las partes del carácter vinculante del acuerdo alcanzado y de que pueden instar su elevación a escritura pública al objeto de configurar el acuerdo como título ejecutivo, por ello es necesario que conste en el acuerdo que el procedimiento de mediación se ha seguido de conformidad con las previsiones de la Ley.

Acudimos al artículo de MATEO VILLA[427] para comparar esta elevación a escritura pública de un acuerdo de mediación con la publicidad registral del acta de conciliación llevada a cabo por un registrador. Según el artículo 342 del Reglamento Hipotecario, también podrán expedir los registradores, a petición de los interesados, certificaciones de los documentos que conserven en su archivo y respecto de los cuales puedan considerarse como sus archiveros naturales.

En el caso de la conciliación llevada a cabo por el registrador, para emitir la certificación del acuerdo, es necesaria la solicitud expresa de publicidad y la alegación del interés legítimo, el cual será calificado por el registrador. En el caso del acuerdo de mediación, es suficiente el interés de las partes para que el acuerdo sea un título ejecutivo.

El contenido de la certificación, por otra parte, entendemos que es igual que la elevación del acuerdo a escritura pública, puesto que el contenido debe incluir el acuerdo completo,

---

427 MATEO VILLA, I.: "Del artículo 103 bis de la Ley Hipotecaria: la conciliación tramitada por el registrador (Tercera parte).", en *Revista crítica de Derecho Inmobiliario,* 791, 2022, pp. 1339-1386.

sin omitir ningún extremo, de forma que no se altere sustancialmente el contenido. Sin embargo, plantean como dudosa la inclusión de los aspectos procesales de la tramitación de la conciliación, considerando suficiente indicar que el acuerdo es fruto de un procedimiento de conciliación y el número de expediente asignado por el registrador, mientras que en el caso del acuerdo de mediación es necesario incluir muchos datos del proceso, así como del mediador, como hemos visto con anterioridad.

Otra cuestión destacable del acuerdo de mediación es que es un contrato pudiendo identificar que las partes ceden, dan y asumen obligaciones que se reflejan por escrito en el acuerdo. Por tanto, debe quedar claramente definido el contenido material de los acuerdos para que las partes sepan en cualquier momento a qué tienen que hacer frente. Es importante tener en cuenta que las partes pueden acordar lo que quieran, con el único límite de lo dispuesto en el ordenamiento jurídico ya que obviamente no pueden formular acuerdos que sean contrarios a Derecho,[428] y, que los mismos van a tener fuerza de ley.

3.3.2. Validez del acuerdo de mediación

La validez del acuerdo de mediación es igual a la de un contrato firmado por las partes, siempre y cuando el acuerdo se haya firmado por las partes y el mediador. Este acuerdo es vinculante, por lo que las partes están obligadas por lo establecido en el acuerdo.

---

428 En virtud de lo establecido en el artículo 1255 CC, los contratantes pueden establecer los pactos, cláusulas y condiciones que tengan por conveniente, siempre que no sean contrarios a las leyes a la moral ni al orden público.

Tal como dice CARRETERO MORALES[429], los acuerdos entre las partes *de conformidad con el principio de libertad de forma de los negocios jurídicos que rige en nuestro ordenamiento jurídico, tendrán plena eficacia, cualquiera que sea su forma, siempre que concurran las condiciones esenciales para su validez y existencia.*

El acuerdo tiene fuerza vinculante ya que el mismo constituye un contrato entre las partes que se basa en su autonomía de la voluntad y así se lo debe transmitir el mediador a las partes advirtiéndoles además de la posibilidad que tienen de hacer valer el acuerdo ante los tribunales en caso de incumplimiento de las obligaciones pactadas y contenidas en el acuerdo.

Como señala PELAYO LAVÍN[430], se pronuncia la Directiva de 2008 en este sentido al establecer que *los Estados miembros deben garantizar que dichos acuerdos tengan estos efectos,* dispone que *los acuerdos podrán alcanzar carácter ejecutivo a través de una sentencia, resolución o acto auténtico emanado de un órgano jurisdiccional u otra autoridad competente.*

A raíz de esto, con la entrada en vigor de la LMACM, se introduce un nuevo aspecto por el que las partes, siempre que las mismas estén conformes, pueden instar la elevación de dicho acuerdo a escritura pública. Esto quiere decir que el acuerdo de mediación tendrá el mismo valor que un título judicial.

Para poder elevar a escritura pública el acuerdo, el notario debe verificar el cumplimiento de los requisitos exigidos en la ley, así como comprobar que el contenido del acuerdo no sea contrario a Derecho ni afecte a menores o personas con discapacidad. Además, las partes deben presentar al notario copia de las actas de la sesión constitutiva y final del procedimiento.

---

429 CARRETERO MORALES, E.: *La mediación civil y mercantil en el sistema de justicia.* Dykinson. 2016.

430 PELAYO LAVÍN, M.: *La mediación como vía complementaria de resolución de conflictos* [Tesis doctoral]. Universidad de Salamanca. 2011.

Otra posibilidad ante la que nos encontramos es que la mediación haya sido intrajudicial, en este caso, encontrándose suspendido el proceso a petición de las partes, una vez sea alcanzado el acuerdo, las partes podrán solicitar del tribunal su homologación del acuerdo según lo dispuesto en la LEC[431].

3.4. Los sujetos

Como hemos recalcado en reiteradas ocasiones, son las partes que tienen el conflicto las que llegan al acuerdo libremente y auxiliadas por un tercero. Este tercero es el mediador que será mero facilitador, pero son las partes en sí quienes solucionan el conflicto. Con este recordatorio ya podemos decir que el mediador no será sujeto del acuerdo de mediación, aunque sí lo sea en el acta final. El mediador debe quedar al margen de los acuerdos adoptados entre las partes y por ello quedará fuera también del contrato que surge del acuerdo de mediación, es decir, el mediador se encontrará al margen del negocio jurídico mediado.

Teniendo en cuenta que el mediador debe mantenerse al margen del acuerdo de mediación, las partes en conflicto son las que son sujetos reales del acuerdo de mediación ya que ellas mismas son las que han redactado el documento final. Pongámonos en la situación en la que existen varias partes enfrentadas en conflicto, es posible que algunas lleguen entre sí a determinados acuerdos por lo que serán sujeto del acuerdo

---

431 El artículo 415 de la Ley 1/2000, de 7 de enero, de Enjuiciamiento Civil, regula el intento de conciliación o transacción, sobreseimiento por desistimiento bilateral y la homologación y eficacia del acuerdo. Expresamente indica "*comparecidas las partes, el tribunal declarará abierto el acto y comprobará si subsiste el litigio entre ellas. Si manifestasen haber llegado a un acuerdo o se mostrasen dispuestas a concluirlo de inmediato, podrán desistir del proceso o solicitar del tribunal que homologue lo acordado*"

y también es posible que se lleguen a acuerdos parciales sobre algunas de las cuestiones, pero no sobre otras.

En cualquiera de los casos, ni el mediador ni la institución de mediación son sujetos del acuerdo, pero sí lo son las partes que lleguen a los diversos acuerdos a lo largo del procedimiento de mediación.

3.5. Efectos jurídicos del acuerdo de mediación

La eficacia del acuerdo obtenido en la mediación depende de que ambas partes quieran aceptar y respetar la vinculación. En el acuerdo obtenido tras la mediación, las partes están vinculadas. Si una de las partes no quisiera cumplir con ese acuerdo se debe discernir el contenido y fuerza de ese acuerdo y para ello se hará uso de un proceso civil, por ello la mediación está relacionada con el proceso jurisdiccional[432].

El acuerdo de mediación está llamado a desplegar determinados efectos en tres planos diferentes. El primero de ellos es el obligacional, esto es evidente ya que el acuerdo de mediación es un contrato y como tal es fuente de obligaciones que tienen fuerza de ley entre las partes. Una vez perfeccionado, el acuerdo obligará a las partes a cumplir lo expresamente pactado, así como todas las consecuencias conformes a la buena fe, al uso y a la ley. Igualmente, las partes quedan obligadas a no plantear el mismo conflicto en vía judicial o arbitral.

El segundo plano es la eficacia procesal entendiendo que sólo el acuerdo de mediación homologado judicialmente podrá hacerse valer por medio de una excepción procesal. Cual-

---

432 BONET NAVARRO, A., CALATAYUD SIERRA, A., HERRERO PEREZAGUA, J. F., & LÓPEZ SÁNCHEZ, J.: *Proceso civil y Mediación: Su análisis en la Ley 5/2012, de mediación en asuntos civiles y mercantiles* (1.ª ed.). Aranzadi. 2013.

quier otro acuerdo de mediación será únicamente oponible como excepción material.

Y, en último lugar, encontramos el plano de la eficacia ejecutiva para lo que es necesaria su elevación a escritura pública o bien el sometimiento del acuerdo de mediación al juez para su homologación. El artículo 517.2.2° LEC incluye el acuerdo de mediación los que hayan sido elevados a escritura pública como título ejecutivo y ellos llevan aparejada ejecución por el número 3° del mismo artículo de la LEC. Y, por otro lado, la LMACM en su artículo 25 establece el régimen de formalización del acuerdo de mediación como título ejecutivo de dos formas: por un lado, la elevación a escritura pública del acuerdo de mediación y, por otro lado, su homologación judicial[433].

Tras esta visión genérica de los efectos del negocio jurídico mediado, procedemos a analizar algunos efectos específicos que derivan de los planos obligaciones, procesal y ejecutivo.

3.5.1. Devolución de los documentos a las partes

Como consecuencia de la aportación de documentos que se realizan por las partes al mediador, es necesario para su protección seguir los pasos indicados en la LMACM y en la Ley de Protección de Datos[434]. Igualmente, se establece en el PLMEP, en su artículo 8 titulado confidencialidad y protección de datos, que el proceso de negociación y la documentación utilizada en el mismo son confidenciales.

---

433 LÓPEZ DE ARGUMEDO, A., & FERNÁNDEZ DE LA MELA, J. M. (s. f.). "El acuerdo de mediación". *cit...*

434 Ley Orgánica 3/2018, de 5 de diciembre, de Protección de Datos Personales y garantía de los derechos digitales. BOE núm. 294, de 6 de diciembre de 2018.

Tal y como establece la LMACM en su artículo 22.1 en su párrafo segundo, con la terminación del procedimiento es necesario *devolver a cada parte los documentos que hubiesen aportado*, este requisito lo entendemos como consecuencia del principio de confidencialidad regulado en su artículo 9 en donde se indica que tanto el procedimiento como la documentación utilizada en el mismo son confidenciales. Además, el mediador se encuentra con la prohibición de comunicar o distribuir la información o documentación que las partes hubieren aportado al procedimiento, por lo que con la finalización del mismo se deberán devolver a cada parte los documentos por ellas aportados.

A continuación, en el mismo artículo 22, se indica que con los documentos que no hubieren de devolverse a las partes, se formará un expediente que deberá conservar y custodiar el mediador o la institución de mediación, por un plazo de cuatro meses desde la finalización del procedimiento.

Entendemos de esta redacción que los documentos que no deben devolverse serán por ejemplo, las actas que constituyen el expediente del procedimiento de mediación. Esta documentación se mantiene por el mediador o por la institución obligatoriamente durante esos cuatro meses, pero no tiene por qué destruirla cuando pasa ese plazo de tiempo. Por tanto, esa documentación será un registro que mínimo permanecerá durante cuatro meses. Igualmente consideramos que esa documentación puede quedar digitalizada permanentemente en los propios ficheros de los profesionales.

3.5.2. Redacción del acta final

Como hemos mencionado con anterioridad, la terminación del procedimiento de mediación y acuerdo de mediación no siempre van unidos, pero lo que sí debe darse en cualquier caso es la finalización a través de un acto formal conocido como acta final. Este acta es el documento que indica la conclusión del procedimiento de mediación incluyendo en su redacción el resultado del mismo.

El acta final, al igual que ocurrió en su momento con el acta constitutiva, debe ser firmada por las partes y por el mediador, identificando así la conformidad con lo reflejado en la misma relativo a la terminación del procedimiento. Debemos resaltar además que se impone el principio de libertad de forma de esta acta, aunque debe cumplirse con las especificaciones contempladas en el artículo 22.3 de la LMACM.

En la LMACM se contempla también la posibilidad de que una de las partes no quiera firmar el acta final indicando que el mediador reflejará esta situación en el escrito para evitar el bloqueo de esta situación, entendiendo que con ello se pretende evitar a su vez que se alargue de forma indefinida la suspensión de los plazos de prescripción y caducidad de los que se benefician las partes al encontrarse en un procedimiento de mediación.

Queremos destacar que, en el derecho portugués, antes de la firma del acuerdo final se prevé que se pueda suspender el procedimiento de mediación para verificar si los acuerdos provisionales serían efectivos entre las partes, es decir, si funcionaría su aplicación. Esto se regula en el artículo 22 de la *Lei de Mediação* donde además se prevé que si las partes acuerdan suspender el procedimiento de mediación para comprobar si los acuerdos a los que han llegado son viables, no perjudica a la suspensión de los plazos de caducidad y prescripción para la vía judicial.

3.5.3. La formalización del título ejecutivo

En este momento encontramos la posibilidad de formalización del acta como título ejecutivo frente a la otra parte, que siempre deberá elevarse a escritura pública para que adquiera esa fuerza. Este contrato acompañará a la demanda ejecutiva como complemento obligatorio de la misma, al igual que lo hará el acuerdo alcanzado por las partes con la posibilidad de formalizarlo como título ejecutivo, tal y como exige el artículo 550 de la LEC.

En el derecho portugués resulta interesante recalcar que igualmente el acuerdo de mediación puede tener fuerza ejecutiva, sin embargo, en el artículo 9 de la *Lei de Mediação* se prevé la posibilidad de que dicho acuerdo tenga fuerza ejecutiva sin necesidad de homologación judicial. Esto será así siempre que se trate de un conflicto que pueda ser objeto de mediación y para el cual la ley no requiera aprobación judicial. Para ello el acuerdo debe ser conforme a la ley y el procedimiento de mediación ha debido mantener una constante intervención de un profesional mediador de la lista oficial del Ministerio de Justicia de Portugal. Para el caso de que se cumplan estos requisitos y se plasme el acuerdo por escrito recabando la firma de las partes y del mediador como hemos mencionado con anterioridad, dicho acuerdo tiene total eficacia y se asegura así su fuerza ejecutiva[435].

Aun así, el artículo 14 de la *Lei de Mediação* regula los requisitos para la homologación judicial del acuerdo obtenido de la mediación, tanto cuando sea obligatorio por imposición legal como cuando las partes lo soliciten voluntariamente siempre de forma conjunta. El objeto de esta aprobación judicial es verificar si el litigio puede ser objeto de mediación, si las partes disponen de capacidad para celebrarlo, si se respetan los principios generales del derecho, si se respeta la buena fe, si no

---

435 ALVES MACHADO MAGALHÃES, L. M.: *Mediação: Alguns aspectos no contexto da Lei no29/2013 de 19 de Abril. A mediabilidade dos litígios e a trasacção.* [Dissertação]. Faculdade de Direito da Universidade Lusófona do Porto. 2012.

constituye abuso de derecho y si el contenido del acuerdo no viola el orden público.

3.5.4. La ejecución del acuerdo

Como hemos visto anteriormente, existen acuerdos surgidos de mediación intrajudicial así como de mediación extrajudicial. En cada caso puede haber lugar a acuerdos o a finalizar la mediación sin acuerdo.

En el supuesto en el que de la mediación intrajudicial no surja un acuerdo, se comunicará al juzgado copia de la no adopción de acuerdo alguno y conclusión del proceso de mediación para que continúe el procedimiento por vía judicial.

En el caso de que sí haya un acuerdo en la mediación intrajudicial, se acudirá al juez para entregar el acuerdo y el mismo podrá homologarlo, así se contempla en el artículo 25 apartado cuarto de la LMACM. En este caso, el juez será el encargado de comprobar que el acuerdo de mediación es adecuado al Derecho y que la totalidad de los mismos se refieren a derechos disponibles para las partes, además, se encargará de ejecutar el acuerdo de mediación.

En el caso de que las partes no lleven a cabo el acuerdo firmado, nos encontramos con un incumplimiento, bien total o parcial del acuerdo derivado de la mediación intrajudicial, por tanto, la resolución judicial que homologue el acuerdo de mediación será susceptible de ejecución ante el mismo Juzgado que conoció del proceso[436] ya que adquirirá automáticamente fuerza ejecutiva.

---

436 Regulado en los artículos 25.4 de la Ley 5/2012 y el artículo 517.2.3º de la Ley de Enjuiciamiento Civil.

La profesora BARONA VILAR[437] plantea que, aunque este acuerdo tenga fuerza ejecutiva, no tendrá eficacia de cosa juzgada ya que no hay decisión que haya juzgado el conflicto planteado, además de que *el acuerdo vincula a las partes no porque se le otorgue el efecto de cosa juzgada, sino por el ejercicio de la autonomía de la voluntad que ha llevado a consensuar y asumir una decisión pactada, debiendo quedar vinculada a la misma a través de su conversión en título ejecutivo.*

En el supuesto del incumplimiento de un acuerdo de mediación extrajudicial, debemos ver, en primer lugar, si el mismo ha sido elevado a escritura pública, según lo estipulado en el artículo 25 apartado primero de la LMACM, o si se ha homologado por el juzgado, por ello, se le habría atribuido al acuerdo el mismo efecto vinculante que tiene cualquier contrato, de este modo, las partes deberán ajustar su conducta a lo reglamentado en el acuerdo de mediación. Como indica BARONA VILAR, *la atribución potencial del valor de título ejecutivo, por decisión de partes, es un mecanismo de presión, que favorece que las partes actúen bajo los principios de lealtad, buena fe y colaboración con los mediadores y la otra parte contraria.*

En el caso de la mediación extrajudicial será el notario quien debe verificar que el acuerdo es conforme a Derecho y que el acuerdo ha surgido de un procedimiento que ha cumplido fielmente con los requisitos de la LMACM.

Tras lo mencionado nos preguntamos cómo se ejecutaría este acuerdo si no se ha homologado o elevado a escritura pública. Pues bien, se obliga a las partes a instar la ejecución mediante una acción declarativa de derecho. Para el caso de que el acuerdo sea un título ejecutivo, se realizará del mismo modo que la ejecución de la mediación intrajudicial.

---

437 BARONA VILAR, S.: *Mediación en asuntos civiles y mercantiles en España tras la aprobación de la Ley 5/2012 de 6 de julio,* cit...

La elevación a escritura pública del acuerdo de mediación, se basa en la necesidad de que se estudie por el notario o el juzgado la adecuación a derecho del contenido del acuerdo de mediación ya que este acuerdo se convertirá en un título ejecutivo, por lo que, si no se cumplen con los requisitos, el notario o el juez puede negarse a elevar el acuerdo a escritura pública u homologarlo.

La Directiva de 2008 aborda este asunto y así lo especifica ORTIZ PRADILLO[438] indicando que la misma *prevé un procedimiento para que las partes, o una de ellas con el consentimiento explícito de las demás, puedan solicitar que dicho acuerdo adquiera carácter ejecutivo, y dado que nos encontramos ante litigios transfronterizos, el objetivo perseguido con la Directiva es fijar un procedimiento para que dicha ejecutividad sea también transfronteriza.*

La LMACM distingue entre los acuerdos que deberán ser ejecutados fuera de España y los que han sido alcanzados en otros países, pero han de ser ejecutados en España. Para poder analizar más en profundidad estos supuestos nos hacemos valer de lo indicado por CARRETERO MORALES[439], en primer lugar, respecto de lo regulado en el artículo 25 apartado tercero de la ley, en donde se estipula que para los acuerdos que deban ser ejecutados fuera de España, además de la elevación a escritura pública, será necesario el cumplimiento de los requisitos que pudieran exigir los Convenios internacionales en que España sea parte y las normas de la Unión Europea. Debemos distinguir dos supuestos, el caso en el que el acuerdo produzca efectos en otro Estado miembro de la Unión en donde serán de aplicación los distintos Reglamentos comunitarios,

---

438 ORTIZ PRADILLO, J. C.: "La mediación en asuntos civiles y mercantiles: propuestas para la incorporación de la Directiva 2008/52/CE al derecho español", *cit.*. p. 25.

439 CARRETERO MORALES, E.: *La mediación civil y mercantil en el sistema de justicia*, cit.…

y el supuesto de que los acuerdos se deban ejecutar en un país no miembro de la Unión Europea, en este caso se debe estar si existiera al régimen convencional existente en materia de reconocimiento y ejecución de resoluciones extranjeras, y si no existiera disposición aplicable, se deberá estar a la normativa interna específica del país donde se vaya a ejecutar el acuerdo.

Por otro lado, para los acuerdos de mediación que sean alcanzados en otro país que pretendan ser ejecutados en España, se regulan en el artículo 27 de la LMACM los requisitos necesarios, pero hay que distinguir según hablemos de acuerdos que provengan de algún Estado miembro de la Unión Europea de aquellos que lo hagan de otros Estados. Esto es así porque cuando los acuerdos provengan de un Estado miembro de la Unión Europea se estará a lo dispuesto en los Reglamentos comunitarios que regulen dicha materia, mientras que, si se trata de acuerdos alcanzados en países que no formen parte de la Unión Europea, se deberá determinar si existe convenio que sea de aplicación, pero, si no existiera, deberá estarse a las condiciones contempladas en el artículo 27 de la LMACM.

3.5.5. La nulidad del acuerdo de mediación

Tras analizar el acuerdo de mediación y su homologación, debemos hacer referencia a otro posible efecto que viene recogido en el artículo 23 apartado cuarto de la LMACM que indica que *contra lo convenido en el acuerdo de mediación sólo podrá ejercitarse la acción de nulidad por las causas que invalidan los contratos.*

En esta redacción encontramos varias cuestiones reseñables y es que, en primer lugar, se hace hincapié en el carácter contractual del acuerdo ya que se podrá ejercitar la acción de nulidad por las causas que invalidan los contratos de forma genérica por lo dispuesto en el CC. A continuación, debemos destacar que en este apartado se contempla la nulidad por causas tasadas, pero no se hace referencia en ningún caso a que el acuerdo pueda ser impugnado, ya que en cumplimiento de los principios de mediación el acuerdo alcanzado lo ha sido de forma voluntaria.

Por último, de esta frase debemos extraer cuáles son las causas por las que puede ejercitarse la acción de nulidad. Entendemos que la nulidad tiene lugar cuando el acto es contrario a las normas imperativas o prohibitivas[440], o cuando no tiene existencia por carecer de alguno de sus elementos esenciales[441].

A raíz de esto y según lo mencionado por BARONA VILAR[442], podrán considerarse como causas de nulidad del acuerdo de mediación: en primer lugar, haber excedido los límites de la autonomía de la voluntad en la conformación del acuerdo que se alcanza en mediación; en segundo lugar, la inexistencia, la falta absoluta de determinación o la ilicitud del objeto del acuerdo; en tercer lugar, la inexistencia o la ilicitud de la causa del acuerdo que será cuando el mismo se oponga a las leyes, a la moral o cuando contravenga una disposición legal o se lleve a cabo para causar daño a terceros; y, en cuarto y último lugar, cuando haya falta absoluta de forma si se exige por ley una determinada conformación formal, en el caso del acuerdo de mediación será difícil que surja esta última causa ya que no se establece una forma para el mismo en la LMACM.

Recalca CARRETERO MORALES[443] que habría de incluirse una causa de nulidad relativa a aquello que afecte al consen-

---

440 Artículo 6.3 del Real Decreto de 24 de julio de 1889 por el que se publica el Código Civil. Publicado en Gaceta de Madrid núm. 206, de 25 de julio de 1889.

441 Los contemplados en el artículo 1261 del Real Decreto de 24 de julio de 1889 por el que se publica el Código Civil. Publicado en Gaceta de Madrid núm. 206, de 25 de julio de 1889.

442 BARONA VILAR, S.: *Mediación en asuntos civiles y mercantiles…* cit.

443 CARRETERO MORALES, E.: *La mediación civil y mercantil en el sistema de justicia*, cit…

timiento otorgado por las partes ya que, si el mismo ha sido prestado por error, violencia, intimidación o dolo, será nulo el acuerdo según lo dispuesto en el artículo 1265 CC. Entendemos que esta causa de nulidad se encontraría comprendida como un subapartado dentro de la tercera causa mencionada con anterioridad ya que la misma se opondría a la norma.

4. LA MEDIACIÓN ELECTRÓNICA

4.1. Introducción

La evolución de la sociedad moderna como consecuencia del continuo nacimiento de tecnologías que además encontramos al alcance de todas las personas, propicia que a día de hoy se puedan automatizar un alto porcentaje de las tareas que deben realizarse, especialmente las relativas a la contratación.

Este avance se ha producido en especial por la llegada de la pandemia, en donde nos hemos visto obligados a cambiar nuestra forma de trabajo de forma radical, aprendiendo día a día a realizar el máximo de nuestras tareas en remoto y, como consecuencia de ello, se adoptó por el Parlamento Europeo en fecha 5 de julio de 2022 la Ley de Servicios Digitales, estableciendo así un nuevo marco normativo aplicable a los servicios intermediarios promoviendo un entorno online más seguro y equitativo[444].

---

[444] PINA, C. Ley de Servicios Digitales (DSA): un nuevo marco legal para las plataformas digitales de servicios intermediarios. *Garrigues Digital.* 2022,[en línea] [Consultado en 10 de enero de 2024] Disponible en: https://www.garrigues.com/es_ES/garrigues-digital/ley-servicios-digitales-dsa-nuevo-marco-legal-plataformas-digitales-servicios

Recordemos que el contrato digital es una versión electrónica de los contratos físicos que se crean y se firman en formato electrónico. Debemos mencionar también que existen beneficios frente a la forma tradicional de realizar un contrato como por ejemplo: que la firma se puede realizar sin importar la ubicación de la persona que requiera firmarlo; que la información que contiene el contrato electrónico se mantiene íntegra sin que sea posible que sea alterado o, para el caso de que se modifique, cualquier variación que se realice será detectable; se eliminan los costes de desplazamiento e impresión; y, su almacenamiento digital hace que sean fácilmente accesibles desde cualquier lugar. El contrato digital trae consigo muchos beneficios, pero esto no implica que las partes se vean exentas de conflictos que puedan surgir entre ellas por el propio contenido del contrato.

Las alternativas a la resolución de estos posibles conflictos conocidas de forma global como ADR (*Alternative Dispute Resolution*) pasan a denominarse ODR (*Online Dispute Resolution*) cuando entra en juego un medio de comunicación a distancia, en ocasiones podemos encontrar la referencia a este sistema utilizada por algunos autores españoles como Resolución de Litigios en Línea (RLL). En estos casos la controversia puede resolverse en línea, aunque continúa siendo un sistema de resolución alternativa de litigios que alberga tanto: negociación, conciliación, mediación, arbitraje y demás figuras híbridas, que hace uso de nuevas tecnologías de la información y comunicación.

En materia de ODR encontramos a lo largo de la normativa algunos guiños que hacen referencia a esta posibilidad de resolución de litigios en línea. La primera referencia a esta modalidad de vías alternativas de resolución de conflictos la encontramos en el RD 231/2008[445] donde se introdujo el arbitraje de consumo electrónico adaptando así este ADR a los medios de comunicación a distancia[446]. Seguidamente, la Unión Europea avanza en esta materia a través del Reglamento nº 524/2013[447] en consideración a la libre circulación de mercancías y servicios, promoviendo la confianza de los consumidores en la dimensión digital, a partir de este la Comisión Europea puso en marcha una plataforma electrónica de resolución de conflictos en línea[448]. Encontramos también guiño a los ODR en materia de mediación con el RD 980/2013, ya analizado en el capítulo anterior, donde se regula el procedimiento simplificado de mediación por medios electrónicos.

Tal y como indica CATALÁN CHAMORRO[449], debido a la velocidad con la que se desarrollan estas nuevas tecnologías de la información y la comunicación, no podemos dar una definición cerrada y tasada de lo que es ODR porque corremos el riesgo de que la misma quede desfasada[450]. Simplemente pode-

---

445 Real Decreto 231/2008, de 15 de febrero, por el que se regula el Sistema Arbitral de Consumo. BOE núm. 48, de 25 de febrero de 2008.

446 Para ampliar información en esta materia acudir a CATALÁN CHAMORRO, M. J. : *Acceso a la Justicia de los Consumidores a través del ADR y del ODR* [Tesis doctoral]. Facultad de derecho de la Universidad de Valencia. 2017.

447 Reglamento (UE) nº 524/2013 del Parlamento Europeo y del Consejo, de 21 de mayo de 2013, sobre resolución de litigios en línea en materia de consumo y por el que se modifica el Reglamento (CE) nº 2006/2004 y la Directiva 2009/22/CE. DOUE de 18 de junio de 2013.

448 Disponible en:https://ec.europa.eu/consumers/odr/main/index.cfm?event=main.home2.show&lng=ES [en línea] [Consultado en 10 de enero de 2024]

449 CATALÁN CHAMORRO, M. J.: *Acceso a la Justicia de los Consumidores a través del ADR y del ODR*... cit.

450 CORTÉS, P.: "The Law of Consumer Redress in an Evolving Digital Market", en *The modern lay review*. Cambridge University Press, 2018, p. 46. https://onlinelibrary.wiley.com/doi/abs/10.1111/1468-2230.12384.

mos determinar que las modalidades de resolución de conflictos en línea se caracterizan por desarrollar su actividad, ya sea total o parcialmente, por vía electrónica y sin la intervención directa de los tribunales[451]. Lo que es común en todos los casos es que el uso de las tecnologías en este ámbito supone que el desarrollo del procedimiento de resolución de disputas será *online,* debiendo destacar las *cybercourts* o juzgados online que tienen el objetivo de hacer que las partes comparezcan de forma más fácil ante los tribunales.

El principal reto del mediador para resolver los posibles conflictos que surjan de la contratación digital es adaptarse a esa transformación digital de las ADR, debiendo identificar las herramientas tecnológicas de las que pueda hacerse valer y utilizarlas para mejorar la gestión del proceso de mediación y el servicio que presta a las partes en conflicto, debiendo ser acorde a lo dispuesto en la LMACM, aunque debemos tener en consideración que el uso de herramientas informáticas no transformará un ADR en ODR.

4.2. El contrato de mediación electrónica

El proceso de mediación por medios electrónicos es un procedimiento extrajudicial que se utiliza para la resolución de un conflicto haciendo uso de tecnologías de la información y la comunicación, conocidas como TICs.

Y, HÖRNLE, J.: "Encouraging Online Dispute Resolution in EU and Beyond Keeping Cost Low or Standards High?" *Queen Mary School of Law Legal Studies Research Paper,* 122/2012, 2012, p. 2. https://papers.ssrn.com/sol3/papers.cfm?abstract_id=2154214

451 VALIÑO CES, A.: La mediación desarrollada por medios electrónicos: Una forma alternativa de resolución de conflictos. En *Atas do Congresso Internacional: Meios de resolução alternativa de litígios online.* FCT. JusGov. Escola de Direito Universidade do Minho. 2020. pp. 8-41.

El contrato de mediación se rige fundamentalmente por las disposiciones del Libro IV, de las obligaciones y contratos, del Código Civil, ya que este contrato implica la prestación de servicios profesionales, definiendo en este momento todos los extremos contractuales en las relaciones entre el mediador y las partes.

En la práctica el contrato de mediación se formaliza a través del acta de inicio en la cual las partes, según lo contemplado en el artículo 24 de la LMACM, deberán indicar si llevan a cabo la misma a través de medios electrónicos y por medio de qué plataforma lo realizarán.

La diferencia que estriba entre el contrato de mediación electrónica y el contrato de mediación presencial es que el primero debe contemplar dos aspectos que no se contemplarán en ningún caso en el segundo. Efectivamente, para que pueda llevarse a cabo deben cumplirse unos requisitos de exigibilidad como es la obligación de emplear medios electrónicos con unos estándares de seguridad y, además se deben garantizar los principios que fundamentan la mediación a través de esos medios electrónicos, los cuales deben ser aceptados por las partes en esta acta inicial. En el contrato de mediación presencial también deben garantizarse los principios, pero en el contrato de mediación electrónica la obligación es mayor puesto que se hace uso de elementos externos a las personas.

No nos referimos con ello a que el contrato sea realizado de forma electrónica, sino a que se deben analizar los medios que pueden ser utilizados más allá de la videoconferencia, así como el modo de garantizar la identidad de los intervinientes y el respeto a los principios de mediación, para dar así pleno cumplimiento a las disposiciones de la Ley de Mediación.

Respecto a los medios electrónicos existentes que puedan utilizarse en los procedimientos de mediación y garantía de la identidad de las partes, debemos diferenciar entre dos tipos: aquellos en los que se produce una coincidencia en el tiempo en las comunicaciones de las partes, como sería por ejemplo una videoconferencia; y aquellos en los que no se produce esa coincidencia temporal, al utilizarse métodos que permiten una posterior lectura o visualización como puede ser el correo electrónico o grabaciones de vídeo.

En este primer medio electrónico, es más sencillo garantizar los requisitos de identidad de los intervinientes, ya que las partes pueden acreditarla sin necesidad de acudir a otro tipo de procedimientos. En el segundo medio electrónico se recomienda por el artículo 25 de la Ley 34/2002, de 11 de julio, de Servicios de la Sociedad de la Información y de Comercio Electrónico, la intervención de los terceros de confianza, para garantizar frente a terceros que las declaraciones de voluntad y acuerdos han sido correctamente adoptadas por las partes. Ambos métodos son aceptados, aunque se recomienda por su facilidad de utilización, garantías y desarrollo del procedimiento, el uso del primer tipo de medio electrónico en el que las partes se conectan de forma simultánea.

Una vez analizados los medios de los que pueden hacerse uso, se debe valorar también el respeto por las partes a los principios de mediación, que todos conocemos, en el ámbito electrónico, los relativos a voluntariedad y libre disposición, igualdad de las partes e imparcialidad de los mediadores y confidencialidad.

Resaltamos en este apartado la necesidad de regular ciertos aspectos, algunos de ellos se encuentran sin contemplar todavía, pero otros se han contemplado de cierto modo en el Reglamento ODR, aunque efectivamente, esto se realiza a nivel europeo y a través de una plataforma concreta elaborada por la Comisión, de la cual hablaremos a continuación.

Estos aspectos que deben regularse son, por ejemplo:

- El nombramiento del mediador, debiendo preverse el modo o la forma en que se lleve a cabo el inicio y el nombramiento, si esto puede realizarse por medios electrónicos y en tal caso, cómo debe comunicarse el inicio de la mediación tanto entre las partes como al mediador.

- Accesibilidad. Se establece que los medios electrónicos deben atenerse a las condiciones de accesibilidad, aunque no se especifican cuáles son las medidas que deben de adoptarse para facilitar la accesibilidad a personas con discapacidad.
- Acuerdo de mediación y formalización del título ejecutivo. El acuerdo puede ser adoptado por medios electrónico, aunque deberá ser firmado mediante el uso de sistemas de firma electrónica reconocida que garantice la autenticidad e integridad del contenido, así como la identificación de los firmantes como requisito indispensable para la mediación electrónica. Además, el acuerdo podrá elevarse a público según los requisitos que cada notario en concreto pueda exigir para aceptar la validez del mismo.

4.3. ODR en la Unión Europea

Hemos venido hablando especialmente de los problemas que pueden surgir en las relaciones comerciales en materia de consumo, lo que va unido a la búsqueda de la Unión Europea para facilitar el comercio interno entre los distintos Estados miembros ya que un procedimiento judicial en el que concurren elementos internacionales puede extenderse durante años, a criterio de las autoridades, la forma de lograrlo es disponiendo de sistemas ADR y ODR[452].

---

452 CONFORTI, F.: "Mediación electrónica de conflictos en España", en *Democracia Digital e Governo Electrônico, Florianópolis*, 10, 2014, pp. 285-309. "*La atención siempre se ha centrado en materia de protección de consumidores y así deberíamos remontarnos a las Directivas 85/577/EEC, 1999/44/EC, 93/13 EEC y 97/7/EC que han sido reemplazadas por la Directiva 2011/83/EU del 22 de Noviembre de 2011 en relación con los Derechos de los Consumidores y que*

Como consecuencia de la aprobación del Reglamento (UE) 524/2013 de 21 de mayo sobre resolución de litigios en línea de materia de consumo, se ha propuesto un tipo de sistema de uso de la plataforma ODR. Esta plataforma es proporcionada por la Comisión Europea para hacer que estas compras en línea sean más seguras y justas, poniendo a disposición de las partes las herramientas de resolución de disputas.

La plataforma ODR será de utilización para personas y comerciantes que se encuentren en la UE, Noruega, Islandia o Liechtenstein, pueden usarlo para encontrar la mejor solución para el problema que ostenten de consumo, discutir una solución con un comerciante o acudir a un ODR para manejar su caso. Los organismos de resolución de disputas enumerados en este sitio, ofrecen procedimientos de resolución extrajudicial, todos ellos son aprobados por estándares de calidad valorados según los criterios de equidad, eficiencia y accesibilidad.

Este sitio web proporciona de forma gratuita el acceso a los consumidores y empresas para esta resolución extrajudicial. Los empresarios, comerciantes y plataformas o mercados que ofrezcan sus productos o servicios de forma electrónica tienen la obligación de incluir en su página web, un enlace, de fácil acceso, a la plataforma y si ofrecieran sus productos a través de correo electrónico, deberán incluir en este la información sobre dicho enlace[453].

La creación de esta plataforma supone un gran avance que fomenta el uso de las resoluciones alternativas de conflictos en línea, es decir, sustentadas en un entorno virtual, resultando innecesario la presencia física de las partes en un mismo lugar.

---

había de ser implementada o trasvasada al ordenamiento legal de los Estados miembros en Diciembre 2013."

453 Disponible en:https://www.consumo.gob.es/es/consumo/plataforma-odr-para-la-resoluci-n-de-conflictos-en-l-nea [en línea] [Consultado en 10 de enero de 2024]

El ámbito de aplicación de la plataforma se extiende a la solución extrajudicial de conflictos con la intervención de una entidad de resolución alternativa, entre consumidores residentes frente a comerciantes establecidos en la Unión Europea, derivados de relaciones de consumo concertadas en línea. Al igual que otros autores entendemos que la exclusión de los litigios derivados del consumo tradicional en este Reglamento ODR resulta innecesaria, ya que esta plataforma puede ser útil para otro tipo de conflictos. Por ello, creemos conveniente hacer coincidir el ámbito de aplicación del Reglamento con el de la Directiva ADR que sí contempla el comercio tradicional.

Otra cuestión importante que debemos tener en cuenta son dos funciones que destacan en la tramitación online como, en primer lugar, el formulario electrónico de reclamación que se presenta en la plataforma como "ventanilla única" ya sea por los consumidores o comerciantes, y, en segundo lugar, el sistema de traducción, por el que se proporciona a las partes y a la entidad que se encargue de resolver el litigio, la traducción de la información que sea necesaria y se intercambie a través de la plataforma.

El asunto puede tramitarse por el sistema electrónico de la plataforma europea o bien a través de un sistema propio de la entidad de resolución alternativa, aunque será preferible su tramitación a través de la plataforma europea ya que es a través de esta donde se ha presentado la reclamación en formulario electrónico.

4.4. El procedimiento de mediación *online*

El procedimiento de mediación por medios electrónicos se regula en el Real Decreto 980/2013, de 13 de diciembre, por el que se desarrollan determinados aspectos de la LMACM en sus artículos 30 al 38.

A través de estos artículos podemos ver cómo se puede realizar no sólo la mediación *online*, sino que el propio contrato de inicio de la mediación puede hacerse de forma telemática, siempre que se cumpla con el criterio de acreditación de la identidad y condición de usuario según lo dispuesto en la Ley 59/2003, de 19 de diciembre, de firma electrónica, mediante un sistema que garantice la identificación de los firmantes. En todo caso, las partes y el mediador podrán acreditar su identidad de forma presencial y que debe realizarse en los diferentes momentos de la mediación, esto es, en la presentación de la solicitud de inicio, la contestación, el momento de aportación de documentación, en el establecimiento de comunicaciones, en la firma de actas y, por supuesto, en la firma del acuerdo de mediación.

Una vez considerada la identificación de las partes, debemos tener en cuenta que para que las mismas puedan presentar una solicitud de inicio, debe proporcionar el mediador o la institución de mediación a través de su sitio web el formulario correspondiente.

El funcionamiento establecido por el artículo 37 del Real Decreto 980/2013 para el inicio de la mediación es que una vez presentado el formulario de solicitud, el mediador se pondrá en contacto con la otra parte para que preste su conformidad para el comienzo del procedimiento y le concederá un plazo para contestar. El mediador debe informar al solicitante del momento en que se produzca la contestación a su solicitud, su sentido o la falta de respuesta.

Una vez recibida contestación, las partes y el mediador se reunirán a través de videoconferencia en audiencia interactiva y flexible, que puede hacerse o de forma conjunta o por separado. La finalidad de la videoconferencia es la información a las partes sobre las posibles causas que afecten su imparcialidad, profesión, formación y experiencia, características de la mediación, coste, organización de procedimiento, sistema para acreditar la identidad de las partes y su firma electrónica, elementos tecnológicos necesarios, plazos de audiencias, finalidad de las distintas actas, y posibles consecuencias jurídicas del acuerdo final si lo hubiere, y además permitir a las partes que pregunten todas sus dudas. El mediador remitirá a las partes un certificado que tendrá la consideración de acta de la sesión constitutiva, lo que conoceremos como contratación digital de la mediación.

Posteriormente, se llevarán a cabo las sesiones de mediación a través de audiencias, conjuntas o por separado, en la que se intentará la resolución del conflicto entre las partes. El proceso finalizará por diferentes motivos: bien por inasistencia de una de las partes, renuncia o decisión de no continuar con el proceso por parte del mediador. Puede ser que finalice sin acuerdo o bien con acuerdo, pero en cualquiera de los casos deberá elaborarse un acta final en la que se dejará constancia de toda la información del proceso.

Por supuesto, debemos tener en cuenta también la posibilidad de que surja un conflicto en la mediación, ya sea por incumplimiento de los principios por alguna de las partes o por el propio mediador.

CAPÍTULO IV.

LA INFORMACIÓN Y EL PROCEDIMIENTO DE MEDIACIÓN

I. LA IMPORTANCIA DEL CONSENTIMIENTO Y LA INFORMACIÓN EN LA MEDIACIÓN

1. CONCEPTO: ¿CONSENTIMIENTO INFORMADO?

Como ya hemos señalado anteriormente en la sesión constitutiva, la cual puede denominarse igualmente como inicial o previa, las partes, clientes, cuando se sitúan frente a un mediador y manifiestan su deseo voluntario de intervenir en el proceso mediador, son informados de los aspectos referidos de la mediación y de su especial mecanismo para que por ellos mismos alcancen una solución a su controversia.

Los profesionales mediadores deberán informar no solo del mecanismo en que consiste el procedimiento de mediación, sino fundamentalmente de los principios esenciales de la misma a fin de llegar a buen término con satisfacción para los intervinientes. Una vez que las partes han expresado su voluntad de resolver su conflicto a través de la mediación, el resultado de la misma será un acta que debe ser firmada por todos.

Lo que hemos llamado consentimiento informado, (por la coincidencia de la expresión, aunque no en el ámbito, si en su necesidad y exigencia ineludible como ocurre en la esfera médica) no es más que *el hecho de que las partes consientan la realización de someter su controversia al procedimiento de media-*

ción, ajustándose a lo que el profesional mediador les haya informado debidamente. Es una declaración de voluntad, que debe surgir desde la autonomía y la libertad del cliente, esto es, de las dos partes en conflicto, para que tenga verdadero valor.

El consentir y el informar debe entenderse como un derecho-deber recíproco para ambas partes, y también como un derecho-deber dentro de la relación profesional y los clientes. Implica una vinculación a tres bandas, a todas las partes de la relación existente. Además, el deber de informar que tiene el profesional, se une al deber de consentir que tienen las partes.

Cuando las partes acuden a la mediación invitadas por la autoridad judicial, la acción de "consentir" es una opción de las partes informadas.

Por otro lado, debemos detenernos y pensar que en ocasiones el consentimiento informado se instrumentaliza, se utiliza como herramienta jurídica para conseguir un fin: que es la protección de los profesionales mediadores. De este modo, el consentimiento informado se convierte en material probatorio del correcto cumplimiento de las previsiones normativas, por parte del profesional. Sirve como elemento defensivo del profesional, y así lo pone de relieve la necesidad de que todo lo tratado en la sesión previa o inicial o constitutiva debe recogerse pormenorizadamente en el acta. Y, así, se establece imperativamente por los distintos legisladores, tanto el nacional como los autonómicos.

No obstante, no debemos olvidar señalar la también obligación de las partes de informar al mediador del problema principal a resolver, como de las cuestiones anexas al mismo.

Pero es que, además, podemos señalar que la mediación, en si misma considerada, es un ejemplo de "autodeterminación" en la resolución del conflicto. Esto implica dos cosas, que seguidamente vamos a desarrollar, por un lado, la decisión de las partes de establecer la forma de solución a su conflicto, y, además, el reconocimiento de su capacidad para decidir por sí mismas dicha forma de actuación. Así, en vez de acudir a los tribunales y obtener una solución establecida por la autoridad judicial, son ellas mismas las que acuerdan solucionar su problema, basándose en la autonomía de la voluntad y en el derecho fundamental a la libertad. De ahí que la información contenida en esta sesión inicial, donde se otorga el consentimiento, sea fundamental.

Frente a la única impartición de justicia y resolución de problemas existente anteriormente, la mediación da un paso más hacia esta autodeterminación de las partes.

Como hemos indicado al principio de este apartado, el principio de autonomía se centra en la libertad del individuo, y por ello el consentimiento informado se configura como método de salvaguarda de la autonomía de las partes, como forma de asegurar la voluntad del cliente.

Cuestión que, indirectamente, implica la configuración de un nuevo régimen de responsabilidad, donde la utilización del consentimiento informado y, el acta donde se contiene deben ser pieza clave.

Argumentos que en parte coinciden con VANDER ZANDER, y TIRIONS quienes reconocen la mediación como un instrumento de empoderamiento y autodeterminación. Esto es la adquisición del poder de las partes de alcanzar una solución al conflicto, mejorando su situación de manera independiente y actuando con su propia voluntad. Por eso consideramos clave el consentimiento de las partes informado en todo momento.[454]

---

454 VANDER ZANDER, C., & TIRIONS, M.: "El proceso de mediación", en *La mediación: experiencias internacionales, una visión compartida*. Reus. 2020, p. 88.

2. EL CONSENTIMIENTO INFORMADO: REQUISITO ESENCIAL DEL CONTRATO DE MEDIACIÓN

Partimos de la afirmación de que la relación profesional mediador y partes, se construye con un compromiso de igualdad entre ambos, evitando una jerarquización y distancia entre el profesional y las partes usuarias (a diferencia del procedimiento judicial, por ejemplo, o, de la simple conciliación judicial), a partir del recurso al consentimiento informado, concebido en la mediación como una garantía que se suma al catálogo de medidas de fortalecimiento o sobreprotección a las partes, a fin de que no tenga la consideración de parte débil contratante.

El resultado de la aceptación de las partes, es un acta que debe ser firmada por todos, incluido el mediador. Esta acta se considera como la firma de un contrato, y por tanto, conforma un negocio jurídico que a su vez genera obligaciones para las partes.

A nuestro juicio, hemos caracterizado de requisito esencial este consentimiento informado ya que, sin él, se dará un incumplimiento, total o parcial, de los deberes de informar y de recabar el consentimiento por parte del mediador y su constancia expresa en el acta. Esto constituye un incumplimiento en la prestación del servicio mediador por la que se debe responder.

Puede que haya quien piense que la vulneración de las previsiones normativas sobre el consentimiento informado sea más una infracción administrativa que un hecho generador de responsabilidad civil, pues existen diferencias en la doctrina y en la jurisprudencia sobre la posibilidad de indemnizar por responsabilidad civil cuando no hay otro daño en la actuación del profesional que la mera actuación sin consentimiento informado.

Como hemos visto previamente, el mediador tiene con las partes la obligación de informar respecto del alcance y consecuencias de la mediación, del coste económico, los principios, las obligaciones y los derechos del mediador familiar, etc.

Pero, respecto del consentimiento de las partes en la mediación, aunque específicamente no se menciona como consentimiento informado el que deben dar las partes con la formalización del contrato, se hace referencia en la LMACM a cómo debe ser el inicio de la mediación por lo que, tras la información que se otorga a las partes, ambas deben consentir para que comience la mediación

En la fase de inicio, se trata de un contrato que se integra dentro del grupo de contratos de gestión de intereses ajenos, por ello este contrato de mediación se rige fundamentalmente por las disposiciones del CC, además de por el artículo 17 de la LMACM en donde se indica que con el consentimiento informado se deberá indicar a las partes por el mediador las posibles causas que puedan afectar a su imparcialidad, de su profesión, formación y experiencia; así como de las características de la mediación, su coste, la organización del procedimiento y las consecuencias jurídicas del acuerdo que se pudiera alcanzar.

La mediación puede iniciarse a petición de todas las partes en conflicto o a instancia de una de ellas, por lo que en cualquier caso deberá acreditarse el consentimiento de la otra parte de forma expresa[455]. Además, en relación con el cumplimiento del principio de voluntariedad, únicamente podrá comenzarse el procedimiento de mediación cuando haya consentimiento de todas las partes en conflicto, ya que es necesa-

---

[455] Así lo especifican la Ley 1/2009, de 27 de febrero, reguladora de la Mediación Familiar en la Comunidad Autónoma de Andalucía, en su artículo 20, y, en la Ley del Principado de Asturias 3/2007, de 23 de marzo, de Mediación Familiar en su artículo 10.

rio que en la sesión constitutiva las partes expresen su deseo voluntario de intervenir[456].

De forma general se exige que la iniciación del proceso se debe hacer a través de solicitud escrita realizada por todas las partes en conflicto, o de cualquiera de las partes con el consentimiento de la otra. Igualmente, el mediador deberá ser aceptado por las partes en conflicto, o bien por ambas, o designación por una de ellas con el consentimiento de la otra[457].

3. CARACTERÍSTICAS DEL CONSENTIMIENTO INFORMADO

A lo largo de los próximos apartados se analizará pues el consentimiento informado tal y como está configurado, pero también con la idea de comenzar a anotar cualquier elemento que nos pueda resultar significativo para nuestro objeto de estudio, pues como se sabe, estamos ante un campo particular, y como tal, pueden existir elementos diferenciadores en los que deberemos detenernos.

El consentimiento al que están obligado profesionales como puede ser por ejemplo el facultativo-médico responsable, tal como dispone la Ley que configura este débito, no se prevé como una obligación accesoria o de menor entidad, sino como un *deber esencial*, propio de *lex artis* y acorde a un ordenamiento jurídico.

---

456 Así lo regula expresamente la Ley 1/2011, de 28 de marzo, de Mediación de la Comunidad Autónoma de Cantabria en su artículo 5.

457 Expresamente lo podemos ver en la Ley 15/2003, de 8 de abril, de la Mediación Familiar de las Islas Canarias, art. 10

3.1. El consentimiento informado como derecho-deber

Como ya hemos indicado consideramos que el consentimiento al que le hemos calificado como informado se constituye como un derecho-deber. Derecho para las partes, y deber para el mediador, pero es que, además, las partes tienen el deber de consentir, tras haber recibido la información que el profesional tiene el deber de facilitarle, ya que si no consienten el mediador no podrá actuar. El derecho a la información exhaustiva y completa tiene como contrapartida el deber subjetivo del mediador.

El consentimiento informado es la expresión de una voluntad negocial, es decir la manifestación del mismo va más allá del mero acto jurídico en cuanto que convierte al que lo otorga en regulador del vínculo jurídico.

El consentimiento informado de una relación ordinaria otorgado en la sesión previa puede convertirse, de manera sobrevenida durante el procedimiento, en una relación extraordinaria por estos tres supuestos:

En el primer supuesto, que se recabe el consentimiento informado confiándose en una información deficiente, y, que, por tanto, no será válido. En este supuesto, aunque no haya daños ni materiales ni morales, el mediador está deslegitimado para actuar, lo que evidencia, además una *mala praxis* profesional.

En el segundo supuesto, que se ofrezca el consentimiento y que éste no sirva para amparar la actuación profesional del mediador que ha consistido en una actuación lesiva distinta de la autorizada.

En este supuesto el daño producido podría nacer del perjuicio por la mala praxis y, en todo caso, en la falta de consentimiento informado cuando evidencia que se privó a las partes de información, y consiguientemente de la posibilidad de asumir los riesgos, de una actuación o una negociación alternativa. Además de la falta de respeto hacia las partes a quienes se les ha impedido de toda valoración responsable en sus decisiones. No olvidemos que en toda obligación de medios resulta necesario que se hayan puesto a disposición de las partes todos los medios necesarios y posibles, a fin de alcanzar el objetivo, en este caso el acuerdo.

Y, en el tercer supuesto, que se recabe el consentimiento informado pero que éste no cubra una extralimitación del profesional mediador quien sobrepasa los límites consentidos por las partes.

En este supuesto el mediador puede perseguir un objetivo más o menos noble (que puede ir desde el reto de solucionar él la controversia… o, en el lado menos activo, llamar a los asesores de las partes, para que acudan al procedimiento, sin consultarlas). Le puede guiar el interés por resolver a toda costa, o, por evitar un enquistamiento en las relaciones entre las partes. Sin embargo, esos fines no se pueden situar por encima de la voluntad autorizante de las partes. En tal supuesto estaremos ante un acto lícito pero que al provocar un daño legitimaría una reclamación civil por responsabilidad civil. Profundizando más en este asunto, incluso podría entenderse que el mediador no respeta los pilares del proceso pretendiendo dar él una solución al conflicto, cuestión sobre la que no tiene potestad alguna ya que su función es la de guiar a las partes

Con este análisis nos preguntamos si cabría aplicar análogamente las previsiones del art. 1891 CC, referida al gestor de negocios ajenos.[458] Lo cierto es que entendemos que es importante tener en cuenta este aspecto, al poder comparar la figura

---

[458] "El gestor de negocios responderá del caso fortuito cuando acometa operaciones arriesgadas que el dueño no tuviese costumbre de hacer, o cuando hubiese pospuesto el interés de este al suyo propio"

del mediador en con el gestor de negocios pues ambos son profesionales que tienen en su poder un conocimiento concreto de la que no disponen las partes como profesionales especializados en su materia, y, por ende, existiría responsabilidad por parte del profesional si antepone su interés al de las partes.

La extralimitación del profesional mediador es un supuesto en el que se descarta la culpa de los arts. 1101 y 1902 CC, pero nos podemos situar en la buena praxis, en el acto lícito. No obstante, hay que diferenciar si se actúa para alcanzar el acuerdo definitivo para evitar males mayores que pueden sobrevenir (imaginemos una mediación donde el mediador propone definitivamente un acuerdo con urgencia el día antes del estado de alarma del 14 de marzo de 2020 por la pandemia imprevisible que nos asoló), por ejemplo, o si es el celo y la vanidad profesional la que preside la actuación del mediador. En el primer ejemplo, podría incluso alegarse una urgencia vital sobrevenida lo que excusaría que se prescinda del consentimiento, mientras que, en el segundo ejemplo, nos recuerda al supuesto del gestor que incurre en responsabilidad al haber actuado no necesariamente causando un daño, ya que esto no es un requisito para exigir responsabilidad a través del artículo 1891 CC, pero sí despreciando los criterios o costumbres de las partes.

3.2. El deber bidireccional de informar

El mediador tiene el deber de informar concretando ya desde la sesión inicial, de la forma más completa, veraz, adecuada y personal posible. No olvidemos que desde ese momento rige la necesidad de ganarse la confianza de las partes para poder guiarlas durante el proceso adecuadamente, y por ello, la información es el elemento que ayuda a ambas partes a decidirse sobre lo adecuado o/y pertinente de la mediación.

La cuestión a determinar es centrarse en responder qué ocurre si el mediador omite información, o si la información realizada es parcial. En tal caso, las partes realizarán un consentimiento parcial, lo que en parte implicaría actuar sin consentimiento en ciertos ámbitos sobre los que no se ha informado… con inevitables consecuencias jurídicas.

Lo que nos lleva a pensar sobre cuál debe ser el contenido mínimo de la información, cuestión de especial importancia a los efectos de protección a todos los intervinientes en el proceso.

El mediador debe centrar la sesión informativa previa en dar una información completa sobre la finalidad y la naturaleza del procedimiento de mediación, pero también sobre los posibles riesgos y consecuencias de la mediación si no se alcanza acuerdo y no se llega a una solución.

Consideramos que en este caso es relevante en relación con el deber de información detallar, por ejemplo, el alargamiento en el tiempo del procedimiento si las partes realmente no quieren acercar posturas, o el posible enquistamiento del proceso con las repercusiones profesionales para las partes (imaginemos una mediación grupal profesional o sindical) o los riesgos relacionados con las circunstancias personales de las partes (pensemos en la mediación familiar)…Incluso deben exponerse por el mediador los riesgos improbables e incluso datos estadísticos.

Sin olvidar que, además de completa, deberá ser una i*nformación comprensible y adaptada a las capacidades del destinatario de la misma.* Máxime según lo que ya hemos analizado sobre la información en los supuestos de consumidor vulnerable.

Como juristas partimos de que consentir implica haber recibido y entendido la información dada. Consentimiento que en este caso es bidireccional, pues para que el mediador pueda actuar debe conocer y comprender cual es la situación real que ha originado el conflicto, y el momento en que se encuentran las partes cuando llegan a la mediación.

Esto significa que las partes también tienen el deber de informar al mediador para que pueda profesionalmente cumplir su labor, y dirigirlas hacia la solución. No olvidemos que en el acta firman todas las partes como indicativo de su consentimiento y aceptación a la información ofrecida que también se contiene en el acta, que en definitiva es un resumen de la sesión inicial.

3.3. El alcance de la información

A fin de evitar incumplimientos y consiguientemente responsabilidades por ambas partes resulta imprescindible determinar el alcance de la información: esto es, la capacidad abordable o cuantía y contenido de la información, la significación, el efecto o incluso su transcendencia, y, sobre todo, el tipo de información.

Ya hemos partido que tanto el mediador, como las partes enfrentadas deben imperativamente conocer, lo que podríamos denominar *toda la información disponible o al menos que sean capaces de dar, de acuerdo con los principios esenciales de la mediación, como puede ser la buena fe.*[459] De esta manera nunca se podrá actuar dando una información sesgada, en ninguna de las dos direcciones, pues ello haría que se partiese desde la desconfianza, impensable en este procedimiento.

Debemos destacar como característica del consentimiento informado que, para el caso de la mediación, la forma del mismo será escrita, ya que el mediador debe proporcionar de forma breve, simple y por escrito la información que de una forma

---

[459] Recordemos el art. 7 CC que indica que *Los derechos deberán ejercitarse conforme a las exigencias de la buena fe.*

más extensa ha explicado a las partes en la sesión informativa, para que los potenciales intervinientes sopesen la información proporcionada y decidan si quieren constituir un proceso de mediación con los requisitos explicados. La aceptación en este caso, se dará con la firma del acta constitutiva en donde vendrá reflejada esa información de forma sencilla.

3.4. Contenido de la información

Tras este análisis nos planteamos qué significa entonces que la información sea completa. En un conflicto origen de mediación, el término información completa puede ser un concepto jurídico muy indeterminado. Consideramos que debe referirse a la cuestión inicial que lo originó, a las actuaciones intermedias realizadas, a las negociaciones para su resolución, y, sobre todo, al momento en que se encuentra la situación en el momento de la sesión previa.

Pero hay más. La información no solo se debe extender a las cuestiones objetivas señaladas, sino que también deben concretarse las situaciones subjetivas y sentimientos existentes en cada momento, desde el origen, durante las negociaciones, y, sobre todo, las existentes en el momento de la sesión. De esta forma el mediador a quien se le va a exigir no solo un conocimiento técnico en la materia sino también habilidades negociadoras y conciliadoras, en el ámbito incluso de conocimiento psicológico de las partes, y, como prevé que van a actuar, va a poder desempeñar su función con notoriedad. Pues debe tener presente en todo momento los posibles riesgos que entraña guiar a las partes por un camino o por otro. Riesgos reales, probables e incluso, los poco probables.

En esto consiste precisamente la significación de la información. En la importancia en cualquier orden o ámbito de la información completa, a fin de poder determinar los efectos (previsibles, no previsibles... de ahí los riesgos indicados...) de la información, para alcanzar el fin propuesto.

¿Debe haber un contenido mínimo y un contenido máximo? Consideramos, según lo indicado, que como mínimo debe quedar muy claro la finalidad y la naturaleza de la mediación como resolución del conflicto concreto.

Aunque también se puede ser más exigente en la información acordándose criterios de puntualidad, exhaustividad, lealtad y precisión en la información. Estos criterios deben ser seguidos rigurosamente por el mediador en la sesión inicial a fin de que las partes decidan si van a continuar con el proceso de mediación. Más aún, en el caso de que sea la autoridad judicial quien haya derivado a las partes a la mediación para la resolución del problema, donde las partes deberán elegir si inician el procedimiento de mediación o continúan con el procedimiento judicial.

3.5. Deber de veracidad de la información

Qué significa que la información que tanto el mediador como las partes concreten sea veraz. Pues que tanto uno como otras, deben imperativamente, no solo decir la verdad sino también usarla y profesarla, esto es, que cada una de las partes en conflicto (por sí mismas y además de común acuerdo) presten su conformidad de lo que cada una dice con lo que siente o piensa y que además profesa es decir defiende y sigue su verdad, su postura.

En este tipo de procesos es habitual encontrarse con situaciones en las que el conflicto se encuentra muy enconado y las partes muy posicionadas, por lo que, para dar cumplimiento a este requisito, deben esforzarse de forma significativa todos los intervinientes para salir de esa posición y empezar a negociar dejando claros cuáles son los intereses reales de cada una de ellas.

Independientemente de ello, el mediador no entenderá que se incumple con el deber de veracidad por las partes si las mismas se encuentran muy posicionadas, ya que él mismo como profesional dispone de las herramientas necesarias para desenredar el conflicto y sacar a las partes de sus posiciones en principio inamovibles.

3.6. La necesidad de que la información sea comprensible. Partes vulnerables

Ambos destinatarios deben comprender la información que se les da. Esto significa que la información debe ser comprensible, pero cabe preguntarse en qué grado debe ser comprensible y además nos preguntamos si se exige que la comprensión sea diferente para el mediador que para las partes.

El mediador debe entender el problema que se plantea y que hay que solucionar, pero también los actos y además los sentimientos de las dos partes en el conflicto.

¿Cabe hablar de una información personalizada e individualizada? La autonomía y autodeterminación del consentimiento del que hablábamos al principio posibilita que podamos conectar la información con la capacidad individual de las partes, con sus habilidades, y con sus conocimientos. De ahí que la información sea personalizada e individualizada. Hay que tener en cuenta el tipo de mediación en la que nos encontremos para valorar la importancia de la edad, la situación económica, la capacidad intelectual y de comprensión, y otros factores...

Además, el mediador, como profesional, es quien debe valorar y advertir si la información que se da es comprensible por las partes destinatarias, por lo tanto, el mediador tiene que tener una capacidad de análisis, como profesional, superior a las partes para determinar si la información está siendo bien recibida por los intervinientes.

4. LA NEGATIVA DE LAS PARTES A SER INFORMADAS

Llegados a este punto se nos plantea la duda de si alguna de las partes puede plantear su negativa a ser informada en general o en relación con determinados puntos. El mediador como consecuencia de su profesionalidad y del principio rector de la mediación no puede en ningún caso negarse a informar a las partes, esta cuestión no deja duda alguna.

Pero, y ¿las partes? Evidentemente, a las partes en conflicto que acuden voluntariamente a él necesitan ser informadas del procedimiento, de la agenda y de las cuestiones que el mediador les debe informar. La información para las partes suele regularse en las normativas de mediación como un derecho a recibir esa información, el derecho a conocer, con carácter previo a la mediación, toda la información relativa a sus características, funcionamiento, alcance, consecuencias, valor de los acuerdos y coste máximo aproximado. Desde luego, como derecho subjetivo, cabe la *renuncia,* que debe ser expresa, a ser informado siempre que no perjudique a la otra parte ni el interés de todos en que la mediación alcance su fin (art. 6, 2° CC). [460] En este punto podemos dudar, por ejemplo, respecto del deber de confidencialidad, ya que el desconocimiento de este deber, aunque sea porque una de las partes ha renunciado a ello de forma expresa, no eximirá de su cumplimiento. Entendemos que las partes tienen derecho a que se respete su voluntad de no ser informadas, aunque no se nos ocurre ni ningún supuesto ni la finalidad de dicha negativa.

La información se contempla con un derecho de forma genérica pero también como un deber de las partes ya que las mismas deben respetar los principios esenciales de la media-

[460] Artículo 6. 2. La exclusión voluntaria de la ley aplicable y la renuncia a los derechos en ella reconocidos sólo serán válidas cuando no contraríen el interés o el orden público ni perjudiquen a terceros.

ción y para ello deben suscribir ante la persona mediadora y con anterioridad al inicio de la mediación una declaración del conocimiento de los derechos y deberes que les corresponden. Por lo que, habiendo recibido las partes de forma previa a la constitución de la mediación, la información de forma oral por el mediador o escrita por la institución, son conocedores de los deberes y derechos que lo constituyen. En el caso de que una de las partes se niegue a recibir dicha información, el mediador hará constar en acta la negativa de la parte a querer ser informada de determinados aspectos o cuestiones pese a su insistencia en informarle.

En este caso, como las partes igualmente deberán firmar el acta constitutiva para dar comienzo a la mediación, el implicado tendrá oportunidad de informarse a su vez con los requisitos explicados de forma escrita en el propio acta, aunque, para el caso de que se entienda que el profesional ha actuado de forma diligente dando aviso de la necesidad de recibir esa información y habiéndosela proporcionado igualmente por escrito en el acta y haya sido firmada, por ende reconocida, por esta parte, se puede entender que se acepte el consentimiento "sin información".

¿Y, cabe su revocación? Entiendo que sí, la parte que ha insistido en su negativa a ser informada puede dejar sin efecto dicha renuncia siempre que no perjudique ni a la otra parte ni al mediador, ni a la mediación en general. La revocación es libre, sin necesidad de causa que la justifique, se puede realizar en cualquier momento, y por escrito, igual que el consentimiento informado.

En tal caso ¿cabe que haya consentimiento por la parte sin información total o parcial? Si y deberá constar expresamente en el acta sobre los ámbitos o cuestiones sobre los que no ha sido informado por voluntad expresa.

La duda nos surge en relación con la negativa a continuar siendo informada de una parte respecto a la otra. En el mismo sentido, que hemos expuesto anteriormente, puede que una parte no quiera ser informada de determinadas cuestiones (que pueden referirse a sentimientos con validez para resolver el conflicto). Informaciones no solo iniciales expuestas en la sesión previa, sino durante todo el momento del procedimiento, en cuyo caso deberá ser respetada su voluntad, y deberá recogerse puntualmente en el acta de cada una de las sesiones, a fin de evitar o de concretar incumplimientos y responsabilidades futuras.

La necesidad de que todo sea recogido en el acta de la sesión inicial de forma expresa se debe a que puede ocurrir que el mediador que actúe en la sesión informativa inicial no sea el mismo que lleve el procedimiento de mediación, nos referimos al supuesto de las agencias o instituciones de mediación. De esta forma las posibles responsabilidades se concretan y no pueden desplazarse de un mediador a otro. No cabe que haya un intercambio verbal de informaciones entre mediadores, precisamente por la esencia de la mediación de confidencialidad.

5. LA INFORMACIÓN Y LOS FORMULARIOS PREDETERMINADOS DE INFORMACIÓN.

Como hemos explicado previamente, para dar inicio al proceso de mediación las partes implicadas deben rellenar el acta constitutiva y de aceptación de la mediación en donde se deben recoger datos como las personas que se acogen a la mediación, las personas mediadoras, el objeto de la mediación y se hace especial mención a las características del proceso.

Estas actas no son formularios predeterminados donde se expone la información básica del procedimiento de mediación, pero como hemos mencionado se deberán reunir los datos mencionados, información básica del proceso y, por supuesto, donde se deberá recoger la firma de ambas partes, indicando que prestan su consentimiento tras haber sido informados acerca de las características del procedimiento de mediación, su duración y coste, decidiendo las partes de forma libre y voluntaria participar en la mediación, comprometiéndose a actuar conforme a los principios de lealtad, buena fe y respeto mutuo, así como a prestar colaboración durante todo el procedimiento.

Se debe especificar que la mediación se rige por los principios de voluntariedad, neutralidad e imparcialidad, responsabilidad, confidencialidad, asistencia personal de las partes a la mediación, la protección de los menores o personas con diversidad funcional para el caso de que participen, la posibilidad de recibir asesoramiento de terceros profesionales, cuál va a ser la duración estimada del procedimiento de mediación, el lugar donde se llevará a cabo la mediación, la lengua empleada, el coste de la mediación, el compromiso de no iniciar acciones judiciales o extrajudiciales en relación con su objeto y al finalizar el proceso de mediación, las partes y las personas mediadoras, firmarán un acta final así como el documento de acuerdo para el caso de que se alcance.

Estos posibles formularios desde luego no suponen que se haya otorgado adecuadamente la información, pues pueden utilizarse tecnicismos y conceptos que se escapan de la comprensión del ciudadano medio. No hay un intercambio de información ni genera la confianza necesaria clave en la mediación.

6. EL DEBER DE INFORMAR DURANTE TODO EL PROCEDIMIENTO

Aunque en principio pensemos que la sesión previa o informativa debe ser el momento crucial donde debe producirse el hecho de dar y recibir información por el mediador y entre las partes hacia él, y entre sí, cabe señalar que la información puede ser necesaria en todo momento, porque pueden variar las circunstancias, y, consiguientemente, las negociaciones pueden tomar derroteros diferentes para alcanzar el acuerdo.

De esta manera la obligación de informar, tanto la de las partes hacia el mediador, como a la inversa (posible cambio de táctica) va a ser necesaria y continuada a lo largo del proceso. Esta situación nos lleva a pensar que el consentimiento informado va a ser de carácter continuado de modo que en cada sesión se informará, y, se solicitará el consentimiento necesario en cada caso, y, además, se recogerá de forma expresa en cada una de las actas.

7. EL CONSENTIMIENTO INFORMADO COMO ACTO PERSONALÍSIMO. EL SUPUESTO DE LA PERSONA CON DISCAPACIDAD. EL SUPUESTO DEL MENOR DE EDAD.

Al ser el consentimiento un acto personalísimo, y, al ser las partes intervinientes en el proceso de mediación los únicos que pueden acudir a las sesiones de mediación, se plantea el supuesto de una persona con discapacidad y "sus apoyos correspondientes" que lleguen a ser partes en un proceso de mediación, presenten su consentimiento. Consideramos fundamental que sea, con el apoyo necesario, esa persona interesada la que sea informada y la que consienta en la resolución del conflicto. Posibilidad que es la garantía máxima de la autodeterminación de los usuarios de mediación.

En estos supuestos el mediador deberá ser muy accesible a la hora de dar la información y muy cuidadoso haciendo comprender al destinatario con discapacidad la información, como elemento esencial en el consentimiento.

La capacidad se encuentra estrechamente vinculada a la comprensión y a la madurez. Y, ¿qué podemos decir sobre el *consentimiento informado y el menor de edad*? La Ley Orgánica

8/2015[461] que modificó la Ley Orgánica 1/1996 de protección jurídica del menor,[462] y la Ley 26/2015,[463] establecieron que los menores de edad con suficiente madurez deben estar informados e incluidos en la toma de decisiones al respecto de aspectos de su interés personal. Así se concreta que los menores maduros son aquellos que tienen más de doce años.

En principio, se concreta el derecho del menor a obtener información directamente en el artículo 5 de la ley de protección jurídica del menor en los siguientes términos:

Tal y como se especifica en el apartado primero del artículo 5, los menores tienen derecho a buscar, recibir y utilizar la información adecuada a su desarrollo. Se prestará especial atención a la alfabetización digital y mediática, de forma adaptada a cada etapa evolutiva, que permita a los menores actuar en línea con seguridad y responsabilidad y, en particular, identificar situaciones de riesgo derivadas de la utilización de las nuevas tecnologías de la información y la comunicación, así como las herramientas y estrategias para afrontar dichos riesgos y protegerse de ellos.

Igualmente, el apartado tercero del artículo 5 establece como deber de las Administraciones públicas que incentiven la producción y difusión de materiales informativos y otros destinados a los menores.

---

461 Ley Orgánica 8/2015, de 22 de julio, de modificación del sistema de protección a la infancia y a la adolescencia. «BOE» núm. 175, de 23 de julio de 2015

462 Ley Orgánica 1/1996, de 15 de enero, de Protección Jurídica del Menor, de modificación parcial del Código Civil y de la Ley de Enjuiciamiento Civil. «BOE» núm. 15, de 17/01/1996.

463 Ley 26/2015, de 28 de julio, de modificación del sistema de protección a la infancia y a la adolescencia. «BOE» núm. 180, de 29/07/2015.

Y en todo caso, serán los padres o tutores y los poderes públicos quienes velarán porque la información que reciban los menores sea veraz, plural y respetuosa con los principios constitucionales, tal y como se indica en el apartado segundo del artículo 5. En este caso estaríamos ante el consentimiento otorgado por representación, donde se desplaza el deber de consentir de los menores a los progenitores o representantes legales.

El mediador será el encargado de informar y oír al menor, será el responsable de valorar el juicio de madurez, así como de valorar el riesgo de iniciar el procedimiento de mediación. En casos de discrepancia entre los menores y los progenitores, a fin de evitar su responsabilidad y daños el mediador trasladará la responsabilidad del consentimiento a los progenitores o representantes. Puede también recabar informe de psicólogo independiente para valorar la madurez de los menores. La información será adaptada a la capacidad del sujeto, y, además, pese a los informes de terceros, siempre será el mediador responsable de valorar si existe o no capacidad suficiente para consentir el procedimiento sin auxilio de los representantes legales.

Así la Ley concreta en el artículo 9 el derecho del menor a ser oído y escuchado. Y lo hace *sin discriminación alguna por edad, discapacidad o cualquier otra circunstancia, tanto en el ámbito familiar como en cualquier procedimiento administrativo, judicial o de mediación en que esté afectado y que conduzca a una decisión que incida en su esfera personal, familiar o social, teniéndose debidamente en cuenta sus opiniones, en función de su edad y madurez. Para ello, el menor deberá recibir la información que le permita el ejercicio de este derecho en un lenguaje comprensible, en formatos accesibles y adaptados a sus circunstancias.* Indicando, además que *en los procedimientos judiciales o administrativos, las comparecencias o audiencias del menor tendrán carácter preferente, y se realizarán de forma adecuada a su situación y desarrollo evolutivo, con la asistencia, si fuera necesario, de profesionales cualificados o expertos, cuidando preservar su intimidad y utilizando un lenguaje que sea comprensible para él, en formatos accesibles y adaptados a sus circunstancias informándole tanto de lo que se le pregunta como de las consecuencias de su opinión, con pleno respeto a todas las garantías del procedimiento.* [464]

Información en la que debe tenerse en cuenta, además, el interés superior del menor. [465]

Por otro lado, además de que los menores pueden ser parte en la mediación, la Ley de protección jurídica del menor, en su art. 9 bis establece la regulación de los deberes de los menores

---

464 "2. Se garantizará que el menor, cuando tenga suficiente madurez, pueda ejercitar este derecho por sí mismo o a través de la persona que designe para que le represente. La madurez habrá de valorarse por personal especializado, teniendo en cuenta tanto el desarrollo evolutivo del menor como su capacidad para comprender y evaluar el asunto concreto a tratar en cada caso. Se considera, en todo caso, que tiene suficiente madurez cuando tenga doce años cumplidos.
Para garantizar que el menor pueda ejercitar este derecho por sí mismo será asistido, en su caso, por intérpretes. El menor podrá expresar su opinión verbalmente o a través de formas no verbales de comunicación. No obstante, cuando ello no sea posible o no convenga al interés del menor se podrá conocer la opinión del menor por medio de sus representantes legales, siempre que no tengan intereses contrapuestos a los suyos, o a través de otras personas que, por su profesión o relación de especial confianza con él, puedan transmitirla objetivamente."

465 Ley de protección jurídica del menor: Artículo 2. Interés superior del menor. 1. Todo menor tiene derecho a que su interés superior sea valorado y considerado como primordial en todas las acciones y decisiones que le conciernan, tanto en el ámbito público como privado. En la aplicación de la presente ley y demás normas que le afecten, así como en las medidas concernientes a los menores que adopten las instituciones, públicas o privadas, los Tribunales, o los órganos legislativos primará el interés superior de los mismos sobre cualquier otro interés legítimo que pudiera concurrir.
Las limitaciones a la capacidad de obrar de los menores se interpretarán de forma restrictiva y, en todo caso, siempre en el interés superior del menor.

de acuerdo a su edad y madurez, entendiendo que *deberán asumir y cumplir los deberes, obligaciones y responsabilidades inherentes o consecuentes a la titularidad y al ejercicio de los derechos que tienen reconocidos en todos los ámbitos de la vida, tanto familiar, escolar como social.* Indicando igualmente que *los poderes públicos promoverán la realización de acciones dirigidas a fomentar el conocimiento y cumplimiento de los deberes y responsabilidades de los menores en condiciones de igualdad, no discriminación y accesibilidad universal.*

8. LA VOLUNTAD DE LAS PARTES EN EL CONSENTIMIENTO INFORMADO

El análisis de la voluntad de consentir: el consentimiento tras recibir la información siempre debe ser libre, sin que medie error, o una falta de información. La mediación se inicia de forma totalmente voluntaria y esa voluntariedad se extiende a lo largo de todo el proceso, por tanto, las partes podrán dejar la mediación en cualquier momento.

El mediador no puede utilizar la coacción, la intimidación, cualquier expresión de la violencia ni la manipulación para forzar a que las partes consientan, pues si no sería inexistente.

9. EL DEFECTO DE INFORMACIÓN POR PARTE DEL MEDIADOR

El defecto de información produce, salvo en los casos de consentimiento desinformado (derecho a no conocer), que se esté actuando sin consentimiento informado o con un consentimiento viciado, lo que hace que se esté vulnerando la autonomía de la voluntad de las partes.

Que la información necesaria para el consentimiento informado sea insuficiente o inexistente provoca una vulneración del derecho a consentir la mediación tras haber recibido la información necesaria para tal fin. Algo que sucede incluso cuando el paciente o cliente cree, por error, que sí que ha sido informado correctamente. Si se actúa con una información insuficiente o sin ella, se estará actuando sin consentimiento y dará lugar a la existencia de responsabilidad del mediador.

Actuar sin el preceptivo consentimiento informado genera una vulneración de la *lex artis* al haberse vulnerado la autodeterminación del paciente-cliente, que puede conllevar responsabilidades para los profesionales.

En nuestro ordenamiento, no existe un régimen para las responsabilidades, en casos de actuación sin información, o con una información sesgada o contraria a la realidad y a la veracidad, el perjudicado acudirá a las pautas genéricas de la responsabilidad civil.

En tal caso cabe la reclamación del daño derivado del contrato, por incumplimiento contractual o por cumplimiento imperfecto, dado que el contrato ha nacido y ha originado efectos sin que una de las partes haya observado las previsiones legales sobre la información que necesariamente debe ofrecer sobre el mismo.

Tanto el deber de información como el consiguiente consentimiento informado, encajan con la figura de las obligaciones de seguridad que YZQUIERDO TOLSADA concreta en el artículo 1258 CC, las cuales hacen que lo pactado vaya más allá de las estipulaciones contractuales previstas en concreto por las partes, haciendo que se deban observar también aquellas circunstancias que resulten de la buena fe, las costumbres y las normas imperativas aplicables al contrato. De esta forma, del citado precepto, el mediador y las partes no estarán exclusivamente vinculados por lo pactado en el contrato, sino que informar y consentir, será una obligación pues estaremos ante una obligación "accesoria íntimamente ligada a la naturaleza del contrato".

Como estudiaremos también caben reclamaciones de responsabilidad civil extracontractual, o reclamaciones por daño moral con base en el art. 1902 CC y ello por el actuar desinformado del mediador, o mal informado por él, aunque no se hubieren derivado otros daños en las partes salvo los derivados de la vulneración de su autodeterminación, consecuencia de la actuación desinformada.

Es uno de los problemas señalados por YZQUIERDO TOLSADA[466], que considera que, cuando entre las partes existe una relación contractual es poco ortodoxo acudir a la responsabilidad extracontractual, como si de dos extraños se tratara. Si partimos de que el consentimiento informado es un elemento fundamental del contrato celebrado entre mediador y las partes, por lo que según el artículo 1258 CC, pese a que en el momento de contratar las partes no realicen ninguna alusión a él, debe considerarse preceptivo, que las actuaciones del mediador deben haber sido consentidas por las partes. De modo que ante el actuar del mediador sin el debido consentimiento informado, se deriven o no daños de la actuación podría interponerse una acción que persiguiera una indemnización por incumplimiento contractual con base al artículo 1098 CC. Además, podría solicitarse la indemnización por daño moral.

En conclusión, el defecto de información es un elemento realmente fundamental en la praxis mediadora y, consideramos que tiene entidad suficiente como para justificar la existencia de una indemnización al perjudicado/s por la vulneración que consista en no haber sido convenientemente informado o haber consentido un tratamiento o actuación que no le habían informado de forma suficiente.

---

466 YZQUIERDO TOLSADA, M. *Responsabilidad Civil Extracontractual. Parte General. Delimitación y especies. Elementos. Efectos o consecuencias.* (9.ª ed.). Dykinson. 2023.

10. EL ERROR EN LA INFORMACIÓN COMO SUPUESTO DE RESPONSABILIDAD CIVIL

La insuficiente información puede dar lugar, a la existencia de responsabilidad del mediador, pues una información incorrecta contraviene la *lex artis.*

Resulta bastante difícil que el mediador actúe o inicie el procedimiento de mediación sin el consentimiento informado de las partes, puesto que la sesión previa es ineludible y es donde se constata el consentimiento y así consta en el acta. De hecho, según lo que hemos visto hasta ahora en las normativas tanto estatal como autonómicas, podemos asegurar que el mediador no deberá iniciar el procedimiento sin el consentimiento informado de las partes. No obstante, si se diese el hipotético supuesto de que el mediador actuase sin dicho consentimiento daría lugar a una actuación antijurídica indemnizable, y ello porque se está actuando vulnerando un derecho de usuario de la mediación.

Nos preguntamos si sería posible hablar en mediación de responsabilidad contractual por resultado inexacto o defectuoso, por ausencia o defecto de la información. En este caso, a pesar de que la mediación es una obligación de medios y no de resultado, se estaría causando a las partes un daño por omisión de forma culposa objeto de responsabilidad civil por actuación sin información o sin consentimiento informado.

¿Qué ocurrirá en una actuación insuficientemente informada o erróneamente consentida? En todo caso deben ser indemnizados los perjudicados por un defecto en la información, y la parte interesada que ha sufrido algún daño o no ha obtenido el resultado que se pretendía en la sesión individual o no se ha alcanzado la resolución final del conflicto. En estos casos incluso cabe la imposición de sanciones por los Tribunales en concepto de daño moral al profesional mediador que informaron deficientemente a las partes.

Podría pensarse que no debería otorgarse una indemnización derivada de la falta de información con base a que se ha producido un daño moral si no se demuestra y prueba la existencia del daño (corporal o moral) concreto y el nexo de causalidad entre la falta de información y el daño.

Entendemos que, al ser los daños provocados por profesionales estarán cubiertos por sus entidades aseguradoras que son quienes afrontan el pago de este tipo de indemnizaciones, cuestión que veremos más adelante en este estudio, por lo que informar de modo deficiente imposibilita al cliente a valorar los riesgos que acompañan intrínsecamente al procedimiento. En todo caso, no se puede asegurar que la parte hubiera considerado seguir adelante con la mediación de haber conocido el aspecto u aspectos de lo que no se le informó, por lo que se fija la responsabilidad en el profesional mediador.

¿Es acertado considerar idónea la responsabilidad civil como vía para resarcir al perjudicado de la infracción de información? Realmente si el mediador actúa sin consentimiento informado o con un consentimiento viciado, fruto de una información inexistente o insuficiente, debería acudirse (más que a la responsabilidad extracontractual o a la indemnización por daños morales) a una reclamación por incumplimiento contractual, pues el consentimiento informado es elemento esencial de la relación contractual existente.

II. ACTUACIONES PREVIAS AL CONTRATO DE MEDIACIÓN

Comenzamos el estudio de la responsabilidad del mediador, centrándonos en el contrato de mediación, y en los actos previos encaminados a formalizar dicho contrato. Nos referimos a todas las cuestiones relativas a la sesión previa, y a la hoja de encargo como pasos precontractuales, así como al desarrollo del procedimiento de mediación, dado que el objeto de nuestro estudio es la responsabilidad del profesional mediador en relación con el acto de mediación, lo que nos lleva a la necesidad de definir las cuestiones que delimitarán esta responsabilidad.

En la mediación, al igual que en cualquier proceso, podemos hacer diferenciaciones por fases, etapas o momentos. Podemos decir que el procedimiento en este caso tiene un inicio, un fin y también incluye actuaciones intermedias, todo ello variará en función del caso concreto. Aunque como hemos podido comprobar la doctrina viene diferenciando algunas fases concretas como, por ejemplo, lo hace VEZZULLA[467] quien diferencia seis etapas: la presentación del mediador y las reglas de mediación; la exposición del conflicto por parte de los mediados; el resumen y ordenamiento inicial de los conflictos; el descubrimiento de los intereses ocultos; la generación de ideas para resolver los problemas; y, por último, el acuerdo final.

Queremos recalcar en este punto que MOORE[468], aparte de analizar estas fases mencionadas con anterioridad da relevancia a algunos momentos importantes que son anteriores al procedimiento de mediación, podríamos decir que vienen con anterioridad al contrato de mediación, los cuales son: constitución de una relación con las partes; la elección de una estrategia de mediación; la recopilación de información sobre las partes en conflicto; la programación detallada de la mediación; y, la creación del clima de confianza y cooperación.

Como podemos ver, los autores señalados realizan una diferenciación de las fases desde un punto de vista social, aunque a nivel jurídico, a pesar de la flexibilidad que caracteriza al

---

467 VEZZULLA, J. C.: *Mediação -Teoria e Prática. Guia para Utilizadores e Profissionais.* Agora Publicações. 2001.

468 MOORE, C. W.: *The Mediation Proccess: Practical Strategies for Resolving Conflict (4.a ed.).* Jossey-Bass Publishers. 1995.

procedimiento de mediación, se especifican en el Título IV de la LMACM unas fases concretas que analizaremos a lo largo de este capítulo.

Brevemente queremos destacar que el sistema jurídico portugués prevé estas fases previas al contrato de mediación como "*pré-mediação*" en el artículo 16 de la *Lei da Mediação* y así también lo hace en los artículos 49 y 50 de la *Lei dos Julgados de Paz*. Esta pre-mediación incluye momentos como el contacto para agendar una sesión, o, por ejemplo, la sesión informativa.

1. SOLICITUD DE INICIO

Tal y como se establece en el artículo 16 de la LMACM, se hace referencia a la forma en la que puede iniciarse el procedimiento de mediación. Según esta redacción, la mediación puede iniciarse de mutuo acuerdo por las partes, es decir, por ambas partes de mutuo acuerdo y se definirán en la propia solicitud detalles como el mediador, la institución, el lugar de las sesiones y la lengua. Este es un precepto que incide en el principio de voluntariedad tal y como hemos recalcado en anteriores ocasiones.

Existen diversas formas de dar inicio a la mediación por lo que vamos a distinguir entre: en primer lugar, la solicitud de inicio por un compromiso previo de mediación entre las partes; en segundo lugar, que no exista compromiso previo pero una parte requiere a la otra a acudir a mediación; y, por último, que la solicitud de inicio provenga de una derivación judicial a mediación.

1.1. Inicio de común acuerdo

Por lo que vemos en la redacción de la LMACM, la forma más habitual de inicio de la mediación será que las partes de común acuerdo designen al mediador o bien acudan a la institución y sea esta quien elija al mediador. Esta decisión es realmente importante y por ello tanto las partes como la institución acudirán al registro de mediadores para verificar que cumplen con los requisitos necesarios y así poder elegir de forma eficaz al mediador o mediadores que vayan a llevar a cabo la mediación.

Se recoge la posibilidad de que exista un acuerdo previo de sometimiento a mediación, pero su ejecutabilidad será complicada si una de las partes que había acordado expresamente el sometimiento a mediación, en el momento de acudir al proceso mediador decide no llevar a cabo ese pacto previo.

En este artículo no se indica expresamente cómo se ha de dirigir la solicitud de inicio, pero entendemos que esta deberá formalizarse por escrito al mediador o bien cumplimentando los formularios de las instituciones de mediación. Es posible formular la propuesta de forma verbal, pero se deberá dejar constancia de lo mismo para que pueda darse por iniciado el proceso de mediación, tal como indica CARRETERO MORALES que entiende que esto evitará problemas y garantizará la suspensión de los plazos de prescripción y caducidad[469].

Tal como indica PÉREZ-SALAZAR RESANO[470], sería adecuado que los mediadores e instituciones de mediación tuviesen modelos de solicitud que contengan los requisitos exigidos, facilitando así a las partes la forma de realizar la solicitud evitando defectos en su redacción.

---

469 CARRETERO MORALES, E.: *La mediación civil y mercantil en el sistema de justicia*. Dykinson. 2016.

470 PÉREZ-SALAZAR RESANO, M.: "Artículo 16: solicitud de inicio", en *Mediación en asuntos civiles y mercantiles: comentarios a la Ley 5/2012*. Reus. 2012, pp. 201-208.

O bien, puede ser que la mediación se inicie por una de las partes. Según el artículo 16.1 b) LMACM, esta opción se dará cuando esta parte lo haga en cumplimiento de un pacto de sometimiento a mediación existente entre las partes que tienen el conflicto. Este sometimiento a mediación se contempla en el artículo 6.2. de la LMACM donde se regula la voluntariedad y la libre disposición, indicando que, si se expresa por las partes este sometimiento, se deberá intentar el procedimiento pactado de buena fe. Esta cuestión es interesante puesto que la voluntariedad de las partes debe estar presente en todo momento durante la mediación, por lo que, si en el momento de inicio de la mediación las partes o una de ellas muestra su disconformidad con la mediación, no tiene sentido hacer uso de este medio ya que no se estaría cumpliendo con el principio básico de voluntariedad. El objeto de esta cláusula es que las partes conozcan la mediación como opción para la resolución de un conflicto, no se obligará en ningún caso a que las partes se sometan a la mediación.

En este punto recalcamos los efectos que surgen con la presentación de la solicitud de inicio de mediación. Pues bien, con la solicitud de inicio de mediación las partes no podrán ejercitar contra la contraria ninguna acción judicial o extrajudicial en relación con el mismo objeto, tal como se indica en el artículo 10.2 de la LMACM, con excepción de la solicitud de las medidas cautelares u otras medidas urgentes imprescindibles para evitar la pérdida irreversible de bienes y derechos.

Otro efecto que encontramos con el inicio de la mediación es que, existiendo un proceso judicial abierto, las partes tienen la posibilidad de acudir de forma voluntaria a mediación, por lo que, tal como se establece en el artículo 16.3 de la LMACM se suspenderá el proceso judicial. Aunque esta suspensión tiene un plazo máximo de 60 días según dispone la LEC, si cuando transcurra ese tiempo las partes continúan en la mediación, se puede solicitar al órgano judicial un nuevo aplazamiento.

A su vez se incluye en el artículo 4 de la LMACM que la solicitud de inicio de la mediación suspenderá la prescripción o caducidad de acciones desde la fecha en la que conste la recepción de la solicitud por el mediador, o, en la que conste el depósito ante la institución de mediación en su caso. Este efecto es una medida básica para que la mediación tenga éxito y se evite afectar con su aplicación a la tutela judicial efectiva contemplada en la CE.

2. LA SESIÓN INFORMATIVA

2.1. Introducción. ¿En qué consiste la sesión informativa de mediación?

Una vez analizada la solicitud inicial, se regula la información y las sesiones informativas en el artículo 17 de la LMACM. En este momento el mediador o la institución citará a las partes para la celebración de esta sesión informativa en el más breve plazo de tiempo posible para que puedan recibir la información y decidir posteriormente si quieren iniciar el procedimiento de mediación de forma definitiva.

La Directiva de 2008 recoge en el artículo 5 la referencia al recurso a la mediación y en su apartado 1° señala que *el órgano jurisdiccional que conozca de un asunto, cuando proceda y teniendo en cuenta todas las circunstancias del caso, podrá proponer a las partes que recurran a la mediación para solucionar el litigio. Asimismo, el órgano jurisdiccional podrá pedir a las partes que asistan a una sesión informativa sobre el uso de la mediación, si se celebran tales sesiones y si son fácilmente accesibles.*

Se refiere a una única forma de iniciar el procedimiento de mediación y es el indicado por el órgano jurisdiccional, que propone a las partes para la posible resolución del conflicto, o, como lo hemos llamado anteriormente, mediación intrajudicial. Por ello utiliza el término sesión informativa para que las partes conozcan el procedimiento de mediación. Y ello porque esta sesión inicial es un primer acercamiento de carácter informativo y totalmente voluntario entre el mediador y las partes que acuden a la mediación, en el que podrán también acudir los abogados en el caso de que los hubiera.

Los principales objetivos de esta sesión informativa son los de poner de manifiesto que el proceso de mediación tiene unas reglas y un contexto diferentes al proceso judicial y el papel del mediador es muy distinto al de un juez. Esta parte del proceso tiene por objeto obtener información, proporcionar información, y, crear confianza en el proceso de mediación y el mediador. La esencia de la sesión informativa es la de presentar la mediación como un procedimiento sencillo en el que las partes podrán por sí mismas actuar y alcanzar la solución deseada a su conflicto rebajando la posible tensión existente. Y todo ello en un espacio donde se promoverá el diálogo y la cooperación, así como, la reflexión y la búsqueda de una solución consensuada a través de sus acuerdos.

La puesta en escena de la sesión informativa va a ser muy importante. Debe ser igual, si no el mismo espacio, en el que se vaya a desarrollar las sesiones del procedimiento de mediación. Como las partes son las protagonistas de la mediación y la comunicación entre ellos debe ser directa, el diseño y la distribución del espacio físico donde va a tener lugar la entrevista informativa debe adecuarse a tales ideas. Así se situarán a las partes, en asientos próximos, al mismo nivel que el asiento del mediador y que todos los participantes, de forma que puedan mantener contacto ocular y comunicarse directamente, sin verse como partes enfrentadas.

2.2. Importancia de la sesión informativa.

Esta sesión es extremadamente importante en el desarrollo de la mediación ya que en ella el mediador debe informar *a las partes de las posibles causas que puedan afectar a su imparcialidad, de su profesión, formación y experiencia; así como de las características de la mediación, su coste, la organización del procedimiento y las consecuencias jurídicas del acuerdo que se pudiera alcanzar, así como del plazo para firmar el acta de la sesión constitutiva.* Este conocimiento ayudará a las partes a que se cercioren de la idoneidad de la mediación como medio para la gestión del conflicto latente.

Debemos tener en cuenta que esta lista contemplada por el legislador, no es *numerus clausus,* sino que estas cuestiones son especialmente relevantes. Pero la sesión informativa debe ir más allá, tal como dice BARONA VILAR[471], no es una norma imperativa, sino que esto son unas reglas de referencia, las líneas básicas de fase.

Consideramos fundamental en primer lugar que el mediador explique claramente a las partes qué es la mediación, especificando en qué consiste y por qué han de optar por este MASC, diferenciándolo así de otros. Además, las partes deben comprender por qué la mediación es el medio adecuado para la resolución de su conflicto concretamente, es decir, que, como dice CARRETERO MORALES[472], no se puede explicar la mediación en abstracto, sino que las partes tienen que percibir que, por la información que tienen de la mediación, esta es la mejor vía para resolver el conflicto.

Tal y como se contempla en el artículo 17 LMACM, se debe explicar a las partes cualquier causa que pueda afectar a la im-

---

471 BARONA VILAR, S.: *Mediación en asuntos civiles y mercantiles en España tras la aprobación de la Ley 5/2012 de 6 de julio.* Tirant Lo Blanch. 2013.

472 CARRETERO MORALES, E. *La mediación civil y mercantil en el sistema de justicia.* Dykinson. 2016.

parcialidad del mediador en el procedimiento. Una vez conocidas estas circunstancias si existiesen, el mediador sólo podrá dar inicio a la mediación si las partes, una vez conocida la concurrencia de alguna de las causas, consienten la intervención del mediador de forma expresa, aunque el mediador debe garantizar igualmente que esta circunstancia no le va a impedir mediar en el procedimiento con total imparcialidad.

Respecto de su profesión, formación y experiencia, entendemos que se refiere a su profesión de origen, cuestión que en ocasiones puede tener relevancia, pero en otras puede que no guarde relación con el asunto por lo que puede que este dato no tenga relevancia, aunque sí debe informar en qué consiste su profesión de mediador. La formación y experiencia se refiere en todo caso a su formación en materia de mediación y a su experiencia como mediador.

Otra cuestión de especial relevancia, es que el mediador debe hablar a las partes de las características de la mediación, incidiendo en los principios fundamentales de la misma, esta parte es totalmente necesaria puesto que el mediador debe transmitir con total claridad lo que significa que la mediación sea un proceso voluntario, confidencial, que el tercero imparcial no va a tomar la decisión del proceso sino que las partes son las que decidirán la resolución que mejor se adapte a sus necesidades. Es decir, que las partes deben saber identificar los principios fundamentales en el procedimiento para poder desempeñar correctamente sus obligaciones y exigir la ejecución de sus derechos.

Como se contempla en el artículo 17 de la LMACM, mencionado previamente, la información la otorga el mediador, pero no se especifica que esa información se dé exclusivamente como consecuencia de que las partes soliciten el inicio de la mediación, sino que existe una posibilidad de que las instituciones de mediación puedan organizar sesiones informativas abiertas para todas aquellas personas que puedan estar interesadas en recibir información respecto del procedimiento de la mediación. Estas sesiones son informativas igualmente, podemos equipararlo a lo que se realiza en los juzgados de familia de Madrid, en donde el juez tiene la potestad de proponer que las partes acudan al Punto de Información sobre Mediación (PIM)[473]. Es importante señalar que estas sesiones informativas genéricas no sustituirán en ningún caso a la sesión informativa que debe dar el mediador si las partes deciden acudir a la mediación.

2.3. Fundamento de la sesión informativa

Comenzaremos indicando que la sesión informativa es un primer acercamiento, una reunión inicial de toma de contacto, donde el mediador puede recabar información de gran valor para encarar un hipotético proceso de mediación. En ese acto, el mediador, además, deberá motivar a las partes en conflicto, con el fin de que valoren la oportunidad de resolver sus conflictos por ellos mismos, sin acudir a terceros (sin acudir a un procedimiento judicial). El mediador podrá medir la posibilidad de influir en el ánimo de las partes para que haya un acercamiento entre las partes y a la resolución de sus diferencias.

Así el mediador deberá exponer los principios esenciales de la mediación, como la voluntariedad o la confidencialidad, explicando también el desarrollo del proceso, el valor que tendría un posible acuerdo alcanzado, la duración y costes estimados para el proceso y el papel que va a asumir el mediador

---

[473] Disponible en:https://www.madrid.es/portales/munimadrid/es/Inicio/Infancia-y-familia/Mediacion-Familiar-Centros-de-Apoyo-a-las-Familias/?vgnextfmt=default&vgnextoid=70b06ceacec29410VgnVCM2000000c205a0aRCRD&vgnextchannel=2fbfb7dd3f7fe410VgnVCM1000000b205a0aRCRD [en línea] [Consultado en 10 de enero de 2024]

durante las sesiones, guardando una estricta neutralidad e imparcialidad en su actuación.

En este momento inicial, el mediador deberá exponer toda la información de manera clara y precisa, resolviendo las diferentes dudas que vayan surgiendo a las partes y deberá mostrar confianza y seguridad. Este momento es cuando el mediador se erige en el principal punto de apoyo y de ayuda para las partes. Quizá sea el momento de mayor protagonismo del mediador durante todo el proceso de mediación, ya que la sesión informativa es esencial y en la misma, el trabajo del mediador, debe ir dirigido a motivar a las personas a alcanzar un acuerdo.

Esta sesión se iniciará con una información general sobre el mediador designado, destacando el deber que tiene el mediador de revelar cualquier cuestión que comprometa su imparcialidad, él mismo debe valorar en qué medida puede verse afectado. Igualmente, se debe informar sobre las características de la mediación, concretamente los principios regulados en los artículos 6 al 9 de la LMACM. Finalmente, con la información obtenida, las partes decidirán si desean continuar con la mediación.

La sesión informativa se regula en el artículo 17 de la LMACM, y según este precepto, en la sesión informativa, el mediador informará a las partes de las posibles causas que puedan afectar a su imparcialidad, su profesión, formación y experiencia, de las características de la mediación, de su coste, la organización del procedimiento, de las consecuencias jurídicas del acuerdo y de la firma del acta de la sesión consecutiva.

El citado precepto parte de la citación a la sesión informativa de mediación a través del mediador o la institución de mediación, por solicitud de la otra parte. Esta sesión puede llevarse a cabo en la institución o despacho del mediador, pero lo cierto es que en muchos casos se llevan a cabo en la propia sede judicial, en el Punto de Información a la Mediación, en donde las partes acuden el día señalado por el juzgado que previamente lo tiene acordado con una institución de mediación o un mediador.

Esta sesión se torna como obligatoria según esta ley, debido al desconocimiento que existe en la sociedad actual, pero resulta un punto importante para mostrar las ventajas de esta vía alternativa a los juzgados y otros MASC, también sirve para empoderar y transmitir confianza a las partes inmersas en un conflicto a la resolución de sus propios problemas apostando por una cultura de paz.[474]

Con carácter previo a la sesión constitutiva, habrá una sesión informativa donde puede formalizarse una hoja de encargo profesional detallada, que también podrá concretarse simultáneamente a la redacción del acta o contrato de mediación. De hecho, las diferentes leyes autonómicas, regulan de forma unánime este concepto de sesión informativa, la cual debe llevarse siempre en presencia de ambas partes a las cuales se las debe de informar de las características, reglas y proceso

---

474 En Chile existe la mediación previa y obligatoria a un juicio que incluye alimentos, relación directa y regular (visitas) art. 106 desde 2009. Esto implica que si una persona desea realizar una demanda para solicitar alguna de estas materias deberá acceder previamente a mediación familiar "...ya sea por un centro de mediación licitado que pone a disposición el Estado o en un centro de mediación privado, en ambos casos los mediadores deben estar registrados en el Registro Único de Mediadores familiares del Ministerio de Justicia. Los acuerdos que son alcanzados en mediación tienen el mismo valor jurídico de una sentencia y serán aprobados posteriormente por un tribunal de familia, y si las partes no loran llegar a un acuerdo, se procede a dar curso a una demanda acompañado de un certificado de mediación frustrada que extenderá el centro de mediación correspondiente". MORALES CÓRDOVA, Ángeles: "La medición en el Derecho de Familia", en *Justicia restaurativa: Herramientas para el cambio desde la gestión de conflictos,* 2016 pp. 254 y 255.

de mediación, así como la retribución del mediador, los deberes y derechos de las partes, la fijación del objeto de la mediación y la planificación de las sesiones posteriores.

En definitiva, esta información dada es clave, y en la mayoría de las ocasiones pueden surgir dudas de contenido jurídico, por lo que puede ser necesaria ayuda de los letrados de las partes o bien el propio mediador puede ayudar en este sentido siempre y cuando el mismo tenga formación jurídica.

Tras la sesión informativa, las partes pueden acordar continuar en mediación, por lo que se formalizará la sesión constitutiva, así como el acta con los aspectos contemplados en el artículo 19 de la LMACM, se cumplirá con el plan establecido y se llevarán a cabo las sesiones necesarias. Sin embargo, las partes también pueden acordar no continuar con la mediación, por lo que se podrá tener por intentada la mediación y cumplida la obligación legal de la mediación intrajudicial justificando la asistencia por el mediador o la institución.

2.4. Sesión informativa y el consumidor vulnerable

El nacimiento de la pandemia provocada por el COVID-19, ha originado un gran impacto social y económico, y ha visibilizado, más aún, la existencia de la "persona consumidora vulnerable" ya existente en la sociedad, y que ha sido introducida y regulada en parte por el Real Decreto-ley 1/2021, de 19 de enero, de protección de los consumidores y usuarios frente a situaciones de vulnerabilidad social y económica, que modifica algunos artículos del TRLGDCU.

A modo genérico se indica que el consumidor vulnerable deberá ser objeto de especial atención tanto por parte de autoridades públicas como de empresas privadas en las relaciones de consumo, afectando por consiguiente a nuestro ámbito. [475]

En el artículo 3 del TRLGDCU, relativo al concepto de consumidor y usuario, nos encontramos la primera novedad, que incluye una nueva categoría, la de persona consumidora vulnerable y la describe como aquella *persona física que, de forma individual o colectiva, por sus características, necesidades o circunstancias personales, económicas, educativas o sociales, se encuentra, aunque sea territorial, sectorial o temporalmente, en una especial situación de subordinación, indefensión o desprotección que le impide el ejercicio de sus derechos como persona consumidora en condiciones de igualdad.* A modo de ejemplo, en este grupo se incluyen menores, personas de avanzada edad, con bajo nivel de digitalización, con discapacidad funcional, intelectual, cognitiva o sensorial o con dificultades por la falta de accesibilidad de la información, es decir, un amplio segmento de la población.

Nos interesa específicamente, en este momento de nuestro estudio, la nueva redacción de los artículos 20 y 60 TRLGDCU los cuales prevén que la información necesaria a incluir en la oferta comercial y la información previa al contrato y que deberá facilitarse a los consumidores o usuarios, principalmente cuando se trate de personas consumidoras vulnerables, deberá realizarse en términos claros, comprensibles, veraces y en un

---

[475] Real Decreto-ley 1/2021, de 19 de enero, de protección de los consumidores y usuarios frente a situaciones de vulnerabilidad social y económica. BOE núm. 17 de 20 de enero de 2021.
El artículo 8, enumera los derechos básicos de los consumidores y usuarios de las personas consumidoras vulnerables, que gozarán de una especial atención. El artículo 17, referido a la información, formación y educación de los consumidores y usuarios, indica que también gozarán de especial atención aquellos sectores que cuenten con mayor proporción de personas consumidoras vulnerables entre sus clientes o usuarios y se atenderá de forma precisa a las circunstancias que generan la situación de concreta vulnerabilidad.

formato fácilmente accesible, de forma que aseguren su adecuada comprensión y permitan la toma de decisiones óptimas para sus intereses. Nos interesa destacar que esta obligación de adaptación a las partes del mediador con la utilización de un lenguaje comprensible ya fue indicada, previamente, por la legislación autonómica a principios de siglo.[476]

El incumplimiento de lo anterior será considerado práctica desleal por engañosa (art. 7 de la Ley de Competencia Desleal), generando responsabilidad del mediador.

Atendiendo a la vulnerabilidad de las partes, se ha modificado el apartado 2 del artículo 18 TRLGDCU, que señala que *sin perjuicio de las exigencias concretas que se establezcan reglamentariamente y de la normativa sectorial que en cada caso resulte de aplicación, que prestarán especial atención a las personas consumidoras vulnerables, todos los bienes y servicios puestos a disposición de los consumidores y usuarios deberán ser de fácil acceso y comprensión y, en todo caso, incorporar, acompañar o, en último caso, permitir obtener de forma clara y comprensible, información veraz, eficaz y suficiente sobre sus características esenciales…*

En conexión con ello debemos tener en cuenta otra modificación importante introducida por este RD 1/2021, centrado en el apartado 2 del artículo 20, donde además se añade un apartado 3, quedando redactados del modo siguiente:

> *«2. A efectos del cumplimiento de lo previsto en el apartado anterior, y sin perjuicio de la normativa sectorial que en su caso resulte de aplicación, la información necesaria a incluir en la oferta comercial deberá facilitarse a los consumidores o usuarios, principalmente cuando se trate de personas consumidoras vulnerables, en términos claros, comprensibles, veraces*

---

476 La Ley 4/2005 de mediación de Castilla La Mancha. Artículo 18 Sesión inicial. 1. El mediador convocará a las partes a una primera sesión de inicio del procedimiento y les informará, *de modo que resulte comprensible para éstas…*

> *y en un formato fácilmente accesible, de forma que aseguren su adecuada comprensión y permitan la toma de decisiones óptimas para sus intereses.*
>
> 3. *El incumplimiento de lo dispuesto en los apartados anteriores será considerado práctica desleal por engañosa en iguales términos a los que establece el artículo 7 de la Ley 3/1991, de 10 de enero, de Competencia Desleal.»*

Pero es que, además, el Real Decreto 1/2021 incorpora, un segundo párrafo al apartado 1 del artículo 60, muy interesante para nuestro análisis, en los siguientes términos:

> *«1. Antes de que el consumidor y usuario quede vinculado por un contrato y oferta correspondiente, el empresario deberá facilitarle de forma clara y comprensible, salvo que resulte manifiesta por el contexto, la información relevante, veraz y suficiente sobre las características principales del contrato, en particular sobre sus condiciones jurídicas y económicas.*
>
> *Sin perjuicio de la normativa sectorial que en su caso resulte de aplicación, los términos en que se suministre dicha información, principalmente cuando se trate de personas consumidoras vulnerables, además de claros, comprensibles, veraces y suficientes, se facilitarán en un formato fácilmente accesible, garantizando en su caso la asistencia necesaria, de forma que aseguren su adecuada comprensión y permitan la toma de decisiones óptimas para sus intereses.»*

Ya la doctrina civilista[477] hizo referencia al concepto de consumidor vulnerable en los siguientes términos: *El concepto de consumidor vulnerable se basa en la noción de vulnerabilidad endóge-*

---

[477] Por *consumidor medio* la doctrina especializada, entiende *aquel normalmente informado y razonablemente atento y perspicaz.* Concepto que no es suficientemente flexible para adaptarlo a casos específicos dado que no se corresponden con situaciones que se presentan en la vida real.
Por eso la doctrina busca un concepto flexible, que no sea muy vago ni muy concreto a fin de adaptarse a las diversas situaciones de vulnerabili-

na y hace referencia a un grupo heterogéneo de personas compuesto por aquellas consideradas de forma permanente como tales por razón de su discapacidad mental, física o psicológica, su edad, su credulidad o su género, y además el concepto de consumidor vulnerable debe incluir asimismo a los consumidores en una situación de vulnerabilidad, es decir el consumidor que se encuentra en una situación de impotencia derivada de una brecha sobre su estado y sus características individuales, por una parte, y su entorno externo, teniendo en cuenta criterios tales como la educación, la situación social y financiera, o el acceso a las nuevas tecnologías.[478]

En conclusión, la vulnerabilidad tiene en cuenta las características individuales del consumidor, así como su entorno, tales como la educación recibida, su situación social y financiera, así como el conocimiento de las nuevas tecnologías.

La primera cuestión a resolver se centra en determinar en qué afectan a la mediación estas modificaciones. Y, sobre todo, cuáles son los requisitos a cumplir para poder considerar que un sujeto merece la calificación de "persona consumidora vulnerable".

Consideramos, en principio, que especialmente teniendo en cuenta esta nueva consideración de la persona, hay que introducir nuevos aspectos en la primera sesión informativa y, consecuentemente en la hoja de encargo.

Está claro que, con carácter genérico, y de forma imperativa, el art. 60, 1° TRLGDCU señala *la obligación del mediador (como empresario) de facilitar a toda persona de forma clara y comprensible, salvo que resulte manifiesta por el contexto, la información relevante,*

---

dad. Vid. HERNÁNDEZ DÍAZ-AMBRONA, M. D.: *Consumidor Vulnerable* (1.ª ed.). Reus. 2016.

478 Vid. HERNÁNDEZ DÍAZ-AMBRONA, M. D. *Consumidor Vulnerable* (1.ª ed.). Reus. 2016.

veraz y suficiente sobre las características principales del contrato, en particular sobre sus condiciones jurídicas y económicas.

No obstante, este mandato genérico se debe detallar ante personas consumidoras vulnerables, pues además de ser claros, comprensibles, veraces y suficientes los términos de la información, se facilitarán en un formato fácilmente accesible, garantizando en su caso la asistencia necesaria, de forma que aseguren su adecuada comprensión y permitan la toma de decisiones óptimas para sus intereses.

En la práctica estos conceptos jurídicos indeterminados y genéricos deberán concretarse y adaptarse, pues dependiendo de la persona y "del tipo de vulnerabilidad" en la que se encuentre, la información accesible será diferente. Aquí es donde radica el *quid* de la cuestión, en detallar el enfoque práctico y la incidencia que tendrán estos cambios introducidos en las futuras relaciones de consumo con las personas vulnerables.

En el caso de los menores como personas vulnerables, no se indica nada nuevo al respecto que no se hubieran introducido ya en las leyes de 2015. Así, la Ley Orgánica 8/2015, de 22 de julio, de modificación del sistema de protección a la infancia y a la adolescencia ya concretó el principio general del interés superior del menor (modificando la LO de protección jurídica del menor),[479] en el art. 1º haciendo referencia a unos criterios generales para la interpretación y aplicación en cada caso del mismo, y, en su apartado 3º señala que dichos criterios se ponderarán teniendo en cuenta los siguientes elementos generales, y en su apartado b) concretó, que *la necesidad de garantizar su igualdad y no discriminación por su especial vulnerabilidad, ya sea por la carencia de entorno familiar, sufrir maltrato, su discapacidad,*

---

479 Ley Orgánica 1/1996, de 15 de enero, de Protección Jurídica del Menor, de modificación parcial del Código Civil y de la Ley de Enjuiciamiento Civil. «BOE» núm. 15, de 17/01/1996.

su orientación e identidad sexual, su condición de refugiado, solicitante de asilo o protección subsidiaria, su pertenencia a una minoría étnica, o cualquier otra característica o circunstancia relevante.[480]

El apartado 5º, además, recoge que *toda medida deberá ser adoptada* respetando las debidas garantías del proceso y, en particular: *a) Los derechos del menor a ser informado, oído y escuchado, y a participar en el proceso de acuerdo con la normativa vigente. b) La intervención en el proceso de profesionales cualificados o expertos. En caso necesario, estos profesionales han de contar con la formación suficiente para determinar las específicas necesidades de los niños con discapacidad. En las decisiones especialmente relevantes que afecten al menor se contará con el informe colegiado de un grupo técnico y multidisciplinar especializado en los ámbitos adecuados. c) La participación de progenitores, tutores o representantes legales del menor o de un defensor judicial si hubiera conflicto o discrepancia con ellos y del Ministerio Fiscal en el proceso en defensa de sus intereses. d) La adopción de una decisión que incluya en su motivación los criterios utilizados, los elementos aplicados al ponderar los criterios entre sí y con otros intereses presentes y futuros, y las garantías procesales respetadas. e) La existencia de recursos que permitan revisar la decisión adoptada que no haya considerado el interés superior del menor como primordial o en el caso en que el propio desarrollo del menor o cambios significativos en las circunstancias que motivaron dicha decisión hagan necesario revisarla. Los menores gozarán del derecho a la asistencia jurídica gratuita en los casos legalmente previstos.*

Y esta modificó el art. 9 de la Ley Orgánica 1/1996, de 15 de enero, de Protección Jurídica del Menor, de modificación parcial del Código Civil y de la Ley de Enjuiciamiento Civil, concretando el derecho del menor a ser oído y escuchado, el cual analizaremos posteriormente en relación con la participación

---

[480] Ley Orgánica 8/2015, de 22 de julio, de modificación del sistema de protección a la infancia y a la adolescencia. «BOE» núm. 175, de 23 de julio de 2015

de los menores en la mediación. Resaltamos el apartado primero de mayor importancia para nuestro estudio, el cual quedó redactado en los siguientes términos:

1. El menor tiene derecho a ser oído y escuchado sin discriminación alguna por edad, discapacidad o cualquier otra circunstancia, tanto en el ámbito familiar como en cualquier procedimiento administrativo, judicial o de mediación en que esté afectado y que conduzca a una decisión que incida en su esfera personal, familiar o social, teniéndose debidamente en cuenta sus opiniones, en función de su edad y madurez. Para ello, el menor deberá recibir la información que le permita el ejercicio de este derecho en un lenguaje comprensible, en formatos accesibles y adaptados a sus circunstancias.

Pero es que, además, la Ley 26/2015, de 28 de julio, de modificación del sistema de protección a la infancia y a la adolescencia, introdujo el derecho de los menores a recibir y utilizar la información adecuada a su desarrollo, esto lo vemos también en la redacción del artículo 9 mencionado con anterioridad, en donde se especifica que el menor deberá ser debidamente informado y de forma comprensible. Y ello a través de la alfabetización digital y mediática, de forma adaptada a cada etapa evolutiva, que permita a los menores actuar en línea con seguridad y responsabilidad. [481]

Y, en todo caso, conforme al mandato dirigido por dicha Ley a las Administraciones Públicas y, a la Administración de Justicia a fin de fomentar la mediación, es que está obligada a incentivar la producción y difusión de materiales informativos y otros destinados a los menores, como puede ser la divulgación de la mediación escolar, promoviendo siempre los valores de igualdad, solidaridad, diversidad y respeto a los demás. Se garantizará la accesibilidad, con los ajustes razon-

---

[481] Ley 26/2015, de 28 de julio, de modificación del sistema de protección a la infancia y a la adolescencia. «BOE» núm. 180, de 29/07/2015.

ables precisos, de dichos materiales y servicios, incluidos los de tipo tecnológico, para los menores con discapacidad (art. 5, 1º y 3º LO 1/1996).[482]

Así pues, en el caso de menores, el RD 1/2021 no introduce nada nuevo al señalar que los menores son un consumidor vulnerable.

Puesto que los menores no son el único grupo de riesgo considerado grupo de consumidores vulnerables, nos preguntamos qué ocurrirá con el resto de grupos, principalmente con las personas de avanzada edad. Los ancianos están más expuestos a fraudes, abusos, estafas o malas prácticas de comercialización, de ahí su consideración como vulnerables.

En este supuesto el mediador deberá actuar con la máxima prudencia para que, en el procedimiento de mediación, la situación de las partes y sus relaciones sean igualitarias, accesibles, transparentes y de mayor seguridad para los ancianos. En tal caso, el mediador deberá ser extremadamente claro en su función, y en la forma, y posibilidad de llegar a acuerdos, teniendo en cuenta, además, que pueden juntarse en este grupo varias circunstancias que les pueden hacer más vulnerables como la escasez de recursos económicos, vivir en el ámbito rural, sus condiciones de salud, su nivel sociocultural, o el desconocimiento de la tecnología.

En el caso de persona vulnerable con bajo nivel de digitalización, debe cubrirse y solventarse por el mediador el desconocimiento de la tecnología y la ausencia de recursos en tal sentido.

Más dificultades ofrece saber determinar cómo proceder en los diferentes supuestos de vulnerabilidad de las personas

---

482 Ley Orgánica 1/1996, de 15 de enero, de Protección Jurídica del Menor, de modificación parcial del Código Civil y de la Ley de Enjuiciamiento Civil. «BOE» núm. 15, de 17 de enero de 1996

con discapacidad funcional, intelectual, cognitiva o sensorial[483] ya que este grupo de riesgo también debe obtener una información comprensible del mediador y esto es así porque no suelen ofrecerse conocimientos y habilidades necesarios a los profesionales, pero igualmente es importante la capacitación y especialización de los mismos en materia de discapacidad[484].

Y peor aún en el caso de personas vulnerables con dificultades por la falta de accesibilidad de la información ya que en principio nos tenemos que preguntar a quién se refiere el legislador en este caso. Consideramos que en este caso la vulnerabilidad, además de la motivada por razones económicas, podría estar determinada también por otras circunstancias de carácter social o personal que coloquen a los consumidores en una especial situación de subordinación, indefensión o desprotección y que podría verse agravada en situaciones excepcionales como fue en su día la crisis sanitaria.

En todos los casos la vulnerabilidad surge si han sido objeto de abusos, de ausencia de rigor en el trabajo del mediador… es decir, cuando hay una actuación en busca de interés propio del mediador.

---

483 Proyecto de Ley por la que se reforma la legislación civil y procesal para el apoyo a las personas con discapacidad en el ejercicio de su capacidad jurídica. 17 de julio de 2020 Núm. 27-1 Boletín Oficial De Las Cortes Generales Congreso De Los Diputados. XIV Legislatura

484 ÁLVAREZ RAMIREZ, G. (2013). *Discapacidad y sistemas alternativos de resolución de conflictos: Un cauce adicional de acceso a la justicia y una oportunidad para la inclusión* (1.a ed.). Grupo Editorial Cinca.

3. LA SESIÓN CONSTITUTIVA, INICIAL, PREVIA, PRIMERA

3.1. Introducción.

La conclusión de la sesión informativa será si las partes continúan o no con el procedimiento de mediación. En el supuesto de que las mismas quieran continuar comenzará el procedimiento mediante la sesión constitutiva. Hasta ahora los artículos anteriores se han encargado de regular la fase previa al proceso de mediación considerando que la solicitud de inicio y las sesiones informativas forman parte de la preparación del proceso, de lo que se conoce como la fase de pre-mediación, por lo que la sesión constitutiva marca el momento de inicio del proceso de mediación[485].

Por lo general, el mediador o mediadores, tal como se indica en el artículo 18 de la LMACM, que lleven a cabo la sesión constitutiva serán los mismos que vayan a llevar a cabo el procedimiento de mediación, pero estos no tienen por qué ser los que llevaron a cabo la sesión informativa, por lo que deben cerciorarse previamente de si las partes tienen alguna duda respecto del procedimiento y si están convencidos de querer continuar con la mediación. Una vez se han cerciorado de esto se llevará a cabo el acta de sesión constitutiva.

En esta sesión, las partes expresarán su decisión de comenzar con la mediación y deben dejar constancia por medio del acta de los datos que se indican en el artículo 19 de la LMACM que serán: la identificación de las partes; la designación del mediador y/o de la institución de mediación; el objeto de conflicto; el programa inicial de actuaciones y duración máxima

---

[485] VÁZQUEZ DE CASTRO, E., & FERNÁNDEZ CANALES, C.: *Practicum Mediación.* Aranzadi. 2014.

prevista, aunque esto puede ser modificado a lo largo del desarrollo; la información del coste; la declaración de aceptación voluntaria por las partes y la asunción de las obligaciones; y, el lugar de celebración y el idioma del procedimiento.

Esta sesión es especialmente importante, VÁZQUEZ DE CASTRO y FERNÁNDEZ CANALES[486] la califican como trascendental por la trascendencia jurídica que tiene, ya que en la misma se firma el acta en la que se reflejan todos los elementos del contrato de mediación y se aprovechará la misma para formalizar una hoja de encargo profesional detallada por el mediador. Entendemos que, de no existir contrato formal independiente, el acta de la sesión constitutiva hace las veces de contrato.

Igualmente se realizará en esta sesión un mapa del conflicto identificando de forma individual los elementos, mencionados en apartados anteriores, para posteriormente comprender de forma global la situación conflictiva. Una vez comprendida la situación, es posible analizar los medios más beneficiosos para la resolución del conflicto encontrando entre ellos la mediación por el cual se busca facilitar la comunicación y potenciar las facultades con las que las propias partes cuentan para resolver el conflicto.

No podemos olvidar que el conflicto es un elemento dinámico que puede sufrir cambios y ser transformado: Por ello el autor RUMMEL[487] establece un ciclo de vida para el mismo dividiéndolo en cinco fases, aunque nosotros nos vamos a guiar por las tres etapas diferenciadas en el *Practicum* de mediación,

---

486 VÁZQUEZ DE CASTRO, E., & FERNÁNDEZ CANALES, C: *Practicum Mediación* , cit…

487 Citado y explicado por FOLBERG, J., & TAYLOR, A.: *Mediation: A Comprehensive Guide to Resolving Conflicts Without Litigation.* Jossey-Bass. 1991.

las cuales son: latencia, manifestación e institucionalización[488]. Esta cuestión es especialmente importante en la sesión constitutiva para poder determinar la mejor forma de abordar el conflicto en función de la fase en la que se encuentre.

Estas tres etapas se diferencian en la escalada del conflicto, la cual está en relación con el carácter ascendente del mismo, lo que supone el agravamiento del mismo. En la primera etapa encontramos los que se denominan como conflictos latentes. En ella, los actores no han manifestado de forma explícita sus posiciones, aunque se dan todos los elementos necesarios para que surja el conflicto. En esta etapa se busca la prevención del conflicto como herramienta para evitar el desarrollo del mismo.

En la segunda etapa se incluyen los conflictos manifiestos, que son aquellos en que los actores hacen explícitas sus posiciones divergentes desencadenando el conflicto. En esta etapa la prevención es inevitable ya que el conflicto se ha desatado, por lo que es clave en este momento la resolución.

En la tercera y última etapa encontramos los conflictos institucionalizados, denominados también como patológicos, cuando la situación conflictiva se vuelve constante, es decir, las partes manifiestan sus posiciones divergentes continuamente, encontrando una tensión habitual. En ocasiones se hace uso de la resolución en estos casos, pero la herramienta que se considera más adecuada en este momento es la contención, para evitar la situación conflictiva constante y atenuar así las consecuencias de esa tensión.

Este análisis que debe ser llevado a cabo por el mediador es importante, pero debemos tener en cuenta que se puede acudir a la mediación por un tema en cuestión, pero acabar

---

488 VÁZQUEZ DE CASTRO, E., & FERNÁNDEZ CANALES, C.: *Practicum Mediación*, cit...

encontrando otros conflictos que afectan a ese tema, por lo que el estudio se debe comenzar en esta sesión constitutiva, pero no quiere decir que se encuentre el conflicto real en esta misma sesión.

Otra cuestión importante que se debe dilucidar en esta sesión, es la necesidad de que conste en el acta el programa de actuaciones y la duración máxima prevista para el desarrollo del procedimiento, pero tal como dice CARRETERO MORALES[489] esto parece entrar en cierta contradicción con la flexibilidad del procedimiento, aunque se entrelaza porque esta flexibilidad presupone que deben ser las partes junto con el mediador quienes determinen las sesiones que se consideran necesarias para finalizar el procedimiento, esto siempre dependerá de la naturaleza y complejidad del conflicto en cuestión. Que sean las partes junto con el mediador quienes determinen un programa estimado hará que se sientan absolutamente involucradas en el proceso y no se sentirán presionadas por llegar a un acuerdo sin haberlo trabajado correctamente puesto que no se impone una duración máxima del proceso de mediación.

Lo que es especialmente importante a tener en cuenta en esta sesión es que toda esta información que va obteniendo se incluye en el acta y, según el artículo 19, debe introducirse también la declaración de aceptación voluntaria y de que las partes asumen las obligaciones de ella derivadas. En la práctica, con la firma de las partes del acta se entiende que las partes aceptan la mediación con lo que la misma conlleva, dejando constancia de la voluntariedad de sometimiento por las partes a este medio de resolución de conflictos. Como indica SOLETO MUÑOZ, este acta tiene gran valor dado *que, junto con el acta final y el acuerdo de mediación, deberá presentarse ante Notaría*

---

489 CARRETERO MORALES, E.: *La mediación civil y mercantil en el sistema de justicia*, cit...

para que el acuerdo sea elevado a escritura pública y adquiera carácter ejecutivo[490].

Por ello nos encontramos ante una fase del proceso en la que se reflejará la aceptación voluntaria de las partes del sometimiento a la mediación, donde se designará al mediador o mediadores que guiarán el proceso, donde ya se habrán evaluado las circunstancias que pudiesen afectar a su imparcialidad si las hubiera, dando paso también a la confianza que las partes comenzarán a tener en el profesional. En esta fase hemos señalado que también se deberá definir el objeto del conflicto, al menos a grandes rasgos, para que el mediador pueda considerar, en primer lugar, si el conflicto es materia disponible de la mediación.

Resulta especialmente importante diferenciar también que la fase de pre-mediación no está sujeta al principio de confidencialidad. Por ejemplo, el mediador puede dar cuenta al juzgado que derivó a las dos partes a la mediación, de la incomparecencia injustificada a la sesión informativa de alguna de ellas, cosa que no ocurrirá en la sesión constitutiva, ya que esta ya se encuentra protegida por el principio de confidencialidad.

Una de las consecuencias más importantes de esta sesión es la de mantener la interrupción o suspensión de plazos que comenzó con la solicitud de inicio de la mediación. Los efectos se mantendrán siempre y cuando se celebre esta sesión constitutiva y se levante acta de la misma.

A diferencia del término utilizado por la Directiva de 2008, en la regulación estatal se habla de la sesión constitutiva porque se refiere a la utilización del procedimiento de mediación, al que directamente se dirigen las partes, sin haber acudido pre-

---

[490] SOLETO MUÑOZ, H.: "El procedimiento de mediación", en *Mediación y resolución de conflictos: Técnicas y ámbitos.*Tecnos. 2019, p. 266.

viamente por la vía judicial, de ahí que se utilice el término sesión constitutiva y no sesión informativa.

3.2. La sesión constitutiva en la legislación estatal

La LMACM señala en su artículo 19 que el procedimiento de mediación comenzará mediante una sesión constitutiva en la que las partes expresarán su deseo de desarrollar la mediación.

En esta sesión inicial se recogerá debidamente la identificación de las partes, la designación del mediador y, en su caso, de la institución de mediación o la aceptación del designado por una de las partes; el objeto del conflicto, el programa de actuaciones y duración máxima prevista para el desarrollo del procedimiento, sin perjuicio de su posible modificación; la información del coste de la mediación o las bases para su determinación, con indicación separada de los honorarios del mediador y de otros posibles gastos; la declaración de aceptación voluntaria por las partes de la mediación y de que asumen las obligaciones de ella derivadas, y, el lugar de celebración y la lengua del procedimiento.

De dicha sesión constitutiva se levantará un acta en la que consten estos aspectos, que será firmada tanto por las partes como por el mediador o mediadores, hablaremos más delante de la importancia que tiene dicho acta, ya que consideramos la misma como un contrato de inicio de la mediación. En otro caso, dicha acta declarará que la mediación se ha intentado sin efecto.

Para los casos en los que la mediación de comienzo por orden judicial, los plazos se verán suspendidos hasta que, pasados quince días naturales desde el día en que se entiende comenzada la mediación, si el acta no se ha firmado, se reanudará el cómputo de los plazos, tal como se indica en el artículo 4 de la LMACM.

3.3. La sesión constitutiva en la legislación autonómica

Lo que hasta ahora hemos conocido como sesión informativa en la legislación autonómica se puede denominar también sesión inicial o sesión previa, aunque veremos que en algunas normativas en ocasiones se plantea que se levante acta o documento acreditativo de la sesión inicial, equiparándolo al acta de la sesión constitutiva contemplada en la LMACM.

En las leyes autonómicas a nivel genérico podemos diferenciar diversas fases encontrando, en primer lugar, la forma de inicio de la mediación a través de solicitud escrita, además se establece que, desde esta primera reunión, conocida en cada normativa con diversos nombres como sesión previa, informativa, inicial o constitutiva nacen deberes para el mediador como encargado de dirigir el proceso. De forma diferente al resto de las normativas, en la Ley de Castilla y León[491], se indica que el mediador convocará a las partes a una primera reunión donde se analiza la pertinencia o no de la mediación familiar. Resueltas por la persona profesional de la mediación las dudas que sobre la mediación se les planteen a las partes, recabará de ellas la firma voluntaria del compromiso y, en caso afirmativo, se iniciará el correspondiente procedimiento de mediación. En la Ley de la Comunidad de Madrid[492] o en la Ley de Asturias[493] se refleja que el mediador convocará a las partes a una primera entrevista de información. Además, el mediador enseñará a las partes el documento de compromiso de sometimiento equiparable al acta descrita en otras normativas.

---

491 Artículo 16 de la ley 1/2006, de 6 de abril, de mediación familiar de Castilla y León. BOE núm. 105, de 3 de mayo de 2006.

492 Artículo 18 de la ley 1/2007, de 21 de febrero, de Mediación Familiar de la Comunidad de Madrid. BOE núm. 153, de 27 de junio de 2007.

493 Artículo 12 de la ley 3/2007, de 23 de marzo, de Mediación Familiar de Asturias. BOE núm. 170, de 17 de julio de 2007.

Así, en principio nace a partir de este momento el deber del mediador de convocar a las partes en conflicto a esa sesión inicial. Además, debe informar a las partes de las normas del proceso, principalmente de los derechos y obligaciones tanto suyos como de las partes. Resulta especialmente importante que, una vez designada la persona mediadora, en la reunión se deberá acreditar la identidad de las partes al igual que la persona mediadora acreditará su condición[494]. En la misma sesión se debe identificar la responsabilidad de cada persona sea mediadora o parte, la voluntariedad de la participación de las partes, la aceptación de las obligaciones de confidencialidad establecidas en esta Ley y en la normativa vigente a este respecto.

En la sesión informativa previa, las personas son asesoradas sobre el valor, las ventajas, los principios y las características de la mediación, y, de este modo, pueden elegir si este procedimiento es adecuado para el conflicto[495]. Esto es así porque al ser un mecanismo todavía un poco desconocido, tiene que sentar las reglas del juego desde el principio, con intención de generar así mayor confianza y seguridad para los intervinientes.

También hará referencia a las características del procedimiento, de su duración, de las personas que van a intervenir como consultores, en su caso, de la compensación económica u honorarios profesionales que la misma devengue, así como de los gastos en que se incurra, de la lengua del procedimiento elegida por las partes, y de las medidas necesarias para garantizar la accesibilidad universal de las personas con diversidad funcional o discapacidad debiéndose fijar, además, las cuestiones que van a ser objeto de la mediación y la planificación de las sesiones que vayan a ser necesarias.

---

[494] Artículo 21 de la ley 1/2008, de 8 de febrero, de Mediación Familiar del País Vasco. BOE núm. 212, de 3 de septiembre de 2011.

[495] Artículo 11 de la ley 14/2010, de 9 de diciembre, de mediación familiar de las Illes Balears. BOE núm. 16, de 19 de enero de 2011.

Es importante en este punto fijar la declaración expresa de las partes en conflicto de que entienden y aceptan las características y las consecuencias que se derivan de la mediación, sus principios esenciales, derechos y deberes y, si se accede a la grabación de las sesiones. En su caso se debe informar a las partes de las circunstancias de la inasistencia injustificada o del abandono del procedimiento por alguna de las partes, sin necesidad de ofrecer justificación alguna[496].

Debe informar a su vez de los principios esenciales de la mediación, así como de la forma de proceder en las diferentes sesiones, los objetivos a alcanzar en cada una de ellas, realizar una planificación en principio previsible de cómo se desarrollarán las sesiones, la posibilidad de ser asesorados por terceros ajenos a la mediación, su duración, y los costes de la misma.

No podemos olvidar la existencia de otra tarea importante que es la de levantar acta donde constará que se han realizado todas las premisas anteriores por lo que el acta será un documento acreditativo de lo tratado en la sesión. El acta se configura como prueba documental de que las partes realmente han sido informadas de todas las cuestiones anteriormente señaladas y que, además, se dan por enteradas y prestan su conformidad a las mismas. Con la firma del acta inicial se da prueba del entendimiento y aceptación por los participantes de las condiciones de la mediación.

Pero, además, esta acta inicial tiene un valor añadido en el supuesto en el que la mediación se haya iniciado por indicación de la autoridad judicial. En este caso el mediador deberá remitir al juez una copia del acta inicial y ello porque como hemos señalado el documento probará el cumplimiento de las partes de haber sido informados de la mediación y

---

496 Artículo 35 de la ley 24/2018, de 5 de diciembre, de mediación de la Comunitat Valenciana. BOE núm. 23, de 26 de enero de 2019.

de hacerle saber al juez que desean realizar la mediación para resolver el conflicto existente. Si así fuera, el procedimiento judicial quedaría en suspenso hasta la resolución del conflicto, tal como se regula en el artículo cuarto de la LMACM. Y si las partes no llegasen a iniciar el procedimiento de mediación porque no consideran que vayan a llegar a un acuerdo, el juez tras conocer que no se ha firmado el acta constitutiva en el plazo de quince días naturales, volvería a reiniciar el procedimiento judicial. De ahí que alguna de las comunidades autónomas, indiquen la necesidad de remitir al juez el acta en un plazo máximo (por ejemplo, de 5 días) para que el juez conozca la decisión de las partes y actuar en consecuencia, sin dilatar, en su caso, el procedimiento[497].

El acta será firmada por las partes y el mediador familiar, entregándose un ejemplar a cada una de ellas. En la ley de mediación de Cantabria se especifica que la persona mediadora librará el ejemplar firmado a cada una de las partes y conservará el original[498].

3.4. Análisis específico de la regulación de la sesión previa en el Derecho Catalán

La Ley 9/2020, de 31 de julio, de modificación del libro segundo del Código civil de Cataluña, relativo a la persona y la familia, y la Ley 15/2009, de mediación en el ámbito del derecho privado,[499] actualiza el concepto de sesión previa regulado en

---

497 Artículo 16 de la ley 9/2011, de 24 de marzo, de mediación familiar de Aragón. BOE núm. 115, de 14 de mayo de 2011.

498 Artículo 38 de la ley 1/2011, de 28 de marzo, de Mediación de Cantabria. BOE núm. 99, de 26 de abril de 2011.

499 Ley 9/2020, de 31 de julio, de modificación del libro segundo del Código civil de Cataluña, relativo a la persona y la familia, y de la Ley 15/2009, de mediación en el ámbito del derecho privado. «BOE» núm. 220, de 15

su artículo 11. Resulta también llamativo, que se redefine la, en su día denominada, "sesión informativa" pasando a calificarse como "sesión previa".

El informe de la Comisión Europea[500] insistió en que era necesario que los estados reforzaran sus respectivos sistemas de mediación y subrayó que los Estados Miembros consultados habían señalado como medidas especialmente útiles las siguientes disposiciones del derecho interno, y, entre otras, la previsión de sesiones de información obligatorias sobre mediación en el marco del proceso judicial.

La ley de mediación 15/2009 nace en consonancia con las recomendaciones de dicho informe de la Comisión Europea, a fin de fomentar el recurso a la mediación y para incrementar el número de asuntos en que los órganos jurisdiccionales proponen a las partes que recurran a mediación para resolver su litigio.

El Tribunal de Justicia de la Unión Europea (en adelante TJUE) en la Sentencia de 18 de marzo de 2010 ya dictaminó que el hecho de que una norma interna disponga la obligatoriedad de acudir a un MASC antes de ejercer una acción judicial no vulnera el derecho a la tutela judicial efectiva, siempre que no desemboque en una decisión vinculante para las partes, que no suponga un retraso sustancial en la vía judicial ni

---

de agosto de 2020. https://www.boe.es/diario_boe/txt.php?id=BOE-A-2020-9741

500 Informe de la Comisión al Parlamento Europeo, al Consejo y al Comité Económico y Social Europeo sobre la aplicación de la Directiva 2008/52/CE del Parlamento Europeo y del Consejo sobre ciertos aspectos de la mediación en asuntos civiles y mercantiles.
COM/2016/0542 final. Bruselas, 26.8.2016.

un sobrecoste adicional, y, que no suspenda la prescripción de los correspondientes derechos.[501]

En relación con el tema que nos ocupa en este momento, cabe señalar que el Consejo General del Poder Judicial, en su «Guía práctica para implementar la mediación intrajudicial», reconoce que la voluntariedad de la mediación no es incompatible con la obligatoriedad de asistir a una sesión informativa previa al proceso y advierte, incluso, que la no asistencia a una sesión de este tipo puede ser considerada como conducta contraria a la buena fe procesal, dado que supone rechazar sin fundamento una oportunidad ofrecida por el juzgado desde una perspectiva de una mejor solución. De hecho, consta que el País Vasco ya incorporó, en 2015, el carácter obligatorio de la sesión previa al regular las relaciones familiares en supuestos de separación o ruptura.

---

501 STJUE, Sala Cuarta, sentencia de 18 de marzo de 2010, asunto Rosalba Alassini contra Telecom Italia SpA (C-317/08), Filomena Califano contra Wind SpA (C-318/08), Lucia Anna Giorgia Iacono contra Telecom Italia SpA (C-319/08) y Multiservice Srl contra Telecom Italia SpA (C-320/08). Número Recurso: C-317/08. Ecli: ECLI:EU:C:2010:146. TOL9.918.621. En relación con el tema de Redes y servicios de comunicaciones electrónicas se interpreta el principio de tutela judicial efectiva en relación con una normativa nacional que establece una tentativa de conciliación extrajudicial obligatoria, como requisito de admisibilidad de las acciones judiciales en determinados litigios entre proveedores y usuarios finales incluidos en el ámbito de aplicación de la Directiva 2002/22/CE, relativa al servicio universal y los derechos de los usuarios en relación las redes y los servicios de comunicaciones electrónicas.
Establece como doctrina que "Tampoco se opone a una normativa nacional que impone la tramitación previa de un *procedimiento de conciliación extrajudicial cuando éste no conduce a una decisión vinculante para las partes, no implica un retraso para la interposición de un recurso judicial, interrumpe la prescripción, y no ocasiona gastos o éstos son escasamente significativos, siempre y cuando la vía electrónica no constituya el único medio de acceder a ese procedimiento de conciliación y sea posible adoptar medidas provisionales cuando se requieran.*"

Y es que, en la Exposición de Motivos de la Ley catalana de mediación 15/2009, el legislador expone con acierto la necesidad de esta sesión previa por varios motivos,[502] señalando que *se pretende potenciar la mediación en el ámbito de los conflictos familiares, especialmente en aquellos que afectan a los menores de edad, atendiendo a su interés superior, estableciendo la obligatoriedad de la sesión previa sobre mediación, salvo, lógicamente, los supuestos en los que el recurso a la mediación esté legalmente excluido. En esta sesión*

---

502 Téngase en cuenta que inicialmente el proyecto de ley se llamó: "Projecte de llei de modificació del llibre segon del Codi civil de Catalunya, en relació amb l'establiment de l'obligatorietat de la sessió prèvia sobre mediació en determinats conflictes familiars, i de modificació de la Llei 15/2009, del 22 de juliol, de mediació en l'àmbit del dret privat". [en línea] [Consultado en 10 de enero de 2024] Disponible en: https://www.parlament.cat/web/activitat-parlamentaria/iniciatives-legislatives/antecedents-llei/index.html?p_id=270385846&format_contingut=D&hr_contingut=PC_EXP_PROJECTES_LLEI
(Enero 2021) En la sesión previa, las personas son asesoradas sobre el valor,... los principios y las características de la mediación. En función de ello y del caso concreto, se decidirá si optan o no por la mediación. Si hay acuerdo de las partes, a las que se deben escuchar, la sesiónse puede extender a la exploración del conflicto que les afecta.
En el caso de sesión previa de carácter obligatoria, la falta de asistencia no justificada no está sometida a la confidencialidad y ha de comunicarse a la autoridad judicial.
Las partes pueden designar de común acuerdo la persona mediadora entre las inscritas en el Registro general del Centro de Mediación de Cataluña. Por otro lado, han de aceptar lo que diseñe el organismo responsable.
Las partes que decidan iniciar la mediación que regula esta Ley han de acpetar sus decisiones y las tarifas de la mediación, las cuales han de facilitar ...., el derecho a la gratuidad.
En los términos que establece la legislación procesal, cuando el proceso judicial ya se ha iniciado, la autoridad judicial puede dispensar que las partes asistirán a una sesión previa sobre la mediación si las circunstancias del caso no lo han aconsejado. El órgano publico correspondiente facilita la sesión previa y...."

previa se informa a las partes del funcionamiento, las características y los beneficios de la mediación, para que, libremente y de forma fundamentada, puedan analizar y decidir si desean iniciar el proceso de mediación. Asimismo, se prevé la posibilidad de que la sesión previa pueda continuar con una exploración del conflicto, si así lo acuerdan las partes, a las que hay que escuchar, opción que puede favorecer el ahorro de tiempo y trámites y acercar aún más a las personas afectadas a la mediación. De forma particular, la iniciativa también pretende proteger a los niños afectados por el conflicto, el interés superior que les es propio y su derecho a mantener las relaciones personales con sus progenitores y con otros miembros de la familia. Se convierte, por tanto, en una manifestación del artículo 3 de la Convención sobre los derechos de los niños, adoptada por las Naciones Unidas en 1989, el cual obliga a los estados a adoptar todas las medidas legislativas y administrativas que sean adecuadas para asegurar a los niños toda la protección y la atención necesarias para su bienestar, teniendo en cuenta los derechos y los deberes de los padres. Y es también una manifestación del artículo 40 del Estatuto de autonomía de Cataluña, que obliga a los poderes públicos a garantizar la protección de los niños, con la precisión de que en todas las actuaciones que lleven a cabo el interés superior del niño debe ser prioritario. Por todo ello, resulta coherente que la autoridad judicial esté informada de la falta de asistencia a la sesión previa, tanto cuando la mediación se haya pactado expresamente entre las partes como cuando la autoridad judicial resuelva efectuar la derivación. Se trata de un principio que ya han adoptado otros textos legales sobre esta materia, tales como el artículo 17 de la Ley del Estado 5/2012, de 6 de julio, de mediación en asuntos civiles y mercantiles…[503]

El texto articulado introduce en su artículo 6 la modificación del artículo 11 de la Ley 15/2009 quedando redactado del siguiente modo:

---

503 Disponible en:https://www.parlament.cat/document/bopc/111638118.pdf#page=3 [en línea] [Consultado en 10 de enero de 2024]

En el artículo 11 se regula la sesión previa. [504] indicando que *las personas son asesoradas sobre el valor, ventajas, principios y características de la mediación. En función de este conocimiento y del caso concreto, deciden si optan o no por la mediación. Si lo acuerdan las partes, a las que debe escucharse, la sesión puede extenderse a la exploración del conflicto que les afecta.*

En la sesión previa, las personas son asesoradas sobre el valor, ventajas, principios y las características de la mediación. En función de ello y del caso concreto, deciden si optan o no por la mediación. Si hay acuerdo de las partes, a las que se deben escuchar, la sesión se puede extender a la exploración del conflicto que les afecta[505].

Y cómo enmienda 3ª, la adición en el apartado 1º, del artículo 5: *En la sesión previa, las personas son asesoradas sobre el valor, las ventajas, los principios y las características de la mediación, así como de las tarifas de la mediación. En función de este conocimiento y del caso concreto, deciden si optan o no por la mediación. Si lo acuerdan las partes, a las que hay que escuchar, la sesión puede extenderse a la exploración del conflicto que las afecta.*

Previamente, el Grupo Parlamentario de Ciudadanos en su enmienda primera propone la adicción y supresión del apartado 3º del art. 3, del siguiente modo: *Una vez iniciado el proceso judicial, la autoridad judicial, a iniciativa propia o de oficio o a petición de una de las partes o de los abogados o de otros profesionales, puede derivárselas a una sesión previa sobre mediación, de carácter obligatorio, para que conozcan el valor, las ventajas, los principios y las características de la mediación, con el fin que puedan alcanzar un acuerdo. Si así lo acuerdan las partes, a las que hay que escuchar, esta sesión puede continuar, en el mismo momento o en uno posterior, con*

---

504 Texto del Anteproyecto: https://es.slideshare.net/GemaMurciano/documento-sepinsp-not1317

505 Texto extraído del Anteproyecto

una exploración del conflicto que las afecta. Las partes pueden decidir si optan o no por el procedimiento de mediación.

El Grupo Parlamentario (en adelante GP) de Catalunya en *Comú Podem*, como enmienda nº 2, propone la modificación del artículo 5 de la siguiente forma: *En la sesión previa, las personas son asesoradas sobre el valor, las ventajas, los principios y las características de la mediación. En función de este conocimiento y del caso concreto, deciden si optan o no por la mediación. Si lo acuerdan las partes, a las que hay que escuchar, la sesión se puede extender a la exploración del conflicto que las afecta. En el caso de sesión previa de carácter obligatorio, la falta de asistencia no justificada no está sometida a la confidencialidad y debe ser comunicada a la autoridad judicial.*

En el caso de sesión previa de carácter obligatorio, la falta de asistencia no justificada no está sometida a confidencialidad y debe ser comunicada a la autoridad judicial. [506]

Se intuye en este precepto la existencia de dos clases de "sesión previa", la voluntaria y la obligatoria. En la voluntaria las partes tienen un asesoramiento completo del procedimiento que va a seguirse, con una clara predisposición para que las partes lo acojan, como se denota de la importancia del asesoramiento en relación con el "valor, ventajas, principios y características de la mediación".

Pero es que además esa sesión deja de ser meramente informativa porque expresamente el precepto declara que "*Si lo acuerdan las partes, ..., la sesión puede extenderse a la exploración del conflicto que les afecta.*" Esto supone ir más allá de conocer el tema objeto de conflicto... pero ¿hasta dónde cabe la ex-

---

[506] La segunda parte del párrafo 1, se mantiene igual que en el texto del Anteproyecto que mantenía que: *En el caso de sesión previa de carácter obligatoria, la falta de asistencia no justificada no está sometida a la confidencialidad y ha de comunicarse a la autoridad judicial.*

ploración? Nos preguntamos si debe ser el mediador el que ponga el límite en la exploración o si se trata de un análisis del conflicto a través del MASC como cualquier procedimiento de mediación. Esta sesión previa puede realmente constar de varios días, para llevar a cabo la exploración del conflicto porque en ningún momento se hace referencia a la extensión del contenido de la exploración que puede conllevar una extensión en el tiempo.

Evidentemente se sobreentiende que se debe escuchar imperativamente a las partes por la persona mediadora. Esta cuestión es obvia ya que son ellas las que deben señalar el motivo y origen del conflicto y los problemas existentes en su resolución hasta conseguir el acuerdo.

Y, así llegamos a la principal modificación de la nueva Ley, que además supone una innovación frente al criterio estatal y al de la demás legislación autonómica, y que se halla en la segunda parte del párrafo 1°, que señala que, e*n el caso de sesión previa de carácter obligatorio, la falta de asistencia no justificada no está sometida a confidencialidad y debe ser comunicada a la autoridad judicial.* Se refiere a la sesión previa de carácter obligatorio, esto es, cuando una vez iniciado el proceso judicial, se les deriva a las partes a una sesión previa sobre mediación. En este caso imperativamente tendrá un carácter obligatorio. ¿Y quién impone esa obligación? Evidentemente el juzgador, pues ya se ha iniciado el procedimiento. Sería una especie de "conciliación" a *posteriori* y no previa, lo que hemos denominado previamente mediación intrajudicial.

Entendemos que tal medida puede proponerse por la autoridad judicial, de oficio, o, a petición de una de las partes, o, de los abogados, o, de otros profesionales, aunque la Ley catalana no lo especifica en el párrafo primero del artículo 11, entendemos por el párrafo cuatro que es la autoridad judicial quien dispone que las partes asistan a esa sesión. En tal caso la obligatoriedad deriva o tiene como fundamento la necesidad de no dilatar más el procedimiento judicial que se ha suspendido para ver si se alcanza por medio de esta vía de mediación un acuerdo entre las partes.

Pero, en tal caso, cabe preguntarse si esa obligatoriedad afecta sólo a que "conozcan el valor, las ventajas, los principios y las características de la mediación, con el fin que puedan alcanzar un acuerdo", o que se sometan a la mediación. Evidentemente el carácter obligatorio sólo reside en la asistencia a la sesión previa. Y, cabe determinar también, ¿Cuáles son los efectos jurídicos que se derivan de tal sesión previa, obligatoria?

Indica el legislador catalán que *la falta de asistencia no justificada no está sometida a confidencialidad.* Precisamente por el carácter obligatorio de la sesión previa para las partes, por imposición de la autoridad judicial, se "elude" el deber de confidencialidad propio de la mediación para conocer de la inasistencia de la parte, o de las partes a la sesión previa, y así conocer la actuación de las partes, su intención, y su no interés en la resolución del conflicto. En principio la autoridad judicial no está exigiendo que el mediador revele, en todo caso las informaciones que conozcan a consecuencia de esta mediación, entre otras cosas, porque ésta no se ha iniciado aún. Hay por consiguiente una obligación impuesta por la autoridad judicial, en este caso, un mandato imperativo, de saltarse la confidencialidad y comunicarle la actuación de las partes. El mediador se convierte en este acto en un auxiliar del juez.

Por último, cabe decir que se finaliza el párrafo primero con un mandato imperativo del legislador donde se impone un deber al mediador, creemos, pues no se concreta en el precepto. Se afirma que la falta de asistencia no justificada *debe ser comunicada a la autoridad judicial.* El carácter obligatorio para las partes conlleva la obligatoriedad para el mediador de comunicar que no se ha asistido y que, además de no estar amparada a confidencialidad, no hay justificación para tal inasistencia.

La cuestión a resolver se centra en contestar a las siguientes cuestiones que nos asaltan ¿Qué ocurre si el mediador no comunica la inasistencia de las partes a esta sesión previa? ¿Origina responsabilidad para el mediador? ¿Una sanción? ¿Pecuniaria, administrativa? No se señala nada al respecto. Aunque recordemos que la ley catalana establece dentro del régimen sancionador, en el artículo 29, la responsabilidad de la persona mediadora, afirmando que *el incumplimiento de las obligaciones establecidas por la presente ley que comporte actuaciones u omisiones constitutivas de infracción da lugar a las sanciones correspondientes en cada caso, previo expediente contradictorio.*

A continuación, se prevé que para la sesión previa *las partes pueden designar de común acuerdo a la persona mediadora entre las inscritas en el Registro general del Centro de Mediación de Cataluña. En caso contrario, deben aceptar la que designe el organismo responsable.* [507]

Estamos en el ámbito de la sesión previa, no en el del procedimiento de mediación. En este punto, el precepto indica la facultad de opción, la libertad de las partes de designar a una persona de un listado entre los mediadores inscritos en el

---

507 *Las partes pueden designar de común acuerdo la persona mediadora entre las inscritas en el Registro general del Centro de Mediación de Cataluña. Por otro lado, han de aceptar lo que diseñe el organismo responsable. Texto Anteproyecto*
El GP de Ciudadanos en su enmienda nº 2, la adicción del apartado 2º del artículo 5, del siguiente tenor: "2. Las partes pueden designar de común acuerdo la persona mediadora entre las inscritas en el Registro general del Centro de Mediación de Cataluña o cualquier profesional habilidad. De lo contrario, deben aceptar la que designe el organismo responsable."
El GP de Catalunya en Comú Podem, como enmienda nº 2, propone la modificación del artículo 5 de la siguiente forma...2. Las partes pueden designar de común acuerdo la persona mediadora entre las inscritas en el Registro general del Centro de Mediación de Cataluña. De lo contrario, han de aceptar la que designe el organismo responsable.

Registro general del Centro de Mediación de Cataluña. Hasta aquí nada nuevo, la novedad llega a continuación cuando dice el precepto que, *en caso contrario, deben aceptar la que designe el organismo responsable.* Parece que se refiere a la sesión informativa de carácter obligatoria impuesta por la autoridad judicial cuando ya se ha iniciado el procedimiento. Porque, en caso contrario, hay total libertad y este párrafo no tendría sentido alguno.

El artículo continúa en su tercer párrafo indicando que *las partes que deciden iniciar la mediación regulada por la presente ley deben aceptar sus disposiciones y las tarifas de la mediación, las cuales deben facilitarse antes de su inicio, salvo que disfruten del derecho a la gratuidad.* [508]

Como podemos ver, el texto de estos tres primeros párrafos se mantiene igual en el texto de la Ley que lo establecido previamente en el anteproyecto que llegó al parlamento catalán.

Y, en su párrafo cuarto indica que *en los términos que establece la legislación procesal, cuando el proceso judicial ya se ha iniciado, la autoridad judicial puede disponer que las partes asistan a una sesión previa sobre la mediación si las circunstancias del caso lo hacen aconsejable. En este supuesto, la sesión previa tiene carácter gratuito para las partes. El órgano público correspondiente facilita la sesión previa y vela, si procede, por el desarrollo adecuado de la mediación. Las partes pueden participar en la sesión previa y en la de mediación asistidas por sus abogados. Esta asistencia es necesaria si lo requieren las partes o*

---

508 *Las partes que decidan iniciar la mediación que regula esta Ley han de aceptar sus decisiones y las tarifas de la mediación, antes de su inicio, salvo que disfruten del derecho a gratuidad. Texto Anteproyecto.*

El GP de Catalunya en Comú Podem, como enmienda nº 2, propone la modificación del artículo 5 de la siguiente forma:

3. Las partes que deciden iniciar la mediación que regula esta ley deben aceptar sus disposiciones y las tarifas de la mediación, las cuales se facilitarán antes de iniciarla, salvo que disfruten del derecho a la gratuidad.

si así lo dispone la autoridad judicial y debe desarrollarse siempre con pleno respeto por los principios de la mediación y por la igualdad entre las partes.

La cuestión cambia en relación con este párrafo 4º que no aparecía en el texto del Anteproyecto que sólo indicaba que: *en los términos que establece la legislación procesal, cuando el proceso judicial ya se ha iniciado, la autoridad judicial puede disponer que las partes asistan a una sesión previa sobre la mediación si las circunstancias del caso lo hacen aconsejable. El órgano público correspondiente facilita la sesión previa y vela, si procede, por el desarrollo adecuado de la mediación.* Las adiciones fuero fueron fruto de la enmienda del GP Socialistas y Unidos para Avanzar y del GP de Catalunya en *Comú Podem.* [509]

---

509 El GP Socialistas y Unidos para Avanzar propusieron como enmienda nº4 la adicción de un inciso en el apartado 4 del art. 5: "En los términos que establece la legislación procesal, cuando el proceso judicial ya se ha iniciado, la autoridad judicial puede disponer que las partes asistan a una sesión previa sobre la mediación si las circunstancias del caso lo hacen aconsejable. El órgano público correspondiente facilita la sesión previa y vela, en su caso, por el desarrollo adecuado de la mediación. Las partes pueden participar en la sesión previa y la de mediación asistidas por su abogado o abogada. Esta asistencia es necesaria si lo requieren las partes o si así lo dispone la autoridad judicial y debe desarrollarse siempre con pleno respeto a los principios de la mediación y la igualdad entre las partes."
Eva Granados Galiano, portaveu; Rosa Maria Ibarra Ollé, diputada, GP PSC-Units
El GP de Catalunya en *Comú Podem*, como enmienda nº 2, propone la modificación del artículo 5 de la siguiente forma: 4. En los términos que establece la legislación procesal, cuando el proceso judicial ya se ha iniciado, la autoridad judicial puede disponer que las partes asistan a una sesión previa sobre la mediación si las circunstancias del caso lo hacen aconsejable. En este supuesto, la sesión previa tiene carácter gratuito para las partes. El órgano público correspondiente facilita la sesión previa y vela, en su caso, por el desarrollo adecuado de la mediación.

Vaya por delante que la primera parte del precepto en este párrafo aclara y concreta la posibilidad de que, cuando el proceso judicial ya se ha iniciado, la autoridad judicial puede disponer que las partes asistan a una sesión previa sobre la mediación si las circunstancias del caso lo hacen aconsejable, que se había indicado en el último inciso del párrafo 1°. Y lo hace en consonancia de la legislación procesal, como no podía ser de otro modo.

Comú Podem fue el grupo responsable de introducir la referencia a la gratuidad entre las partes de la sesión previa de la mediación, sólo para este supuesto indicando: *En este supuesto, la sesión previa tiene carácter gratuito para las partes.*

Y, los grupos Socialistas y Unidos para Avanzar fueron los artífices de la última parte del párrafo: *El órgano público correspondiente facilita la sesión previa y vela, si procede, por el desarrollo adecuado de la mediación. Las partes pueden participar en la sesión previa y en la de mediación asistidas por sus abogados. Esta asistencia es necesaria si lo requieren las partes o si así lo dispone la autoridad judicial y debe desarrollarse siempre con pleno respeto por los principios de la mediación y por la igualdad entre las partes,* que a continuación vamos a analizar.

Al ser la autoridad judicial la que dispone, esto es, propone a las partes para que asistan a una sesión previa sobre la mediación, y, además hace todo lo necesario para conseguir su asistencia, pues ese es el significado de disponer... ya que su actuación se concreta en facilitar la sesión (posibilitar y proporcionar que las partes consigan realizar la sesión previa) y velar (cuidar con atención y esmero a las partes) para el desarrollo adecuado de la mediación. Todo induce a que la autoridad judicial haga todo lo necesario para que las partes no sólo acudan a la sesión previa... sino que denota una cierta propensión a que consigan de esta forma la resolución del conflicto, entendemos que la intención puede ser desatascar el juzgado, puesto que personalmente va a velar por el adecuado desarrollo de la mediación.

Tras este análisis cabe preguntarse si se ha extralimitado el legislador al imponer a la autoridad judicial esta insistencia en que las partes a través de la mediación resuelvan el conflicto. Además, ¿Cambiará la percepción de la figura de la autoridad judicial y pasará a ser simplemente un impulsor de conseguir la mediación? ¿Cómo queda la independencia del mediador en este caso? ¿Y las partes? En el primer párrafo se refería el legislador a la obligatoriedad de acudir a la sesión previa, también a eludir el deber de confidencialidad y referirle a la autoridad judicial si las partes habían asistido a la misma, pero aquí se va más allá. En el artículo referido a la sesión previa y su regulación, se marca el desarrollo del procedimiento de mediación y la actuación indirecta de la autoridad judicial en él. Nada más contrario al procedimiento, a la esencia, y a los principios de mediación, a nuestro juicio.

Pero lo que nos asombra es lo que a continuación dice, o mejor desdice el precepto, al señalar que *las partes pueden participar en la sesión previa y en la de mediación asistidas por sus abogados. Esta asistencia es necesaria si lo requieren las partes o si así lo dispone la autoridad judicial y debe desarrollarse siempre con pleno respeto por los principios de la mediación y por la igualdad entre las partes.*

De repente, se cambia el contenido de lo establecido previamente y se centra en la voluntariedad de las partes en su participación en la sesión previa, asistidos de sus letrados, a fin de ser asesorados en todo momento. Asistencia que puede ser solicitada por las partes, o impuesta obligatoriamente por el juez. Recordemos que en el procedimiento de mediación las partes de entrada están en una situación de igualdad, y acuden a ella sin sus abogados. La imparcialidad, neutralidad y confidencialidad del mediador les protege. Al incluir a los abogados se pierde la esencia de la mediación, no se cumplen los principios de la mediación, precisamente porque su propia naturaleza está centrada en que sean las partes, quienes, con base en sus intereses, sentimientos y necesidades, alcancen por sí mismas un acuerdo, y no asesorados por sus letrados ajenos a ello. En eso reside el poder de la mediación que podemos interpretar que el legislador catalán ha dejado de lado.

Y todo ello, bajo la indefinición de la utilización de un concepto jurídico indeterminado tal como es la expresión: *si las circunstancias del caso lo hacen aconsejable.* Pues desconocemos qué circunstancias deben ser, si el caso debe ser de derecho de familia, o un concurso y que se quiere decir sobre *ser o no aconsejable.*

En el quinto párrafo del mismo artículo 11 se indica que *la sesión previa debe llevarse a cabo en el plazo más breve posible, que no puede exceder de un mes, salvo que la autoridad judicial disponga otra cosa. Si se supera el plazo establecido para llevar a cabo la sesión previa por causas ajenas a las partes, decae la obligatoriedad de participar, así como las reglas aplicables a la falta de asistencia no justificada que establece el apartado 1.*

Gracias a la enmienda del GP de Catalunya en *Comú Podem* se introduce este apartado, que no existía en el proyecto.[510]

Se insiste en la obligatoriedad de acudir a la sesión previa, y se hace estableciendo un plazo con límite máximo, de un mes. Plazo que tiene carácter dispositivo pues la autoridad judicial, a su arbitrio, puede variarlo.

En el sexto párrafo del artículo se indica que *la sesión previa no puede iniciarse o, si se ha iniciado, debe interrumpirse en los supuestos a los que se refiere el artículo 6 y siempre que haya implicada una mujer u otras personas en situación de desigualdad que hayan sufrido*

---

510 El GP de Catalunya en *Comú Podem*: La sesión previa se realizará en el plazo más breve posible, que no puede exceder de un mes, salvo que la autoridad judicial disponga otra cosa. Si se supera el plazo establecido para llevar a cabo la sesión previa por causas ajenas a las partes, decae la obligatoriedad de participar, así como las reglas aplicables a la falta de asistencia no justificada previstas en el primer apartado de este artículo.

o sufran cualquier forma de violencia en el ámbito de la pareja o en el ámbito familiar.

El GP de Catalunya en *Comú Podem* es el que introduce este párrafo [511] referido a la violencia de género y a la violencia familiar que se introduce en esta Ley en el precepto siguiente, el 6 (entendemos que en su párrafo 1° aunque la ley nada dice al respecto).[512]

El párrafo 6° de este art. 11, se refiere a la interrupción de la sesión previa. Imperativamente el legislador indica a la autoridad judicial que no debe iniciar el procedimiento de reenviar a las partes a la sesión previa de mediación, o, si lo ha hecho que éste deberá interrumpirse, esto es, ponerse fin. Esta interrupción a la que hace referencia no sabemos si será una interrupción definitiva, o, por tiempo limitado, puesto que el legislador no lo aclara, aunque entendemos que quedará la posibilidad abierta a su futura continuidad. Como dice el propio art. 6 de la Ley al utilizar la expresión "interrumpirse o, si procede,

---

511 El GP de Catalunya en Comú Podem, como enmienda n° 2, propone la modificación del artículo 5 de la siguiente forma: 5. La sesión previa no se puede iniciar o, si se ha iniciado, se interrumpirá en los supuestos previstos en el artículo 6 de esta ley y siempre que haya implicada una mujer u otras personas en situación de desigualdad que hayan sufrido o sufran cualquier forma de violencia en el ámbito de la pareja o en el ámbito familiar. »

512 Artículo 6. Imparcialidad y neutralidad de la persona mediadora.
1. La persona mediadora ejerce su función con imparcialidad y neutralidad, con perspectiva de género, garantizando la igualdad entre las partes y la protección de las personas y los colectivos vulnerables. Si es preciso, debe interrumpir el procedimiento de mediación mientras la igualdad de poder y la libertad de decidir de las partes no esté garantizada, especialmente como consecuencia de situaciones de violencia. En todo caso, debe interrumpirse o, si procede, paralizarse el inicio de la mediación familiar, si está implicada una mujer que ha sufrido o sufre cualquier forma de violencia machista en el ámbito de la pareja o en el ámbito familiar objeto de la mediación.

paralizarse...", lo que supone una suspensión temporal hasta la resolución o rehabilitación de la igualdad de poder entre las partes y su libertad de decidir que posibiliten la futura resolución del conflicto.

Es decir, aunque no es clara la redacción por el legislador, entendemos que el procedimiento deberá suspenderse para el caso de incumplimiento de los principios de imparcialidad y neutralidad de la persona mediadora regulados en el artículo 6 de dicha ley. No queda claro si, para el caso de que haya implicada una mujer u otras personas en situación de desigualdad que hayan sufrido o sufran violencia de género, se podrá llevar a cabo una mediación aunque intuimos que lo que quería decir en este apartado es que no se podrá llevar a cabo la mediación familiar cuando entre las partes implicadas exista una situación de desigualdad o violencia de género y, por lo tanto, en este caso, no podrá resolverse el asunto por mediación, sino que previamente deberá resolverse la cuestión de violencia de género.

En este punto cabe preguntarse si dicha suspensión afecta sólo la sesión previa o si también debería suspenderse el procedimiento de mediación. Entendemos que también se interrumpirá el procedimiento de mediación por imposición del art. 6.1º de la ley catalana de mediación 15/2009.

Por otro lado, nos planteamos ante qué circunstancias y con qué sujetos se debe interrumpir la sesión previa. El párrafo reenvía al artículo 6 de la Ley, que se refiere en general a la necesidad de proteger a las personas y colectivos vulnerables.

Y establece el fundamento de la interrupción del procedimiento (que en nuestro caso se equipara a la de la sesión previa) porque se considera que la igualdad de poder y la libertad de decidir de las partes no están garantizadas en las situaciones de violencia. Aunque a primera vista se puede pensar en la mujer que ha sufrido o sufre cualquier forma de violencia machista en el ámbito de la pareja o en el ámbito familiar objeto de la mediación, entendemos que puede referirse a otros colectivos que también pueden estar afectados y hallarse en procedimientos de mediación (o en la sesión previa) y que el legislador no ha tenido en cuenta, como personas con discapacidad, menores, personas mayores, colectivos pertenecientes a LGBTIQ+ si están inmersos en un conflicto familiar... Pero también puede darse el caso de otro tipo de conflictos donde los colectivos vulnerables sean otros, por ejemplo, el deudor en concurso de acreedores, o los migrantes.

Por último, queremos mencionar otra modificación que se contiene en la Ley 9/2020, 31 julio, de modificación del libro segundo del CCC, relativo a la persona y la familia, y de la Ley 15/2009, de mediación en el ámbito del derecho privado referido al orden de delación de la tutela, donde se acude a la obligatoriedad de la sesión previa cuando hay varias personas que quieren asumir la tutela de un menor o de una persona con capacidad judicial modificada, con la finalidad de que conozcan el valor, las ventajas, los principios y las características de la mediación.[513]

Indica la nueva modificación que, *si hay varias personas que quieren asumir la tutela, la autoridad judicial, con el fin de que alcancen un acuerdo, puede derivarlas a una sesión previa sobre mediación de carácter obligatorio para que conozcan el valor, las ventajas, los principios y las características de la mediación. Si así lo acuerdan las partes, a las que debe escucharse, la sesión previa puede continuar, en el mismo momento o en uno posterior, con una exploración del conflicto que les afecta. Las partes pueden participar en la sesión previa asistidas por sus abogados. Esta asistencia es necesaria si lo requieren*

---

513 Esta terminología desaparece en la nueva modificación del Código Civil producida tras la publicación de la Ley de discapacidad (junio 2021), donde a su vez desaparece la incapacitación judicial y la tutela en beneficio de la curatela como un apoyo a la persona con discapacidad (No olvidemos que la tutela continua en relación con los menores).

las partes o si así lo dispone la autoridad judicial y debe desarrollarse siempre con pleno respeto por los principios de la mediación y por la igualdad entre las partes.

Estamos ante la jurisdicción voluntaria, donde varias personas se ofrecen a ser tutores, y donde se utilizaría la sesión previa realmente como un acto de conciliación donde todos los posibles tutores se personarían con sus abogados para escucharse y resolver en ese momento o en uno posterior. Creo que aquí el legislador está claramente desvirtuando la función y la esencia de la mediación y asimilándola a una conciliación en un procedimiento de jurisdicción voluntaria. Para finalizar haciendo una referencia al respeto por los principios de la mediación, cuando a mi juicio, está claramente pasando por encima de ellos e introduciendo confusión.

En el ámbito de derecho de familia, y concretamente en los procedimientos judiciales que se sustancien por razón de desacuerdos en el ejercicio de la potestad parental, se introduce una modificación por esta nueva ley 9/2020, referida al art. 236-13, 3°, del CCC. Se refiere a la posibilidad de que los progenitores pueden someter sus discrepancias a mediación, pudiendo incluso *la autoridad judicial derivarles a una sesión previa de carácter obligatorio para que conozcan el valor, las ventajas, los principios y las características de la mediación. Si así lo acuerdan las partes, a las que debe escucharse, esta sesión puede continuar, en el mismo momento o en uno posterior, con una exploración del conflicto que les afecta. Las partes pueden participar en la sesión previa y en la mediación asistidas por sus abogados. Esta asistencia es necesaria si lo requieren las partes o si así lo dispone la autoridad judicial y debe desarrollarse siempre con pleno respeto por los principios de la mediación y por la igualdad entre las partes.*

Nada que decir que no hayamos indicado con anterioridad al comentar y analizar el art. 11 y su apartado 1° y apartado 4°, pues dicen exactamente lo mismo utilizando las mismas expresiones.

En conclusión, podría decirse que al legislador catalán le ha podido, en todo momento, su ímpetu de fomentar la mediación y evitar la falta de información y el desconocimiento de este medio de resolución alternativo de conflictos, intentando inclinar no ya con preferencia, sino con obligatoriedad, a las partes y a los profesionales a esta vía que acudir o recurrir a la vía jurisdiccional.

Vemos como el legislador autonómico intenta a toda costa potenciar la mediación en el ámbito de los conflictos familiares, incluso en aquellos que afectan a los menores de edad, atendiendo a su interés superior, estableciendo la obligatoriedad de la sesión previa sobre mediación, salvo, lógicamente, los supuestos en los que el recurso a la mediación esté legalmente excluido.

Es común en toda la legislación expuesta el deber del mediador de abordar diversas cuestiones en esta llamada reunión o sesión inicial, previa, informativa o constitutiva y, sobre todo de que todo sea recogido en un acta (incluso las posibles incidencias o sugerencias). Documento que puede servir como recordatorio, pero, sobre todo, como prueba de las pautas, objetivos acordados entre las partes inicialmente. Tal como señala VÁZQUEZ DE CASTRO, lo aconsejable es que se aproveche esta misma sesión constitutiva para que el mediador formalice una hoja de encargo profesional detallada[514].

Si el mediador no abordase tales criterios que son considerados como imperativos por el legislador autonómico, o si no levantase acta, incurrirá en responsabilidad, cuanto menos administrativa. En este punto me planteo si podría considerarse como *mala praxis* del mediador.

---

514 VÁZQUEZ DE CASTRO, E. "Artículo 19", en *Mediación en asuntos civiles y mercantiles; comentarios a la ley 5/2012.* Reus. 2012. pp. 227-235.

4. LA HOJA DE ENCARGO

4.1. Introducción: la hoja de encargo profesional

El derecho atribuye a los sujetos las facultades necesarias para estructurar las relaciones con otros sujetos según su voluntad reconociéndole efectos jurídicos, por lo que con dicha voluntad se constituye en negocio jurídico[515]. En este supuesto, la hoja de encargo profesional es el contrato que vincula al cliente y al profesional, por ejemplo, así ocurre en el caso de los abogados. En la mayoría de las ocasiones, se trata de un presupuesto ofrecido por el profesional que, al ser aceptado por las partes se convierte en vinculante y adquiere naturaleza obligacional. En el caso de que el cliente solicite un presupuesto por escrito, su elaboración es preceptiva.

Esta situación puede darse tanto en el caso de que las partes en conflicto acudan a una institución pública como si acuden a una institución privada. De forma genérica, se plantea rellenar un formulario en el que se especifica el nombre de quien solicita la mediación, la empresa que sea, en su caso, la población, dirección de email, teléfono, los datos de la primera parte contraria, datos de segunda parte contraria en su caso, especificar cuál es el motivo de la solicitud y la cuantía de la mediación. Estos elementos son necesarios para hacer una idea inicial del conflicto, de las partes y poder así asignar un mediador adecuado según la solicitud.

Tanto si se acude a una institución pública como si se acude a una institución privada, estos datos son los básicos que deben incluirse en la hoja de encargo, aunque pueden incluirse otras cuestiones como, por ejemplo, cómo han conocido las partes

---

515 ALBALADEJO, M.: *Derecho civil I. Introducción y parte general* (15.a ed.). Bosch. 2002

o la parte solicitante la institución, la empresa o el mediador o, por ejemplo, si han participado previamente en una mediación.

La cuestión a determinar es qué ocurre en la mediación ¿siempre se solicita? ¿En qué momento? O ¿Cuándo se solicita?

Cuando hablamos de la hoja de encargo en la mediación, hacemos referencia al que se conoce como contrato inicial o compromiso de mediación ya que en él se establece el acuerdo de voluntades de las partes. Tal como indica GARCÍA VILLALUENGA[516], el mediador en este contrato de mediación es un sujeto legitimado para suscribirlo, obligándose junto a los mediados a respetar los principios que son su eje y asumiendo las responsabilidades que se derivan de ello. Igualmente, BLANCO CARRASCO analiza el artículo 1 de la Ley de Mediación de Madrid[517] de donde extrae que el proceso es esencialmente voluntario, lo que supone que la mediación se inicia por una declaración de voluntad libremente manifestada por los mediados, mediante la cual acceden a la intervención de un tercero en la resolución del conflicto que les enfrenta[518].

---

516 GARCÍA VILLALUENGA, L.: *Mediación en conflictos familiares: Una construcción desde el Derecho de familia*. Reus. 2006

517 Artículo 1 de la Ley 1/2007, de 21 de febrero, de Mediación Familiar de la Comunidad de Madrid. BOE núm. 153, de 27 de junio de 2007: *La mediación familiar desarrollada en esta Ley es un procedimiento voluntario de gestión o resolución positiva de tensiones o conflictos familiares en el que las partes solicitan y aceptan la intervención de un mediador, profesional imparcial, neutral y sin capacidad para tomar decisiones por ellas, que les asiste con la finalidad de favorecer vías de comunicación y búsqueda de acuerdos consensuados.*

518 BLANCO CARRASCO, M.: Mediación y sistemas alternativos de resolución de conflictos. Una visión jurídica. Reus. 2009

Como indica ROGEL VIDE[519], el contrato de mediación se mueve en la órbita de los contratos de prestación de servicios profesionales, de servicios en los que, aun persiguiéndose resultados, como es lógico, se asumen solo obligaciones de medio, al no poderse garantizar los resultados deseados. A pesar de no resultar obligatoria, es recomendable la suscripción de hoja de encargo ya que constituye un instrumento esencial de delimitación de la responsabilidad profesional, y por su importancia deontológica.

Resulta imprescindible para el mediador a fin de concretar el alcance de su papel en el proceso, y, a su vez de que las partes conozcan y confíen en su labor, esto es, en la prestación de su servicio profesional, las condiciones del proceso y la actuación del mediador y partes, y sus honorarios. Si no se ha firmado previa, o simultáneamente, una hoja de encargo en el proceso de mediación, el momento oportuno sería la sesión constitutiva.

En el caso del abogado, el art. 35 LEC establece que los honorarios pactados en la hoja de encargo no podrán ser impugnados por excesivos en caso de reclamación, ¿pasaría esto en la mediación? Entiendo que sí porque en el caso de la mediación, también hay unos precios tasados de los que se debe informar en la sesión informativa y en la propia hoja de encargo. La Corte Aragonesa de Arbitraje indica que se debe concretar el precio en la hoja de encargo donde se recogen los precios fijados.

Se trata, finalmente, de plasmar los acuerdos alcanzados entre las partes para asegurar el buen fin del negocio jurídico a través de la formalización de un verdadero contrato de prestación de servicios jurídicos. La falta de suscripción en

---

519 ROGEL VIDE, C.: "Mediación y transacción en el Derecho Civil", en *Revista general de legislación y jurisprudencia*, 3, 2009, p. 554.

términos adecuados y trasparentes puede dar lugar a responsabilidad profesional.

En el caso de las instituciones de mediación, serán estas las que tengan una hoja de encargo estándar con las condiciones generales de contratación, así como la información que es necesario conozcan las partes y que se ha debido dar previamente en la sesión informativa. En el caso de los mediadores apuntados en los servicios de mediación, la designación es una verdadera hoja de encargo profesional que genera obligaciones para las partes.

Pero pensemos en el supuesto en el que el juez iniciado el procedimiento solicite la obligación de las partes de acudir a la mediación para intentar esa vía previa, como señala la ley 9/2020 de Cataluña. En este caso, con la designación el mediador, no solo se somete a las normas deontológicas de la profesión, sino que la especial relación de sujeción a la LMACM, a los reglamentos o normas que la desarrollan e, incluso, a las disposiciones que las distintas corporaciones profesionales[520] promulgan al efecto, le generará obligaciones profesionales de ineludible cumplimiento. Por tanto, en estos supuestos el mediador quedará sometido no solo al cumplimiento riguroso de la *lex artis* y a la normativa ética general, sino también a las especificidades propias de la gratuidad del encargo.[521]

---

520 Como indica por ejemplo el Consejo General del Notariado en el que, en la sesión informativa se firma ya el convenio de confidencialidad como obligación añadida, o por ejemplo el Centro de Mediación del Colegio de Abogados de Valencia que impone como obligación la formación en el ámbito jurídico y en técnicas de mediación de forma continuada.

521 Como se redactó en el Anteproyecto de Ley de Impulso de la Mediación en su artículo primero, respecto de la modificación de la Ley 1/1996, de 10 de enero, de asistencia jurídica gratuita, en el que se añade un nuevo número al artículo 6 indicando que el derecho a la asistencia jurídica gratuita comprende también la intervención del mediador cuando la

No obstante, dicho todo lo anterior, cabe, a mi juicio, diferenciar la forma de inicio del procedimiento de mediación. Si la autoridad judicial una vez iniciado el proceso, insta a las partes a realizar una sesión informativa de mediación, el acta inicial, previa o informativa equivaldrá a la hoja de encargo. E incluso si las partes voluntariamente acceden a la mediación, la sesión informativa y el acta de la misma equivaldrá a la hoja de encargo.

4.2. Contenido de la hoja de encargo

La hoja de encargo profesional suele emplearse como prueba de los términos de contratación del servicio, aunque su inexistencia no es indicativa de que la relación contractual no sea real, ya que la firma del acta hace prueba de este encargo profesional[522].

La hoja de encargo profesional en este sector, no puede asimilarse al contrato de prestación de servicios, que sería lo que denominamos contrato de mediación que se formaliza por el acta inicial. En la mediación, el equivalente a la hoja de encargo profesional no está contemplada en la LMACM, por ello no existen requisitos de forma para este trámite, pero sí se obliga a los profesionales y a las instituciones de mediación al cumplimiento de los deberes de información precontractual a las partes y que se reflejen los términos del contrato posterior.

Debemos entender por hoja de encargo el documento previo a la firma del contrato, por la cual se informa a las partes de quién será el mediador, cuáles serán los honorarios, quiénes

---

misma sea presupuesto procesal para la admisión de la demanda o resulte de la derivación judicial.

522 VÁZQUEZ DE CASTRO, E.: "Artículo 19", *cit*... pp. 227-235.

serán los que reciban la mediación, y brevemente el contenido del asunto que se va a tratar en la mediación.

Además, debe ir acompañada de información suficiente de los deberes y obligaciones tanto del mediador como de los participantes, para que, en la sesión constitutiva, las partes conozcan de antemano y puedan firmar con conocimiento el contrato de mediación.

Los elementos indispensables que deben aparecer tanto en la hoja de encargo, como en el acta inicial, vienen contemplados en la legislación nacional y en diversos códigos de conducta. Nos basamos en diferentes códigos ya que no existe un código deontológico del mediador que sea oficial y al que podamos acudir, pero en todos ellos aparecen las cuestiones principales que deben ser conocidas y aceptadas por las partes al comienzo de la mediación:[523]

- Identificación de los intervinientes, no se refleja en los códigos, pero va intrínseco por ejemplo al principio de autodeterminación de las partes.[524]
- Descripción del encargo profesional (diferentes fases y trabajos a realizar en cada una de ellas).[525]

---

[523] Los códigos que consultamos son el Código de Conducta de la Asociación Española de Mediación para los mediadores profesionales individuales, Código Deontológico y de conducta de los mediadores del Centro de Mediación de la Fundación Notarial Signum, y, el Código Deontológico de la Asociación Madrileña de Mediadores.

[524] El Código Deontológico de la Fundación Signum regula en su artículo segundo este principio por el que las partes tienen la libre determinación del mediador, es decir, de mutuo acuerdo tienen derecho a seleccionar el mediador dentro de la lista del propio Centro. Por este principio se entiende que las partes se encuentran ya identificadas.

[525] Apartado tercero del Código de Conducta de la Asociación Española de Mediación, hace referencia al acuerdo de mediación, al procedimiento y a la resolución del conflicto.

- Fijación de honorarios de forma destacada (forma de pago y cuantía en concepto de provisión de fondos) o, de no ser posible, bases para su determinación. Cantidades a cuenta de suplidos y gastos y régimen impositivo.[526]
- Consecuencias de la finalización anticipada del encargo por renuncia, allanamiento, pérdida sobrevenida del objeto y otras causas.[527]

---

526 En el Código de Conducta de la Asociación Española de Mediación, se establece en el artículo 1.3. los honorarios indicando que "*Cuando no se haya dispuesto otra cosa, el mediador deberá informar a las partes a qué forma de remuneración quedará sujeta su intervención. El mediador no deberá intervenir en mediación alguna antes de que los principios de su remuneración hayan sido aceptados por todas las partes interesadas.*" Así lo hace también el Código Deontológico de la Asociación Madrileña de mediadores en su apartado 4.2. de los honorarios donde refleja en su artículo 27 "*El/la mediador/a deberá siempre facilitar a las partes, si no les hubiera sido comunicado previamente, una información detallada sobre los honorarios que tiene intención de aplicar. Convendrá con ellos el coste eventual de las sesiones y las modalidades de pago. No se deberá aceptar una mediación, sin que las partes en cuestión hayan prestado su consentimiento sobre los principios sobre los que se base dicha remuneración.*" Y en su artículo 28 que "*En ningún caso, los honorarios deberán ligarse con los resultados del proceso de mediación.*" Y al igual lo refleja el Código Deontológico de la Fundación Signum en su artículo 17, donde indica que el coste de la mediación independientemente de su resultado, se dividirá por igual entre las partes, además, se podrá exigir por la fundación una provisión de fondos que se estime necesaria para atender al coste de la mediación.

527 La interrupción de la mediación se regula en el Código Deontológico de la Asociación Madrileña de Mediadores, en su apartado 4.3. de interrupción de una mediación, el cual contiene los artículos 32, que indica: "*La finalización del procedimiento de mediación puede producirse por decisión de cualquiera de las partes en conflicto o por el/la mediador/a, quien podrá dar por finalizada la mediación, comunicándoselo a las partes, cuando concurra alguno de los siguientes supuestos:*
a) Falta de colaboración por alguna de las partes.
b) Incumplimiento de las reglas de mediación previamente establecidas.
c) Inasistencia no justificada de alguna de las partes.

- Cláusulas de prevención de protección de datos.[528]

Dentro de la regulación de estos Códigos Deontológicos, encontramos diversas cuestiones a tener en cuenta en el desarrollo del proceso de mediación, las llamaremos cláusulas de las que, especialmente, deben ser informadas las partes al comienzo de la mediación:

- Cláusulas sobre disposición de la documentación.[529]

---

d) Cuando considere que el procedimiento no puede alcanzar la finalidad perseguida.
e) Cuando el/la mediador/a detecte que el conflicto debe ser abordado desde otra forma de intervención o tratamiento.
f) Si el/la mediador/a estimara que el acuerdo al que se va a llegar es ilegal o de imposible cumplimiento.
g) Si el/la mediador/a considerase que ya no se encuentra en condiciones de asegurar la imparcialidad necesaria para proseguir su labor.
h) Cuando el/la mediador/a el mediador aprecie en alguna de las partes falta de capacidad para decidir y/o asumir los compromisos.
i) Cualquier otra circunstancia apreciada por el/la mediador/a el mediador que vaya en contra de los principios de la mediación establecidos en el presente código."
Y el artículo 33 que refleja que "*En tales circunstancias, el/la mediador/a estudiará con las partes la posibilidad de modificar o solucionar los impedimentos. Si esto no se lograse, podrá proponerles retomar o continuar el proceso con otro Mediador/a o bien sugerir a los participantes que obtengan.*"

528 Como anexo al Código de Conducta de la Asociación Española de Mediación, se establece una cláusula de confidencialidad, que no hace referencia expresamente a la protección de datos de los intervinientes, pero la misma está intrínseca en la definición de confidencialidad.

529 El Código Deontológico de la Asociación Madrileña de Mediadores, en su artículo 31, indica que "*los registros escritos y electrónicos de datos, entrevistas y resultados, así como cualquier documentación relacionada con el proceso de mediación quedarán sujetos a lo que estipule la legislación vigente sobre Protección de Datos*" Por lo que, de forma intrínseca se somete a esta legislación.

- Cláusula de exoneración de responsabilidad deontológica por incumplimiento de la *lex artis.*[530]
- Cláusulas que delimiten el contenido de la información sujeta a secreto profesional.[531]
- Cláusula de limitación del derecho al cambio de mediador.[532]

---

530 Entendemos que en el ámbito de la mediación no procedería, ya que todos los códigos de forma unánime regulan el principio de confidencialidad por el cual no sólo se ve obligado el mediador, sino que igualmente lo hacen las partes, además de que la obligación de respetar el deber de confidencialidad, subsistirá incluso después de haber cesado en la prestación del servicio de mediación.

531 Igualmente se contemplan de forma unánime por todos los códigos los supuestos en los que el mediador se encuentra exento de la obligatoriedad de la confidencialidad en supuestos *numerus clausus*: "*El/la mediador/a queda exento/a de la obligatoriedad de la confidencialidad en los casos siguientes:*
a) Cuando la información no sea personalizada y se utilice con fines estadísticos, de formación y de investigación, y las partes así lo autoricen.
b) Cuando conlleve una amenaza para la vida o la integridad física o psíquica de una persona.
c) En aquellos casos en los que la Ley contemple la obligación de comunicar determinadas situaciones, como en los casos de conocimiento de delito que afecte a las personas en su vida, integridad o salud, los casos en que haya noticias de maltrato, violencia o amenazas físicas o psíquicas de alguno de los participantes, y en los casos en que se detecte una situación de riesgo o desamparo para menores o incapaces."

532 No se hace referencia a esta opción en los códigos evaluados, pero entendemos que el mediador podrá cambiarse si ambas partes están de acuerdo. Si la mediación se lleva a cabo en una institución, deberán escoger un mediador que se encuentre en el registro de mediadores, y, para el caso de que las partes no coincidan inicialmente en el profesional, puede proponer cada una varios, por ejemplo, tres, y descartar los que no consideren fundamentando la elección.

- Limitación de las obligaciones concernientes al conflicto de intereses.[533]

III. EL PROCEDIMIENTO TRAS EL CONTRATO

1. DESARROLLO DE LAS ACTUACIONES DE MEDIACIÓN

1.1. El mediador y las partes

Como ya hemos mencionado con anterioridad, el mediador junto con las partes configurará una agenda de trabajo y definirán las sesiones necesarias, lo que va a definir el curso del procedimiento. Como indica BARONA VILAR[534], el procedimiento se va a llevar a cabo de manera que la flexibilidad, la autonomía de la voluntad de las partes, la pérdida del valor de la ley en beneficio del principio dispositivo, el mediador como figura esencial en la conformación del procedimiento y la posible existencia de una reglamentación institucional que genere una flexibilidad y una dinámica abierta durante el proceso de mediación.

---

533 Podemos considerar que el conflicto de intereses sería uno de los motivos por los cuales se pueda querer por las partes el cambio del mediador, por ello debe evaluarse la imparcialidad de cada uno para determinar si el profesional es, o no, adecuado para actuar como mediador. Respecto de esta cuestión, al ser el deber de imparcialidad un requisito fundamental e indispensable de la mediación, se encuentra regulada esta posibilidad en todos los códigos.

534 BARONA VILAR, S.: *Mediación en asuntos civiles y mercantiles en España tras la aprobación de la Ley 5/2012 de 6 de julio.* Tirant Lo Blanch. 2013.

Esta cuestión también se señala en el Preámbulo de la propia ley, donde se indica que *el régimen que contiene la Ley se basa en la flexibilidad y en el respeto a la autonomía de la voluntad de las partes.* Además de que el procedimiento regulado es sencillo y flexible, que permite que sean las partes implicadas las que determinen libremente sus fases fundamentales. Esta flexibilidad no es infinita ya que se establecen algunos requisitos que deben cumplirse en el desarrollo de las actuaciones de mediación.

En la propia LMACM hay una ausencia de límite temporal respecto de la duración máxima del proceso de mediación. En general, la legislación autonómica marca unos plazos máximos para el desarrollo de la mediación e incluso alguna Ley autonómica establece también un máximo de sesiones. En cualquier caso, las partes deben prestar colaboración y apoyo permanente a la actuación del mediador, que será quien establezca la duración o el número de sesiones necesarias para desarrollar el proceso, siempre y cuando las partes acepten la propuesta del mediador en la sesión constitutiva.

El desarrollo del procedimiento no hace referencia sólo al número de sesiones, sino que igualmente se plantea la posibilidad de prórroga para el plazo de la mediación simplificada. Para la duración de las posibles prórrogas se seguirá el mismo cauce que para la duración del procedimiento.

No sólo debemos tener en cuenta la duración del procedimiento, sino que hay que plantearse la duración de la sesión en sí. Como indica SOLETO MUÑOZ[535], en primer lugar, las sesiones serán dirigidas y convocadas por el mediador con la antelación necesaria, en segundo lugar, las sesiones pueden tener una duración variable, ello dependerá de cómo se estructure y de las necesidades de las partes. La LMACM plantea la

---

535 SOLETO MUÑOZ, H. "El procedimiento de mediación", en *Mediación y resolución de conflictos: Técnicas y ámbitos.*Tecnos. 2017, p.266.

disponibilidad de diversos conflictos para la mediación, por lo que debemos plantear que no hay dos procedimientos de mediación iguales ya que cada conflicto requerirá un tratamiento diferente.

Pone CARRETERO MORALES[536] como ejemplo que en las mediaciones familiares las sesiones no serán más de una hora u hora y media ya que el desgaste emocional que suponen es muy alto, por lo que no es recomendable alargarlas en exceso. Por otro lado, en mediaciones de carácter mercantil, las sesiones suelen ser más largas pero el número de sesiones suele ser menor, siendo habitual incluso que se resuelvan en una sola sesión. Esto son ejemplos, pero no se puede generalizar.

1.2. Duración del procedimiento de mediación

No resulta sencillo establecer a priori la duración de la mediación ya que dependerá de la naturaleza y complejidad del conflicto. Según se indica en la LMACM se regula la mediación como un procedimiento de fácil tramitación, poco costoso y de corta duración en el tiempo, regulando expresamente en su artículo 20 que la duración del procedimiento de mediación será lo más breve posible y sus actuaciones se concentrarán en el mínimo número de sesiones.

El Proyecto de Ley de la IX legislatura[537] establecía en su artículo 21.2 una duración máxima del procedimiento de dos meses desde la fecha de la firma del acta de la sesión constitutiva, además este tiempo será prorrogable un mes más de forma excepcional y siempre que las partes lo acuerden. Por

---

536 CARRETERO MORALES, E. *La mediación civil y mercantil en el sistema de justicia.* Cit...

537 Proyecto de Ley de mediación en asuntos civiles y mercantiles. BOCG nº 122-1 de 29 de abril

eso mismo se criticó la ausencia del plazo en la LMACM ya que se considera que existe la posibilidad de que se pueda utilizar la mediación con fines dilatorios. Sin embargo, sí que se mantiene el plazo máximo de duración de un mes desde el día siguiente a la recepción de la solicitud, para el procedimiento de mediación simplificada.

Tal como indica VÁZQUEZ DE CASTRO[538] el no contemplar un plazo máximo de duración, no significa que se pueda continuar con el proceso de mediación por tiempo ilimitado ya que con anterioridad en la ley se ha determinado que las partes establecerán en la sesión constitutiva la duración máxima prevista, aunque la misma es igualmente susceptible de modificación por acuerdo de las partes.

Las leyes autonómicas han establecido plazos de duración máximos para el proceso al cual además se le suma una prórroga, por lo que, aunque la legislación estatal no haya establecido una duración, la mediación deberá llevarse a cabo según la duración máxima prevista en el articulado de la legislación autonómica que corresponda.

La legislación autonómica establece de forma genérica los plazos de duración en meses, aunque otras como la de Aragón y Cataluña establecen el plazo máximo en días. Mo obstante, la Ley de Cataluña prevé en el ámbito del derecho privado una doble limitación, indicando esta limitación de 60 días que hemos mencionado previamente, y, de otro lado, se concreta que deberá establecerse reglamentariamente el número máximo de sesiones de la mediación[539]. La Ley de Aragón establece

---

538 VÁZQUEZ DE CASTRO, E.: "Artículo 20: duración del procedimiento" en *Mediación en asuntos civiles y mercantiles; comentarios a la ley 5/2012*). Reus. 2012, pp. 237-245.

539 También establece la necesidad de establecer por reglamento el número máximo de sesiones en el artículo 26.4 de la Propuesta de Ley de Mediación Familiar de la Comunidad Autónoma de la Región de Murcia; en el

para la prórroga que se podrá acordar por el tiempo necesario para conseguir los fines del procedimiento a través de propuesta razonada del mediador familiar[540].

Las legislaciones autonómicas establecen en su mayoría un plazo de duración del procedimiento de mediación de 3 meses, a excepción del País Vasco que establece una duración de 4 meses para el procedimiento de mediación. Igualmente establecen para la prórroga en su mayoría un plazo de 3 meses, aunque lo que se establece en común para todas es que la duración dependerá de la complejidad del asunto, de la valoración previa del mediador y del acuerdo al que lleguen las partes en el contrato de mediación.

1.3. Sesiones de debate del conflicto entre las partes

Una vez se ha firmado el acta por la que se constituye el procedimiento de mediación comenzarán las sesiones de debate del conflicto entre las partes. Estas sesiones estarán marcadas por la voluntariedad de las partes manifestada en cada sesión, así como la flexibilidad ya que el mediador junto con las partes configurará una agenda de trabajo en base a la cual se establece a grandes rasgos cuál será el curso del procedimiento, por lo que esta configuración se deja en manos de la autonomía privada.

Decreto Foral de Navarra se indica un número máximo de seis sesiones y prorrogar el procedimiento por dos sesiones más; o, en el artículo 21 de la Ley 1/2015, de 12 de febrero, del Servicio Regional de Mediación Social y Familiar de Castilla-La Mancha se indica que la duración será lo más breve posible y se concentrará en el mínimo número de sesiones.

540 Igualmente se indica en el artículo 15 de la Ley 14/2010, de 9 de diciembre, de mediación familiar de las Illes Balears que se podrá prorrogar el procedimiento de mediación por el tiempo que la persona mediadora considere necesario en relación con la expectativa de acuerdo existente.

En la LMACM no se establece de forma cerrada cómo deben desarrollarse estas sesiones, pero sí unas breves directrices para el mediador en su artículo 21 donde se indica que, en primer lugar, debe convocar a las partes para cada sesión con la suficiente antelación. Además, deberá dirigir las sesiones y facilitará la comunicación entre ellas a través de las técnicas que aprendió en la formación que se le exige, enfocando sus actuaciones para que las partes expresen sus posiciones y la comunicación sea de modo igual y equilibrado[541].

El artículo 21, 2º LMACM indica que las comunicaciones entre el mediador y las personas en conflicto podrán ser o no simultáneas. Entendemos que dicha afirmación deja una puerta abierta planteando que bien las sesiones pueden desarrollarse con las dos partes presentes, o bien pueden desarrollarse sesiones privadas conocidas como "caucus" entre el mediador y una de las partes siempre y cuando lo considere oportuno para el desarrollo del procedimiento. Nos planteamos también otra posibilidad que deja la puerta abierta a las comunicaciones telemáticas ya que las mismas pueden ser de todas las personas implicadas de forma simultánea, o bien la posibilidad que se ofrece en ocasiones de comunicación vía correo electrónico, no estando conectadas las partes entre sí de forma simultánea.

El desarrollo de las sesiones de mediación, así como el devenir del procedimiento dependerá de la naturaleza del conflicto y de las necesidades de las partes, por este mismo motivo no habrá dos procedimientos de mediación que sean iguales ya que cada conflicto requerirá un tratamiento diferente[542].

Igualmente se debe tener en consideración que la tarea del mediador profesional va a ser fundamental en el proced-

---

541 SOLETO MUÑOZ, H.: "El procedimiento de mediación", *cit*... p. 265.

542 CARRETERO MORALES, E.: *La mediación civil y mercantil en el sistema de justicia*, cit...

imiento de mediación y coordinará las sesiones influyendo en el desarrollo de las mismas, aunque no en las decisiones que tomen las partes. En primer lugar, deberá decidir si el asunto es mediable según lo dispuesto en la LMACM teniendo en consideración el objeto que exponen las partes, además deberá observar cuál es su actitud ya que de la misma se deduce si tienen intención de buscar una solución al conflicto. El mediador habrá de intentar rebajar en la medida de lo posible la tensión entre las partes y, como profesional tiene que realizar un trabajo de planificación estratégica y táctica, al igual que pasa en la negociación[543].

En segundo lugar, es labor del mediador en el desarrollo de la primera sesión ganarse la confianza de las partes y afianzar las normas que deben seguirse a lo largo del proceso. En tercer lugar, valorará si son necesarias las sesiones individuales mencionadas anteriormente o si realizará sesiones conjuntas. Esta necesidad deberá analizarla en cada sesión ya que cabe la posibilidad de que el mediador utilice el "caucus" como herramienta dentro del procedimiento. Debe tenerse en cuenta que en el artículo 21, 3º de la LMACM determina que el mediador comunicará a todas las partes la celebración de los caucus, sin perjuicio de la confidencialidad sobre lo tratado. Además, el mediador no podrá ni comunicar ni distribuir la información o documentación que la parte le hubiera aportado, salvo autorización expresa de esta.

El mediador también deberá ayudar a las partes en cada sesión con las técnicas propias de la mediación identificando en primer lugar el conflicto, asegurándose de que las partes comprenden el conflicto que les ocupa además de qué conseguirán del procedimiento de mediación.

---

543 GALEOTE MUÑOZ, M. P.: "La mediación", en *Sistemas de solución extrajurisdiccional de conflictos*. Universitaria Ramón Areces. 2006. pp. 78-79.

A lo largo de las sesiones el conflicto, así como el procedimiento de mediación irá pasando por distintas fases, en primer lugar, el mediador realizará un análisis del conflicto y una vez determinado se realizará la búsqueda de intereses. Como hemos mencionado con anterioridad, esta fase es la más complicada ya que las partes cuando inician la mediación, ponen encima de la mesa sus posiciones debiendo identificar cuáles son sus verdaderos intereses y necesidades.

A continuación, el mediador colaborará para que a lo largo de las sesiones se vayan generando opciones para que se vaya estructurando el acuerdo, esta característica permite que los mediados tomen conciencia de que son ellos mismos los responsables de la solución de su problema[544]. Las partes realizarán exploración de las opciones surgidas, determinando así las adecuadas, lo que llevará a la consecución de acuerdos, como ya hemos mencionado, en ningún supuesto podría el mediador imponer solución alguna a las partes.

2. LA FINALIZACIÓN DEL CONTRATO

Cuando las partes acuden al proceso de mediación es porque tienen la intención de resolver el conflicto y generalmente plasmarlo en un acuerdo para evitar mayores problemas, aunque recordemos que no es este el único fin del procedimiento de mediación. El acuerdo de mediación se regula en la LMACM indicando que conforme a la flexibilidad del procedimiento y el respeto a la autonomía de la voluntad de las partes se reflejan las manifestaciones de las partes en un acuerdo que pone fin al proceso de mediación, el cual podrá

---

544 MARQUÉS CÉBOLA, C.: *La mediación*. Marcial Pons, Ediciones Jurídicas y Sociales S.A. 2013.

tener la consideración de título ejecutivo, si las partes lo desean, mediante su elevación a escritura pública.

La mediación en sí no tiene un objetivo concreto definido, cada caso será particular, pero vemos que existen unos objetivos generales comunes a todas las mediaciones como son abrir nuevos canales de comunicación entre las partes, es decir, transformar su comunicación; que las partes adquieran experiencia en la negociación; y, mantener la continuidad de la relación entre las partes. Durante el desarrollo de estas intenciones encontramos diversas consecuencias de las mismas, entendiendo el acuerdo de mediación como la consecuencia de una buena gestión de la mediación y un cumplimiento de los objetivos señalados anteriormente.

Según se refiere en el Expositivo IV del Preámbulo de la LMACM la premisa de alcanzar un acuerdo no es algo obligatorio ya que a veces la mediación persigue simplemente mejorar relaciones, sin intención de alcanzar un acuerdo de contenido concreto, es decir, que no alcanzar acuerdos no implica un fracaso de la mediación ya que el procedimiento ha podido generar otros beneficios en las partes.

Por tanto, está claro que el acuerdo de mediación no es la finalidad exclusiva de la mediación ya que al no ser un método heterocompositivo, no se garantiza la solución del conflicto, por lo que es posible que la mediación pueda finalizar sin acuerdo y que el conflicto no quede solucionado[545]. Con la terminación del procedimiento, sea por acuerdo o no, se debe realizar el acta final en donde se reflejará la conclusión el procedimiento y, en su caso, se indicarán los acuerdos alcanzados de forma clara, o bien, su finalización por cualquier otro motivo

---

545 CARRETERO MORALES, E.: *La mediación civil y mercantil en el sistema de justicia,* cit….

Según indica el artículo 22, 1º de la LMACM, el procedimiento de mediación puede concluir en acuerdo o finalizar sin alcanzar dicho acuerdo, puede ser porque alguna de las partes o incluso todas ejerzan su derecho a dar por terminadas las actuaciones, recogiendo así el legislador diversas opciones de finalización del procedimiento de mediación.

2.1. Modos de finalización

La mediación puede concluir por diversos motivos: el primero de ellos, y el esperado de forma genérica, es que las partes lleguen a un acuerdo total o parcial que será redactado por el mediador y será firmado por las partes; el segundo, por el transcurso del plazo acordado en la sesión constitutiva sin que las partes hubieren llegado a un acuerdo, salvo que las mismas decidan prorrogar el proceso; la tercera, por renuncia expresa o tácita de las partes; la cuarta, por renuncia del mediador; y, la última, por decidir las partes someter el conflicto a arbitraje o continuar con el proceso judicial iniciado.

2.1.1. Finalización del proceso sin acuerdo

Habiendo contemplado que el legislador recoge distintos supuestos de finalización del procedimiento de mediación analizaremos en primer lugar los casos de finalización sin acuerdo ya que más adelante nos centraremos en el acuerdo de mediación.

En el artículo 22.1 de la LMACM ya se contemplan las posibilidades de finalización sin acuerdo, valorando en primer lugar la posibilidad de finalización del procedimiento por las partes haciendo uso de la voluntariedad. Atendiendo a la normativa, si las partes toman esta decisión, no tienen que especificar el motivo por el que finalizan la mediación, de lo que sí tienen obligación es de notificar al mediador su deseo de retirarse del procedimiento y ponerle fin, esto es así porque el procedimiento es voluntario y esta voluntariedad debe confirmarse por las partes con cada parte del proceso, así se hace en el inicio, en las sesiones de desarrollo y en su finalización.

Existe la posibilidad de que sea sólo una de las partes la que abandone de forma unilateral el proceso, BARONA VILAR[546] plantea que la otra parte puede ver frustradas las expectativas que había depositado en el procedimiento, esto sumado a los gastos económicos que hayan tenido que asumir las partes hasta la fecha. Aunque desde el principio las partes ya conocen y asumen que la mediación es un procedimiento voluntario, por lo que se encuentra implícito en este principio que cualquiera de las dos puede abandonar el procedimiento, así que deben asumir que la parte contraria puede ponerle fin en cualquier momento ya que no se les puede obligar a permanecer en el procedimiento.

Existe también la posibilidad de que las partes acuerden un plazo máximo para intentar la resolución del conflicto a través de la mediación y que el plazo llegue a su fin. Cabe tambien la posibilidad de que las partes a pesar de haber puesto un plazo de finalización, estén realizando avances significativos en el procedimiento, pero no se haya llegado a un acuerdo final, en este caso si las partes entienden que van a seguir trabajando para resolver el conflicto el transcurso del tiempo establecido no tiene por qué conllevar el fin del procedimiento. Cuestión distinta es que se haya establecido un límite temporal y que resulte que las partes no estén colaborando para resolver el conflicto, por lo que en este caso el límite temporal sí implicaría la finalización del procedimiento.

---

546 BARONA VILAR, S.: *Mediación en asuntos civiles y mercantiles en España tras la aprobación de la Ley 5/2012 de 6 de julio*, cit....

Debemos tener en cuenta que el plazo establecido no es de carácter imperativo, además de que, si las partes han fijado el plazo por su propia cuenta, tienen plena disposición para acordar una prórroga al plazo acordado y continuar con el procedimiento de mediación, esto se hará si las partes entienden que con esa prórroga obtendrán un acuerdo.

Como indica CARRETERO MORALES[547], la LMACM no ha establecido un plazo legal máximo de duración del procedimiento de mediación, lo que es normal entendiendo que no todos los conflictos tienen la misma complejidad así que no podemos estimar que todos requieran el mismo tiempo para su gestión y posible solución, aunque la LMACM indica que este procedimiento debe ser lo más breve posible y sus actuaciones se concentrarán en el mínimo número de sesiones.

Según MARTÍN DIZ[548], se deben tener en cuenta dos parámetros para calcular la duración recomendable de un procedimiento de mediación, estos parámetros son la actitud de las partes y la naturaleza, número y complejidad de los puntos en conflicto, aunque lo más fácil es intuir que la mediación debería discurrir en un plazo de tiempo breve.

La tercera posibilidad que se contempla en la LMACM es que se puede finalizar también el procedimiento por decisión del mediador, como dice CARRETERO MORALES[549], *no hay que olvidar, como apunta la Ley, que el mediador es la pieza esencial del sistema, que su función es la de ayudar a las partes a buscar esa solución, pero que es también quien ha de controlar el procedimiento de*

547 CARRETERO MORALES, E.: *La mediación civil y mercantil en el sistema de justicia*, cit...

548 MARTÍN DIZ, F.: *La mediación: sistema complementario de Administración de Justicia*. Consejo General del Poder Judicial. 2008.

549 CARRETERO MORALES, E.: *La mediación civil y mercantil en el sistema de justicia*, cit.

mediación para que éste se lleve a cabo adecuadamente y no pueda ser utilizado por alguna de las partes con fines espurios.

De igual forma habla MARTÍN DIZ[550], remarcando que el mediador como parte activa también del procedimiento y como director del mismo, debe estar atento al comportamiento de las partes, y a raíz de este poder, dilucidar si las mismas desean o no alcanzar un acuerdo, se delega en el mediador la responsabilidad de valorar si es conveniente o no continuar con el procedimiento. Por lo que el mediador podrá poner fin al procedimiento explicándole a las partes los motivos de su decisión.

En el artículo 22 apartado segundo de la LMACM se indica que la renuncia del mediador a continuar el procedimiento sólo producirá la terminación del procedimiento cuando no se llegue a nombrar un nuevo mediador. Lo que quiere decir que la decisión del propio mediador de poner fin al procedimiento por él iniciado no tiene que conllevar en todo caso la finalización de la mediación entre las partes[551].

2.1.2. Finalización del proceso con acuerdo

Tras haberse llevado a cabo el procedimiento de mediación es posible que las partes hayan manifestado sus intereses y hayan valorado las opciones que han surgido a lo largo del procedimiento llegando a acuerdos parciales que finalmente han terminado en un acuerdo total y definitivo que zanja el conflicto satisfaciendo así sus intereses. Como indica MARTIN

---

550 MARTÍN DIZ, F. : *La mediación: sistema complementario de Administración de Justicia,* cit...

551 CARRETERO MORALES, E.: *La mediación civil y mercantil en el sistema de justicia,* cit...

DIZ[552], el cierre de una mediación por acuerdo entre las partes, implica la consecución del objetivo por el cual se inicia la mediación que era resolver el conflicto.

Tras ver las formas de finalización del procedimiento, haya acuerdo o no, existen algunas consecuencias que son comunes a ambos supuestos. Una vez se haya puesto fin al procedimiento habrá de devolverse a las partes los documentos que pudieran haber aportado y, si hubiera alguno que no hubiera necesidad de devolver, se formará un expediente.

2.2. Acta final

En la LMACM no se obliga a la constitución de actas por cada sesión de mediación, esto dependerá de cada mediador o de lo establecido en cada institución de mediación. Puede que no sea obligatorio llevar a cabo estas actas, pero es habitual que los mediadores tomen una serie de notas sobre cuestiones que consideren importantes y que sea conveniente guardar, en cualquier caso, esas notas tienen carácter confidencial y pueden formar parte del expediente al finalizar el procedimiento.

Sin embargo, de la finalización del procedimiento, se deberá levantar un acta final que, tal como se indica en el artículo 22, 3º de la LMACM, determinará la conclusión del mismo y reflejará los acuerdos alcanzados de forma clara y comprensible o su finalización por cualquier otra causa, es decir, deberá identificar si la misma ha finalizado con éxito por haber concluido con acuerdo, ya sea total o parcial, o la imposibilidad de llegar una solución para el conflicto planteado.

Entendemos necesario realizar la diferenciación entre el acta final y el acuerdo de mediación ya que tienen funciones

---

552 MARTÍN DIZ, F.: *La mediación: sistema complementario de Administración de Justicia*, cit...

distintas. El acta final determina la finalización de la mediación, se da en todos los procedimientos de mediación, haya acuerdo o no lo haya, en la misma se deben incluir los acuerdos que hayan alcanzado las partes, como dice el artículo 22, de forma clara y comprensible. Además, el acta deberá ir firmada por todas las partes y por el mediador o mediadores y se entregará un ejemplar original a cada una de ellas. En caso de que alguna de las partes no quisiera firmar el acta, el mediador deberá hacerlo constar y se entregará un ejemplar a las partes que lo deseen.

Por otro lado, el acuerdo de mediación recopila los puntos en común alcanzados por las partes a lo largo del procedimiento de mediación, el acuerdo no tiene por qué darse en todos los procedimientos, tal y como hemos visto con anterioridad. Como dice TAMAYO HAYA[553], el acuerdo de mediación *no forma parte de la mediación en sí misma considerada si tenemos en cuenta que ésta existe con independencia de que se logre o no el negocio jurídico mediado.*

Es importante además tener en cuenta que el acta final, al igual que ocurre con la formalizada en la sesión constitutiva, deberá firmarse por las partes y por el mediador. Entendemos esta acta como la conclusión del contrato de mediación, es decir que con la firma de la misma se entienden concluidas las obligaciones contraídas en un inicio entre las partes y el mediador. Como indica MARQUES CÉBOLA, si consideramos que la confidencialidad abarca a todos los actos de la mediación, el acta final es un documento de suma relevancia para acreditar la finalización de la mediación y si ésta fue con o sin acuerdo[554].

---

553 TAMAYO HAYA, S.: "Artículo 22. Terminación del procedimiento", en *Mediación en asuntos civiles y mercantiles, Comentarios a la Ley 5/2012*. Reus. 2012. p. 272.

554 MARQUÉS CÉBOLA, C. *La mediación*. Marcial Pons, Ediciones Jurídicas y Sociales S.A. 2013.

Entendemos fundamental su existencia ya que concluye el procedimiento de mediación y el mediador no tiene por qué formar parte de la redacción del acuerdo. Aunque en la LMACM se establecen algunas cuestiones que deben contemplarse en el acta como si ha habido o no acuerdo, se impone el principio de libertad de forma de este documento.

Por último, existe la posibilidad de que alguna de las partes no quisiera firmar el acta final, esto se contempla en el artículo 22, 3° en donde se indica que el mediador hará constar en el acta esta circunstancia, evitando así que se estanque la situación, incluso que se alarguen de forma indefinida la suspensión de los plazos de prescripción y caducidad. Además, deberá entregarse un ejemplar a las partes que lo deseen.

Conclusiones

La existencia inevitable del conflicto en la sociedad crea una necesidad de resolución del mismo. El estudio de esta cuestión, a través de la conflictología, nos ha llevado a determinar los elementos esenciales para que exista un conflicto, y, a raíz de ello, llegar a la conclusión de que no existe una única forma de resolver el conflicto, no siendo ninguna de ellas en sí misma mejor o peor.

Dentro de las diversas formas de resolver los conflictos, este estudio se centra en los medios autocompositivos como aquellos en los que intervienen las partes interesadas para alcanzar una solución consensuada, y más concretamente, en la mediación como un Medio Alternativo de Resolución de conflictos (MASC), en el que dos o más partes intentan alcanzar voluntariamente un acuerdo con la intervención de un mediador.

Este MASC se utiliza con la intención de que las partes resuelvan su conflicto de forma voluntaria y autónoma y además que las mismas integren en su vida lo que se ha denominado cultura de paz. La mediación transmite esta cultura de paz con intención de que las partes puedan resuelvan futuros conflictos, evitando así el colapso de los tribunales para la resolución de conflictos que las partes podrían resolver por sí mismas.

La mediación es conocida y utilizada a nivel mundial, aunque, como hemos visto, en algunas comunidades está mas desarrollada que en otras. Si nos centramos en Europa, el uso de organismos y herramientas de alerta temprana de los conflictos ha ayudado notablemente al avance de la legislación en esta materia. La normativa genérica de la mediación en Europa comienza con la Directiva de 2008 que obliga a su transposición a los Estados Miembros por la cual surge en España la LMACM, pero desde mucho antes se viene promoviendo tanto a nivel europeo como a nivel estatal el uso de los MASC para la resolución de los conflictos.

Como consecuencia de esta cultura del litigio que tenemos implantada en la sociedad, durante mucho tiempo se ha percibido a los juzgados como la única forma de resolver los conflictos, con una visión de que sólo una de las partes puede ganar. Esta cultura del litigio ha provocado dos cosas: el colapso de los juzgados y que se necesite un tercero para dirimir el conflicto. Ante estos problemas se planteó la posibilidad de hacer uso de otros mecanismos para la resolución de conflictos con el objetivo de reducir la tasa de litigiosidad.

El desarrollo de la LMACM ha sido el comienzo para el impulso del uso de la mediación teniendo en cuenta que, desde entonces, se da a conocer a los profesionales del Derecho en su formación estos MASC, para que los mismos se encuentren formados en todas las posibles vías de resolución de conflictos. Por tanto, las nuevas generaciones de profesionales del Derecho ya tienen integrado en su saber la disposición de los MASC como instrumentos complementarios a la justicia.

Por ello, actualmente en España, nos encontramos en auge la utilización de estos MASC y, el necesario desarrollo de la legislación en esta materia. Aunque la normativa estatal en materia de mediación es del año 2012, sin contar con las normativas comunitarias existentes anteriormente, debemos tener en consideración otras iniciativas legislativas, pendientes a día de hoy, que buscan principalmente la eficiencia procesal del servicio público de justicia a través de la promoción del uso de los MASC.

El estudio de este MASC para el que hemos utilizado diversas legislaciones nos ha llevado a plantearnos si en el desarrollo de la mediación existen relaciones contractuales. Tras exponer la definición de contrato, hemos concluido que, en el caso de la mediación, el contrato está vinculado a esta definición por lo que el mismo existe desde el momento en que las partes consienten iniciar el procedimiento con el que resolverán sus disputas.

Además, hemos podido comprobar que en el contexto de la mediación surgen diversos negocios jurídicos entre: los sujetos que tienen el conflicto; entre los sujetos y el mediador; e incluso entre los sujetos y las instituciones de mediación. En relación con esta cuestión podemos decir que dentro del procedimiento de mediación existen tres fases diferenciadas en las cuales verificamos la naturaleza contractual de este MASC.

La primera fase es la que hemos denominado como pacto o compromiso de sometimiento a mediación, negocio jurídico que extraemos de las fases previas a la mediación. Este contrato surge de aquellos supuestos en los que las partes pactan que, para el caso de que en el futuro tengan una disputa, acudirán a un MASC, específicamente a la mediación.

Como segunda manifestación contractual de la mediación, encontramos el contrato de mediación. Llegamos al concepto del contrato de mediación en lo que es la fase inicial, posterior al acuerdo previo de sometimiento a mediación que podría darse, determinando que efectivamente la mediación se inicia a través de un contrato. El concepto de contrato de mediación surge de la LMACM a raíz de la regulación del acta de la sesión inicial que deben firmar las partes indicando que aceptan su sometimiento a la mediación. Y es precisamente en su artículo 19 donde la ley desarrolla el contenido de la sesión constitutiva, la cual nos dará muestras de que lo que caracteriza este contrato es el consentimiento o voluntad de resolución de la controversia latente.

En tercer y último lugar, debemos referirnos al negocio jurídico fruto del procedimiento de mediación, lo que hemos venido a calificar como "negocio jurídico mediado" o "acuerdo fruto de la mediación" que pondrá fin a la controversia entre las partes y que, como verdadero contrato, produce efectos civiles y procesales. El acuerdo de mediación es el contrato por el que las partes solucionan, de manera total o parcial, la controversia sometida a mediación, evitando así un litigio y poniendo fin al ya iniciado.

También hemos hecho mención especial a la mediación electrónica mostrando así que los MASC, en concreto la mediación, avanzan notablemente adaptándose a la transformación digital. En la práctica el contrato de mediación se formaliza a través del acta de inicio en la cual las partes, según lo contemplado en el artículo 24 de la ley de mediación, deberán indicar si llevan a cabo la misma a través de medios electrónicos y por medio de qué plataforma lo realizarán.

Otra cuestión que hemos considerado relevante destacar en relación con los contratos es hablar de consentimiento e información en el procedimiento de mediación ya que ambas cuestiones son necesarias para formalizar correctamente los negocios jurídicos resultantes de la mediación.

Los profesionales mediadores deben informar del mecanismo en el que consiste el procedimiento de mediación, así como de los principios esenciales de la misma, todo ello viene indirectamente recogido en la LMACM en donde se especifican las cuestiones que el mediador tiene que trasladar a las partes en lo conocido como sesión informativa, además de lo que debe recalcar en la sesión inicial como, por ejemplo, la cualificación que posee el profesional mediador que va a tratar el conflicto, lo que afectará a la calidad de la mediación.

En definitiva, haciendo un estudio de la LMACM a través del derecho civil y el derecho procesal civil hemos podido reflejar cuestiones importantes en materia de mediación que, hasta la fecha, no se habían planteado, pretendiendo aportar una mayor seguridad jurídica tanto a los sujetos que hacen uso de la mediación como a los profesionales que la desarrollan. Con este estudio hemos querido esclarecer cuestiones contractuales y de desarrollo del procedimiento de la mediación.

Índice Bibliográfico

ALBALADEJO, M.: *Derecho civil I. Introducción y parte general* (15.a ed.). Bosch. 2002

ALFARO, E., ROJAS, T., SIERRA, C., & VÁSQUEZ, P.: "La mediación en Chile", en *Centro de Estudios de Justicia de las Américas*. 2020. [en línea] [Consultado en 10 de enero de 2024] Disponible en: https://cejamericas.org/wp-content/uploads/2020/09/53LaMediacionenChile.pdf

ÁLVAREZ RAMIREZ, G. (2013). *Discapacidad y sistemas alternativos de resolución de conflictos: Un cauce adicional de acceso a la justicia y una oportunidad para la inclusión* (1.a ed.). Grupo Editorial Cinca.

ALVES ALMEIDA, L.: "Mediação na América do Sul: uma perspectiva comparada Brasil – Paraguai", en. *Revista de Mediación,* 12. 2018. P.2.

ALVES MACHADO MAGALHÃES, L. M.: *Mediação: Alguns aspectos no contexto da Lei no29/2013 de 19 de Abril. A mediabilidade dos litígios e a trasacção.* [Dissertação]. Faculdade de Direito da Universidade Lusófona do Porto. 2013. [en línea] [Consultado en 10 de enero de 2024] Disponible en: https://recil.ensinolusofona.pt/bitstream/10437/5469/1/Disserta%C3%A7%C3%A3o%20Texto%20Final%202.pdf

ANDIRGHI, N. Y., & FOLEY, G. F.: "Sistemas Multiportas: o Judiciário e o consenso. Tendências e debates", en *Folha de Sao Paulo.* 2008. [en línea] [Consultado en 10 de enero de 2024] Disponible en: https://www1.folha.uol.com.br/fsp/opiniao/fz2406200808.htm

ARENAS GARCÍA, R.: "La regulación de la responsabilidad precontractual en el Reglamento Roma II", en *InDret,* 4. 2008.

ARNAU MOYA, F.: *Lecciones de Derecho Civil II. Obligaciones y Contratos.* Sapientia. 2008.

AVETA, R.: "Il modello italiano di mediazione e la deflazione del contenzioso giudiziario", en *Rassegna Economica, 1,* 2015. Pp. 251-268.

AYALA, P. (2021). Los nuevos MASC: opinión de experto independiente. *Rödl & Partner.* [en línea] [Consultado en 10 de enero de 2024] Disponible en: https://www.roedl.es/es/articulos/los-nuevos-masc-opinion-experto-independiente

BARONA VILAR, S. (1997) *Solución extrajudicial de conflictos: Alternative dispute resolution (ADR) y derecho procesal* Ed. Tirant lo Blanch, 1999. Páginas 167-169

BARONA VILAR, S. (2013). Mediación en asuntos civiles y mercantiles en España tras la aprobación de la Ley 5/2012 de 6 de julio. Tirant Lo Blanch.

BARONA VILAR, S. (2014). Integración de la mediación en el moderno concepto de Acces to Justice: Luces y sombras en Europa. En *InDret* (Vol. 4/2014), 4. [en línea] [Consultado en 10 de enero de 2024] Disponible en: https://indret.com/integracion-de-la-mediacion-en-el-moderno-concepto-de-acces-to-justice/

BARONA VILAR, S. *Nociones y principios de las ADR (Solución extrajudicial de conflictos).* Tirant Lo Blanch. 2018.

BARONA VILAR, S.: "Justicia civil post-coronavirus, de la crisis a algunas de las reformas que se avizoran", en *Actualidad Jurídica Iberoamericana,* 12 bis, 202, p. 779.

BARONA VILAR, S.: *Mediación en asuntos civiles y mercantiles en España tras la aprobación de la Ley 5/2012 de 6 de julio.* Tirant Lo Blanch. 2013.

BARONA VILAR, S.: *Mediación en asuntos civiles y mercantiles en España tras la aprobación de la Ley 5/2012 de 6 de julio.* Tirant Lo Blanch. 2013.

BARONA VILAR, S.: *Mediación en asuntos civiles y mercantiles en España tras la aprobación de la Ley 5/2012 de 6 de julio.* Tirant Lo Blanch. 2013.

BARUCH BUSH, R. A., & FOLGER, J. P.: *The promise of mediation. The Transformative Approach to Conflict.* Jossey-Bass. 2005.

BERCOVITZ RODRÍGUEZ-CANO, R. *Tratado de Contratos. Tomo I.* Tirant Lo Blanch. 2013.

BLANCO CARRASCO, M.: "Artículo 12", en *Mediación en asuntos civiles y mercantiles; comentarios a la ley 5/2012.* Reus. 2012, pp. 163-171.

BLANCO CARRASCO, M.: "Artículo 12", en *Mediación en asuntos civiles y mercantiles; comentarios a la ley 5/2012.* Reus. 2012, pp. 163-171.

BLANCO CARRASCO, M.: Mediación y sistemas alternativos de resolución de conflictos. Una visión jurídica. Reus. 2009

BONET NAVARRO, A. (2013). *Proceso Civil y Mediación. Su análisis en la Ley 5/2012, de mediación en asuntos civiles y mercantiles.* Thomson Reuters Aranzadi.

BONET NAVARRO, A., CALATAYUD SIERRA, A., HERRERO PEREZAGUA, J. F., & LÓPEZ SÁNCHEZ, J.: *Proceso civil y Mediación: Su análisis en la Ley 5/2012, de mediación en asuntos civiles y mercantiles* (1.ª ed.). Aranzadi. 2013.

BURTON, J. W.: Conflict resolution: The Human Dimension. *International Journal of Peace Studies, 3*(1). 1997.

BURTON, J.W. *Conflict: resolution and prevention*, obra citada por UTAS CARLSSON, K. (1999) *Violence prevention and conflict resolution, a study of Peace Education in Grades 4-6.* Department of Educational and Psychological Research. 1990. Pp. 43 a 77

C.G.P.J–Temas–Estadistica judicial–Estadistica por temas–Actividad de los organos judiciales–Juzgados y tribunales–Informes por territorios sobre la actividad de los organos judiciales. Consejo General del Poder Judicial. [en línea] [Consultado en 10 de enero de 2024] Disponible en: https://www.poderjudicial.es/cgpj/es/Temas/Estadistica-Judicial/Estadistica-por-temas/Actividad-de-los-organos-judiciales/Juzgados-y-Tribunales/Informes-por-territorios-sobre-la-actividad-de-los-organos-judiciales/

CAIVANO, R. J. (s. f.). El arbitraje: nociones introductorias. *Revista Electrónica de Derecho Comercial.* [en línea] [Consultado en 10 de enero de 2024] Disponible en: https://www.derecho-comercial.com/Doctrina/Arb-001.pdf

CALAMANDREI, P. *Instituciones de Derecho Procesal Civil.* Ediciones Jurídicas Europa-América. 1973.

CALAZA LÓPEZ, S.: "Ya llegan los medios adecuados de solución de controversias en vía no jurisdiccional: cuanta más desjudicialización, mejor", en *La Ley,* 6248/2022(Actualidad Civil, n. 6).

CALMET SOLOGUREN, H., & PURIZAGA VÉRTIZ, L. M.: "Arbitraje de conciencia, ¿en qué casos y para qué fines?", en *Ius et Ratio,* 1(1), 2015, p. 32.

CARBALLO LEYDA, A.: "La Secretaría General Iberoamericana como mediadora", en *La cumbre de Cádiz y las relaciones de España con América Latina.* 2013. Pp. 215-220). Ministerio de Asuntos Exteriores.

CARDONA FERREIRA, J. O. "A importância dos meios extrajudiciais de resolução de conflitos no sistema jurídico português", en *Meritum, 8*(1),2013, Pp. 225-229

CARRETERO MORALES, E. *La mediación civil y mercantil en el sistema de justicia.* Dykinson. 2016.

CARRETERO MORALES, E. *La mediación civil y mercantil en el sistema de justicia.* Dykinson. 2016.

CARRETERO MORALES, E.: *La mediación civil y mercantil en el sistema de justicia.* Dykinson. 2016.

CARRETERO MORALES, E.: *La mediación civil y mercantil en el sistema de justicia.* Dykinson. 2016.

CARRETERO MORALES, E.: *La mediación civil y mercantil en el sistema de justicia.* Dykinson. 2016.

CARRETERO MORALES, E.: *La mediación civil y mercantil en el sistema de justicia.* Dykinson. 2016.

CASTILLEJO MANZANARES, R.: "Métodos Adecuados de Solución de Conflictos según el Proyecto de Eficiencia Procesal", en *Externalización de la justicia civil, penal, contencioso-administrativa y laboral* Tirant Lo Blanch. 2022, pp. 289-324.

CATALÁN CHAMORRO, M. J. : *Acceso a la Justicia de los Consumidores a través del ADR y del ODR* [Tesis doctoral]. Facultad de derecho de la Universidad de Valencia. 2017.

COBAS COBIELLA, M.E.: "Autonomía de la voluntad y mediación. Algunas notas sobre la cuestión" *Mediación en el ámbito civil, familiar, penal e hipotecario: cuestiones de actualidad* (Coord.: Alfonso Ortega Giménez, María Elena Cobas Cobiella, Silvia Barona Vilar) 2013, pp. 81-104

COBAS COBIELLA, M.E.: "Menores y mediación en el ámbito familiar" *Actualidad Jurídica Iberoamericana,* Instituto de Derecho Iberoamericano. Nº 13, agosto 2020, pp. 734-769.

COLOMER HERNÁNDEZ, I. Artículo 6. Voluntariedad y libre disposición. En *Comentarios a la ley 5/2012, de mediación en asuntos civiles y mercantiles.* Tirant lo Blanch. 2013, pp. 91-94.

Como funcionam os Julgados de paz? (s. f.). Direção-Geral da Política de Justiça. [en línea] [Consultado en 10 de enero de 2024] Disponible en:https://dgpj.justica.gov.pt/Resolucao-de-Litigios/Julgados-de-Paz/Como-funcionam-os-Julgados-de-Paz

CONEJERO ROOS, C.: "El arbitraje Comercial Internacional en Iberoamérica: Marco legal y jurisprudencial", en *El arbitraje comercial internacional en Iberoamérica: Un panorama general.* La Ley. 2012. P. 59.

CONFORTI, F.: "Mediación electrónica de conflictos en España", en *Democracia Digital e Governo Electrônico, Florianópolis,* 10, 2014, pp. 285-309. "*La atención siempre se ha centrado en materia de protección de consumidores y así deberíamos remontarnos a las Directivas 85/577/EEC, 1999/44/EC, 93/13 EEC y 97/7/EC que han sido reemplazadas por la Directiva 2011/83/EU del 22 de Noviembre de 2011 en relación con los Derechos de los Consumidores y que había de ser implementada o trasvasada al ordenamiento legal de los Estados miembros en Diciembre 2013.*"

CONSORTI, P. "Gestión de los conflictos y mediación social en Italia", en *Política y Sociedad. Universidad de Pisa, 50*(1), 2012. Pp.99-111. [en línea] [Consultado en 10 de enero de 2024] Disponible en:https://dialnet.unirioja.es/servlet/articulo?codigo=4335350

Corte Española de Arbitraje. (2022). Arbitraje institucional y ad hoc: ¿en qué se diferencian? *CEARBITRAJE.* [en línea] [Consultado en 10 de enero de 2024] Disponible en: https://www.cearbitraje.com/es/blog/arbitraje-institucional-y-ad-hoc-en-que-se-diferencian

CORTÉS, P.: "The Law of Consumer Redress in an Evolving Digital Market", en *The modern lay review.* Cambridge University Press, 2018, p. 46. https://onlinelibrary.wiley.com/doi/abs/10.1111/1468-2230.12384. Y, HÖRNLE, J.: "Encouraging Online Dispute Resolution in EU and Beyond Keeping Cost Low or Standards High?" *Queen Mary School of Law Legal Studies Research Paper,* 122/2012, 2012, p. 2. https://papers.ssrn.com/sol3/papers.cfm?abstract_id=2154214

CUNHA, P., & LOPES, C.: "Em torno do conceito de mediação: algumas ideias de base", en *Revista Antropológicas,* 5, 2001, pp.151-160.

DI PIETRO, M. C.: "Mediación y la Eficacia en la protección extrajudicial de los derechos. La Mediación en Argentina", en *Mediaciones Sociales, 18.* 2019. [en línea] [Consultado en 10 de enero de 2024] Disponible en: https://revistas.ucm.es/index.php/MESO/article/view/62338/4564456551182

DIEZ-PICAZO Y PONCE DE LEÓN, L. (1954). "El Pacto Compromisorio y la nueva Ley de Arbitraje", en *Estudios Legislativos, Anuario de Derecho Civil* (Vol. 7, Número 4, p. 1156). [en línea]

DÍEZ-PICAZO Y PONCE DE LEÓN, L. M., & GULLÓN BALLESTEROS, A.: *Sistema de Derecho Civil:* Vol. II. Tomo I. Tecnos. 2016.

DÍEZ-PICAZO Y PONCE DE LEÓN, L. M., & GULLÓN BALLESTEROS, A.: *Sistema de Derecho Civil: Vol. II. Tomo I.* Tecnos. 2016.

DIEZ-PICAZO Y PONCE DE LEÓN, L.: *Fundamentos del Derecho Civil Patrimonial: Introducción Teoría del Contrato: Vol. I.* Civitas. 2012.

DIEZ-PICAZO, L. y GULLÓN, A.: Sistema de Derecho Civil. Volumen II. Sexta edición. Ed. Tecnos, S.A. Madrid, 1992, pp. 83-84

DIEZ-PICAZO, L., & GULLÓN, A.: *Sistema de Derecho Civil.:Vol. II. Tomo 1.* (10.ª ed.). Tecnos. 2015.

DIEZ-PICAZO, L: *Fundamentos del Derecho Civil Patrimonial: Introducción Teoría del Contrato: Vol. I.* Civitas. 2012.

DOMÍNGUEZ TRISTÁN, P.: "Una aproximación a la figura del proxeneta a tenor de D. 50, 14 y su proyección al Derecho actual", en *Fundamentos Romanísticos del Derecho Contemporáneo. Tomo IX, Derecho Comercial Romano: Vol. II.* BOE. 2021.

E. A. SANDER, F.: "Alternative methods of dispute resolution: an overview", en *Florida Law Review* (Vol. 37, Número 1). 1985.

E. A. SANDER, F.: "Varieties of Dispute Processing", en *Discussions in Dispute Resolution: The Foundational Articles.* Oxford University Press. 2021

FÉLEZ BLASCO, P. M.: *El acto de conciliación pre procesal civil ante el juzgado* (1.ª ed.). Wolters Kluwer. 2019.

FERNÁNDEZ DE BUJÁN Y FERNÁNDEZ, A. *Jurisdicción y arbitraje en derecho romano.* Iustel. 2006.

FERNÁNDEZ DE LA IGLESIA, E.: "Online Dispute Resolutions e Inteligencia Artificial", en *Protección jurídica de la privacidad. Inteligencia Artificial, Salud y Contratación.* Vol. 20. Aranzadi. 2022, pp. 255-279.

FERNÁNDEZ RIQUELME, S.: "La mediación social: itinerario histórico de la resolución de conflictos sociales", en *La Razón Histórica, Revista hispanoamericana de Historia de las Ideas, 9,* 2009, p. 82.

FISHER, R., & URY, W. *Getting to yes: Negotiating an agreement without giving in.* Norma. Vasco Montoya, E. y de Hassan, A. (Trad.). 2007.

FISHER, R., URY, W., & PATTON, B.: *Obtenga el sí: el arte de negociar sin ceder.* Gestión 2000, de Centro Libros PAPF S.L.U. Grupo Planeta. 1996.

FLA. ADMIN. CODE ANN. r.29A-3.001(2) ("Para identificar y resolver los problemas tan rápido como sea posible…")

FOLBERG, J., & TAYLOR, A.: *Mediation: A Comprehensive Guide to Resolving Conflicts Without Litigation.* Jossey-Bass. 1991.

FONT GUZMÁN, J. N. ("Programas de derivación judicial en Estados Unidos", en *Mediación y resolución de conflictos: técnicas y ámbitos.* Tecnos. 2011, p. 333),

Gabinete do Secretário de Estado da Justiça. Despacho nº 18 778/2007. Diário da República, 2ª serie, nº161, 22 de agosto de 2007. https://files.dre.pt/2s/2007/08/161000000/2405124052.pdf

GALEOTE MUÑOZ, M. P.: "La mediación", en *Sistemas de solución extrajurisdiccional de conflictos.* Universitaria Ramón Areces. 2006. pp. 78-79.

GALTUNG, J.: *Paz por medios pacíficos: Paz y conflicto, desarrollo y civilización.* Bakeaz, Gernika Gogoratuz. 2003

GÁLVEZ CRIADO, A.: *La relevancia de la persona en los contratos de obra y servicio.* Tirant Lo Blanch. 2008.

GALLEGO DOMÍNGUEZ, I.: "Eficacia e ineficacia del contrato", en *Manual de Derecho Civil. Obligaciones y contratos. Teoría general: Vol. II.* 1ª ed. Wolters Kluwer. 2021. pp. 345-370.

GARCÍA GÉRBOLES, L., & MUESMANN, M.: "El entronque histórico-jurídico del concepto de la mediación desde el Derecho Romano hasta la actualidad", en *La mediación. Presente, pasado y futuro de una institución jurídica.* Netbiblio. 2010. p. 24. Donde se alude al título 14, "De proxeneticis", del Libro 50 del Digesto de Justiniano y en una Novela de Justiniano.

GARCÍA PRESAS, I.: "Las Directrices de la Unión Europea en materia de mediación. Su proyección en España" *Dereito, Universidade de A Coruña, 18*(1), 2009. Pp. 253. [en línea] [Consultado en 10 de enero de 2024] Disponible en:

GARCÍA VILLALUENGA, L., & BOLAÑOS CARTUJO, I.: *La mediación familiar: una aproximación interdisciplinar.* Trea S.L. 2006.

GARCÍA VILLALUENGA, L., & ROGEL VIDE, C.: *Colección de mediación y resolución de conflictos: Mediación en asuntos civiles y mercantiles; comentarios a la ley 5/2012.* Reus. 2012.

GARCÍA VILLALUENGA, L.: "Artículo 11", en *Mediación en asuntos civiles y mercantiles: Comentarios a la Ley 5/2012.* Reus. 2012, pp. 149-162.

GARCÍA VILLALUENGA, L.: *Mediación en conflictos familiares: Una construcción desde el Derecho de familia.* Reus. 2006.

GARCÍA VILLALUENGA, L.: *Mediación en conflictos familiares: Una construcción desde el Derecho de familia.* Reus. 2006

GILSANZ USUNAGA, J., & MARTÍNEZ DE VELASCO, P.: "Anteproyecto de Ley de Medidas de Eficiencia Procesal del Servicio Público de Justicia", en *Newsletter de PwCTax & Legal.* 2021.[en línea] [Consultado en 10 de enero de 2024] Disponible en: https://periscopiofiscalylegal.pwc.es/wp-content/uploads/2021/01/Anteproyecto-de-Ley-de-Medidas-de-Eficiencia-Procesal-del-Servicio-P%C3%BAblico-de-Justicia.pdf y Anuncio de La Moncloa de fecha 15 de diciembre de 2020 https://www.lamoncloa.gob.es/consejodeministros/Paginas/enlaces/151220-justicia.aspx

GOMES, L. T. (2009). Mediação familiar e Conflito Parental: Modelos de Mediação. *Newsletter do GRAL, 11.* Visto en MARQUES CEBOLA, CÁTIA: *La Mediación,* Madrid, 2013, página 197.

GONZÁLEZ FERNÁNDEZ, A. I.: "El impacto de la COVID-19 en la administración de justicia. La necesidad de impulsar la mediación en el ámbito civil", en *Revista de Mediación, 13*(2) 2020.

GONZÁLEZ FERNÁNEZ, A. I. *La mediación como método de resolución de controversias* [Tesis Doctoral]. Universidad de Vigo, Escola Internacional de Doutoramento. 2022. [en línea] [Consultado en 10 de enero de 2024] Disponible en: https://www.investigo.biblioteca.uvigo.es/xmlui/handle/11093/3762

GONZÁLEZ FERNÁNEZ, A. I.: *La mediación como método de resolución de controversias* [Tesis Doctoral]. Universidad de Vigo, Escola Internacional de Doutoramento. 2022.

FIDE (Grupo de Trabajo El Papel Clave de la Mediación): *La opinión de los usuarios respecto del uso de la mediación en los conflictos civiles y mercantiles.* Fide, 2022. [en línea] [Consultado en 13 de agosto de 2024] Disponible en: https://thinkfide.com/investigacion-y-grupos-de-trabajo/grupo-de-trabajo-internacional-el-papel-clave-de-la-mediacion/

HERNÁNDEZ DÍAZ-AMBRONA, M. D. *Consumidor Vulnerable* (1.ª ed.). Reus. 2016.

HIGHTON, E. I., & ÁLVAREZ, G. S. "La mediación en el panorama Latinoamericano." *CEJA. Centro de Estudios de Justicia de las Américas.* 2016. [en línea] [Consultado en 10 de enero de 2024] Disponible en: https://biblioteca.cejamericas.org/bitstream/handle/2015/837/gladys-alvarez.pdf?sequence=1&isAllowed=y

ILLERA SANTOS, M. J.: "Conflicto, derecho y mecanismos alternativos", en *Revista Ius et Praxis, 28*(1), 2022. Pp 236-253.

Instituto de Mediação e Arbitragem Internacional, é uma entidade sem fins lucrativos, preocupada em promover uma justiça de proximidade junto às camadas mais carenciadas da sociedade civil, no que toca a prevenção e gestão de conflitos mediante ao recurso aos meios extrajudiciais de resolução de conflitos. [en línea] [Consultado en 10 de enero de 2024] Disponible en: https://ilmai.org/quem-somos/

JAY FOLBERG, J., & TAYLOR, A. *Mediación: Resolución de conflictos sin litigio.* Limusa. 1996.

JIMÉNEZ BLANCO, G.: "Confidencialidad en el arbitraje", en *Arbitraje, VIII*(13), 2015, Pp. 735-748.

KILMANN, R. H., y THOMAS, K.W.: "Interpersonal Conflict-Handling Behavior as Reflections of Jungian Personality Dimensions", *en Psychological Reports, 37*(3), 1975. Pp.971-980.; y, KILMANN, R. H., & THOMAS, K. W.: "Developing a Forced-Choice Measure of Conflict-Handling Behavior: the «Mode» instrument", en *Educational and Psychological Measurement,* 37(2), 1977. Pp. 309-325.

LACRUZ BERDEJO, J. L., SANCHO REBULLIDA, F. de A., LUNA SERRANO, A., DELGADO ECHEVERRÍA, J., RIVERO HERNÁNDEZ, F., & RAMS

ALBESA, J.: *Il Derecho de obligaciones: Contratos y cuasicontratos. Delito y cuasidelito: Vol. II.* Dykinson. 2013.

LACRUZ BERDEJO, J. L.: *Elementos de Derecho Civil II. Derecho de Obligaciones: Parte General. Teoría General del Contrato.: Vol.* I. Dykinson. 2011

LACRUZ BERDEJO, J. L.: *Elementos de Derecho Civil II. Derecho de Obligaciones: Parte General. Teoría General del Contrato.: Vol. I.* Dykinson. 2011.

LACRUZ BERDEJO, J.L.: *Elementos de Derecho Civil, Parte General, vol. III.* Ed. Dykinson. Madrid, 2005, p. 350.

LARREA, A. M. (2011). Alcance y Límites del arbitraje en equidad. *Revista Jurídica Online,* 29. [en línea] [Consultado en 10 de enero de 2024] Disponible en: https://www.revistajuridicaonline.com/wp-content/uploads/2011/04/29_21a42_alcanceylimites.pdf

LEDERACH, J. P. *Enredos, Pleitos y Problemas. Una guía práctica para ayudar a resolver conflictos.* Semilla y Comité Central Menonita. 1992.

LEDESMA NARVÁEZ, M. *Jurisdicción y arbitraje* (3a). Fondo Editorial de la Pontificia Universidad Católica del Perú. 2013.

LÓPEZ DE ARGUMEDO, A., & FERNÁNDEZ DE LA MELA, J. M. (s. f.). El acuerdo de mediación. *Uría Menéndez.* [en línea] [Consultado en 10 de enero de 2024] Disponible en: https://www.uria.com/documentos/publicaciones/4481/documento/20150116_um.pdf?id=5651

LÓPEZ DE ARGUMEDO, A., & FERNÁNDEZ DE LA MELA, J. M. (s. f.). El acuerdo de mediación. *Uría Menéndez.* [en línea] [Consultado en 10 de enero de 2024] Disponible en: https://www.uria.com/documentos/publicaciones/4481/documento/20150116_um.pdf?id=5651

LLORIA GARCÍA, P.: *El delito de intrusismo: bien jurídico y configuración del injusto* [Tesis doctoral]. Universitat de València, Facultad de Derecho. 2000.

MACHO GÓMEZ, C.: "Los ADR «Alternative Dispute Resolution» en el Comercio Internacional", en *Cuadernos de Derecho Transnacional,* 5(2), 2013. P. 415. [en línea] [Consultado en 10 de enero de 2024] Disponible en: https://e-revistas.uc3m.es/index.php/CDT/article/view/1828

MACHO GÓMEZ, C.: "Origen y evolución de la Mediación: el nacimiento del «movimiento ADR» en Estados Unidos y su expansión a Europa", en *Anuario de Derecho Civil, LXVII,* 2014. Pp. 969-970.

MAGALHÃES, L.: "A evolução do regime jurídico da mediação em Portugal", en *Revista da Faculdade de Direito e ciência política da Universidade Lusófona do Porto, 1*(9), 2017. Pp.155-193.

MAGRO SERVET, V.: "La ley de mediación obligatoria para resolver los conflictos civiles ante la crisis originada por el Coronavirus.", en *Diario La Ley,* 2020, p 9618.

Manual práctico de los MASC. (s. f.). Mediación ICAV. [en línea] [Consultado en 10 de enero de 2024] Disponible en: https://mediacion.icav.es/wp-content/uploads/2022/06/MANUAL-PRACTICO-DE-LOS-MASC.pdf

MARCHIORI DE MORAES, M., & MAYUMI SANOMYA, R. (2012). A concreção do acceso à ordem jurídica justa por meio da implementação da mediação-aplicabilidade na seara empresarial. *Revista de Estudos Jurídicos da UNESP, 16(24)* [en línea] [Consultado en 10 de enero de 2024] Disponible en: https://blook.pt/publications/publication/b9c17a1b8f9b/

MARQUÉS CÉBOLA, C. *La mediación.* Marcial Pons, Ediciones Jurídicas y Sociales S.A. Madrid. 2013.

MARQUÉS CÉBOLA, C. *La mediación.* Marcial Pons, Ediciones Jurídicas y Sociales S.A. 2013.

MARQUÉS CÉBOLA, C.: *La mediación.* Marcial Pons, Ediciones Jurídicas y Sociales S.A. 2013.

MARQUES CÉBOLA, C.: *La mediación: un nuevo instrumento de la Administración de la Justicia para la solución de conflictos.* Tesis doctoral de la Universidad de Salamanca, 2011, página 261. Existente hace doce años en el enlace http://www.gral.mj.pt/userfiles/Artigo_Lucinda.pdf. Pero no disponible en la actualidad.

MARTÍN DIZ, F.: *La mediación: sistema complementario de Administración de Justicia.* Consejo General del Poder Judicial. 2008.

MARTÍN MARCO, J. R.: "Los MASC como requisito de procedibilidad en el PLEP", en Economist&Jurist. 2023 [en línea] [Consultado en 10 de enero de 2024] Disponible en: https://www.economistjurist.es/premium/la-firma/los-masc-como-requisito-de-procedibilidad-en-el-plep/#:~:text=En%20la%20actualidad%2C%20los%20%C3%BAnicos,voluntaria%20por%20la%20Ley%2015%2F

MARTÍNEZ CALVO, J.: "La mediación familiar: un análisis comparativo de las regulaciones italiana y española", en *Anuario de Derecho Civil, LXXII*(4), 2019, Pp 1203-1246. [en línea] [Consultado en 10 de enero de 2024] Disponible en:

MARTÍNEZ DE AGUIRRE ALDAZ, C., DE PABLO CONTRERAS, P., PÉREZ ÁLVAREZ, M. A., & PARRA LUCÁN, M. A.: *Curso de Derecho Civil (II), Teoría general de la obligación y del contrato: Vol. I* (6ª). Edisofer. 2023.

MARTÍNEZ GARCÍA, E., BARONA VILAR, S., PLANCHADELL GARGALLO, A., ETXEBERRIA GURIDI, J. F., ESPARZA LEIBAR, I., & GÓMEZ COLOMER, J. L. (2021). *Introducción al Derecho Procesal. Derecho Procesal I.* Tirant Lo Blanch. [en línea]. [Consulta: 12 de septiembre de 2023] Disponible en: https://biblioteca-tirant-com.bucm.idm.oclc.org/cloudLibrary/ebook/info/9788413789361

MARTÍNEZ LÓPEZ, J. A., GARCÍA-LONGORIA SERRANO, M. P., & RONDÓN PEREYRA, U.: "El estado de la mediación en España: un análisis descriptivo del perfil y práctica profesional", en *Mediaciones sociales,* 21. 2023. [en línea] [Consultado en 10 de enero de 2024] Disponible en: https://revistas.ucm.es/index.php/MESO/article/view/79178/4564456562843

MARUGÁN ESCOBEDO, E: "Mediación de Consumo: una perspectiva española y europea" en *Anuario de la Facultad de Derecho* de la Universidad de Extremadura, 35, 2019, p. 145.

MATEO VILLA, I.: "Del artículo 103 bis de la Ley Hipotecaria: la conciliación tramitada por el registrador (Tercera parte).", en *Revista crítica de Derecho Inmobiliario,* 791, 2022, pp. 1339-1386.

Mediación en los países de la UE. (s. f.). European Justice. [en línea] [Consultado en 10 de enero de 2024] Disponible en: https://e-justice.europa.eu/64/ES/mediation_in_eu_countries

MEDINA DE LEMUS, M.: *Derecho Civil. Obligaciones y contratos. Teoría General.* Editorial Dilex S.L. 2004.

MEDINA DE LEMUS, M.: *Derecho Civil. Obligaciones y contratos. Teoría General.* Editorial Dilex S.L. 2004.

MERA, A. "Mecanismos Alternativos de Solución de Conflictos en América Latina. Diagnóstico y debate en un contexto de reformas.", en *Aportes para un diálogo sobre el acceso a la justicia y reforma civil en América Latina.* CEJA. Centro de Estudios de Justicia de las Américas, 2013. P. 379. [en línea] [Consultado en 10 de enero de 2024] Disponible en: https://docplayer.es/79007894-Mecanismos-alternativos-de-solucion-de-conflictos-en-america-latina-diagnostico-y-debate-en-un-contexto-de-reformas.html

MERINO NOGALES, M.: *Contrato de mediación y acuerdo mediacional conforme a la legislación española: Eficacia jurídica de los acuerdos alcanzados.* Universidad Internacional de Andalucía. 2012. [en línea] [Consultado en 10 de enero de 2024] Disponible en: https://dspace.unia.es/bitstream/handle/10334/1826/0329_Merino.pdf?sequence=1&isAllowed=y

MIRANZO DE MATEO, S.: "Quiénes somos, a dónde vamos. . . origen y evolución del concepto mediación", en *Revista de Mediación, 5,* 2010.

P. 15. [en línea] [Consultado en 10 de enero de 2024] Disponible en: https://revistademediacion.com/articulos/quienes-somos-a-donde-vamos-origen-y-evolucion-del-concepto-mediacion/index.html

MONTESINOS GARCÍA, A.: "Algunas reflexiones sobre el convenio arbitral", en *Revista de la Corte Española de Arbitraje,* 2006, pp. 25-50.

MOORE, C. W.: *The Mediation Proccess: Practical Strategies for Resolving Conflict (4.a ed.).* Jossey-Bass Publishers. 1995.

MORALES CÓRDOVA, Ángeles: "La medición en el Derecho de Familia", en *Justicia restaurativa: Herramientas para el cambio desde la gestión de conflictos,* 2016 pp. 254 y 255.

MORENO MARTÍN, F.: "Conflicto: definición, proceso y análisis", en *La mediación: experiencias internacionales, una visión compartida,* coord. por Elena de Gracia Rodríguez; Marta Blanco Carrasco (dir.), Leticia García Villaluenga (dir.), 2020, ISBN 84-290-2322-4, p. 26.

MUÑOZ GARCÍA, C. "Transacción sobre cláusulas que pueden ser abusivas. Mecanismo alternativo para evitar el litigio entre banco y consumidor", en *Anuario Jurídico Secciones del ICAM.* Sepin. 2020.

ORTIZ PRADILLO, J. C. *Estudio Sistemático de la Mediación Familiar: Propuestas de Actualización y Mejora.* Ediciones Parlamentarias de Castilla-La Mancha. 2015.

ORTIZ PRADILLO, J. C. *Estudio Sistemático de la Mediación Familiar: Propuestas de Actualización y Mejora.* Ediciones Parlamentarias de Castilla-La Mancha. 2015.

ORTIZ PRADILLO, J. C.: "Los mecanismos alternativos de resolución de conflictos y su operatividad presente y futura", en *Justicia y Transnacionalidad. Tutela judicial y Mecanismos Alternativos de Solución de Controversias.* Iustel. 2021. Pp.135 a 165.

ORTIZ PRADILLO, J. C.: Análisis de los principios informadores de la mediación en materia civil y mercantil. Boletín del Ministerio de Justicia, LXV(2135). 2011. Pp. 16 y ss. [en línea] [Consultado en 10 de enero de 2024] Disponible en: https://revistas.mjusticia.gob.es/index.php/BMJ/article/view/6424

ORTIZ PRADILLO, J.C.: "La mediación en asuntos civiles y mercantiles: propuestas para la incorporación de la Directiva 2008/52/CE al derecho español" en *Revista General de Derecho Procesal 26,* 2012, p. 25

ORTUÑO MUÑOZ, J. P., & HERNÁNDEZ GARCÍA, J.: "Sistemas alternativos a la resolución de conflictos (ADR): la mediación en las jurisdicciones civil y penal". *Documentos de trabajo (Laboratorio de alternativas),* 110, 2007. P. 10.

OTERO PARGA, M. M.: "Las raíces históricas y culturales de la mediación", en *Mediación y solución de conflictos: habilidades para una necesidad emergente.* Tecnos. 2007. p. 174.

PACHECO, D.: "La perspectiva portuguesa de la institucionalización de la mediación", en *Revista de Mediación,* 7(2), 2014. Pp. 58-65. [en línea] [Consultado en 10 de enero de 2024] Disponible en: https://revistademediacion.com/articulos/la-perspectiva-portuguesa-de-la-institucionalizacion-de-la-mediacion/index.html

Parlamento Europeo "'Rebooting' the mediation directive: assessing the limited impact of its implementation and proposing measures to increase the numbre of mediations in the EU" *Estudio del Policy Department C: Citizens' rights and constitutional affairs.* European Parliament, manuscript completed in January 2014, Brussels

PELAYO LAVÍN, M.: *La mediación como vía complementaria de resolución de conflictos* [Tesis doctoral]. Universidad de Salamanca. 2011.

PÉREZ LORENZO, J. F.: "Sobre la negociación a la mediación: herramientas para tratar los conflictos en la escuela del siglo XXI", en *Voces de la Educación,* 5(9), Hal-02505979. 2020.

PÉREZ-SALAZAR RESANO, M.: "Artículo 16: solicitud de inicio", en *Mediación en asuntos civiles y mercantiles: comentarios a la Ley 5/2012.* Reus. 2012, pp. 201-208.

PINA, C. Ley de Servicios Digitales (DSA): un nuevo marco legal para las plataformas digitales de servicios intermediarios. *Garrigues Digital.* 2022,[en línea] [Consultado en 10 de enero de 2024] Disponible en: https://www.garrigues.com/es_ES/garrigues-digital/ley-servicios-digitales-dsa-nuevo-marco-legal-plataformas-digitales-servicios

PINHO, H. D. B. *Teoria da mediação à Luz do Projeto de Lei e do Direito Comparado.* Lumen Juris.2008.

PIÑAR GUZMÁN, B.: "La dirimencia por experto en el Derecho español", en *LA LEY Mediación y Arbitraje,* 7. Ed. Wolters Kluwer, 2021. Pp.184-203.

POLANÍA, A. M. "El arbitraje en América Latina: ¡hay futuro!", en *Perspectiva,* 2010. Pp62-66. [en línea] [Consultado en 10 de enero de 2024] Disponible en: https://cejamericas.org/wp-content/uploads/2020/09/111PERSOK.pdf

PRIETO-CASTRO Y FERRÁNDIZ, L.: *Derecho procesal civil: Conceptos generales. Procesos declarativos. Recursos* (Vol. 1). Tecnos. Manuales Universitarios Españoles II. 1974.

PUCHOL MORENO, L.: "Introducción a la negociación", en *El libro de la negociación* (5.a ed., pp. 3-48). Díaz de Santos. 2020.

PUIG BRUTAU, J.: *Caducidad, prescripción extintiva y usucapión.* Ed. Bosch. Barcelona, 1996, p. 87.

REBOLLO REVESADO, S.: "La mediación penal en España, Castilla y León y Salamanca", en *Familia, 57.* 2019 [en línea] [Consultado en 10 de enero de 2024] Disponible en:

REDORTA, J.: *La estructura del conflicto: el análisis de conflictos por patrones.* Almuzara. 2018. Pág. 141

RICARDO CATARINO, J., & ALVES RIBEIRO CORREIA, P. M.: "Medios de resolución alternativa de conflictos: percepción general, satisfacción y lealtad de usuarios de centros de arbitraje en Portugal", en *Revista del CLAD Reforma y Democracia, 69,* 2017. Pp. 223-252.

RIVERA MORALES, R.: "La formación del mediador", en *Revista de Derecho Procesal de la Asociación Iberoamericana de la Universidad de Salamanca,* IUDICIUM, 78. 2017.

ROCA SASTRE, R. M.: "La voluntad unilateral como fuente creadora de obligaciones", en *Estudios de Derecho Privado. Obligaciones y Contratos.* Vol. 1, Revista de Derecho Privado.1948, p. 200.

RODRÍGUEZ OCONITRILLO, J.: *La figura del Ombudsman: Guía de acompañamiento a los pueblos indígenas como usuarios.* Instituto Interamericano de Derechos Humanos. 2006. [en línea] [Consultado en 10 de enero de 2024] Disponible en: https://www.corteidh.or.cr/tablas/22612.pdf

ROGEL VIDE, C.: "Mediación y transacción en el Derecho Civil" en *Revista general de legislación y jurisprudencia,* n°3, 2009, pp. 545-564.

ROGEL VIDE, C.: "Mediación y transacción en el Derecho Civil", en *Revista general de legislación y jurisprudencia,* 3, 2009, p. 554.

ROSALES, J.: "El experto dirimente en la resolución de conflictos de índole económica", en *Creando Soluciones de Valor.* 2016. [en línea] [Consultado en 10 de enero de 2024] Disponible en: https://creandosolucionesdevalor.com/2016/04/03/resolucion-de-conflictos-de-indole-economica/

SAN CRISTÓBAL REALES, S. (2013). "Sistemas alternativos de resolución de conflictos: negociación, conciliación, mediación, arbitraje, en el ámbito civil y mercantil", en *Anuario Jurídico y Económico Escurialense, 46*(46),

39-62. [en línea] [Consultado en 10 de enero de 2024] Disponible en: https://dialnet.unirioja.es/descarga/articulo/4182033.pdf

SAN CRISTÓBAL REALES, S.: "La transacción como sistema de resolución de conflictos disponibles", en *Anuario Jurídico y Económico Escurialense, XLIV*, 2011, p. 279.

SANGÜESA CABEZUDO, A. M.: "El procedimiento de Mediación en la Ley 5/2012, de 6 de julio", en *Revista del Colegio Notarial de Madrid, El Notario del Siglo XXI*, 45. 2012

SCHELLING, T.C. (1980). *The strategy of conflict*. Harvard University Press. [en línea] [Consultado en 10 de enero de 2024] Disponible en http://www.gbv.de/dms/zbw/377544957.pdf

SERRANO GÓMEZ, E.: "Artículo 4. Efectos de la mediación sobre los plazos de prescripción y caducidad" en *Mediación en asuntos civiles y mercantiles. Comentarios a la Ley 5/2012*. (Dir. Leticia García Villaluenga y Carlos Rogel Vide) Ed. Reus. Madrid, 2012. Página 64

SERRANO GÓMEZ, E.: "Artículo 4. Efectos de la mediación sobre los plazos de prescripción y caducidad" en *Mediación en asuntos civiles y mercantiles. Comentarios a la Ley 5/2012*. (Dir. Leticia García Villaluenga y Carlos Rogel Vide) Ed. Reus. Madrid, 2012, pp. 66 y 67.

SERRANO PÉREZ, M. A. "La oferta vinculante confidencial y su configuración como un MASC", en *Eficiencia Procesal. Modernización de la Justicia*. BOSCH EDITOR. (Coord. Rosa Pérez Martell). 2021. Pp. 73-124.

SOLETO MUÑOZ, H. (2007). La mediación en la Unión Europea. En *Mediación y solución de conflictos: habilidades para una necesidad emergente*. (pp. 185-203). Tecnos.

SOLETO MUÑOZ, H. (2017). La conferencia Pound y la adecuación del método de resolución de conflictos. *Revista de Mediación, 10*(1).. [en línea]. [Consultado en 10 de enero de 2024] Disponible en: https://revistademediacion.com/articulos/la-conferencia-pound-la-adecuacion-del-metodo-resolucion-conflictos/

SOLETO MUÑOZ, H. "El procedimiento de mediación", en *Mediación y resolución de conflictos: Técnicas y ámbitos* (p. 266). Tecnos. 2017.

SOLETO MUÑOZ, H.: "El procedimiento de mediación", en *Mediación y resolución de conflictos: Técnicas y ámbitos*.Tecnos. 2019, p. 266.

SOURDIN, T. (2013). "The Role of the Court in Alternative Dispute Resolution", en *Asian Journal on Mediation*, 80-96. [en línea] [Consultado en 10 de enero de 2024] Disponible en: https://papers.ssrn.com/sol3/papers.cfm?abstract_id=2721532

SUARES, M. *Mediación: Conducción de disputas, comunicación y técnicas.* Paidós. 1996.

SUÁREZ HENRÍQUEZ, C.: "Modelo negociador-narrativo: Modelos conjuntos de mediación" en *Revista de Intervención Psicosocioeducativa en la desadaptación social*. Vol. 10. 2017, p. 42. [en línea] [Consultado en 13 de septiembre de 2023] Disponible en https://ipseds.ulpgc.es/IPSE-ds-Vol_10_2017/IPSE-ds-10-3.pdf

TAMAYO HAYA, S.: "Artículo 22. Terminación del procedimiento", en *Mediación en asuntos civiles y mercantiles, Comentarios a la Ley 5/2012.* Reus. 2012. p. 272.

TAMAYO HAYA, S.: "Artículo 22. Terminación del procedimiento". en *Mediación en asuntos civiles y mercantiles, Comentarios a la Ley 5/2012.* Reus. 2012. p. 272.

TARABAL BOSCH, J., & GINEBRA MOLINS, M. E.: "La obligatoriedad de la mediación derivada de la voluntad de las partes: las cláusulas de mediación", en *InDret Revista para el Análisis del Derecho, 4,* 2013, pp. 2-31.

TODOROV, T.: *El miedo a los bárbaros: más allá del choque de civilizaciones.* Galaxia Gutemberg. 2008

TORRE SUSTAETA, M. V.: "La mediación obligatoria: redefiniendo los métodos alternativos de resolución de conflictos", en *Diario La Ley, Plan de choque de la justicia.* 2021. [en línea] [Consultado en 10 de enero de 2024] Disponible en:https://diariolaley.laleynext.es/dll/2021/05/19/la-mediacion-obligatoria-redefiniendo-los-metodos-alternativos-de-resolucion-de-conflictos

VADO GRAJALES, L. O.: "Medios alternativos de resolución de conflictos", en *Estudios en homenaje a Marcia Muñoz de Alba Medrano.* Universidad Nacional Autónoma de México. . 2006. Pp. 369-389. [en línea] [Consultado en 10 de enero de 2024] Disponible en: https://cejamericas.org/wp-content/uploads/2020/09/7nuevo.pdf

VALIÑO CES, A. "Reflexiones en torno al pacto de sometimiento a mediación en el marco de la Ley 5/2012, de 6 de julio", en *Proceso, Métodos Complementarios o Alternativos para la Solución de Conflictos y nuevas tecnologías para una justicia más garantista.* Aranzadi. 2021. Pp. 157-169.

VALIÑO CES, A.: "Más allá de los métodos alternativos clásicos al proceso judicial: otras formas de resolución de conflictos", en *Cadernos de Dereito Actual, 11.* (2019). [en línea] [Consultado en 10 de enero de 2024]

VALIÑO CES, A.: La mediación desarrollada por medios electrónicos: Una forma alternativa de resolución de conflictos. En *Atas do Congresso*

Internacional: Meios de resolução alternativa de litígios online. FCT. JusGov. Escola de Direito Universidade do Minho. 2020. pp. 8-41.

VANDER ZANDER, C., & TIRIONS, M.: "El proceso de mediación", en *La mediación: experiencias internacionales, una visión compartida.* Reus. 2020, p. 88.

VASCONCELOS, C. E: *Mediação de conflitos e práticas restaurativas.* Método. 2008

VÁZQUEZ DE CASTRO, E. "Artículo 19", en *Mediación en asuntos civiles y mercantiles; comentarios a la ley 5/2012.* Reus. 2012. pp. 227-235.

VÁZQUEZ DE CASTRO, E., & FERNÁNDEZ CANALES, C. *Practicum Mediación.* Aranzadi. 2014.

VÁZQUEZ DE CASTRO, E., & FERNÁNDEZ CANALES, C. *Practicum Mediación.* Aranzadi. 2014.

VÁZQUEZ DE CASTRO, E., (Dir.) & FERNÁNDEZ CANALES, C. (Coord.). *Practicum Mediación.* Aranzadi. 2014

VÁZQUEZ DE CASTRO, E.: "Artículo 19·, en *Mediación en asuntos civiles y mercantiles; comentarios a la ley 5/2012.* Reus. 2012. pp. 227-235

VÁZQUEZ DE CASTRO, E.: "Artículo 20: duración del procedimiento" en *Mediación en asuntos civiles y mercantiles; comentarios a la ley 5/2012*). Reus. 2012, pp. 237-245.

VÁZQUEZ DE CASTRO, E: "Artículo 19, sesión constitutiva", en *Colección de mediación y resolución de conflictos: Mediación en asuntos civiles y mercantiles; comentarios a la ley 5/2012.* García Villaluenga & Rogel Vide (Dir.). Reus. Madrid. 2012. pp. 233.

VÁZQUEZ GÓMEZ-ESCALONILLA, L.: "Consideraciones generales sobre los MASC en Derecho Español", en *Revista Internacional de Estudios de Derecho Procesal y Arbitraje, 1,* 2016. P. 44.

VERDERA SERVER, R.: *Lecciones de Derecho Civil. Derecho Civil I.* Ed. Tirant Lo Blanch. Valencia, 2012, pp. 123–142

VEZZULLA, J. C.: *Mediação -Teoria e Prática. Guia para Utilizadores e Profissionais.* Agora Publicações. 2001.

VIANA ORTA, M. I.: *La Mediación: Características, modelos, proceso, técnicas y herramientas de la persona mediadora, y límites a la mediación.* Universidad de Valencia. 2015.

VIDAL RAMÍREZ, F.: "El convenio arbitral", en *Revista de la Facultad de Derecho* PUCP, 56, 2003, pp. 569-582.

VILLADIEGO, C., & PIÑEIRO, C: "La reforma a la justicia civil en Inglaterra y Gales". En *CEJA, Centro de Estudios de Justicia de las Américas*. 2023. [en línea] [Consultado en 10 de enero de 2024] Disponible en: https://biblioteca.cejamericas.org/bitstream/handle/2015/1177/ceja-justicia-civil-inglaterra.pdf?sequence=1&isAllowed=y

VILLAR FUENTES, I.: "El acuerdo de mediación", *cit*... pp. 119-124.

VILLAR FUENTES, I.: "El convenio de sometimiento a mediación", en *Mediación y Derecho*. 2.ª ed., Aranzadi. 2022. pp. 93-98.

VILLAR FUENTES, I.: "El procedimiento de mediación (I)", *cit*..., pp. 99-110.

VINYAMATA CAMP, E.: "Conflictos y conflictología", en *Conflictología: curso de resolución de conflictos*. Ariel. 2009. P.125

VINYAMATA CAMP, E.: *Aprender mediación*. Paidós. 2003.

VINYAMATA CAMP, E: "Conflictología", en *Revista de Paz y Conflictos*, 8 (1), 2013. Pp. 9-24.

WOOLF, H.: *Access to Justice: Final Report to the Lord Chancellor on the Civil Justice System in England and Wales*. Her Majesty's Stationery Office HMSO. 1996.

YZQUIERDO TOLSADA, M., NAVARRO MENDIZÁBAL, I. A., & ACOSTA MÉRIDA, M. P.: *Derecho del Consumo*. Calamo–Manubas, Manuales Básicos. 2005.

ZATO ETCHEVERRÍA, M.: "Una aproximación al mapa de la mediación en la Unión Europea", en *Revista de Mediación, 8* (1), 2015. Pp. 72-83.

Índice Jurisprudencial

STJUE, Sala Cuarta, sentencia de 18 de marzo de 2010, asunto Rosalba Alassini contra Telecom Italia SpA (C-317/08), Filomena Califano contra Wind SpA (C-318/08), Lucia Anna Giorgia Iacono contra Telecom Italia SpA (C-319/08) y Multiservice Srl contra Telecom Italia SpA (C-320/08). Número Recurso: C-317/08. Ecli: ECLI:EU:C:2010:146. TOL9.918.621.

STC, Sala Primera, sentencia de 9 de octubre de 2006 publicada el 16 de octubre de 2006. Número Sentencia: 283/2006 Número Recurso: 3614/2003. Ponente: Javier Delgado Barrio. Ecli: ECLI:ES:TC:2006:283. TOL1.001.090.

STS, Sala Primera, Sección: Primera, sentencia de 5 de abril de 2010. Número Sentencia: 199/2010 Número Recurso: 2371/2005. Ponente: Juan Antonio Xiol Ríos.TOL1.829.026

STS, Sala Segunda de lo Penal. Sección Primera. Sentencia de 18 de julio de 2013. Ponente: Juan Ramón Berdugo Gómez de la Torre. Número Sentencia: 648/2013 Número Recurso: 2168/2012. TOL3.853.720.

STS, Sala Segunda de lo Penal, Sección 1ª. Sentencia de 14 de octubre de 2011. Número Sentencia: 1045/2011 Número Recurso: 10365/2011. Ponente: Juan Ramón Berdugo Gómez de la Torre. TOL2.264.800.

STS, Sala Segunda de lo Penal, Sección Primera. Sentencia de 23 de marzo de 2005. Número Sentencia: 407/2005. Número Recurso: 2301/2003. Ponente: Joaquín Giménez García. TOL633.171.

STS, Sala Segunda. Sección Primera. Sentencia de 13 de mayo de 1989. Número Recurso: 4096/1986. Ponente: Enrique Bacigalupo Zapater. TOL2.370.955.

ATS, Sala Cuarta de lo Social. Sección: Primera, sentencia de 31 de mayo de 2021. Número Recurso: 64/2019. Ponente: María Lourdes Arastey Sahún. Numroj: ATS 8324:2021. Ecli: ES:TS:2021:8324ª. TOL8.485.036.

SAP de Sevilla, Sección 1ª, de 23 de noviembre de 2015. Número Sentencia: 558/2015. Número Recurso: 8284/2013. Ponente: Pedro Izquierdo Martín. Numroj: SAP SE 3563:2015. Ecli: ES:APSE:2015:3563. TOL5.710.144.

Índice de Legislación

LEGISLACIÓN INTERNACIONAL

RESOLUCION GENERAL DE NACIONES UNIDAS

A/RES/65/283 "Fortalecimiento de la función de mediación en la solución pacífica de controversias y la prevención y resolución de conflictos" de 22 de junio de 2011.

http://login.spotlightfunding.com/sites/default/files/document/files/2022/09/garesolutionmediationares68303spanish.pdf

DIRECTRICES NACIONES UNIDAS

Directrices de las Naciones Unidas para una mediación eficaz. [en línea] [Consultado en 10 de enero de 2024] Disponible en:

https://peacemaker.un.org/sites/peacemaker.un.org/files/GuidanceEffectiveMediation_UNDPA2012%28spanish%29_0.pdf

CONVENIO

Convención de 1907 para la resolución pacífica de Controversias Internacionales [en línea] [Consultado en 10 de enero de 2024] Disponible en:

http://www.papelesdesociedad.info/IMG/pdf/convenios_de_la_haya_1889_y_1907.pdf

Instrumento de Ratificación del Convenio Europeo sobre el Ejercicio de los Derechos de los Niños, hecho en Estrasburgo el 25 de enero de 1996. https://www.boe.es/diario_boe/txt.php?id=BOE-A-2015-1752

LEGISLACION EUROPEA

Tratado de Funcionamiento de la Unión Europea, Diario Oficial de la Unión Europea de fecha 30 de marzo de 2010. https://www.boe.es/doue/2010/083/Z00047-00199.pdf

DIRECTIVAS

Directiva 93/13/CEE del Consejo, de 5 de abril de 1993, sobre las cláusulas abusivas en los contratos celebrados con consumidores. DOCE núm. 95, de 21 de abril de 1993. Referencia: DOUE-L-1993-80526. https://www.boe.es/buscar/doc.php?id=DOUE-L-1993-80526

Directiva 2008/52/CE del Parlamento Europeo y del Consejo de 21 de mayo de 2008, sobre ciertos aspectos de la mediación en asuntos civiles y mercantiles. https://eur-lex.europa.eu/legal-content/ES/TXT/?uri=uriserv%3AOJ.L_.2008.136.01.0003.01.SPA

Directiva 2012/29/UE del Parlamento Europeo y del Consejo de 25 de octubre de 2012 por la que se establecen normas mínimas sobre los derechos, el apoyo y la protección de las víctimas de delitos, y por la que se sustituye la Decisión marco 2001/220/JAI del Consejo. https://eur-lex.europa.eu/legal-content/ES/TXT/?uri=celex%3A32012L0029

Directiva 2013/11/UE del Parlamento Europeo y del Consejo de 21 de mayo de 2013 relativa a la resolución alternativa de litigios en materia de consumo y por la que se modifica el Reglamento (CE) n o 2006/2004 y la Directiva 2009/22/CE (Directiva sobre resolución alternativa de litigios en materia de consumo). https://eur-lex.europa.eu/legal-content/ES/ALL/?uri=CELEX%3A32013L0011

REGLAMENTOS EUROPEOS

Reglamento (CE) nº 2201/2003 de la Comisión, de 27 de noviembre de 2003, relativo a la competencia, el reconocimiento y la ejecución de resoluciones judiciales en materia matrimonial y de responsabilidad parental, por el que se deroga el Reglamento (CE) nº 1347/2000. https://eur-lex.europa.eu/ES/legal-content/summary/matrimonial-and-parental-judgments-jurisdiction-recognition-and-enforcement-brussels-iia.html

Reglamento (CE) nº 4/2009 de la Comisión, de 18 de diciembre de 2008, relativo a la competencia, la ley aplicable, el reconocimiento y la ejecución de las resoluciones y la cooperación en materia de obligaciones de alimentos. https://www.boe.es/buscar/doc.php?id=DOUE-L-2009-80018

Reglamento (UE) nº 524/2013 del Parlamento Europeo y del Consejo, de 21 de mayo de 2013, sobre resolución de litigios en línea en materia de consumo y por el que se modifica el Reglamento (CE) nº 2006/2004 y la Directiva 2009/22/CE. DOUE de 18 de junio de 2013. Referencia: DOUE-L-2013-81182.

https://www.boe.es/buscar/doc.php?id=DOUE-L-2013-81182

Reglamento (UE) 2019/1150 del Parlamento Europeo y del Consejo, de 20 de junio de 2019, sobre el fomento de la equidad y la transparencia para los usuarios profesionales de servicios de intermediación en línea. DOUE núm. 186, de 11 de julio de 2019. https://www.boe.es/buscar/doc.php?id=DOUE-L-2019-81157

Reglamento (UE) 2022/2065 del Parlamento Europeo y del Consejo de 19 de octubre de 2022 relativo a un mercado único de servicios digitales y por el que se modifica la Directiva 2000/31/CE (Reglamento de Servicios Digitales). DOUE núm. 277, de 27 de octubre de 2022. https://www.boe.es/buscar/doc.php?id=DOUE-L-2022-81573

RECOMENDACIONES EUROPEAS

Recomendación NºR (98) 1 del Comité de Ministros a los Estados Miembros sobre la mediación familiar, aprobada por el Consejo de Ministros el 21 de enero de 1998, a partir de la 616 reunión de los Delegados de los Ministros [en línea] [Consultado en 10 de enero de 2024] Disponible en: https://www.ucm.es/data/cont/media/www/pag-40822/recomendacioneuropea.pdf

Recomendación (1999) 19, del Comité de Ministros a los Estados Miembros, sobre la mediación en cuestiones penales.

https://www.ucm.es/data/cont/media/www/pag-40822/recomendacioneuropea.pdf

Recomendación (2001) 9, del Comité de Ministros a los Estados Miembros, sobre alternativas a los litigios entre autoridades administrativas y particulares

Recomendación (2002) 10, del Comité de Ministros a los Estados Miembros, sobre mediación en asuntos civiles

LIBRO VERDE

Libro Verde de acceso de los consumidores a la justicia y solución de litigios en materia de consumo en el mercado único. Comisión de las Comunidades Europeas COM (93) 576 final, Bruselas, 16 de noviembre de 1993. [en línea] [Consultado en 10 de enero de 2024] Disponible en: https://eur-lex.europa.eu/legal-content/ES/TXT/PDF/?uri=CELEX:51993DC0576&from=FR

Libro Verde sobre las modalidades alternativas de solución de conflictos en el ámbito del derecho civil y mercantil, abril del 2002. https://op.europa.eu/es/publication-detail/-/publication/61c3379d-bc12-431f-a051-d82fefc20a04

INFORMES

Informe de la Comisión al Parlamento Europeo, al Consejo y al Comité Económico Y Social Europeo sobre la aplicación de la Directiva 2008/52/CE del Parlamento Europeo y del Consejo sobre ciertos aspectos de la mediación en asuntos civiles y mercantiles. Bruselas, 26.8.2016. COM(2016) 542 final.

https://eur-lex.europa.eu/legal-content/ES/TXT/PDF/?uri=CELEX:52016DC0542

Plan de acción de la UE sobre derechos humanos y democracia de 2015 a 2019. https://op.europa.eu/en/publication-detail/-/publication/045bdbed-a943-11e5-b528-01aa75ed71a1/

Plan de acción del Consejo de la Comisión, de 3 de diciembre de 1998, sobre la mejor manera de aplicar las disposiciones del Tratado de Amsterdam relativas a la creación de un espacio de libertad, seguridad y justicia. https://eur-lex.europa.eu/legal-content/ES/ALL/?uri=CELEX%3A31999Y0123%2801%29

Parlamento Europeo "'Rebooting' the mediation directive: assessing the limited impact of its implementation and proposing measures to increase the numbre of mediations in the EU" *Estudio del Policy Department C: Citizens' rights and constitutional affairs.* European Parliament, manuscript completed in January 2014, Brussels.

LEYES ESTATALES

LEYES ORGÁNICAS

Ley del Notariado de 28 de mayo de 1862. «Gaceta de Madrid» núm. 149, de 29/05/1862. Entrada en vigor: 19/06/1862. Referencia: BOE-A-1862-4073. https://www.boe.es/eli/es/l/1862/05/28/(1)/con

Decreto de 8 de febrero de 1946 por el que se aprueba la nueva redacción oficial de la Ley Hipotecaria. Publicado en: «BOE» núm. 58, de 27/02/1946. Entrada en vigor: 20/03/1946. Referencia: BOE-A-1946-2453. Permalink ELI: https://www.boe.es/eli/es/d/1946/02/08/(1)/con

Ley Orgánica 3/2018, de 5 de diciembre, de Protección de Datos Personales y garantía de los derechos digitales. BOE núm. 294, de 6 de diciembre de 2018.

Ley Orgánica 8/2015, de 22 de julio, de modificación del sistema de protección a la infancia y a la adolescencia. «BOE» núm. 175, de 23 de julio de 2015

Ley Orgánica 1/2004, de 28 de diciembre, de Medidas de protección Integral contra la Violencia de Género. BOE núm.313 de 29 de diciembre de 2004. https://www.boe.es/buscar/act.php?id=BOE-A-2004-21760

Ley Orgánica 6/1985, de 1 de julio, del Poder Judicial publicada en BOE núm. 157, de 2 de julio de 1985.

LEYES ESPAÑOLAS

Ley 36/1988, de 5 de diciembre, de Arbitraje. BOE núm.293, de 7 de diciembre de 1988. Disposición derogada.

Ley 1/2000, de 7 de enero, de Enjuiciamiento Civil.«BOE» núm. 7, de 08/01/2000. BOE-A-2000-323. https://www.boe.es/eli/es/l/2000/01/07/1/con

Ley 60/2003, de 23 de diciembre, de Arbitraje. «BOE» núm. 309, de 26/12/2003.BOE-A-2003-23646. https://www.boe.es/eli/es/l/2003/12/23/60/con

Ley Orgánica 10/1995, de 23 de noviembre, del Código Penal. Publicado en BOE núm. 281 de 24 de noviembre de 1995.

Ley Orgánica 1/1996, de 15 de enero, de Protección Jurídica del Menor, de modificación parcial del Código Civil y de la Ley de Enjuiciamiento Civil. «BOE» núm. 15, de 17/01/1996.

Ley 4/2001, de 31 de mayo, reguladora de la Mediación Familiar. BOE núm. 157, de 2 de julio de 2001. https://www.boe.es/buscar/doc.php?id=BOE-A-2001-12716

Ley 1/2008, de 8 de febrero, de Mediación Familiar, BOE núm. 212, de 3 de septiembre de 2011.

Ley 15/2009, de 22 de julio, de mediación en el ámbito del derecho privado. DOGC núm. 5432 de 30 de julio de 2009 y BOE núm. 198 de 17 de agosto de 2009. https://www.boe.es/buscar/act.php?id=BOE-A-2009-13567

Ley 15/2009, de 22 de julio, de mediación en el ámbito del derecho privado. BOE núm. 198, de 17 de agosto de 2009.

Ley 5/2012, de 6 de julio, de mediación en asuntos civiles y mercantiles. «BOE» núm. 162. https://www.boe.es/buscar/act.php?id=BOE-A-2012-9112

Ley 15/2015, de 2 de julio, de la Jurisdicción Voluntaria. Civil, en los artículos 139 y siguientes.

Ley 22/2015, de 20 de julio, de Auditoría de Cuentas. BOE núm. 173, de 21 de julio de 2015.

Ley 26/2015, de 28 de julio, de modificación del sistema de protección a la infancia y a la adolescencia. «BOE» núm. 180, de 29/07/2015.

Ley 3/2019, de 6 de marzo, Reguladora de los Puntos de Encuentro Familiar en la Comunidad de Madrid. BOE núm.92, de 17 de abril de 2019.

Ley 4/2001, de 31 de mayo, reguladora de la Mediación Familiar. BOE núm. 157, de 2 de julio de 2001.

Ley 8/2021, de 2 de junio, por la que se reforma la legislación civil y procesal para el apoyo a las personas con discapacidad en el ejercicio de su capacidad jurídica. BOE núm. 132 de 3 de junio de 2021.

REAL DECRETO LEY

Real Decreto de 24 de julio de 1889 por el que se publica el Código Civil. Publicado en Gaceta de Madrid núm. 206, de 25 de julio de 1889. Referencia: BOE-A-1889-4763.

https://www.boe.es/eli/es/rd/1889/07/24/(1)/con

Real Decreto 231/2008, de 15 de febrero, por el que se regula el Sistema Arbitral de Consumo. BOE núm. 48, de 25 de febrero de 2008.

Publicado en: «BOE» núm. 48, de 25 de febrero de 2008. Referencia: BOE-A-2008-3527. https://www.boe.es/eli/es/rd/2008/02/15/231

Real Decreto 980/2013, de 13 de diciembre, por el que se desarrollan determinados aspectos de la Ley 5/2012, de 6 de julio, de mediación en asuntos civiles y mercantiles. «BOE» núm. 310, de 27 de diciembre de 2013. Referencia: BOE-A-2013-13647. https://www.boe.es/eli/es/rd/2013/12/13/980

Real Decreto 463/2020, de 14 de marzo, por el que se declara el estado de alarma para la gestión de la situación de crisis sanitaria ocasionada por el COVID-19. BOE núm. 67, de 14 de marzo de 2020. Referencia: BOE-A-2020-3692. https://www.boe.es/eli/es/rd/2020/03/14/463/con

Real Decreto-ley 1/2021, de 19 de enero, de protección de los consumidores y usuarios frente a situaciones de vulnerabilidad social y económica. BOE núm. 17 de 20 de enero de 2021. Referencia: BOE-A-2021-793. https://www.boe.es/eli/es/rdl/2021/01/19/1

REAL DECRETO LEGISLATIVO

Real Decreto Legislativo 1/2007, de 16 de noviembre, por el que se aprueba el texto refundido de la Ley General para la Defensa de los Consumidores y Usuarios y otras leyes complementarias. BOE núm. 287, de 30 de noviembre de 2007. En adelante, TRLGDCU. Referencia: BOE-A-2007-20555.

https://www.boe.es/eli/es/rdlg/2007/11/16/1/con

Real Decreto Legislativo 1/2010, de 2 de julio, por el que se aprueba el texto refundido de la Ley de Sociedades de Capital. BOE núm. 161, de 3 de julio de 2010. BOE-A-2010-10544

https://www.boe.es/eli/es/rdlg/2010/07/02/1/con

DECRETOS

Decreto 144/2007, de 24 de mayo, por el que se aprueba el Reglamento de la Ley de la Mediación Familiar. BOC núm. 114, de 8 de junio de 2007. https://www.ucm.es/data/cont/media/www/pag-40828/ReglamentoleyMedFAM.pdf

PROYECTOS DE LEYES ESTATALES

Proyecto de Ley de mediación en asuntos civiles y mercantiles. BOCG nº 122-1 de 29 de abril

Proyecto de Ley de medidas de eficiencia procesal del servicio público de Justicia. BOCG núm.97-4 de 8 de junio de 2023. https://www.congreso.es/public_oficiales/L14/CONG/BOCG/A/BOCG-14-A-97-4.PDF

Proyecto de Ley por la que se reforma la legislación civil y procesal para el apoyo a las personas con discapacidad en el ejercicio de su capacidad jurídica. 17 de julio de 2020 Núm. 27-1 Boletín Oficial De Las Cortes Generales Congreso De Los Diputados. XIV Legislatura.

OTRA NORMATIVA

Orden de 16 de mayo de 2013, por la que se establecen los contenidos mínimos de la formación específica de las personas mediadoras. BOJA núm. 98 de 22 de mayo de 2013. https://mediacion.icav.es/wp-content/uploads/2018/01/11.3-ORDEN-16-MAYO-2013-FORMACI%C3%93N-MEDIADORES.pdf

Orden JUS/746/2014, de 7 de mayo, por la que se desarrollan los artículos 14 y 21 del Real Decreto 980/2013, de 13 de diciembre y se crea el fichero de mediadores e instituciones de mediación. BOE núm.113 de 9 de mayo de 2014. https://www.boe.es/buscar/doc.php?id=BOE-A-2014-4910

Declaración del Gobierno en apoyo a la mediación familiar https://www.lamoncloa.gob.es/consejodeministros/Paginas/enlaces/190118-enlacemediacion.aspx

Acuerdo por el que se aprueba la Declaración del Gobierno en apoyo de la mediación familiar: [en línea] [Consultado en 10 de enero de 2024] Disponible en: https://www.coppa.es/gestor/uploads/noticias/documentos/180119_ACM_mediaci__n.pdf

Estatutos del Centro de Resolución de Conflictos del Ilustre Colegio de Abogados de Madrid mediaICAM y al Reglamento de Mediación de la Fundación Notarial SIGNUM para la Resolución Alternativa de Conflictos.

Estatutos del Centro de Resolución de Conflictos del Ilustre Colegio de Abogados de Madrid conocido como mediaICAM, se regula sobre las personas mediadoras y otros profesionales MASC.

LEGISLACIÓN AUTONÓMICA

Andalucía

Ley 1/2009, de 27 de febrero, reguladora de la Mediación Familiar en la Comunidad Autónoma de Andalucía. BOJA núm. 50, de 13 de marzo de 2009 y BOE núm. 80, de 2 de abril de 2009. https://www.juntadeandalucia.es/boja/2009/50/d1.pdf

Reglamento de desarrollo de la Ley 1/2009, de 27 de febrero, reguladora de la mediación familiar en la Comunidad Autónoma de Andalucía. BOJA núm. 46, de 7 de marzo de 2012. https://www.juntadeandalucia.es/boja/boletines/2012/46/d/updf/d3.pdf

Aragón

Ley 9/2011, de 24 de marzo, de mediación familiar de Aragón. BOA núm. 70, de 7 de abril de 2011 y BOE núm. 115 de 14 de mayo de 2011. https://www.boe.es/buscar/pdf/2011/BOE-A-2011-8402-consolidado.pdf

Asturias

Ley del Principado de Asturias 3/2007, de 23 de marzo, de Mediación Familiar en su artículo 10.

Baleares

Ley 14/2010, de 9 de diciembre, de mediación familiar de las Illes Balears. BOE núm. 16, de 19 de enero de 2011. https://www.boe.es/buscar/doc.php?id=BOE-A-2011-976

Canarias

Ley 15/2003, de 8 de abril, de la Mediación Familiar. BOE núm. 134, de 5 de junio de 2003. https://www.boe.es/buscar/doc.php?id=BOE-A-2003-11273

Cantabria

Ley 1/2011, de 28 de marzo, de Mediación de la Comunidad Autónoma de Cantabria. BOE núm. 99, de 26 de abril, de 2011. https://www.boe.es/buscar/doc.php?id=BOE-A-2011-7406

Ley 4/2017, de 19 de abril, por la que se modifica la Ley 1/2011, de 28 de marzo, de Mediación de Cantabria. BOE núm. 113, de 12 de mayo de 2017. https://www.boe.es/diario_boe/txt.php?id=BOE-A-2017-5196

Decreto 57/2018, de 29 de junio, por el que se regula el Observatorio de Mediación de la Comunidad Autónoma de Cantabria en el BOC núm. 131 de fecha 5 de julio de 2018.

https://noticias.juridicas.com/base_datos/CCAA/624514-d-57-2018-de-29-jun-ca-cantabria-regula-el-observatorio-de-mediacion.html

Castilla La Mancha

Ley 1/2015, de 12 de febrero, del Servicio Regional de Mediación Social y Familiar de Castilla-La Mancha. BOE núm. 148, de 22 de junio de 2015.

Castilla y León

Ley 1/2006, de 6 de abril de 2006. Ley de Mediación Familiar de Castilla y León. BOCyL núm. 75, de 18 de abril de 2006 y BOE núm. 105 de 3 de mayo de 2006. https://www.boe.es/buscar/pdf/2006/BOE-A-2006-7837-consolidado.pdf

Ley 1/2007, de 21 de febrero, de Mediación Familiar de la Comunidad de Madrid. BOCM núm ,54 de 5 de marzo de 2007 y BOE núm. 153 de 27 de junio de 2007. https://www.boe.es/buscar/act.php?id=BOE-A-2007-12563

Decreto 50/2007, de 17 de mayo, por el que se aprueba el Reglamento de desarrollo de la Ley 1/2006, de 6 de junio, de mediación familiar de Castilla y León

https://www.jcyl.es/web/jcyl/AdministracionPublica/es/Plantilla100Detalle/1248367026092/Normativa/1216042438921/Redaccion

Cataluña

Ley 9/2020, de 31 de julio, de modificación del libro segundo del Código civil de Cataluña, relativo a la persona y la familia, y de la Ley 15/2009, de mediación en el ámbito del derecho privado. «BOE» núm. 220, de 15 de agosto de 2020. https://www.boe.es/diario_boe/txt.php?id=BOE-A-2020-9741

Ley 1/2001, de 15 de marzo, de Mediación Familiar de Cataluña, disposición ya derogada.

Extremadura

Anteproyecto de Ley de mediación en las relaciones de consumo de Extremadura. Resolución de 6 de julio de 2017, de la Secretaría General, por la que se dispone la apertura del trámite de información pública del Anteproyecto de Ley de mediación en las relaciones de consumo de Extremadura.

http://doe.gobex.es/pdfs/doe/2017/1380o/17061544.pdf

Madrid

Ley 1/2007, de 21 de febrero, de Mediación Familiar de la Comunidad de Madrid. BOE núm. 153, de 27 de junio de 2007.

Navarra

Decreto Foral por el que se regula el servicio de mediación familiar de la Administración de la Comunidad Foral de Navarra contempla las materias objeto de mediación familiar.

https://www.lexnavarra.navarra.es/detalle.asp?r=52931

País Vasco

Ley 1/2008, de 8 de febrero, de Mediación Familiar de la Comunidad Autónoma del País Vasco. BOE núm. 212, de 3 de septiembre de 2011. https://www.boe.es/buscar/doc.php?id=BOE-A-2011-14345

Valencia

Ley 24/2018, de 5 de diciembre, de mediación de la Comunitat Valenciana. DOGV núm. 8439, de 7 de diciembre de 2018 y BOE núm. 23 de 26 de enero de 2019. https://www.boe.es/buscar/pdf/2019/BOE-A-2019-966-consolidado.pdf

Decreto 55/2021, de 23 de abril, del Consell, de aprobación del Reglamento de mediación de la Comunitat Valenciana. DOGV núm. 9076 de 5 de mayo de 2021.

https://dogv.gva.es/portal/ficha_disposicion_pc.jsp?sig=004021/2021&L=1

LEGISLACIÓN MUNICIPAL

Madrid

Boletín del Ayuntamiento de Madrid, BOAM, núm. 7.093, de 27 de enero de 2014 de Acuerdo de 23 de enero de 2014 de la Junta de Gobierno de la Ciudad de Madrid por el que se aprueba la Carta de Servicios de los Centros de Apoyo a las Familias (CAF) [en línea] [Consultado en 10 de enero de 2024] Disponible en:https://sede.madrid.es/csvfiles/UnidadesDescentralizadas/UDCBOAM/Contenidos/Boletin/2014/ENERO/Ficheros%20PDF/BOAM_7093_24012014134313035.pdf

Información, organización y competencias de los Centros de Apoyo a las Familias: [en línea] [Consultado en 10 de enero de 2024] Disponible en: https://www.madrid.es/portales/munimadrid/es/Inicio/Infancia-y-familia/Centros-de-Apoyo-a-las-Familias-CAF-/?vgnextfmt=default&vgnextoid=6926df919b149410VgnVCM2000000c205a0aRCRD&vgnextchannel=2fbfb7dd3f7fe410VgnVCM1000000b205a0aRCRD

LEYES PORTUGUESAS

Lei n.133/1999, de 28 de agosto de 1999, de quinta alteração do Decreto-Lei n.º 314/78, de 27 de Outubro, em matéria de processos tutelares cíveis.

https://www.pgdlisboa.pt/leis/lei_mostra_articulado.php?tabela=leis&nid=559&pagina=1&ficha=1

Lei n.166/1999, de 14 de setembro de 1999 que aprova a Lei Tutelar Educativa https://www.pgdlisboa.pt/leis/lei_mostra_articulado.php?nid=542&tabela=leis

Lei nº78/2001 de 13 de julho dos Julgados de Paz, modificada por Lei nº54/2013 https://www.pgdlisboa.pt/leis/lei_mostra_articulado.php?nid=724&tabela=leis

Lei nº61/2008, de 31 de outubro, altera o regime jurídico do divórcio, https://www.pgdlisboa.pt/leis/lei_mostra_articulado.php?nid=1028&tabela=leis&ficha=1&pagina=

Lei n. 63/2011, de 14 de dezembro de 2011 da Arbitragem Voluntária

https://www.pgdlisboa.pt/leis/lei_mostra_articulado.php?nid=1579&tabela=leis&ficha=1&pagina=1&so_miolo=

Lei n.29/2013, de 19 de abril de 2013, de principios gerais aplicáveis à mediação civil e comercial. https://www.pgdlisboa.pt/leis/lei_mostra_articulado.php?nid=1907&tabela=leis complementada pela Portaria n.203/2011, de 20 de maio de 2011 de sistemas de mediação pré-judicial, prazos, caducidade e precrição dos direitos https://www.pgdlisboa.pt/leis/lei_mostra_articulado.php?nid=1333&tabela=leis

Decreto legislativo n. 28 del 2010. Testo coordinato alla "reforma Cartabia 2022" in materia di mediazione e allá legge di bilancio del 29 diciembre 2022, n. 197 https://www.ordineavvocatitivoli.it/wp-content/uploads/2023/02/Mediazione-Riforma-Cartabia.pdf

Decreto-Lei 425/86, de 27 de dezembro de 1986 de autorização criação centros arbitragem voluntária https://www.pgdlisboa.pt/leis/lei_mostra_articulado.php?nid=1443&tabela=leis&so_miolo=

Decreto-Lei n.10/2011, de 20 de janeiro de 2011 de regime jurídico da arbitragem em materia tributária. https://www.pgdlisboa.pt/leis/lei_mostra_articulado.php?nid=1414&tabela=leis&so_miolo=S

Decreto-Lei n.259/2009, de 25 de setembro de 2009. Regula o regime jurídico da arbitragem obrigatória e a arbitragem necessária, bem como a arbitragem sobre serviços mínimos durante a greve e os meios necessários para os assegurar, de acordo com o artigo 513º e a alínea b) do n. 4 do artigo 538º do Código do Trabalho. https://www.pgdlisboa.pt/leis/lei_mostra_articulado.php?nid=3026&tabela=leis&so_miolo=

Despacho n.º 18778/2007 de 22 de agosto, do Sistema de Mediação Familiar https://www.pgdlisboa.pt/leis/lei_mostra_articulado.php?nid=1509&tabela=leis&ficha=1&pagina=1

Despacho n.º01/DGPJ/2015 se regula el reconocimiento de la cualificación del mediador en los términos previstos en la Ley de mediación en Portugal. [Consultado en 10 de enero de 2024] Disponible en: https://dgpj.justica.gov.pt/Portals/31/GRAL_Media%E7%E3o/Rec_qualificacoes_Desp1DGPJ2015.pdf

Memorando de entendimiento sobre as condicionalidades de política económica. [en línea] [Consultado en 10 de enero de 2024] Disponible en: https://www.bportugal.pt/sites/default/files/anexosmou_pt.pdf

NORMATIVA EUROPEA

Alemania

Disponible en:https://e-justice.europa.eu/content_mediation_in_member_states-64-de-maximizeMS-es.do?member=1#tocHeader1 [en línea] [Consultado en 10 de enero de 2024]

Italia

Mediación.

Disponible en:https://e-justice.europa.eu/64/ES/mediation_in_eu_countries?ITALY&member=1 [en línea] [Consultado en 10 de enero de 2024]

Reforma Cartabia. Decreto legislativo n. 28 del 2010. Testo coordinato alla "reforma Cartabia 2022" in materia di mediazione e allá legge di bilancio del 29 diciembre 2022, n. 197 https://www.ordineavvocatitivoli.it/wp-content/uploads/2023/02/Mediazione-Riforma-Cartabia.pdf

Países Bajos

Mediación. Disponible en: https://e-justice.europa.eu/content_mediation_in_member_states-64-nl-es.do?member=1 [en línea] [Consultado en 10 de enero de 2024]

NORMATIVA AMERICANA

Texas

Texas Administrative Code, "*Texas Natural Resource Conservation Commission (TNRCC) Alternative Dispute Resolution Procedure Policy*", 30 TEX. ADMIN. CODE 40.1 ("Para animar la resolución y rápido acuerdo de todos los asuntos en contradicción...")

Argentina

Ley nº26.589 que establece con carácter obligatorio la mediación previa a procesos judiciales de fecha 3 de mayo de 2010. https://www.argentina.gob.ar/normativa/nacional/ley-26589-166999/actualizacion

Bolivia

Ley nº 1770 de arbitraje y conciliación de 10 de marzo de 1997, publicada en la Gaceta Oficial de Bolivia en la Edición Especial No. 0079 de 6 de diciembre de 2005 http://www.oas.org/es/sla/ddi/docs/Bolivia%20-%20Ley%20de%20Arbitraje%20y%20Conciliaci%C3%B3n.pdf (visto el 28 de marzo de 2023)

Brasil

Ley nº 9307 de 23 de septiembre de 1996, ley brasileña de arbitraje. DOU del 24 de septiembre de 1996.

Ley nº 13.140, del 26 de junio de 2015, de mediación de Brasil.

Chile

Ley nº 19.968/2004. Crea los Tribunales de Familia.

https://www.bcn.cl/leychile/navegar?idNorma=229557

Colombia

Ley 23 de 1991, Reglamentada por el Decreto Nacional 800 de 1991, por medio de la cual se crean mecanismos para descongestionar los Despachos Judiciales, y se dictan otras disposiciones. Derogada parcialmente por la Ley 2220 de 2022 por medio de la cual se expide el Estatuto de Conciliación y se dictan otras disposiciones.

Decreto 1818 de 1998, septiembre 7, por medio del cual se expide el Estatuto de los mecanismos alternativos de solución de conflictos

https://www.funcionpublica.gov.co/eva/gestornormativo/norma.php?i=6668

Paraguay

Ley nº 1879/2002, del 24 de abril de 2002, de Arbitraje y Mediación. https://www.bacn.gov.py/leyes-paraguayas/4545/de-arbitraje-y-mediacion